MARTIN ARZ • MARC SCHÄFER

UNSER München

DAS STADT • TEIL • BUCH
MIT ALLEN MÜNCHNER VIERTELN

HIRSCHKÄFER verlag

Auf dem Cover abgebildete Viertel:

Milbertshofen *(Olympiapark)* • Isarvorstadt *(Deutsches Museum)* • Schwanthalerhöhe *(Bavaria mit Ruhmeshalle)* • Untergiesing *(Klein-Venedig)* • Lehel *(Kirche St. Lukas)*

Kreuzviertel/Altstadt
(Theatinerkirche und Feldherrnhalle)

Impressum

Konzept, Gestaltung, Redaktion: Martin Arz

Autor: Martin Arz
Fotograf: Marc Schäfer

Druck: Druckservice Brucker, Mainburg

ISBN 978-3-940839-17-6

Besuchen Sie uns im Internet:
www.hirschkaefer-verlag.de

Inhalt

ALLE VIERTEL VON A BIS Z

VORWORT

München ist vielfältig – es ist viel mehr als Altstadt, Schwabing, Haidhausen oder das Glockenbachviertel. Im Laufe von Jahrhunderten hat sich das ursprünglich nur 14 ha große München gewaltig ausgedehnt und dabei zahlreiche Dörfer, Siedlungen, Weiler und sogar ganze Städte geschluckt, die zum Teil erheblich älter sind als München selbst. Einen extremen Wachstumsschub erlebte München in der Zeit des Nationalsozialismus, als die Machthaber die »Hauptstadt der Bewegung« auf Teufelkommraus zu einer der größten Städte des Reichs machen wollten. Da wurde im großen Stil zwangseingemeindet – meist gegen den heftigen Protest der Betroffenen. München wäre in jenen Jahren womöglich noch weiter gewachsen, doch der Zweite Weltkrieg stoppte die Expansionspläne und bewahrte weitere Orte, wie z. B. Grünwald, vor der erzwungenen Einverleibung.

Egal ob sie auf Druck von oben oder freiwillig ein Teil Münchens wurden, haben viele dieser alten Orte bis heute einen ganz eigenen Charme und teilweise ihren dörflichen Charakter bewahrt. Bis vor kurzem standen noch 20 Ortskerne im Stadtgebiet unter Ensembleschutz. 2011 wollte das Landesdenkmalamt allen den Schutz aberkennen, da man zu viele Bausünden der Neuzeit monierte. Heftige Bürgerproteste konnten das zum Teil verhindern, 16 Ensembles bleiben vorerst weiterhin geschützt. Aber die modernen Toskanavillen und Jodlerhäuschen – und damit die Gleichmacherei – bedrohen auch die letzten historischen Kerne.

Zeit also für eine Bestandsaufnahme der Münchner Viertel. In den letzten Jahren besinnen sich viele wieder auf das Viertel, in dem sie wohnen. Sie legen Wert darauf, zuerst Maxvorstädter, Schwabinger, Neuhauser, Isarvorstädter oder Truderinger zu sein, und dann erst Münchner. Sie interessieren sich wieder für die Geschichte ihres Viertels und betonen seine Einzigartigkeit.

Doch wann ist ein Viertel ein Viertel? Wer bestimmt wann dessen Namen? So etwas wie »amtliche« Viertelnamen gibt es eigentlich nicht. Jeder kann sich einen Orts- oder Siedlungsnamen ausdenken, propagieren und dafür sorgen, dass er sich durchsetzt. Das war schon im Mittelalter so und blieb bis in die Jetztzeit. Früher verpassten adelige oder geistliche Grundherren ihren Orten gerne klingende Namen. Heute machen das Bauträger und Architekten mit ihren Neubausiedlungen nicht anders, damit sich das Projekt optimal vermarkten lässt. Manchmal erfinden Bewohner eines Straßenzugs oder eines Blocks neue Viertelnamen, um sich vom Nachbarn abzugrenzen und eine eigene Identität zu schaffen. Die städtischen Parklizenzbereiche, die sich selten an historischen Gegebenheiten orientieren, schaffen aktuell zudem ständig neue Viertelnamen.

Natürlich können wir in diesem Buch nicht auf alle spontan entstehenden – und womöglich bald wieder in Vergessenheit geratenen – Viertel eingehen. Wir haben uns im Wesentlichen an die Einteilung der Stadt München gehalten, die sie auf ihrer Website unter Stadtgeschichte auflistet, und dabei einiges aktualisiert. Als Grundraster dienen uns die offiziellen Stadtbezirke, wie sie in ihren Grenzen seit 1992 bzw. 1996 bestehen. In dieses Raster haben wir die alten Orte, Siedlungen und Gemarkungen integriert. Wir verlassen dabei die Trampelpfade der bekannten Sehenswürdigkeiten und wollen Sie über die Geschichte und Gegenwart Ihrer Nachbarschaft informieren. Dazu geben wir Tipps zum Selbsterkunden. Vielleicht bekommen Sie beim Lesen und Betrachten der Fotos auch Lust, tiefer in die Geschichte Ihres Viertels einzutauchen oder einmal in »unbekannte« Gefilde aufzubrechen und andere Viertel zu erobern.

München, 2011

ALTSTADT

Der Begriff »Altstadt« für das historische Zentrum ist in München erst nach dem Zweiten Weltkrieg aufgekommen. Er wurde aus der Not geboren, um den mittelalterlichen Stadtkern, der innerhalb der Stadtmauern zwischen den vier großen Stadttoren lag – Neuhauser Tor (= Karlstor), Schwabinger Tor (es stand dort, wo sich heute der Odeonsplatz befindet, vor der Feldherrnhalle), Isartor und Sendlinger Tor – von den neu entstandenen Stadtteilen abzugrenzen. München hatte nie eine »Neustadt« als Pendant zur »Altstadt« wie beispielsweise Straubing oder Landshut. Man unterschied in München einst nur die »Innere Stadt« von der »Äußeren Stadt«, die sich jenseits der Befestigungen befand. Denn eine mittelalterliche Stadt endete nie bei den Stadtmauern. Es gehörte immer auch ein »Burgfrieden« genannter Bereich im Umland dazu. Der Münchner Burgfriede wurde 1460 genau festgelegt. Zur detaillierteren Unterscheidung übertrug man den eher dünn besiedelten Burgfrieden-Gebieten vor der Mauer einfach den jeweiligen Namen des inneren Stadtviertels – also Äußeres Hackenviertel (heute Ludwigsvorstadt), Äußeres Angerviertel (heute Isarvorstadt), Äußeres Graggenauviertel (heute Lehel) oder Äußeres Kreuzviertel (heute Maxvorstadt). Mit der Entfestigung der Stadt gegen Ende des 18. Jh. bekamen die neuen Siedlungsflächen sehr schnell die heute noch üblichen Vorstadt-Namen.

Wenn man heute von einem Stadtviertel spricht, ist das meist irreführend, denn eine Stadt ist in der Regel in mehr als nur vier Viertel eingeteilt. Für Münchens Altstadt aber trifft es genau zu: Sie besteht aus vier Vierteln.

Die große Rennstrecke für Einheimische und Touristen, die gleichzeitig das Hackenviertel und das Kreuzviertel trennt, ist die Neuhauser- bzw. Kaufingerstraße mit ihren Geschäften und Gastronomiebetrieben. Wer sich in Menschenmassen nicht wohlfühlt, sollte die Münchner Altstadt vor allem an Samstagen großräumig umgehen. Der Rummel setzt sich dann am Marienplatz und in der Wein-/Theatinerstraße fort. Wer außer Shoppen noch ein Auge für die Schönheiten der Stadt hat, kann sich auch durch die 1972 eingerichtete Fußgängerzone treiben lassen und seinen Blick über die bunten Schaufenster hinaus erheben. Natürlich haben der Zweite Weltkrieg und die Nachkriegsarchitektur brutale Spuren im Stadtbild hinterlassen. Dann kam noch die sogenannte Zweite Zerstörung Münchens, als in den 1960en viele historische Bauten, die vom Krieg verschont geblieben waren, als »oids Glump« angesehen und ohne Not der Abrissbirne überlassen wurden. Bestes Beispiel ist der bunkerartige Kaufhof

Erstnennung 1947
Lage das Stadtgebiet innerhalb des Straßenrings bestehend aus: Sonnen-, Müller-, Rumford-, Zweibrückenstraße, Thomas-Wimmer-, Karl-Scharnagel-, Franz-Josef-Strauß-Ring, Von-der-Tann-Straße, Oskar-von-Miller-Ring, Maximilians-, Lenbach-, Karlsplatz

Historische Bezirke
Altstadt
- Angerviertel
- Graggenau
- Hackenviertel
- Kreuzviertel

Lehel
- St.-Anna-Vorstadt

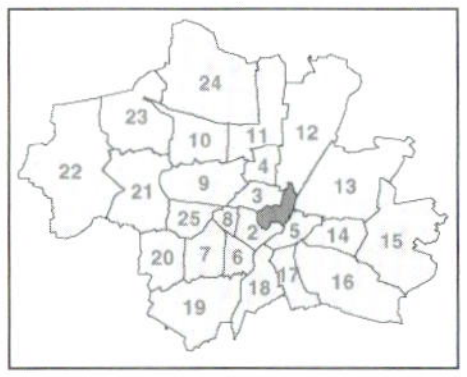

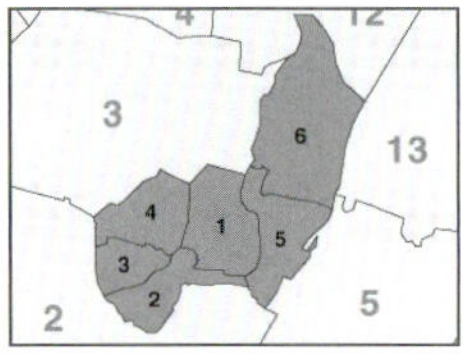

Offizielle Bezirksteile
1 Graggenau
2 Angerviertel
3 Hackenviertel
4 Kreuzviertel
5 Lehel
6 Englischer Garten Süd

01

01• ALTSTADT LEHEL

Nachts am Marienplatz

am Marienplatz, dessen gründerzeitliches Vorgängergebäude die Bombennächte überlebt hatte. Doch einiges wurde nach dem Krieg auch liebevoll wiederaufgebaut. Und vielleicht macht gerade der Gebäudemix aus allen Stilepochen seit der Gründung Münchens das besondere Flair der Innenstadt aus. Außerdem locken, sobald die Sonne scheint, überall Cafés und Wirtshäuser mit ihren Freischankflächen. Spätestens dann weiß man, warum München die nördlichste Stadt Italiens ist.
mehr: siehe Angerviertel, Graggenau, Hackenviertel, Kreuzviertel

Angerviertel

Letztlich ist das Angerviertel so etwas wie die Keimzelle Münchens, denn hier befindet sich das Petersbergl mit der Kirche St. Peter, die bereits lange vor der Gründung Münchens 1158 existierte. Schon im 8. Jh. gründeten Mönche aus dem Kloster Tegernsee oben am Petersbergl nahe einer Wegkreuzung eine Niederlassung. Hier auf dem Hügel war man sicher vor der unberechenbaren Isar und ihren gefürchteten Hochwassern. Der Ort war schon länger besiedelt, wie Funde zeigten. Unter der Kirche gibt es einen gewölbten Raum, der aus vormerowingischer Zeit stammt, also bereits vor dem 5. Jh. entstand.

Seinen Namen verdankt das Viertel dem im Jahr 1300 erstmals erwähnten Anger, womit das damals brachliegende Areal von St.-Jakobs-Platz und Sebastiansplatz gemeint war. Schnell dehnte sich der Begriff auf die Umgebung aus, es kamen der vordere, hinte-

Im Angerviertel: Moderne Akzente setzt die Ohel-Jakob-Synagoge (li.); der Löwenturm (2. v. li.) ist vermutlich der Rest einer alten Stadtbefestigung; an der Heiliggeistkirche beginnt der Viktualienmarkt mit seinen vielen Brunnen.

re, obere und untere Anger hinzu, schließlich auch der äußere vor dem Stadttor. Im Angerviertel waren traditionell vorwiegend Händler ansässig – aber auch der Henker. Der hatte sein Haus am Rande des Viertels, an der Stelle, an der heute die Hauptfeuerwache an der Blumenstraße steht. Gleich neben dem Henker eröffnete im November 1437 Münchens erstes städtisches Bordell, damals noch »Frauenhaus« genannt. Offizieller Bordellchef bzw. städtisch bezahlter Zuhälter war der Herr Nachbar: der Henker.

Direkt am Anger, der sich in den ersten Jahrzehnten noch außerhalb des ersten Stadtmauerrings Münchens befand, siedelten sich in der ersten Hälfte des 13. Jh. Brüder des Franziskanerordens an. Der Ort war klug gewählt, denn hier stand schon eine kleine uralte Einsiedelei an der Jakobskapelle, die Pilger anzog, die in Richtung der Alpen vorbeikamen. 1284 siedelten die Franziskaner auf Wunsch Herzog Ludwigs des Strengen in das neugebaute Kloster St. Anton nahe der Residenz um. Noch im selben Jahr übernahmen Nonnen des Klarissenordens das Kloster St. Jakob, das schnell zu einem bedeutenden und reichen Damenstift aufstieg. Ende des 18. Jh. richtete das Kloster eine Mädchenschule ein. Nach der Säkularisation übernahm 1843 die Kongregation der »Armen Schulschwestern von Unserer Lieben Frau« Münchens ältestes Kloster, welche sie nach der Zerstörung und dem Wiederaufbau nach dem Zweiten Weltkrieg bis heute besitzt.

Direkt gegenüber dem Kloster befindet sich das neue Jüdische Zentrum München mit der im November 2006 geweihten Hauptsynagoge Ohel Jakob (Zelt Jakobs), dem Kultur- und Gemeindezentrum sowie dem Jüdischen Museum. Münchens jüdische Gemeinde ist die zweitgrößte Deutschlands, sie ist orthodox orientiert. Die liberale jüdische Gemeinde hat einen eigenen Rabbi und eigene Gebetsräume in einem Hinterhof in der Isarvorstadt. Der Umzug in eine neue, repräsentative Synagoge, die im Lehel nach Plänen des Stararchitekten Daniel Libeskind gebaut werden soll, ist bereits beschlossene Sache. Abgeschlossen wird der Jakobsplatz vom Münchner Stadtmuseum, das 1888 in den spätgotischen Räumen des ehemaligen städtischen Zeughauses und des Marstalls untergebracht wurde. Neben einem reichen Fundus zu Münchens Stadtgeschichte befinden sich hier auch das Filmmuseum, das Fotomuseum und die Puppentheatersammlung.

Wo hauptsächlich Händler ihr Viertel hatten, durften natürlich die Märkte nicht fehlen. Auf dem Rindermarkt erinnern heute nur noch bronzene Rindviecher an die Bedeutung des Ortes. Sein pulsierendes, buntes Zentrum hat das Angerviertel mit dem Viktualienmarkt, Deutschlands größtem Freiluftmarkt. Man kann es sich heute kaum noch vorstellen, aber einst stand hier ein Krankenhaus, das Heiliggeist-Stift, und der Rest war es eine sumpfige Fläche, durch die zahlreiche Münchner Stadtbäche flossen. Bis man schließlich das Spital abriss und die Bäche trocken legte oder in unterirdische Kanäle leitete, um das Gelände mit dem Viktualienmarkt zu überbauen. Denn der einst als Marktplatz dienende Marienplatz hatte Anfang des 19. Jh. seine Kapazitäten längst erreicht. Heute gibt es keine Bäche mehr und der Viktualienmarkt ist mit seinem üppigen Angebot und dem zentralen Biergarten ein beliebter Tummelplatz für Münchner und Touristen. Nicht ganz funktioniert hat die Einbindung der neuen Schrannenhalle, eine abgespeckte Version der einst riesigen Schrannenhalle, die sich ab 1850 entlang der Blumenstraße erstreckte. Verschiedene Nutzungsformen und Belebungsversuche der 2005 neu eröff-

Erstnennung 15. September 1508 als »Anngerfiertl«
Namensbedeutung Anger = Gras-, Weide- oder Ackerland, auch ein gemeinschaftlich bewirtschaftetes Stück Land; bis zum 16. Jh. auch »Rindermarkt-Viertel« nach dem Rindermarkt
Lage im Südosten der Altstadt, zwischen Tal, Marienplatz, Sendlinger Straße und Müllerstraße

In den verwinkelten Gassen der unteren Graggenau – doch alle Wege führen schließlich zum Hofbräuhaus.

neten Halle sind gescheitert, das Gebäude steht immer wieder leer. Nach dem Zweiten Weltkrieg traf der Stadtrat eine seiner glücklicheren Entscheidungen, denn der schwer zerstörte Viktualienmarkt sollte ausgelagert und das Gelände mit Hochhäusern bebaut werden. Auch die Stadtautobahn sollte direkt am Markt entlang verlaufen. Schließlich entschied man sich aber für die Rettung der Münchner Institution.

Graggenau

In der Graggenau hinterließen vor allem die bayrischen Herrscher ihre Spuren. Hier standen die Repräsentations- und Verwaltungsbauten wie der Marstall, die königliche Münze, die Zeughäuser und die Hofpfisterei. Vom Alten Hof aus, dessen Geschichte bis ins 12. Jh. zurück reicht, regierten die Herzöge. Kaiser Ludwig der Bayer machte die Burg sogar zum ersten festen Kaisersitz Deutschlands, in dessen Kapelle die Reichskleinodien aufbewahrt wurden. 1385 erbauten sich die Herzöge dann auf dem Gebiet der heutigen Residenz die Neuveste als Fluchtburg, um sich vor der revoltierenden Münchner Bürgerschaft in Sicherheit bringen zu können. In den folgenden Jahrhunderten ließen die Wittelsbacher die Residenz von den besten Architekten immer weiter aus- und umbauen, bis sie schließlich das größte Stadtschloss Deutschlands besaßen. Von Renaissance bis Klassizismus sind heute alle wichtigen Baustile vergangener Jahrhunderte präsent. Nahe der Residenz errichteten sich reiche Münchner Patrizier ihre schmucken Palais.

Prächtig zeigte sich die Graggenau aber nur auf dem Gebiet oberhalb der Isarhangkante. Unten im Tal siedelten sich vor allem Handwerker an, denn die Wasserkraft der Stadtbäche lieferte damals für allerlei Gewerbe die nötige Energie. Noch heute steht hier in der Neuturmstraße 3 Münchens einzige noch aktive Getreidemühle, die Hofbräuhaus-Kunstmühle. In der unteren Graggenau sind nach wie vor an den engen verwinkelten Gassen die Strukturen des mittelalterlichen Viertels zu erkennen. Zentrum der unteren Graggenau ist das Platzl mit dem Hofbräuhaus, das von 1607 stammt. Herzog Wilhelm V. liebte gutes Bier, das er extra aus Einbeck bei Hannover importieren ließ, da das Münchner Bier bestenfalls als Gebräu zu bezeichnen war. Um sich die hohen Transportkosten zu sparen, warb der Herzog kurzerhand den Einbeckern einen der besten Braumeister ab, damit er in München den Bierdurst des Hofes löschen konnte. Apropos löschen: König Max I. Joseph ließ das Hofbräubier sogar im Winter 1823 auf die brennende Oper schütten, da alle Löschwasserspeicher zugefroren waren. Max I. hatte die Oper erst wenige Jahre zuvor als Hof- und Nationaltheater auf der Stelle erbauen lassen, wo sich bis zur Säkularisation das Franziskanerkloster und damit ein seelsorgerisches Zentrum der Graggenau befunden hatte. Der Enkel von Max I., Maximilian II., drückte der Graggenau dann noch einen weiteren Stempel auf: die Maximilianstraße. Von Zeitge-

Erstnennung 29. Dezember 1458 als »Gragkenaw viertail«, zuvor schon 1325 in einer Stadtkammer-Rechnung »Grakkaw« und 1326/27 »Gragkenawe«
Namensbedeutung von »Gragg« bzw. »Krack« = Rabe, Krähe, also Krähenau; andere Namen nach dem jeweiligen Viertelhauptmann: Wilbrechts Viertel, Hansen Barts Viertel, Scharfzahns Viertel
Lage im Nordosten der Altstadt zwischen Theatiner-, Weinstraße, Marienplatz, Tal und Altstadtring

Repräsentatives in der oberen Graggenau: die Staatsoper (o.) und die Münchner Residenz (u.).

Münchens ältestes Gasthaus: die Hundskugel.

Die Kreuzkirche liegt versteckt im Gassengewirr des Hackenviertels.

nossen als völlig misslungen bespöttelt, ist die Prachtstraße heute eine der exklusivsten Einkaufsmeilen Deutschlands.

In der Graggenau konzentrierte sich aber nicht nur die fürstliche Macht, sondern auch die bürgerliche Verwaltung. Das Alte und das Neue Rathaus stehen hier, wobei viele Touristen das Neue für das Alte halten. Für den Bau des neugotischen Neuen Rathauses mussten Ende des 19. Jh. mehrere Bürgerhäuser an der Nordseite des Marienplatzes abgerissen werden. Nördlich des Rathauses befindet sich mit dem Marienhof eine kleine grüne Oase mitten im Zentrum. Ursprünglich war auch dieses Gebiet bebaut, dann aber von den Bomben des Zweiten Weltkriegs zerstört worden. Aktuell wird hier für die zweite S-Bahn-Stammstrecke eifrig gebuddelt, weshalb es für die kommenden Jahre erst einmal vorbei ist mit der kleinen Oase Marienhof.

Hackenviertel

»Wo München münchnerisch ist«, lautet der Slogan der Geschäfte im Hackenviertel. Tatsächlich fällt das Hackenviertel ein wenig aus der Rolle im Vergleich zur restlichen Altstadt. Hier finden sich kaum repräsentative Bauten oder bekannte Sehenswürdigkeiten. Das Viertel war schon immer die Heimat von Handwerkern und Krämern. Doch die Geschichte des Hackenviertels ist erheblich älter als die Münchens. Denn einst befand sich hier ein kleines Dorf, über dessen Geschichte man praktisch nichts weiß, außer, dass es lange vor der Gründung Münchens existierte, eine befestigte Wehranlage mit einer kleinen Burg besaß und Altheim hieß. In Altheim ließ Herzog Albrecht III. 1440 eine kleine Kapelle erbauen, den Vorgängerbau der heutigen Damenstiftskirche. Das Dorf Altheim wurde bei einer der Stadterweiterungen einfach still und leise geschluckt und in den Stadtmauerring eingegliedert. Heute erinnert nur noch der Straßenname Altheimer Eck an den Ort.

Das Hackenviertel und das Angerviertel, damals wie heute getrennt von der Sendlinger Straße, gehörten im Mittelalter zur Pfarrei von St. Peter. Der zugehörige Friedhof lag ab 1478 im Hackenviertel, von ihm ist heute nur noch die ehemalige Friedhofskirche, die Kreuzkirche, erhalten. Wenige Touristen verirren sich zu ihr. Viel fotogener und repräsentativer ist da schon die Asamkirche an der Sendlinger Straße, ein opulentes Meisterwerk des Spätbarock. Ebenfalls spätbarock und innen von den Brüdern Asam üppig ausgestattet ist die Damenstiftskirche, die von Außen eher unscheinbar wirkt. Sie diente dem Orden der Salesianerinnen als Klosterkirche. Das ehemalige Damenstift selbst ist heute eine Realschule. Noch unscheinbarer ist das Äußere des ehemaligen Herzogspitals und der im Innenhof liegenden Herzogspitalkirche St. Elisabeth.

Erstnennung 29. Dezember 1458 als »Hagken vierteil«
Namensbedeutung vom »Hacken« (Hag, Hac, Hagen, auch Gehag) = eigefriedetes oder gehegtes Grundstück; andere Namen: 1363 Kramen-Viertel; ab 1420 auch Lorenz Schrencken Viertel bzw. Schrencken-Viertel
Lage im Südwesten der Altstadt zwischen Sendlinger-, Rosen-, Kaufinger-, Neuhauser Straße und Sonnenstraße

Vom Sendlinger Tor (o.) gehts hinein ins Hackenviertel. In der Sendlinger Straße liegt zwischen glänzenden Konsumtempeln ein glänzendes Meisterwerk des bayrischen Barock: die Asamkirche (li.).
Die Hunde, die sich um die Kugel balgen, sind eine Reminiszenz an das Gasthaus Hundskugel.

Am Stachus treffen Kreuz- und Hackenviertel, Ludwigs- und Maxvorstadt zusammen.

Die Anlage wurde im Krieg schwer zerstört und durch einen Klinkerbau in den 1950er Jahren ersetzt, in dem sich das Kloster der Servitinnen befindet.

Die Jahrhunderte weitgehend unbeschadet hat dagegen eines der ältesten noch bestehenden Münchner Bürgerhäuser und die älteste Münchner Wirtschaft überstanden, das Gasthaus zur Hundskugel an der Hotterstraße, das angeblich seit 1440 existiert. Unmittelbar daneben graben sich zurzeit die Bagger durch das ehemalige Gelände der Süddeutschen Zeitung und der Abendzeitung. Wo einst Schlagzeilen produziert wurden, wird bald ein neues luxuriöses Wohn- und Ladenzentrum stehen. Nicht der erste Eingriff in die alte Struktur, denn schon in den 1980er Jahren riss man neben der Asamkirche alte Hinterhofwerkstätten nieder und baute die exklusive Wohnanlage Asamhof.

Kreuzviertel

Die wohlhabende Vergangenheit des Kreuzviertels merkt man bis heute. Im Mittelalter standen hier die Salzstadel, in denen das Salz, dem München seine Existenz und seinen Reichtum verdankte, gelagert wurde. Und hier erbauten die Münchner das heute weltbekannte Wahrzeichen Münchens: die Frauenkirche. Ihr Vorgängerbau wurde 1271 zur zweiten Münchner Pfarrkirche geweiht. Die markanten Zwiebelhauben entstanden übrigens nur aus Verlegenheit, sie sollten die Türme vorerst abdecken und später durch steile Spitzhauben ersetzt werden. Die Frauenkirche war das seelsorgerische Zentrum von Kreuzviertel und Graggenau. Ihr zugehöriger Friedhof samt Friedhofskapelle lag an der Stadtmauer. Die ehemalige Friedhofskapelle ist heute

Erstnennung 29. Dezember 1458 als »Kreutz vierteil«
Namensbedeutung von der Kreuzgasse, die dem heutigen Verlauf von Promenadeplatz und Pacellistraße entspricht; andere Namen: 1363 Eremiten-Viertel (nach dem Kloster der Augustiner-Eremiten an der Neuhauser Straße), 1410 Katzmairs Viertel, 1420 Franz Tichtls Viertel, 1445 Ligsaltz Viertel
Lage :im Nordwesten der Altstadt zwischen Neuhauser-, Kaufingerstraße, Marienplatz, Wein-, Theatinerstraße und Altstadtring

Backsteingotik: die Frauenkirche

Schöner Shoppen: die 5 Höfe

Ganz in Weiß: die Theatinerkirche strahlt in weißem Barock

die Salvatorkirche, die von der griechisch-orthodoxen Gemeinde Münchens genutzt wird. Rings um Kirche und Salzlager herum ließen sich einst vermögende Kaufleute und Patrizier nieder.

Ende des 16. Jh. entdeckten die Mächtigen und die Geistlichkeit das Viertel für sich. Herzog Wilhelm V. ließ 54 Bürgerhäuser abreißen und den repräsentativen Palastkomplex Maxburg am Rande des Hackenviertels erbauen. Die Maxburg verdankte ihren Namen Herzog Maximilian Philipp von Bayern-Leuchtenberg, der als Regent für den minderjährigen Kurfürsten Max Emanuel hier residierte. Der Palast wurde im Zweiten Weltkrieg zerstört und in den 1950er Jahren durch den bis heute umstrittenen Komplex der Neuen Maxburg ersetzt. Einzig der Renaissanceturm blieb vom Vorgängerbau erhalten.

Gleichzeitig mit der alten Maxburg begannen die Bauarbeiten zum umfangreichen Gebäudekomplex des Jesuitenklosters mit der Alten Akademie und der Michaelskirche, die seinerzeit wegen ihres freitragenden Tonnengewölbes (das zweitgrößte der Welt) als achtes Weltwunder galt. Schließlich siedelten sich auch die

Für die Kunst: Zentaur auf dem Eingang zum Künstlerhaus

Karmeliten und die Karmelitinnen mit ihren Klöstern an, und außerhalb der Stadtmauer bauten sich die Kapuziner ein Kloster auf die Wallanlagen. Mit dem Bau der Theatinerkirche, die als Hofkirche und zugleich als Ordenskirche für das Theatinerkloster diente, etablierte sich das Kreuzviertel endgültig zum geistlichen Zentrum Münchens. Seit 1818 residiert auch der Erzbischof von München und Freising im Palais Holnstein in der Kardinal-Faulhaber-Straße.

Immer mehr Adelige ließen sich ab dem 17. Jh. im Kreuzviertel vor allem entlang der Prannerstraße und am Promenadeplatz Palais erbauen – die Porcias, die Preysings, die Montgelas, die Spretis und Toerring-Jettenbachs und viele mehr. Im 19. Jh. zogen staatliche Einrichtungen ins Viertel. Der Landtag tagte in der Prannerstraße, das Innenministerium belegte die Räume des ehemaligen Theatinerklosters und der Außenminister, gleichzeitig Vorsitzender des Ministerrats, also quasi Ministerpräsident, residierte im Palais Montgelas. Letzteres ist heute ein Teil des Hotels Bayerischer Hof.

Etliche der alten Adelspaläste im Stil des Barock oder des Rokoko sind heute noch erhalten und machen den ganz eigenen Charme des Viertels aus. Sie dienen freilich längst nicht mehr als Privathäuser, sondern als repräsentative Bürogebäude. Andere Palais mussten im späten 19. Jh. den neuen Machtzentralen der Moderne weichen: Banken. Die HypoVereinsbank ist gleich mit mehreren monumentalen Gebäuden im Stil des Neobarock vertreten. Einen der Gebäudekomplexe ließ die HypoVereinsbank um die Jahrtausendwende entkernen und die exklusive Einkaufspassage 5 Höfe mit der Hypo-Kunsthalle erbauen. Die Passage verbindet nun das Bankenviertel mit der Einkaufsmeile Theatinerstraße.

LEHEL

Gerne bezeichnet sich das Lehel als erste Eingemeindung Münchens und beruft sich dabei auf die kurfürstliche Bestätigung des Münchner Burgfriedens von 1724. Das stimmt so nicht ganz. Keine mittelalterliche Stadt endete an den Stadtmauern. Es gehörte immer auch der Burgfrieden genannte Bereich außerhalb der Mauern dazu. Zum Münchner Stadtgebiet zählten schon im Mittelalter, lange Zeit vor der kurfürstlichen Bestätigung, neben dem Lehel auch der Gasteig, die Isar-, Ludwigs- und Maxvorstadt. Im Jahr 1724 verzichtete der Herzog allerdings auf gewisse Machtansprüche im Lehel und übertrug sie komplett der Stadt. Wenn der Name Lehel tatsächlich von Lehen kommt, dann ist allerdings nicht überliefert, wer der Lehensherr und wer seine Pächter waren. In späteren Jahren gehörte das Land jedenfalls dem Münchner Adel, vor allem den Grafen von Tattenbach.

Freilich gestaltete sich das Leben vor den schützenden Stadtmauern nicht einfach. Da gab es zum einen die reißende Isar mit ihren weit verzweigten Armen und gefürchteten Hochwassern, zum anderen boten die kargen Böden der Auwälder keine Möglichkeit der Landwirtschaft. Und dann die Kriege: Wer immer München belagerte, hielt sich an den ungeschützten Vororten schadlos. Wie die umliegenden Dörfer wurde auch das Lehel immer wieder von marodierenden Truppen geplündert. Im Österreichischen Erbfolgekrieg brannten habsburgische Truppen das Lehel beinahe komplett nieder. Österreicher waren es auch, die Ende des 18. Jh. mit ihren Kanonen das höchste Gebäude des Lehels, den mächtigen, wehrhaften Roten Turm, der die Isarbrücke bewachte, in Schutt und Asche legten. Die Leheler mussten die Katastrophen geduldig ertragen. Wer sich hier niederließ, gehörte zur Unterschicht, konnte sich das teure Bürgerrecht in-

Paris? Nein, der Isarkai mit der Kirche St. Lukas.

nerhalb der Stadt nicht erkaufen, musste sich entweder als Tagelöhner verdingen oder einem Handwerk nachgehen, zu dem man die Wasserkraft und das Holz der Wälder nutzen konnte. Wie umfangreiche bronzezeitliche Funde an der Ecke Widenmayer-/Liebigstraße zeigen, muss schon in grauer Vorzeit ein Schmied eine Werkstatt mit Schmelzofen betrieben haben.

In vorindustrieller Zeit stellte die Wasserkraft die wichtigste Energiequelle dar. Zahlreiche Mühlen entstanden an den Nebenarmen der Isar, die man Bäche nannte. Schon 1331 stiftete Kaiser Ludwig der Bayer eine Mühle am Köglmühlbach. Sie stand unweit der Stelle, an der heute Altstadtring und Prinzregentenstraße aufeinander treffen, und belieferte hauptsächlich die Hofpfisterei mit Mehl. Doch nicht nur Getreidemühlen profitierten von der Wasserkraft. Die Räder trieben Holzsäge-, Steinsäge-, Papier-, Gips-, Gewürzmühlen und Schmiedehämmer an. Häufig bediente eine Mühle mehrere Handwerke. Neben den Müllern besaß das Lehel mit seinem Wasser auch für Wäscher, Gerber und die Textilindustrie eine hohe Anziehungskraft. Dienstboten karrten Berge von Schmutzwäsche aus der Stadt hinaus zu den »Patschern«, wie die Reinigungsfachkräfte damals genannt wurden. In den Bächen wurde die Wäsche gewaschen, bevor man sie auf den Wiesen zum Trocknen und Bleichen auslegte. Zentrum der Wäschereien war das Gries, heute eine Grünfläche zwischen Vincentinum und Widenmayerstraße, die aber in den nächsten Jahren mit der neuen Synagoge der liberalen jüdischen Gemeinde nach Plänen von Daniel Libeskind bebaut werden soll. Kurfürst Max III. Joseph ließ 1747 eine mit reichlich staatlichen Mitteln ausgestattete Baumwollmanufaktur auf der ehemaligen Stadtbleiche an der Kreuzung Adelgunden-/Mannhardtstraße errichten, die bis 1839 existierte und hunderten Lehelern Arbeit gab. Auch drei Tabakfabriken siedelten sich an. Einer baute sogar am Eisbach Tabak an. Zu den Tabakfabrikanten zählte auch ein gewisser Pietro Paolo de Maffei aus Verona, dessen Sohn Joseph Anton von Maffei im Englischen Garten eine Lokomotivenfabrik gründete, aus der das Industrieunternehmen Krauss-Maffei hervorging.

Größter Wirtschaftsfaktor im Lehel wurde aber der Floßhafen an der Ludwigsbrücke. München unterhielt einst zwei Floßländen: eine zwischen Kohleninsel (heute Museumsinsel) und Lehel sowie eine am Westermühlbach in der Isarvorstadt. In der Mitte des 19. Jh. hatte München den größten Floßhafen Europas.

Erstnennung 1525 als »auf den lehen«
Namensbedeutung entweder von »Lehen«, was aus dem Lehel ein kleines Lehen macht, oder von Lohe (lichter Wald), wonach das Lehel ein kleines Wäldchen war; wird angeblich »Lechel« ausgesprochen, tatsächlich finden sich auf alten Stadtkarten mehrere kleine Wälder, die als »Lechel« bezeichnet werden; seit 1641 unterschied man das untere Lehel (= das heutige Lehel) vom oberen Lehel (= die heutige Isarvorstadt)

Hier legten die Flöße aus dem Alpenvorland an und brachten Waren aus Italien und dem Oberland. Mindestens genauso wichtig war das Floßholz selbst. Die Flöße wurden auseinander genommen und die Baumstämme als Bauholz weiterverwendet. Durch die Sägemühlen, die Schreiner, Zimmerleute, Schäffler und Wagner vor Ort gab es keine langen Transportwege bis zur Weiterverarbeitung. Vom Hafen aus fuhren auch regelmäßig große Linienflöße nach Freising, Passau oder Wien. Der Wasserweg war schneller und billiger als eine Reise mit der Postkutsche.

Gefährlich für die Flößer war nicht nur die unberechenbare Isar selbst, sondern auch die Holztrift. Um den enormen Bedarf der Stadt an Brennholz zu sichern, reichten die umliegenden Wälder längst nicht mehr aus. 1584 verfügte Herzog Wilhelm V., dass das Brennmaterial aus dem Gebirge zu beziehen sei. Die Waldbauern schlugen die Bäume, entasteten sie und warfen die Stämme einfach in die Isar. Die Bäume trieben unkontrolliert flussabwärts, gefährdeten so manches Floß, und landeten schließlich am Wehr an der Praterinsel, von wo aus der Triftkanal quer durch das Lehel führte. Über ein System aus Becken und Schleusen wurden die Stämme zu einer zentralen Lagerstätte nahe der Residenz, dem sogenannten Holzgarten, geleitet. Nicht wenige arme Leheler bedienten sich heimlich im Holzgarten, um ihre bescheidenen Behausungen im Winter zu heizen. Als sich im 19. Jh. die Eisenbahn, von dem Leheler Joseph Anton von Maffei entscheidend gefördert, als günstigeres Transportmittel durchsetzte, endete die Holztrift – und auch für den Hafen kam das Aus. Denn um die beiden innenstädtischen Häfen in der Isarvorstadt und im Lehel zu ersetzen, baute die Stadt die Zentrallände bei Maria Einsiedel, wo heute nur noch Ausflugsflöße landen. Der Triftkanal wurde 1887 aufgefüllt, an ihn erinnert heute nur noch ein Straßenname. Auf dem Gelände des einstigen Holzgartens stehen heute Landesvermessungsamt, Wirtschaftsministerium, Bezirksfinanzdirektion und Bayerisches Nationalmuseum. Am einstigen Kai der Floßlände befindet sich seit 1896 die evangelische Lukaskirche, die Albert Schmidt in einem Mix aus Neugotik und Neoromanik entworfen hatte.

Klosterkirche St. Anna im Lehel

Als wichtiger Hafen und frühes Industriegebiet lockte das Lehel immer mehr Arbeitsuchende aus allen Landesteilen an. Was der zahlreicher werdenden Bevölkerung aber fehlte, war seelsorgerischer Beistand. Darum richteten die Leheler eine Petition an Kurfürst Max Emanuel, den Ordensbrüdern des Hl. Hieronymus die Genehmigung zu erteilen, dass sie sich im Lehel niederließen. Der Kurfürst zeigte sich gnädig, allerdings mussten die Hieronymiten ausreichend Grundkapital vorweisen. Am 19. Mai 1727 legte Kurfürstin Marie Amalie den Grundstein zum Kloster St. Anna, das seitdem das Herz des Viertels ist. Vor allem ab Ende des 18. Jh. ließen sich immer mehr Menschen nieder und errichteten ihre bescheidenen Häuser. Wie in Haidhausen, der Au und in Giesing entstanden sogenannte Herbergen, einfachste Gebäude mit mehreren Besitzern, denn jeder kaufte den Raum oder die Etage, die er bewohnte – letztlich die Vorläufer der Eigentumswohnanlage. Wie die Herbergsviertel in der Au oder in Haidhausen war das Lehel heillos überfüllt. Zwischen Mühlen und Werkstätten, Kloster und Kanälen wurden die Herbergen ohne Plan, Pi mal Daumen gebaut. Jede noch so mistige Kammer, jedes dreckige Loch fand einen dankbaren Untermieter. Schulbildung gab es, obwohl schon seit dem 18. Jh. im Lehel Schulmeister tätig waren, praktisch nicht. Die Kinder mussten mitarbeiten, darum blieb die 1799 zum ersten Leheler Schulhaus umfunktionierte alte Stadtsäge beinahe leer. Das änderte sich freilich im 19. Jh., als die allgemeine Schulpflicht durchgesetzt wurde, und schließlich zog sogar eine altehrwürdige Bildungsanstalt ins Lehel: 1877 eröffnete das seit 1559 existierende Wilhelmsgymnasium sein neues Schulgebäude an der Maximilianstraße.

Ende des 18. Jh. begann München, seine Befestigungsanlagen einzureißen und auf dem Gelände des Burgfriedens Vorstädte zu gründen. Das Lehel wurde 1814 offiziell zur St.-Anna-Vorstadt – ein Name, der sich nie durchsetzte und heute wieder in Vergessenheit geraten ist. Mit der Befreiung von den einengenden Mauern entdeckten Bürgertum und Adel plötzlich ihre Liebe zur Natur, beliebte Ausflugswirtschaften wie die Praterwirtschaft auf der Praterinsel oder der Paradiesgarten schossen wie Pilze aus dem Boden. Kurfürst Karl Theodor erkannte schon früh die Zeichen der Zeit und schenkte seinem plötzlich natursüchtigen Volk einen großzügigen Park. Keimzelle des Parks war das Schönfeld, ein Militärgarten nördlich des Odeonsplatzes (*siehe Schönfeldvor-*

Neben dem Haus der Kunst locken mehrere bedeutende Museen ins Lehel: z. B. das Bayerische Nationalmuseum (li.) und das Völkerkundemuseum.

stadt, Stadtbezirk 3 • Maxvorstadt), den der Kurfürst für seine Soldaten hatte anlegen lassen. Dort sollten sie sich in Friedenszeiten sinnvoll beschäftigen und Gemüse züchten. Nach Auflösung des Militärgartens ließ Karl Theodor den Schwetzinger Hofgärtner Friedrich Ludwig Sckell nach München kommen und beauftragte ihn mit der Gestaltung eines Landschaftsparks von immensen Ausmaßen. Dazu stellte er den Militärgarten, den fürstlichen Hirschanger und die angrenzende Auenlandschaft zwischen dem Lehel und dem fernen Dorf Schwabing zur Verfügung. Das Lehel ist seitdem das Eingangstor zum Englischen Garten, einem der größten Stadtparks der Welt.

Nicht nur der Kurfürst, auch zwei Könige drückten dem Lehel ihre Stempel auf. König Maximilian II. ließ den Architekten Friedrich Bürklein eine neue Prachtstraße vom Max-Josephs-Platz kerzengerade zur Isar hinunter bauen. Drei Jahre dauerten die 1853 begonnenen Bauarbeiten. Da Max II. den klassizistischen Stil seines Vaters ablehnte, wurden die Bauten der Maximilianstraße im neugotischen, englischen Tudor-Stil gestaltet. Bestes Beispiele für den Maximilianischen Stil: Das Völkerkundemuseum, das ursprünglich das Bayerische Nationalmuseum beherbergte sowie die gegenüber liegende Regierung von Oberbayern. Nicht wenige Zeitgenossen, darunter auch Maximilians Vater, der abgedankte Ludwig I., schüttelten schockiert den Kopf und lehnten die Maximilianstraße als architektonische Scheußlichkeit ab.

Auch Ludwig II. wollte seine eigene Prachtstraße quer durchs Lehel zum anderen Isarufer, doch seine Pläne, die ein Opernhaus für Richard Wagner auf der anderen Isarseite als Abschluss vorsahen, scheiterten an leeren Kassen. Immobilienspekulanten und Großgrundbesitzer schlugen der Stadt schließlich einen Deal vor: Sie würden die Grundstücke für eine große Straße stiften, wenn mit einer Brücke der Osten erschlossen würde. Natürlich griff die Stadt zu und die Spender bekamen, was sie wollten: Ihre angrenzenden Grundstücke stiegen beträchtlich im Wert. Prinzregent Luitpold gab nur seinen Namen für das Projekt Prinzregentenstraße und durfte die Brücke stiften, mehr war er nicht beteiligt. Die beiden Prachtboulevards werteten das Lehel gewaltig auf. Bäche wurden kanalisiert und überbaut, die Isarregulierung sorgte dafür, dass sich in dem feuchten, von Seuchen und Krankheiten gebeutelten Viertel die Lebensverhältnisse bedeutend verbesserten. Schmucke, bürgerliche Wohnbauten im Stil des Historismus entstanden, die Herbergen verschwanden langsam aus dem Straßenbild. Das Lehel wurde gutbürgerlich.

Der Zustrom von Neubürgern blieb ungebrochen. Viele der Zuzügler kamen aus dem Osten und waren jüdischen Glaubens, vertrieben von den Progromen in Russland und Galizien. Gemeinsam mit der benachbarten Isarvorstadt, die eine ganz ähnliche, auf den Stadtbächen basierende Industriestruktur aufwies, entwickelte sich das Lehel zum Judenviertel. Alteingesessene jüdische Fabrikanten gaben ihren Glaubensgenossen Arbeit. Doch die meist orthodoxen Ostjuden lehnten die liberale Hauptsynagoge an der Herzog-Max-Straße ab und richteten im Lehel einen eigenen Beetsaal ein. 1882 hatten sie schließlich genug Spenden gesammelt, um die Ohel Jakob Synagoge in der Herzog-Rudolf-Straße zu bauen. Die Synagoge ging in der Reichsprogromnacht 1938 in Flammen auf. Apropos Progrom: Einer, der das Lehel bestens kannte, weil er rund zehn Jahre in der Thierschstraße wohnte, war Adolf Hitler. Ebenfalls in der Thierschstraße war der Verlag Franz Eher Nachf. GmbH beheimatet, das größte Verlags-

Faszinosum Englischer Garten: Der Park gehört bis zum Chinesischen Turm zum Lehel. Die Surfer an der Eisbachwelle kommen mittlerweile aus aller Welt und machen München zur River-Surf-Hauptstadt Deutschlands. Und die Nackerten vorm Monopteros sind längst eine Münchner Institution.

Pfarrkirche St. Anna im Lehel

Die Isar am Lehel: einst die Lebensader des Viertels, heute ein herrliches Naherholungsgebiet.

Altstadt-Lehel in Zahlen
Einwohner 19.207
Fläche 318,47 ha
Ärzte 423
Volksschulen 4
Realschulen 1
Gymnasien 4
Theater 15
Kinos 14
Tourismusbetriebe 34

imperium des Dritten Reichs, in dem das Hetzblatt »Völkischer Beobachter« und Hitlers »Mein Kampf« erschienen. Und Hitler verpasste dem Lehel auch das neoklassizistische Haus der Kunst.

Die Kriegsbomben, die Hitlers Wahn vom Tausendjährigen Reich den Münchnern einbrockte, hinterließen im Lehel eine Trümmerlandschaft. Mindestens genauso desaströs wirkte sich die Stadtplanung der Nachkriegsjahre aus. Für eine autogerechte Stadt wurden breite Schneisen durch die gewachsene Struktur des Viertel geschlagen und viele historische Bauten, die den Krieg überstanden hatten, dem neuen Altstadtring geopfert. Erst erklärte die Stadt das Lehel 1965 zum »Kerngebiet«, was bedeutete, dass es ein reines Gewerbegebiet werden sollte, dann revidierte sie fünf Jahre später ihre Entscheidung und machte das Viertel wieder zum Wohngebiet. Gleichzeitig erlebten viele Alt-Leheler das, was heute unter dem Schlagwort Gentrifizierung viele Stadtteile betrifft: Sie konnten sich ihr Viertel nicht mehr leisten, weil Immobilienspekulanten die Preise in schwindelnde Höhen trieben. Das Lehel stieg in den 1970er Jahren zu einer der begehrtesten Wohnlagen Münchens auf und blieb es bis heute.

Die vielen Bäche, die einst das Viertel prägten, gibt es längst nicht mehr. Ihre Wasserkraft wurde nicht mehr benötigt. Die meisten wurden Ende der 1960er Jahre endgültig trocken gelegt und aufgefüllt. Einzig der Eisbach wird noch in Höhe der Praterinsel aus der Isar abgeleitet und fließt unterirdisch bis zum Haus der Kunst, wo er das Tageslicht erblickt und im Englischen Garten die Nacktbader abkühlt. Die Austrittswelle des Eisbachs an der Prinzregentenstraße ist ein weltbekanntes Paradies für River-Surfer und längst eine Touristenattraktion.

St.-Anna-Vorstadt *(= Lehel)*

Nach der Entfestigung der Stadt München bekamen die neuen Siedlungsgebiete, die unmittelbar an die Altstadt grenzten, alle einen Namen mit »-vorstadt«. So hieß das Lehel ab 14. Dezember 1812 offiziell St.-Anna-Vorstadt, zuvor zählte es als »Äußeres Graggenauer Viertel« zur Graggenau. St. Anna war die Kirche des 1727 gegründeten Hieronymiten-Klosters im damals schon von rund 2.000 Einwohnern besiedelten Auwald links der Isar, den die Einheimischen Lehel nannten. Während der Säkularisation 1807 mussten die Hieronymiten das Kloster räumen, es wurde zur Kaserne umfunktioniert. Die Klosterkirche mit ihrer reichen Rokoko-Ausstattung der Gebrüder Asam erhob man zur Pfarrkirche. 1827 machten die Franziskaner aus der Kaserne wieder ein Kloster, das sie bis heute halten. Direkt gegenüber der Klosterkirche St. Anna wurde 1892 die neue, deutlich größere Pfarrkirche St. Anna im neoromanischen Stil geweiht. Die beiden St. Anna-Kirchen und der verkehrsberuhigte Platz ringsum bilden nach wie vor das Herz der Vorstadt – nur der Name »St.-Anna-Vorstadt« setzte sich nie durch. Längst spricht man auch offiziell (wieder) vom Lehel.
mehr: siehe Lehel

Zum Selbst-Erkunden:

Gotteshäuser (Auswahl):

1. Alter Peter *(kath.), Rindermarkt 1 (Abb.)*
2. Asamkirche *(kath.), Sendlinger Str. 34*
3. Bürgersaalkirche *(kath.), Neuhauser Str. 14*
4. Damenstiftskirche *(kath.), Damenstiftstr. 1*
5. Dreifaltigkeitskirche *(kath.), Pacellistraße 6*
6. Frauenkirche *(kath.), Frauenplatz*
7. Heiliggeist-Kirche *(kath.), Prälat-Miller-Weg 3*
8. Kreuzkirche *(kath.), Kreuzstr. 10*
9. Ohel Jakob Synagoge *(jüd.), St.-Jakobs-Platz 18*
10. Salvatorkirche *(griech.-oth.), Salvatorstr. 17*
11. St. Anna *(kath.), St.-Anna-Str. 19*
12. St. Lukas *(ev.), Thierschstr. 28*
13. St. Michael *(kath.), Maxburgstr. 1*
14. St. Wilibrord *(altkath.), Blumenstr. 36*
15. Theatinerkirche *(kath.), Salvatorplatz 2a*

Museen (Auswahl):

1. Ägyptisches Museum, *Residenz, Hofgartenstr. 1 geplant ab Frühjahr 2012: Gabelsbergerstraße*
2. Alpines Museum, *Praterinsel 5*
3. Bayerisches Nationalmuseum, *Prinzregentenstr. 3*
4. Bier- und Oktoberfestmuseum, *Sterneckstr. 2*
5. Dt. Jagd- und Fischereimuseum, *Neuhauserstr. 2*
6. Filmmuseum, *St.-Jakobs-Platz 1*
7. Haus der Kunst, *Prinzregentenstr. 1*
8. Jüdisches Museum, *St.-Jakobs-Platz 16*
9. Kunsthalle der Hypo-Kulturstiftung, *Theatinerstr. 8*
10. Münchner Kaiserburg im Alten Hof, *Alter Hof 1*
11. Münchner Stadtmuseum, *St.-Jakobs-Platz 1 (Abb.)*
12. Rathausgalerie Kunsthalle, *Marienplatz 8*
13. Residenzmuseum mit Cuvilliéstheater u. Schatzkammer, *größtes Raum-Kunst-Museum Europas, Residenzstr. 1*
14. Sammlung Schack, *Prinzregentenstr. 9*
15. Spielzeugmuseum, *Altes Rathaus, Marienplatz*
16. Staatl. Münzsammlung, *Residenzstr. 1*
17. Staatl. Museum für Völkerkunde, *Maximilianstr. 42*
18. Valentin-Musäum, *Isartor, Tal 50*

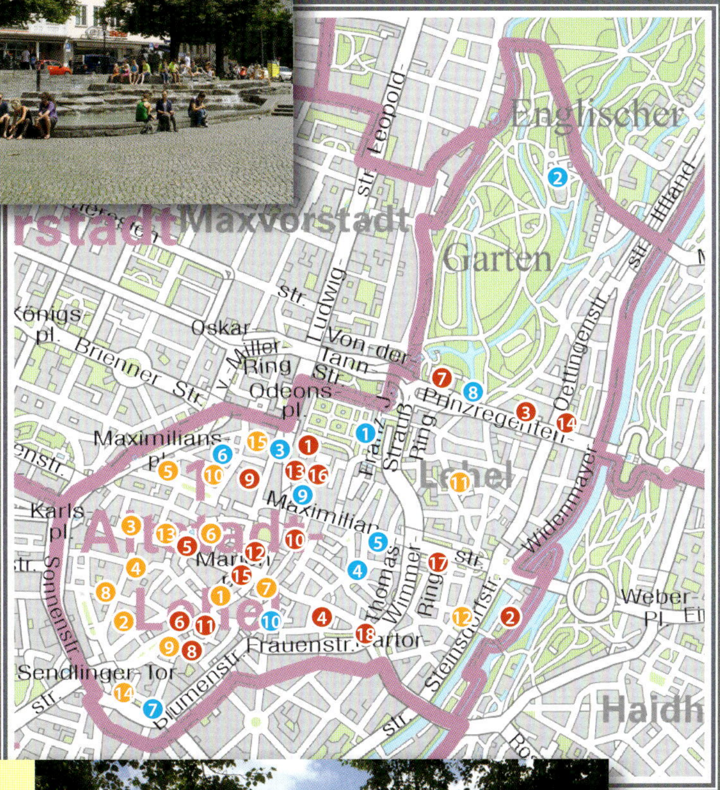

Und sonst:

1. Bayr. Staatskanzlei *(Abb.)*
2. Englischer Garten, Chinesischer Turm
3. Feldherrnhalle, *Odeonsplatz*
4. Hofbräuhaus, *Platzl 9*
5. Kammerspiele, *Maximilianstr. 28*
6. Literaturhaus München, *Salvatorplatz 1*
7. Marionettentheater, *Blumenstr. 29a*
8. River-Surfer am Eisbach
9. Staatsoper, *Max-Joseph-Platz 1*
10. Viktualienmarkt

LUDWIGSVORSTADT

Erstnennung 14. Dezember 1804
Namensbedeutung benannt nach Kronprinz Ludwig, den späteren König Ludwig I.; zuvor das äußere Hackenviertel
Lage zwischen Hauptbahnhof, Lindwurmstraße und Theresienhöhe

Ludwigsvorstadt? Nie gehört. Weite Teile des Viertels werden gemeinhin entweder als der Altstadt oder dem Westend zugehörig empfunden. Kaum ein Münchner Viertel ist selbst Alteingesessenen so unbekannt wie die Ludwigsvorstadt. Dabei war praktisch jeder, ob Einheimischer oder Tourist, schon mal hier: Sei es, um vom Hauptbahnhof zu verreisen, sich im Klinikviertel behandeln zu lassen oder um sich auf dem größten Volksfest der Welt, besser bekannt als Oktoberfest, bis zum Vollsuff zu amüsieren.

Die Ludwigsvorstadt blickt in der Tat auf eine recht kurze Geschichte zurück. Zwar gehörte das Gebiet vor dem Sendlinger Tor schon lange zum Münchner Burgfrieden, doch nennenswerte Besiedlungen gab es keine. Die Münchner pilgerten nur hierher, wenn die beliebten Massenspektakel anstanden: öffentliche Hinrichtungen. Auf dem Galgenberg, Höhe Hackerbrücke, wurde gehenkt und an der Köpfstatt, am Hauptbahnhof, schwang der Scharfrichter sein Schwert. Direkt vor dem Sendlinger Tor an der Teufelsbrücke konnte man auch zuschauen, wie minderschwere Strafen, Auspeitschen, Brandmalen oder Abhacken von Gliedmaßen vollzogen wurden.

Dann eröffneten im Jahr 1751 die Barmherzigen Brüder ihr Krankenhaus vor den Mauern der Stadt und legten damit den Grundstein zum heutigen Klinikviertel. Nur vier Jahre später folgten die Elisabethinerinnen mit ihrem Spital. Die beiden Krankenhäuser blieben bis 1809 in Betrieb, als sie infolge der Säkularisation geschlossen wurden. In jenen Jahren befreite sich München von dem engen Korsett der Stadtmauern, ließ die Wälle schleifen und gründete die Vorstädte auf dem Gelände des ehemaligen Burgfriedens. Die Ludwigsvorstadt war nun plötzlich ohne Hindernisse an die Innenstadt angebunden. Der neue König Max I. Joseph wählte den Ort, um das erste Großbauprojekt seiner Regentschaft zu realisieren: das Allgemeine Krankenhaus. Das von 1809 bis 1813 erbaute Spital geriet zur touristischen Attraktion, die sogar in Reiseführern stand. Die Räume verfügten über ein ausgeklügeltes Ventilationssystem zur Belüftung und – moderner und hygienischer ging es kaum – wassergespülte Toiletten. Ab Mitte des 19. Jh. wuchs das Viertel Klinik für Klinik: Poliklinik, Haunersches Kinderspital, Chirurgische Klinik, Zahnärztliches Institut, Psychiatrische Klinik, Augenklinik sowie die Frauenkliniken und die Dermatologie in der näheren Umgebung und die nichtklinischen Fächer Pathologie und Pharmakologie – jedes Fachgebiet bekam sein eigenes Gebäude. Anfang des 20. Jh. stand eine richtige Krankenhausstadt in der Vorstadt. Der ganze Klinikkomplex gehört heute mit Großhadern zum Klinikum der LMU. Und der Ausbau geht weiter: 2016/17 soll an der Ziemssenstraße eine Portalklinik mit 200 interdisziplinär genutzten Betten, einer Ambulanz, einem Geburtszentrum und einer Notaufnahme entstehen.

Wie das Klinikgelände ist auch der Hauptbahnhof mit seinem Umfeld ein Kosmos für sich. Nachdem 1847 der erste Münchner Bahnhof, kaum mehr als ein Holzschuppen in der Maxvorstadt, niederbrannte, musste ein neues Gebäude her. Als geeigneten Standort wählte man die alte Schießstätte vor dem Neuhauser Tor. Die Schießstätte war ein beliebter Ausflugsort mit Gastwirtschaft. Praktischerweise befand sich in der Nähe auch die Köpfstätte, so dass man keinen weiten Weg von einem Spektakel zum anderen zurücklegen musste. Der Staat kaufte den Schützen das Gelände ab, sie bekamen als Ersatz eine neue Anlage auf der Theresienhöhe. Friedrich Bürklein erbaute den neuen Centralbahnhof ganz im Stil der italienischen Renaissance, schließlich ist München bekanntlich die nördlichste Stadt Italiens. Das alte Bahnhofsgebäude wurde im Zweiten Weltkrieg stark zerstört, der Mittelteil blieb jedoch erhalten. Statt ihn zu renovieren, ersetzte man ihn in den 1950er Jahren durch einen Neubau. Seit einigen Jahren werden Pläne für eine komplette Neugestaltung des Münchner Hauptbahnhofs – momentan der zweitgrößte Personenbahnhof Deutschlands, diskutiert.

Wie in jeder Großstadt prägt der Hauptbahnhof das unmittelbare Umfeld. Dazu gehören Hotels, Strip- und Nachtclubs, Spielhallen und Amüsierbetriebe aller Art. Münchens wildes Nachtleben vor der Einführung der rigiden Sperrbezirke anlässlich der Olympischen Spiele 1972 war legendär. Einige Stripschuppen gibt es immer noch, inzwischen hat sich aber zwischen Bayer,- Schiller-, Landwehr- und Goethe-

02 • LUDWIGSVORSTADT ISARVORSTADT

Gärtnerplatztheater

Blick über die nächtliche Theresienwiese auf die Ludwigsvorstadt

straße ein buntes Klein-Istanbul etabliert, mit orientalischen Läden, Dönerbuden, Im- und Exportläden. Natürlich gehören auch die Schattenseiten eines Bahnhofviertels dazu, Junkies, Obdachlose, Gestrandete, Stricher und Huren. Wer München für zu geleckt hält, war sicher noch nie hier.

Kaum vorzustellen, dass in dieser Umgebung einst deutsche Geschichte geschrieben wurde: Wenige Tage vor Ende des Ersten Weltkriegs fand am 7. November 1918 auf der Theresienwiese eine große Friedenskundgebung statt, bei der auch Kurt Eisner redete. In der folgenden Nacht erklärte Eisner die Monarchie in Bayern für beendet und rief den Freistaat Bayern aus. König Ludwig III. floh bei Nacht und Nebel, er war damit der erste deutsche Monarch, den die Novemberrevolution von 1918 hinwegfegte. Das denkwürdige Ereignis fand im Mathäserbräu in der Bayerstraße statt, wo sich heute ein Kinokomplex befindet, in dessen Eingangshalle eine Gedenktafel an Kurt Eisner, Bayerns ersten Ministerpräsidenten, erinnert.

Ein ganz entscheidender Tag für die Entwicklung der Ludwigsvorstadt war jedoch der 17. Oktober 1810. Zu Ehren der Hochzeit von Kronprinz Ludwig und Therese von Sachsen-Hildburghausen veranstaltete der Bankier Andreas Michael Dall'Armi auf der großen Sendlinger Wiese draußen vor der Stadt ein Pferderennen. Fast ganz München pilgerte zu dem Spektakel, das auf Wunsch des Kronprinzen bereits im nächsten Jahr wiederholt wurde. Die Tradition des Oktoberfests war geboren. Mit den Pferderennen hatte das Oktoberfest zunächst einen eher sportlichen Charakter. Bald kamen die ersten Karusselle hinzu, diverse »Traiteurs« (heute würde man Partygastronomen sagen) versorgten das Publikum mit Erfrischungen. 1819 beschloss die Stadt, das Fest jährlich stattfinden zu lassen. Die Wiese nannte man zu Ehren der Kronprinzessin Thesesienwiese, kurz Wiesn. Gegen Ende des 19. Jh. entwickelte sich das Oktoberfest immer mehr zum Volksfest. Heute zieht die Wiesn jährlich rund 6 Mio. Besucher aus aller Welt an, darunter vor allem Italiener, Australier und US-Amerikaner. Der Trend zur Tracht ist übrigens eine neuzeitliche Erfindung, bis in die 1990er Jahre gingen die Münchner ganz normal gekleidet auf die Wiesn.

Mit dem Oktoberfest erlebte die Ludwigsvorstadt auch eine ihrer größten Katastrophen: Am 26. September 1980 zündete ein Neonazi eine Bombe am Haupteingang, 13 Menschen kamen ums Leben. Eine zweite Katastrophe, bei der 52 Menschen starben, ereignete sich am 17. Dezember 1960, als eine amerikanische Maschine nach dem Start in Riem nicht schnell genug an Höhe gewann und den Turm der St. Paulskirche streifte. Das Flugzeug stürzte auf eine vollbesetzte Straßenbahn an der Martin-Greif-Straße. Die Paulskirche selbst entstand als eine der drei neuen großen Pfarrkirchen in den ständig wachsenden Vorstädten, neben St. Benno in der Maxvorstadt und St. Maximilian in der Isarvorstadt. Der mächtige neugotische Bau wurde 1906 geweiht. In jenen Jahren begannen reiche Münchner die Ludwigsvorstadt zu entdecken und errichteten sich zwischen Theresienwiese und Klinikviertel prächtige Villen, von denen viele heute noch erhalten sind.

Apropos Kirchen: In die Ludwigsvorstadt verbannte der erzkatholische König Ludwig I. einst die erste protestantische Kirche des alten Münchens. Der Sohn einer evangelischen Mutter, Gatte einer evangelischen Königin und Schwiegervater einer evangelischen Schwiegertochter musste dem Druck nachgeben und zähneknirschend einen protestantischen Kirchenbau genehmigen. Er wies ei-

Verrufene Bahnhofsgegend? Zu den vielen Gesichtern der Ludwigsvorstadt gehören auch die Stadtvillen im Wiesenviertel.

nen unattraktiven Bauplatz am nicht sonderlich vornehmen Stachus dafür aus. Die Kirche konnte 1833 eingeweiht werden. Sie stand bis 1938 an der Stelle, an der heute die Straßenbahnhaltestelle Stachus ist. In jenem Jahr ließ Adolf Hitler die Kirche abreißen, um die Sonnenstraße auf »Berliner Maße« zu verbreitern. Der Nachfolgebau, St. Matthäus, entstand 1955 vor dem Sendlinger Tor. Die Matthäuskirche, wegen der geschwungenen Form »Gottes Achterbahn« oder »Christkindls Badewanne« genannt, ist die inoffizielle evangelisch-lutherische Bischofskirche Bayerns.

Die verkehrsumtoste Sonnenstraße hat in den vergangenen Jahren einen Wandel durchgemacht, den man nur nachts erleben kann: Sie ist Münchens neue Amüsiermeile, hier reiht sich Club an Club und schließt die Lücke zwischen dem Partyzentrum Glockenbachviertel und den Diskos am Maximiliansplatz.

Galgenberg

Für Hinrichtungen, jenes beim Volk beliebte Massenspektakel, gab es in den engen Gassen des mittelalterlichen Münchens keinen Platz. Nur gelegentlich wurden besondere Verbrecher auf dem Marienplatz zur allgemeinen Abschreckung geköpft. Ab dem 15. Jh. leistete sich München außerhalb der Stadtmauern zwei Hinrichtungsstätten: Geköpft wurde auf der »Hauptstatt« an der Arnulfstraße, wo heute der Starnberger Bahnhof steht; gehenkt und gerädert wurde beim »Hochgericht« auf dem Hügel an der Straße nach Pasing, etwa in Höhe der heutigen Hackerbrücke zwischen Grasserstraße und Kurt-Härtel-Passage. Schnell bekam die Gegend den Namen Galgenberg. Wer hier gehenkt wurde, blieb zur Abschreckung so lange am Galgen hängen, bis er von selbst abfiel. Weil Maria Anna von Sachsen, Gattin des bayrischen Kurfürsten Max III., sich bei ihren Landpartien von dem Gestank der Verwesenden zu sehr belästigt fühlte, setzte sie es 1774 durch, dass die Toten umgehend beerdigt wurden.

Am Galgenberg wurde nicht nur gehenkt, es loderten auch die Scheiterhaufen. Ein besonders grausames Spektakel erlebten die Münchner im Jahr 1600, als in einem der schlimmsten Hexenprozesse Bayerns das Ehepaar Paulus und Anna Pämb, deren Söhne Gumpprecht, Michael und Hans sowie einige »Spießgesellen« als Hexen öffentlich brutalst gefoltert und dann bei lebendigem Leib verbrannt wurden. Sonst töteten die Münchner ihre Hexen normalerweise, bevor sie sie dem Feuer übergaben.

Der Galgen wurde 1808 abgebrochen. Das Grundstück kauften die Brauereien Pschorr und Ziegler, um hier ihre Bierburgen zu errichten. Der später so beliebte Pschorrkeller stand also genau auf dem Galgenberg. Heute befinden sich auf dem Gelände Neubauten des Europäischen Patentamts und Wohngebäude.

Die Hauptstatt an der Arnulfstraße musste 1778 dem Neubau von zwei Salzstädeln weichen und wanderte hinaus auf das Marsfeld in die Maxvorstadt, was zudem den Vorteil hatte, dass mehr Menschen beim Spektakel zuschauen konnten (nein, das hartnäckige Gerücht, die Köpfstätte hätte auf dem Gelände des Augustinerbiergartens gelegen, ist nicht wahr! Sie lag etwas weiter westlich Richtung Wredestraße). Bis 1861 wurde hier geköpft, danach in der Fronfeste am Anger und später in Stadelheim.

Wiesenviertel

Das weite Gelände zwischen Klinikviertel und Theresienwiese eroberten die wohlhabenden Münchner gegen Ende des 19. Jh. als bevorzugten Standort für ihre Villen. Östlich des Bavariarings reihten sich einst die Palais aneinander.

Tummel- und Rummelplatz Theresienwiese: Auf der Wiesn finden neben dem Oktoberfest auch das Frühlingsfest, das Winter-Tollwood und der jährliche große Flohmarkt statt.

02

Die Ludwigsvorstadt ist bunt und vielfältig, neben Spielhallen und orientalischen Supermärkten gibt es auch Altehrwürdiges wie das Theresiengymnasium (Mi.).

Viele sind heute noch erhalten, sie dienen in der Regel aber Firmen und Kanzleien als repräsentative Sitze. In der Nachkriegszeit entstanden dazwischen Neubauten, die sich in das Gesamtbild nicht einfügen. 1954 legte der Stadtrat für den damaligen Stadtbezirk 9 offiziell den Namen Wiesenviertel fest. Die Anwohner haben jedes Jahr zur Wiesnzeit mit dem Lärm und Dreck der Menschenmassen zu kämpfen, die sich durch die sonst sehr beschaulichen Straßen wälzen.

Historische Bezirke
Ludwigsvorstadt
- Galgenberg
- Wiesenviertel

Isarvorstadt
- Dreimühlenviertel
- Gärtnerplatzviertel
- Glockenbachviertel
- Schlachthausviertel

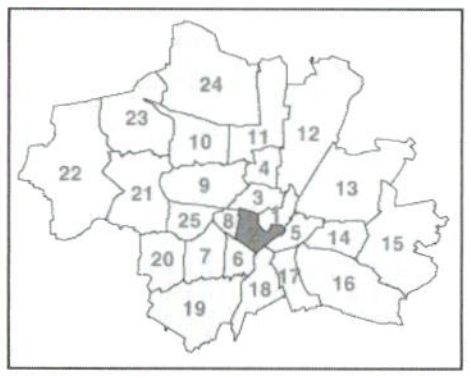

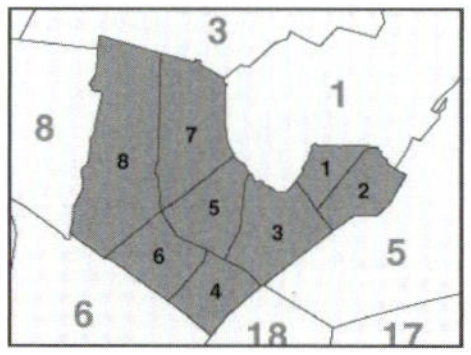

Offizielle Bezirksteile
1 Gärtnerplatz
2 Deutsches Museum
3 Glockenbach
4 Dreimühlen
5 Am alten südlichen Friedhof
6 Am Schlachthof
7 Ludwigsvorstadt-Kliniken
8 St. Paul

ISARVORSTADT

Den wenigsten Bewohnern der zurzeit angesagten Viertel ist bewusst, dass sie zuallererst Isarvorstädter, dann erst Glockenbacher oder Gärtnerplatz- oder Schlachthofviertler sind. Dabei ist Isarvorstadt der älteste Name für die Gegend. Das Areal hat eine lange und bewegte Geschichte, die eng mit den einst zahlreichen Stadtbächen verbunden war. Bis ins Jahr 1907 zweigte links der Isar in Höhe Thalkirchen der Große Stadtbach ab. Er teilte sich an der Ecke Dreimühlen- und Isartalstraße in den Westermühl- und den Pesenbach. Auch diese beiden Hauptbäche zergliederten sich immer weiter in mehrere kleine Arme. Entlang dieser Bäche entstand ein frühindustrielles Gebiet mit zahlreichen Mühlen, die ihre Energie aus dem Wasser zogen. 1345 stiftete Kaiser Ludwig der Bayer dem Heiliggeistspital die Westermühle, eine der größten und wichtigsten Mühlen der kommenden Jahrhunderte in der Isarvorstadt. Die Westermühle an der Holzstraße stand bis 1910.

Da immer wieder desaströse Hochwasser der Isar das Leben in dem Gebiet erschwerten, blieb die Isarvorstadt jahrhundertelang dünn besiedelt. Hierher verbannte man die Pestkranken, hier arbeiteten die Pechsieder. Und hier tobte Weihnachten 1705 auch eine Schlacht zwischen den aufständischen Bauern und den Habsburger Truppen, die München besetzt hielten. In unmittelbarer Folge dieser Schlacht kam es zu dem grausamen Gemetzel bei Sendling, das als Sendlinger Mordweihnacht in die Annalen einging. Erst mit der Entfestigung der Stadt München, mit dem Niederreißen der maroden Stadtmauern schlug die Stunde der Isarvorstadt.

Zu Beginn des 19. Jh. wirkten die wenigen kleinen Häusergruppen rund um die Holzstraße, an der Geyerstraße, bei den Sauställen (Erhardtstraße) oder im Pechwinkel (Palmstraße) auf den Stadtkarten noch wie verlorene Flecken. Hier eine Mühle, da eine Fabrik, dort Sauställe. Im Jahr 1819 zählte die Isarvorstadt 202 Gebäude. Rund 2.300 Menschen lebten hier, darunter 56 Protestanten, 5 Reformierte und 14 Juden. Wegen der vielen Bäche hatten sich vor allem Müller, Gärtner, Milchmänner, Wäscher, Bleicher, Zimmerleute, Floßmeister, Pferdehändler und Tagelöhner angesiedelt. Sie lebten oft in bescheidensten Behausungen, Armut und Not beherrschten den Alltag. Die Milchmänner siedelten bevorzugt bei den Sauställen – seit 1475 durften in der Stadt keine Schweine mehr gehalten werden – und an der Oberen Lände, die Gärtner am Einlaß, bei der Pestalozzistraße und entlang der Baaderstraße bis zum Pechwinkel.

Bereits Anfang des 18. Jh. entdeckte das Militär die Isarvorstadt für sich. So gab es an der Nordseite der Zweibrückenstraße den Militärgalgen. 1703 ließ Kurfürst Max Emanuel das uralte Brechhaus zwischen Baum- und Auenstraße für seine kranken Soldaten beschlagnahmen. Das Brech- oder Pesthaus diente München seit Jahrhunderten als Isolierungsstation für Schwerkranke. 1775 ließ Kurfürst Maximilian III. den Grundstein zu einem neuen Militärlazarett mit 29 Krankensälen an

Erstnennung 14. Dezember 1812
Namensbedeutung benannt nach der Lage zwischen der alten Stadt und der Isar; früher »äußeres Anger-Viertel«

02

der Müllerstraße legen. Nach 1876 diente das Gebäude dem Landwehrbezirkskommando, danach kam das Neue Realgymnasium bzw. Luitpoldgymnasium, dessen berühmtester Schüler einst Albert Einstein war. In diesem Gymnasium kam es im April 1919 auch zum sogenannten Geiselmord, als Anhänger der Räterepublik zehn rechtsextreme Geiseln erschossen. Heute befindet sich an dieser Stelle das Gelände des ehemaligen Heizkraftwerks mit dem markanten Turm, auf dem seit 2009 ein neues, ultra-luxuriöses Wohnquartier namens »The Seven« mit den teuersten Eigentumswohnungen Deutschlands entsteht.

Auf der Kohleninsel (heute Museumsinsel) entstand Anfang des 18. Jh. die Kurfürstliche Isarkaserne. Auf die Kasernen folgte die Kultur. Hier befindet sich seit 1925 der größte Touristenmagnet der Isarvorstadt bzw. ganz Münchens: das Deutsche Museum, größtes Technikmuseum der Welt. Gegenüber am Isarufer befand sich an der Zweibrückenstraße ein Garten der Englischen Fräulein. Dort errichtete Baumeister Franz von Thurn ab 1811 die Schwere-Reiter-Kaserne. Heute stehen hier das europäische und das deutsche Patentamt. Das Militär wurde auch ein Wirtschaftsfaktor und wichtiger Arbeitgeber: Von 1847 bis 1866 rauchten an der Geyerstraße die Essen der Artilleriewerkstätten, zwischen Klenzeschule und dem Postamt an der Fraunhoferstraße arbeiteten die Ouvrierkompagnien, die Festungsmaterial herstellten. Drei Pulvermühlen versorgten die Soldaten mit Schießpulver.

Im 18. Jh. wurde es bei Städtern schick, sich für Gottes freie Natur zu interessieren – und die Auenlandschaft der Isarvorstadt bot reichlich Natur. Kleine Land- und Lustschlösschen inmitten üppiger Gärten schossen wie Pilze aus dem Boden. Für das weniger betuchte Stadtvolk, das frische Luft schnappen und dabei einer trockenen Kehle vorbeugen wollte, gab es etliche Wirtsgärten in der Isarvorstadt. Und es gab auch Münchens Zentralfriedhof, heute der Alte Südfriedhof. In Zeiten, in denen die Pest in München erbarmungslos wütete, legte der Magistrat 1563 auf einem Feld vor dem Sendlinger Tor den ersten Gottesacker außerhalb der Stadtmauern an, um die Leichenberge, die der schwarze Tod hinterlassen hatte, zu bestatten.

Münchens größter Touristenmagnet: das Deutsche Museum.

Impressionen aus dem Glockenbachviertel: Überall gibt es charmante Tagescafés wie hier an der Westermühlstraße; der Alte Südfriedhof ist traumhaft verwunschen und die ensemblegeschützte Hans-Sachs-Straße gehört zu den schönsten Straßen Münchens (v. l.).

Nachdem die innerstädtischen Friedhöfe aufgelöst wurden, blieb er lange Münchens einziger Friedhof, bis 1868 der (alte) Nordfriedhof angelegt wurde. Auf dem Friedhof wird schon lange nicht mehr bestattet. Er ist heute Münchens älteste Grünanlage und eine traumhaft schöne Ruheoase für die Glockenbacher.

Von frischer Luft war im Pechwinkel ursprünglich wohl nicht viel zu spüren. Das Gebiet an der Palmstraße verdankte seinen Namen den »weit draußen« vor der Stadt arbeitenden Pechsiedern. Gleich daneben stand im 14. Jh. der Übungsplatz der Stachelschützen (Armbrustschützen).

Theaterbetriebe wie das volkstümliche Schweigertheater in der Müllerstraße, das berühmt-berüchtigte Kils Kolosseum – Deutschlands größtes Varietétheater –, das Weinmüllersche Sommertheater, Papa Schmids Marionettentheater und natürlich auch das Münchner Aktien-Volkstheater (heute Gärtnerplatztheater) zogen schon seit dem späten 18. Jh. die Amüsierwilligen in die Isarvorstadt. Für noch mehr Amüsement sorgten dann die zahlreichen Bordelle, die sich im Viertel etablierten. Anfang des 20. Jh. gingen zwischen Gärtner- und Baldeplatz mehr als 40 Prozent aller polizeilich registrierten Huren Münchens anschaffen – was nicht zum guten Ruf der Gegend beitrug. Genauso wenig wie die Ansiedlung von Schlacht- und Viehhof im Jahr 1876, der bei bestimmten Wetterlagen mit seinem Blutgeruch noch heute ganzen Straßenzügen das Atmen schwer macht. Immerhin brachte der Schlachthof eine Menge zusätzlicher Arbeitsplätze.

Weil es viel Arbeit gab, vor allem auch in der Textil- und Lederindustrie, zogen Ende des 19. Jh. zahlreiche Juden aus Galizien in die Isarvorstadt. Das Viertel wurde – und blieb es bis heute – das Münchner Judenviertel. Unmittelbar nach dem Ende des Zweiten Weltkriegs wurde die Synagoge in der Reichenbachstraße neu geweiht. Unrühmlicherweise begann im gleichen Viertel auch der Aufstieg der NSDAP, denn Adolf Hitler richtete sein erstes Parteibüro im Hinterzimmer eines Gasthauses in der Corneliusstraße ein und die SA übte auf dem Gärtnerplatz marschieren.

Bis zum Bau der neuen Zentrallände 1896 war die Isarvorstadt auch ein riesiges Hafenviertel, wovon sich heute keine Spur mehr findet. Zahllose Flöße mit Bauholz und Waren aus Italien legten an den beiden Floßländen an. Die eine befand sich an der Geyerstraße, Ecke Am Glockenbach, die andere, größere Lände befand sich zwischen der Kohleninsel, der heutigen Museumsinsel, und dem Lehel. Zeitweise war München der größte Floßhafen Europas und die Isarvorstadt das Sankt Pauli Münchens.

Die Industrie brachte dem Viertel Ende des 19. Jh. auch eine der Münchner Urstraßenbahnen. Der von einem Pferd gezogene Waggon fuhr vom Odeonsplatz über die Hans-Sachs-Straße und die Jahnstraße zur Endhaltestelle Baumstraße, wo er wendete. Wegen ihrer reichhaltigen Industrie gehörte die Isarvorstadt dann zu den Zielen der alliierten Bomben, die München während des Zweiten Weltkriegs verwüsteten. Der Bezirk Isarvorstadt/Glockenbachviertel verlor 226 Gebäude mit 3.135 Wohnungen. Von den Kriegsnarben haben sich viele Ecken des Viertels nie wieder erholt. Traurige, gesichtslose Bausünden aus der Nachkriegszeit finden sich überall zwischen den oft ihres Stucks beraubten Gründerzeitfassaden. Die vielen Bäche, die lange das Gesicht des Viertels geprägt hatten, wurden ab 1965 konsequent aufgelassen und größtenteils zugeschüttet. Einzig der Westermühlbach fließt noch ein Stück offen durch das Schlachthof- und das Glockenbachviertel, bevor er an der Pestalozzistraße unter den Häusern verschwindet und unterirdisch einmal die ganze Altstadt umrundet, bis er im Lehel vor der Staatskanzlei wieder das Licht erblickt und in den Englischen Garten fließt.

Angesichts dieser relativ kurzen Geschichte hat die Isarvorstadt eine rasante Entwicklung hinter sich. Die einst dünn besiedelte grüne Auenlandschaft vor den Toren der Stadt gehört heute praktisch zur Innenstadt. Seit der Nachkriegszeit bis in die 1990er hinein von offizieller Seite konsequent stiefmütterlichst behandelt, entwickelte sich die Gegend mit ihren billigen Mieten, den Striplokalen und heruntergekommenen Hinterhöfen zum Eldorado der alternativen Szene, der Künstler und Schwulen. Freddie Mercury lebte hier und feierte unvergessene Parties. Viele Galerien schossen Ende der 1980er aus dem Boden. Die Kreativen machten die Isarvorstadt hip und angesagt – und zogen den Kommerz nach sich. Aufgrund ihrer Geschichte als Gewerbegebiet, als Kleine-Leute-, Arbeiter-, Rotlicht-, Juden- und Schwulenviertel hatte die Isarvorstadt bis Ende der 1990er Jahre noch eine sehr gemischte Bevölkerungsstruktur mit einem hohen Anteil an sozial Schwachen. Das hat sich in den letzten Jahren rapide geändert, die Mieten und Immobilienpreise sind nicht nur explodiert, sie bewegen sich inzwischen im Bereich des Phantastischen.

Dreimühlenviertel *siehe Schlachthausviertel*

Gärtnerplatzviertel

Den Luxus einer riesigen brachliegenden Fläche zwischen Viktualienmarkt und der weiter südlich boomenden Isarvorstadt konnte man sich Mitte des 19. Jh. nicht mehr leisten. Wohnraum war auch damals heiß begehrt. So legte der Bankier Simon von Eichthal, einer der Gründer der Bayerischen Hypotheken- und Wechselbank, 1835 der Stadt einen Bebauungsplan für seinen Eichthal-Anger vor, nachdem endlich die Fraunhoferstraße als kerzengerade Ausfallstraße fertig gestellt worden war. Eichthals Bebauungsplan landete aber in der Schublade, das Gelände lag weiter brach. Die Münchner bevorzugten die schickeren Neubaugebiete Max- und Ludwigsvorstadt. Simons Sohn Karl präsentierte am 5. Juli 1860 schließlich einen erweiterten Bebauungsplan. Nun sollte auch das Gebiet bis zur Reichenbachbrücke erschlossen werden. Nach zähem Ringen um die Finanzierung einigten sich der Baron und die Stadt: Karl von Eichthal beteiligte sich finanziell an der Kanalisierung der Bäche, die Stadt übernahm dafür die Regulierung und Befestigung der Isar, um das neue Wohnviertel vor Hochwasser zu schützen. Der Isardamm wurde durch Aufschüttungen stark angehoben – heute laufen Wittelsbacher- und Erhardtstraße auf diesem Damm. Im Gegensatz zum wild wuchernden Rest der Isarvorstadt entstand die Bebauung des Eichthal-Angers komplett am Reißbrett, eine sternförmige Anlage. Die Höhe der Häuser entsprach der Breite der Straßen, die Fassaden rund um den Platz sollten alle in Rottönen gestrichen werden (was heute wieder so ist). Es sollte kein Armeleuteviertel entstehen, sondern eine Wohngegend für

Notre Dame an der Isar: St. Maximilian

Kapuzinerkloster und Kirche St. Anton

Ludwigsvorstadt-Isarvorstadt in Zahlen

Einwohner 47.357
Fläche 441,20 ha
Ärzte 198
Volksschulen 7
Realschulen 4
Gymnasien 3
Theater 5
Kinos 32
Tourismusbetriebe 105

02

die Besserverdiener, und die wollten sich nicht mit den bereits existierenden, eher anrüchigen Volksbelustigungen begnügen. 1863 gründete sich daher die »Actiengesellschaft zur Finanzierung eines Volkstheaters«, für das schon ein Jahr später der Grundstein gelegt wurde: das Aktien-Volkstheater, später Gärtnerplatztheater, bildet seitdem das Kernstück des Viertels. Obwohl es sich anfänglich als wirtschaftlicher Flop erwies, stieg das Gärtnerplatztheater ab Beginn des 20. Jh. zu einer der führenden Operettenbühnen, nach dem Zweiten Weltkrieg dann auch zu einer der bedeutendsten Musicalbühnen Deutschlands auf.

Der Name Gärtnerplatzviertel setzte sich erst nach dem Zweiten Weltkrieg durch. Zuvor nannte man es nach der Reichenbachstraße meist Reichenbachviertel. In Zeiten, in denen das Glockenbachviertel noch ein gewaltiges Imageproblem hatte, nannte man die ganze Isarvorstadt Gärtnerplatzviertel, mittlerweile ist es umgekehrt und selbst Teile von Sendling laufen heute unter dem Namen Glockenbachviertel. Sehr zum Ärger der Anwohner entwickelte sich der Gärtnerplatz in den letzten Jahren zum nächtlichen Treff für Freiluftparties in lauen Sommernächten.

Glockenbachviertel

Wo genau sich die Glockengießerei zwischen 1476 und 1671 befand, die dem Glockenbach und damit dem Viertel den Namen gab, ist unsicher. Vermutlich an der Pestalozzistraße beim seitlichen Eingang zum alten Südfriedhof, denn hier zweigte der Glockenbach einst vom Westermühlbach ab. Die Pestalozzistraße hieß früher Glockengasse. Heute gibt es nur noch einen einzigen Bachlauf mit unterschiedlichen Namen, was für Verwirrung sorgt. Wichtig ist hier nur: Der offen durchs Viertel fließende Bach ist der Westermühlbach. Der Glockenbach existiert unterirdisch.

Der Name Glockenbachviertel tauchte erstmals 1954 offiziell auf. Mit dem Glockenbachviertel meint man heute im Wesentlichen die alte Isarvorstadt. Lange bevor das Gärtnerplatz- und das Schlachthofviertel erschlossen wurden, gab es hier bereits Industrie und eine Infrastruktur. In Pestzeiten stand hier das Brechhaus (heute Baumstraße 5-7) zwischen zwei Bachläufen, wohin man die Siechenden verbannte. Genau gegenüber befand sich die einzige Schule der Gegend. An der heutigen Palmstraße siedelten in Münchens Kindertagen die Pechsieder, daher hieß die Gegend bis in die 1920er Jahre noch Pechwinkel. Im Gebiet von Geyerstraße/Karl-Heinrich-Ulrichs-Platz gab es einen großen Floßhafen, der das Glockenbachviertel zu einem regelrechten Hafenviertel machte.

Das heutige Herzstück des Viertels ist aber die Hans-Sachs-Straße mit ihren größtenteils erhaltenen Gründerzeitfassaden, die seit 1981 unter Ensembleschutz steht und heute als eine der schönsten Straßen Münchens gilt. Sie ist eine städteplanerische Spätgeburt und verdankt ihr Entstehen einem Immobilienspekulanten, der alle unbebauten Grundstücke zwischen Westermühl-, Jahn-, Müller- und Holzstraße aufkaufte. Zuvor hatten der Turnverein 1860 München und ein großes Freibad an der Ecke Müllerstraße das Gelände genutzt. Acht Architekten zogen zwischen 1897 und 1900 die Hans-Sachs-Straße hoch. Die prunkvollen

Fassaden und Hauseingänge verraten heute noch, dass das Konzept sich von dem Glasscherbenviertel in den Straßen ringsumher deutlich abhob.

Das Glockenbachviertel war schon im 19. Jh. ein Ausgeh- und Amüsierviertel mit viel Rotlicht. In der Nachkriegszeit galt es als Rock'n'Roll-Hochburg mit enormer Kneipendichte, es gab auch Striplokale und Hurenbars. Die Gegend war zudem bereits zwischen den beiden Weltkriegen eine Art Schwulenzentrum Münchens, nach dem Krieg und speziell ab den späten 1960er Jahren entwickelte es sich wieder zum Schwulenviertel. Mit dem Ochsengarten an der Müllerstraße öffnete 1967 Deutschlands erste Lederbar. Gerade das bunte Nachtleben, die große Kneipendichte machte in den letzten Jahren aus dem Glockenbachviertel Münchens begehrtestes Wohn- und Ausgehviertel.

Schlachthausviertel

Einst schlachtete in München jeder, wo er wollte. Schlachtabfälle, die über die vielen Stadtbäche entsorgt wurden, bildeten eine ständige Gefahrenquelle. Irgendwann begriffen auch die größten Zweifler, dass es zwischen der mangelnden Hygiene und den Cholera-Epidemien, die in München im 19. Jh. wüteten, einen Zusammenhang gab. Also beschloss die Stadt auf Anregung des Hygieneprofessors Max Pettenkofer die Einrichtung eines zentralen Schlacht- und Viehhofes weit draußen vor der Stadt in der eh nicht sonderlich gut beleumundeten Isarvorstadt. Hier gab es zudem damals noch den Südbahnhof, was die Transportproblematik erheblich vereinfachte. In zwei Jahren Bauzeit eröffneten 1876: 3 Großviehschlachthallen, 2 Kälberschlachthallen, 1 Schweineschlachthalle, die Sanitätsanstalt, die Kuttelei, 2 Reservestallungen, 2 Markthallen für Großvieh, 1 Markthalle für lebende Kälber, geschlachtete Kälber und Schweine sowie die Gaststätte. Nach dem Zweiten Weltkrieg entschied sich der Stadtrat für die Standorterhaltung und gegen eine Verlagerung an den Stadtrand.

Das Schlachhofgelände ist längst erheblich geschrumpft. Ein großes Areal an der Kapuzinerstraße wich dem Neubau des Arbeitsamtes. 1957 wurde das Schlachthausviertel offiziell der Name für den Bezirk. Im Zuge der Aufwertung der Isarvorstadt und vor allem im Fahrwasser des benachbarten Glockenbachviertels wurde auch das Schlachthofviertel seit Ende der 1990er zum In-Viertel und Hotspot. Heute spricht man fast ausschließlich vom »Schlachthof«-, nicht mehr vom »Schlachthaus«-viertel. Teile des Viertels südöstlich der Thalkirchner Straße pochen seit wenigen Jahren darauf, nicht mehr das Schlachthof-, sondern das Dreimühlenviertel zu sein. Durch den Parklizenzbereich Dreimühlenviertel setzt sich der Name langsam auch offiziell durch.

Zum Selbst-Erkunden:

Gotteshäuser (Auswahl):

1 St. Andreas *(kath.), Zenettistr. 46*
2 St. Anton *(kath.), Kapuzinerstr. 34*
3 St. Matthäus *(ev.), Nußbaumstr. 1 (Abb.)*
4 St. Maximilian *(kath.), Deuterstr. 4*
5 St. Stephan *(kath.), Alter Südfriedhof*
6 St. Paul *(kath.), St.-Pauls-Platz 10*

Museen:

1 Deutsches Museum, *größtes Technikmuseum der Welt, Museumsinsel 1*
2 Kunstraum München, *Holzstr. 10*

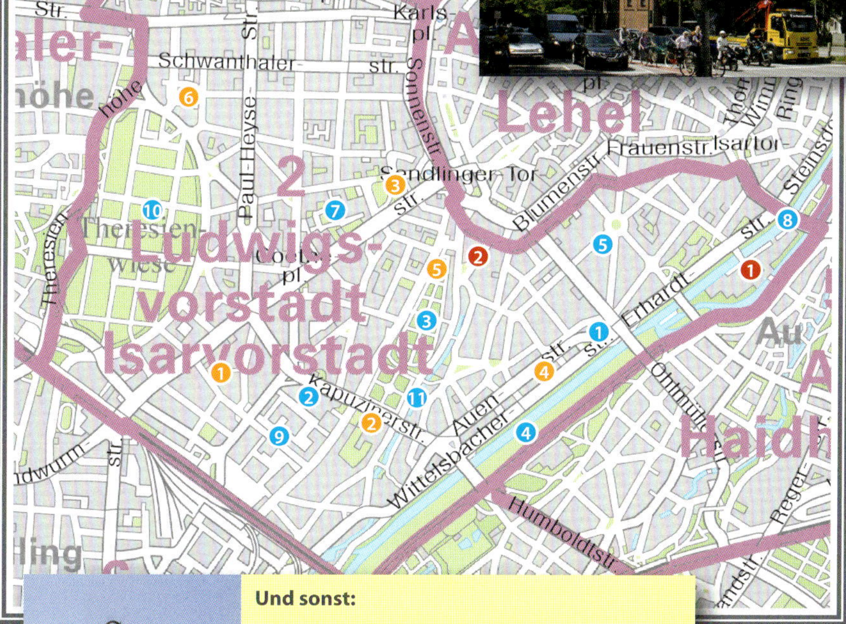

Und sonst:

1 24-Stunden-Kiosk, *Reichenbachbrücke*
2 Agentur für Arbeit, *Kapuzinerstr. 26*
3 Alter Südfriedhof, *Münchens schönster Friedhof und die älteste Grünanlage der Stadt*
4 Frühlingsanlagen, *renaturierter Isarstrand*
5 Gärtnerplatztheater, *Gärtnerplatz 3*
6 Hauptbahnhof
7 Klinikviertel
8 Ludwigsbrücke, *Urbrücke, die zur Gründung Münchens führte*
9 Schlachthof
10 Theresienwiese (Wiesn)
11 Westermühlbach, *offener Bach entlang der Pestalozzistraße*

Kaiser Ludwig der Bayer-Denkmal

MAXVORSTADT

Die Gerüchteküche brodelte seit 1779. Kurfürst Karl Theodor, so munkelte man, plane eine neue Stadt vor dem Schwabinger Tor! Karlstadt solle sie heißen. Das sah dem »neig'schmeckten« Herrscher ähnlich, grollte man, denn die Münchner mochten Karl Theodor nicht. Stammte der neue Kurfürst doch aus der pfälzischen Seitenlinie der Wittelsbacher. Nach dem Aussterben der bayerischen Wittelsbacher zum Regenten der Bayern aufgestiegen, hatte Karl Theodor seine Residenz von Mannheim nach München verlegen müssen und mehrere tausend Pfälzer in seinem Gefolge mitgebracht, was die Wohnungsnot erheblich verschärfte. Erst zehn Jahre später beruhigte sich die Volksseele, als statt einer neuen Stadt das Projekt Englischer Garten vorgestellt wurde. Damit waren aber Pläne für neue Vorstädte nicht vom Tisch. 1791 schließlich kam der Startschuss für die Entfestigung Münchens, die Bastionen wurden geschliffen und in den Folgejahren entstanden Isar-, Ludwigs-, Max-, St. Anna- und die heute völlig vergessene Schönfeldvorstadt.

Karl Theodors Nachfolger, Bayerns erster König Maximilian I. Joseph, wählte das Gebiet zwischen Karlstor und Schwabinger Tor als idealen Raum für neue Wohnanlagen. Er ließ das Kapuzinerkloster, das auf der Bastion am heutigen Lenbachplatz stand, abreißen, der Platz wurde eingeebnet, um den Dultplatz (heute Maximiliansplatz) zu gewinnen. Die riesige freie Fläche des Dultplatzes verspotteten die Münchner übrigens als »Sahara«. Erst Ende des 19. Jh. schuf der Hofgartendirektor Karl Effner die Gartenanlage, die auch heute noch dem Platz seinen Charme verleiht.

Schon warfen Baumeister begehrliche Blicke auf die anschließenden Wiesen und Felder Richtung Schloss Nymphenburg und Schwabing. Rings um die wichtigste Straße Richtung Westen, den Fürstenweg, stand reichlich Bauplatz zur Verfügung. An dieser Straße (heute die Brienner Straße) sollten Villen mit großen Gärten entstehen. Weniger großzügig ging es nördlich davon zu, hier plante man ein Viertel mit rationellem Straßenraster und engen Straßen. Südlich der Brienner Straße bis zum Stachus wünschte der Generalplan eine eher künstlerisch-verspielte Bebauung. Doch blieb in diesem Plan ein wunder Punkt ungeklärt: Was sollte vor dem Schwabinger Tor passieren? Nun mischte sich Kronprinz Ludwig ein, der sich in seinem jungen Leben bisher mehr für die Kunst und Frauen als für Politik interessiert hatte. Er zauberte Architekt Leo von Klenze aus dem Ärmel und beauftragte ihn mit dem Bau der Glyptothek. Klenze, wie der Kronprinz ein Fan der antiken Architekturformen, sollte Ludwigs Konzept für die Maxvorstadt umsetzen: das »Isar-Athen«. Klenze ließ das Schwabinger Tor abreißen und die Wallaufschüttungen einebnen, um den Odeonsplatz zu schaffen. Und er verlegte zudem den Schwerpunkt der Bauarbeiten Richtung Norden. Nicht die Brienner Straße sollte die Hauptachse sein, sondern der neue Prachtboulevard Ludwigstraße mit dem imposanten Basargebäude und einer Reihe von vornehmen Bürgerhäusern. Ein Projekt, über das damals ganz München lachte. Man hielt den Kronprinzen für – vorsichtig formuliert – ziemlich abgehoben. Der Germanist Andreas Schmeller spottete 1829 über die Ludwigstraße als »königliche Idee, nun einmal eine grandiose Gasse zu haben« und sprach damit den Münchnern aus der Seele.

Erstnennung 14. Dezember 1812 als Maximiliansvorstadt
Namensherkunft benannt nach Bayerns 1. König Maximilian I. Joseph, zuvor als »äußeres Kreuzviertel« zum Kreuzviertel gerechnet

Mit der Einweihung des Kriegsministeriums (heute Staatsarchiv) fand Klenzes Ludwigstraßen-Konzept 1830 seinen Abschluss. Da zählte Klenze bereits nicht mehr zu Ludwigs Favoriten. Der launische König, seit 1825 auf dem Thron, hatte den Baumeister fallen lassen wie eine heiße Kartoffel. Sein neuer Liebling war Friedrich von Gärtner. Er versprach eine schnellstmögliche Fertigstellung der Ludwigstraße und legte sich gewaltig ins Zeug. Mit der Staatsbibliothek, dem Damenstift, der Ludwigskirche und vor allem der Universität sowie dem gegenüberliegenden Priesterseminar setzte Gärtner neue städtebauliche Akzente, da er nicht Klenzes Klassizismus, sondern die Romantik bevorzugte. Beginn und Ende der Ludwigstraße lagen ebenfalls in Gärtners Händen: Die Feldherrenhalle wurde 1844, das Siegestor 1850 fertiggestellt.

Da stand sie nun, die von Klenzes verhasstem Konkurrenten fertiggestellte Monumentalstraße Ludwigs – zwei geschlossene, massive Häuserzeilen ohne Gärten, dazwischen viel Pflaster. Und ringsherum? Nichts als Felder und Wiesen, einige Gartenvillen und Kasernen. Die Münchner schüttelten wieder die Köpfe, ihr König hat-

»Wunden der Erinnerung«: Am Rossbändiger hinter der Alten Pinakothek sind die Einschusslöcher aus dem Zweiten Weltkrieg als Mahnmal zum Frieden durch eine Tafel deutlich gemacht.

03 · MAXVORSTADT

Das Isar-Athen: die Propyläen am Königsplatz

Wenn man von Norden kommt, heißt es: Gleich beim Siegestor fängt die Maxvorstadt an …
Die Fachhochschule München liegt an der Grenze zu Neuhausen.
In St. Benedikt ruhen die Gebeine von König Ludwig I. und Königin Therese. (Bilder v. o.)

te ihnen eine Art potemkinsches Dorf vor die Nase gesetzt, eine Straße im Nirgendwo, die nirgendwohin führte. Das ferne Dorf Schwabing im Norden interessierte nicht wirklich. Noch dazu – und darunter leidet die Ludwigstraße bis heute – hatte man auf ausdrücklichen Wunsch Ludwigs keine Ladenlokale eingeplant, weshalb ein Bummel entlang des Prachtboulevards nicht verlockend war.

Klenze hinterließ nicht nur an der Ludwigstraße seine Spuren. Er gestaltete den Königsplatz mit der Glyptothek – Münchens erster Museumsbau – und baute ein pseudogriechisches, symbolisches neues Stadttor an das damalige westliche Ende München: die Propyläen. Er setzte ein Museum mitten in die grüne Wiese – die (Alte) Pinakothek – und entwarf den 29 m hohen Obelisken am Karolinenplatz. Der 1833 errichtete Obelisk wurde aus erbeuteten türkischen Kanonen gegossen und erinnert seitdem an die 30.000 Bayern, die in Napoleons Feldzug gegen Russland kämpften. Von ihnen kehrten nur 2.000 lebend zurück. Gegossen wurde der Obelisk in der kgl. Erzgießerei, Erzgießereistraße 14.

Wie es mal in der alten Maxvorstadt ausgesehen haben mag, davon vermitteln noch ein paar Palais entlang der Brienner Straße und am Karolinenplatz einen kleinen Eindruck. Bereits im 19. Jh. ging das einstige Flair einer lockeren Gartensiedlung verloren. Ökonomische Interessen standen damals schon im Vordergrund. Gebaut wurde billig. Spekulanten witterten das schnelle Geschäft. 1828 gab es in der Maxvorstadt erst 676 und dreißig Jahre später schon 1.237 Gebäude.

Aber in der Maxvorstadt wurde nicht nur residiert oder einfach gewohnt, sondern auch gelernt. 1826 verlegte Ludwig I. die Universität von Landshut nach München. München wurde Studentenstadt. Mittlerweile hat die LMU 18 Fakultäten. Die heute rund 92.000 Münchner Studenten verteilen sich auch auf die 1868 eingerichtete Technische Universität München (TUM), die 1886 erbaute Akademie der Bildenden Künste sowie die Hochschule für Philosophie, das Historische Kolleg, die Hochschule für Musik und Theater, die Hochschule für Film und Fernsehen (sie zieht 2012 von Giesing ins Viertel), das Orff-Zentrum und das Zentralinstitut für Kunstgeschichte. Wobei viele Fakultäten, Zweigstellen und Institute längst nicht mehr in der Maxvorstadt angesiedelt sind.

Auch das Militär belegte große Flächen in der Maxvorstadt, nicht nur für das Kriegsministerium an der Ludwigstraße, sondern auch für seine Kasernen und Exerzierplätze. Uniformierte gehörten lange Jahre ganz selbstverständlich zum Straßenbild. An der Theresienstraße entstanden bereits während der Napoleonischen Kriege große Wohn- und Stallbaracken. Eine Zündhütchenfabrik machte die Gegend noch unattraktiver. Ursprünglich sollte auch der Königsplatz mit Armeegebäuden umrandet werden. Doch die schwierigen Eigentumsverhältnisse verhinderten (bis in die Nazizeit) die militärische Nutzung. Stattdessen entstand 1823 auf einer Wiese zwischen Türken-, Gabelsberger-, Barer- und Theresienstraße die Türkenkaserne. Nach dem Zweiten Weltkrieg riss man die Kaserne ab. Der südliche Teil, auf dem heute die Pinakothek der Moderne steht, war seit den 1970ern nach dem hier regelmäßig gastierenden Zirkus als »Roncalliplatz« bekannt.

Das Revolutionsjahr 1848 brachte den Bayern nach dem Rücktritt Ludwigs I. einen neuen König. Max II. fürchtete weitere Revolutionen und ließ starke Kontingente in der Hauptstadt zusammenziehen, für die man nun dringend Unterkünfte benötigte. Dazu requirierte man kurzerhand die beiden großen Salzstädel an der Salzstraße (heute Arnulfstraße), in denen seit 1780 Salz und Getreide gelagert wurde. Die benachbarten Wirte schäumten vor Wut. Die Soldaten schwemmten zwar Umsatz in die Kassen, gleichzeitig belagerten sie aufgrund der miserablen sanitären Verhältnisse in der Salzstädelkaserne die Toiletten der Wirtshäuser und verschreckten so die Gäste. 1890 ließ man schließlich die Kaserne abreißen, um die Straße zu erweitern, weil der geplante und 1893 errichtete Starnberger Bahnhof großzügige Zufahrtswege verlangte.

Weiter westlich nutzten schon die Truppen der Kurfürsten die Neuhauser Heide als Exerzierplatz und Übungsgelände: das Marsfeld. Die starke Militärpräsenz brachte es auch mit sich, dass in der Maxvorstadt legale wie illegale Freudenhäuser zum Straßenbild gehörten. Leichte Mädchen, schwere Jungs und dazu noch Studenten und Künstler – kein Wunder, dass sich die Maxvorstadt Ende des 19. Jh. zum Bohèmeviertel entwickelte. Deren Protagonisten machten keinen Unterschied zwischen den einzelnen Stadtvierteln, pendelten zwischen Schwabing und Maxvorstadt hin und her – so wurde kurzerhand alles zu Schwabing, was nördlich des Odeonsplatzes im damals heißesten Viertel der Stadt lag. Das blieb hängen, bis heute spricht man selbst von offizieller Seite immer noch gerne von Schwabing, wenn man die Maxvorstadt meint. Aber Schwabing, so hieß es ja schon damals, ist kein Ort, sondern ein Zustand. Der Zustand fand in der Maxvorstadt statt.

Die wilden Partys stiegen im Simplicissimus, Türkenstraße, und im Café Stefanie,

Blick von der Schellingstraße zur Ludwigskirche

Glyptothek am Königsplatz

Theresien-/Ecke Amalienstraße. Kandinsky erfand die Abstraktion, Marc schockte mit blauen Pferden, Thomas Mann war zu Gast bei Séancen im Palais Adalberts von Schrenck-Notzing, Ringelnatz schmückte das Schaufenster seines Tabakladens »Zum Hausdichter« mit einem Skelett und Franziska zu Reventlow lebte unverblümt die freie Liebe – »Schwabylon« lockte Künstler aus der ganzen Welt an. Selbst Picasso sagte, Kunst könne man am besten in »Munick« studieren. Malerfürsten wie Lenbach oder Kaulbach regierten von der Maxvorstadt aus. Künstlervereinigungen wie die Allotria, die Secession und der Blaue Reiter arbeiteten, lebten, stritten und feierten im Viertel. In einem Rückgebäude der Türkenstraße 28, hinter dem Gasthaus Zum Goldenen Hirschen, hoben die »Elf Scharfrichter« 1901 Deutschlands erstes politisches Kabarett aus der Taufe. Nach dem Krieg lebte die »Schwabing«-Legende im Alten Simpl, dem Nachfolger des Simplicissimus, an der Türkenstraße bis Ende der 1980er Jahre weiter.

Scharfrichter ganz anderer Art gehör(t)en auch zum Viertel. Noch heute stehen hier die beiden Justizpaläste zwischen Lenbachplatz und Hauptbahnhof, außerdem das Strafjustizzentrum an der Nymphenburger Straße und das Landeskriminalamt an der Maillingerstraße. Früher zählten Tod und Folter zu den probaten Mitteln der Justiz: Am Südende des Marsfelds, gegenüber dem Augustinerkeller, lag bis 1861 die öffentliche Hinrichtungsstätte, die »Hauptstatt«. Hier wurde mit dem Schwert geköpft und mit dem Rad gefoltert. Ähnlich imageschädigend: die erbärmlichen Siedlungen der Brauerei-, Eisenbahn-, und Erzgießereiarbeiter entlang der Sand- und westlichen Gabelsbergerstraße. Auch der erste Bahnhof Münchens lag übrigens einst in der Maxvorstadt auf dem Marsfeld: etwas nördlich der Hackerbrücke. Der hölzerne Bau brannte aber 1847 ab, als neuen Lageplatz wählte man das Gebiet bei den Salzstädeln. Doch diese Gegend jenseits von Hauptbahnhof und Dachauer Straße, weit weg von der royalen und eleganten, gleichzeitig bohèmen und intellektuellen Maxvorstadt, blieb bis in unsere Tage ein Stiefkind. Hier befinden sich zum einen das Sendezentrum des Bayerischen Rundfunks, zum anderen die Großbrauereien Spaten-Franziskaner und Löwenbräu – noch, denn die komplette Betriebsverlagerung der Münchner Biergiganten, die längst internationalen Konzernen gehören, ist beschlossene Sache. Teile des Löwenbräugeländes sind bereits mit luxuriösen, gesichtslosen Appartementhäusern bebaut.

Architektonisch und ideell vergewaltigte ein enttäuschter Möchtegern-Bohèmien die Maxvorstadt. Als Adolf Hitler Ende Mai 1913 zur Untermiete in die Schleißheimer Straße 34 zog, fühlte er sich in München, dem Mekka der deutschen Kunst, angekommen. Auf seinen Werdegang in München soll hier nicht weiter eingegangen werden. Dazu gibt es Literatur genug. Sein Aufstieg begann jedenfalls auch in der Maxvorstadt, genauer gesagt im Salon seines engagierten Förderers, des Verlegers Bruckmann am Karolinenplatz 5. In der Schellingstraße 50 richtete er die Geschäftsstelle der NSDAP ein. 1931 machte er das Palais Barlow an der Brienner Straße zur Reichsgeschäftsstelle der NSDAP. Besonders abgesehen hatte er es auf den Königsplatz, dort fand nicht nur die Bücherverbrennung »volksentfremdeter« Autoren statt, Hitler ließ den Platz mit 21.545 Granitplatten zum Aufmarschplatz pflastern. Erst 1988 wurde der Platz wieder in seinen grünen Urzustand zurückversetzt. Am Rand des Königsplatzes entstanden der Führerbau (heute Musikhochschule), der Verwaltungsbau der NSDAP (heute Zentralinstitut für Kunstgeschichte) und die beiden »Ehrentempel« für die Toten des Hitlerputsches.

Nach und nach verleibten sich Hitlers Schergen das ganze Geviert zwischen Karl-, Barer-, Gabelsberger- und Arcisstraße ein. Von Kraft durch Freude, über die Oberste SA-Führung bis zur Reichszentrale Durchführung Vierjahresplan zogen alle wichtigen NS-Organisationen in die Maxvorstadt. Und sie bauten auch eine Stadt im Untergrund, denn sie verbanden die wichtigsten Gebäude durch ein System von Tunneln und unterirdischen Räumen. Hitler plante sogar, die kleine grüne Lunge der Maxvorstadt, den romantischen alten Nordfriedhof, einzuebnen und sich auf dem Gelände einen Altersruhesitz zu errichten.

Doch das »Viertel der Bewegung« war auch das »Viertel der Gegenbewegung«. Die Mitglieder der »Weißen Rose« um die Geschwister Scholl und Professor Huber riefen an der Universität zum Widerstand gegen das Terrorregime auf.

Nachdem alliierte Bomber die zwölf Jahre Schreckensherrschaft beendet hatten, glich die Maxvorstadt einem einzigen Trümmerfeld. Bildungseinrichtungen, Großbrauereien, Verwaltungszentralen und natürlich Hitlers Parteizentrale hatten sie zum bevorzugten Ziel der alliierten Bomber gemacht. 1939 lebten hier noch rund 22.000 Menschen, nach Kriegsende nur noch knapp die Hälfte. Konsequent ging die Stadt daran, das Areal nicht verstärkt bewohnbar zu machen – der Flächennutzungsplan sah neue Bürobauten statt Wohnhäuser vor. Altbauten, die den Krieg überstanden hatten, galten als nicht mehr zweckmä-

Mehrere Museen von Weltrang liegen in der Maxvorstadt dicht beieinander, darunter die Alte Pinakothek, die Neue Pinakothek und die Pinakothek der Moderne (v. o.)

Historische Bezirke
Maxvorstadt
- Arnulfpark
- Marsfeld
- Oberwiesenfeld
- Schönfeldvorstadt
- St.-Benno-Viertel
- Stadtquartier Lenbachgärten
- Wohnheimsiedlung Maßmannplatz

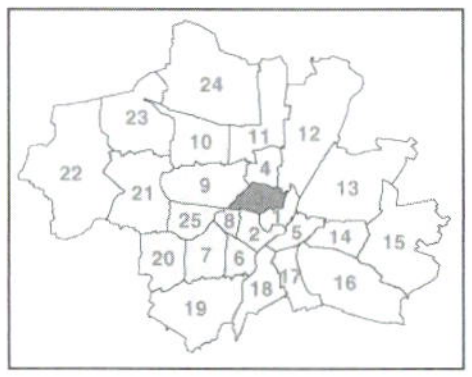

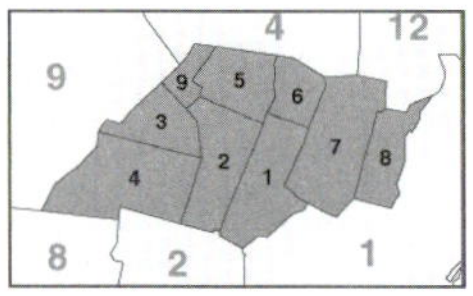

Offizielle Bezirksteile
1 Königsplatz
2 Augustenstraße
3 St. Benno
4 Marsfeld
5 Josephsplatz
6 Am alten nördl. Friedhof
7 Universität
8 Schönfeldvorstadt
9 Maßmannbergl

ßig und wurden abgerissen – die »Zweite Zerstörung Münchens« begann. Gleichzeitig dehnte sich die Ludwig-Maximilians-Universität ins Viertel aus, überall entstanden ausgelagerte Institute. Und da München sowieso eine autogerechte Stadt werden sollte – damals das Schlagwort, um sich als Städteplaner up to date zu zeigen –, pflügte man den Altstadtring quer durch die Maxvorstadt. Die Aktion Maxvorstadt gründete sich, engagierte Bürger begehrten auf gegen die weitere Ausdehnung der LMU, die blinde Bauwut und damit gegen die totale Zerstörung des Viertels. Erst ab Mitte der 1970er Jahre begann das Umdenken bei den Verantwortlichen. Besonders wegen der Uninähe stieg die Maxvorstadt ab den 1980ern wieder zum beliebten Wohnviertel vor allem bei Studenten auf. Der Anteil der 20- bis 30-Jährigen ist auch heute noch besonders hoch. Der »Schwabing«-Faktor zog erneut. Langsam etablierte sich wieder eine Art kreativer Szene, die Kneipen wurden bunter und interessanter. Innenstadtnähe, optimale Verkehrsanbindung und der hohe Freizeitwert durch den Englischen Garten führten besonders in den letzten Jahren dazu, dass die Maxvorstadt von den Heuschrecken der Immobilienbranche abgegrast wird und der Wohnungsmarkt teilweise Mondpreise fordert.

Die Maxvorstadt zeigt sich gegenwärtig auf den ersten Blick nicht als homogener Bezirk. Im Westen trennen die Ausfallstraßen Seidl- und Dachauer Straße den immer noch von Industrie- und Brauereien geprägten Teil so sehr ab, dass er allgemein als zu Neuhausen zugehörig empfunden wird. Die Gegend um Karl-, Gabelsberger- und Schleißheimer Straße bis zum Hauptbahnhof ist weiterhin geprägt von der Bahnhofsnähe mit hohem Ausländeranteil und vielen gestrandeten Existenzen, die in den sozialen Einrichtungen der Gegend Hilfe finden. Die Fläche rund um den Maximiliansplatz hat sich mit seinen zahlreichen Clubs und Diskotheken inzwischen als Kunstpark Mitte etabliert (in Anspielung auf den ehemaligen Kunstpark Ost, dem früheren Pfanni-Werksgelände in Berg am Laim, der heute Kultfabrik heißt). Der Welt größtes Kunstareal mit den drei Pinakotheken, beinahe unzähligen weiteren Museen sowie der Königsplatz stehen im Kontrast zu der engen Wohnbebauung Richtung Schwabing und Ludwigstraße. Die verschiedenen Hochschulen mit ihren zigtausend Studenten drücken dem Viertel rings um den Geschwister-Scholl-Platz und der pulsierenden Lebensader Türkenstraße ihren ganz eigenen Stempel auf und bringen es mit sich, dass knapp viermal so viele Menschen sich tagsüber in der Maxvorstadt aufhalten als dort wohnen.

Arnulfpark

Das rund 18 ha große Gebiet zwischen Hacker- und Donnersbergerbrücke, im Süden begrenzt durch den Gleiskörper, im Norden durch die Arnulfstraße, diente einst als Container- und dann auch als Busbahnhof. Später fand hier jeden Samstag ein großer Flohmarkt statt und das Tollwood-Festival nutzte das Areal als Quartier. Damit war es ab Februar 2004 vorbei, als die Immo-

Neubaugebiete wachsen in der Maxvorstadt: Hinter dem Löwenbräukeller am Stiglmaierplatz (li.) entstand auf ehemaligem Brauereigrund eine luxuriöse Wohnanlage und auf dem ehemaligen Containerbahnhof steht heute der Arnulfpark (re.).

biliengesellschaft Vivico begann, das Areal zusammen mit Wohnbauträgern und gewerblichen Investoren zu entwickeln. Insgesamt entstanden 1.000 Wohnungen und rund 4.500 Büroarbeitsplätze. Das ehemalige Heizkraftwerk an der Donnersbergerbrücke wurde umgebaut und dient mit einem Theater und Gastronomie als eine Art kulturelles Zentrum des Neubaugebiets. Die Straßen im Arnulfpark wurden nach deutschen Schauspielerinnen und Schauspielern benannt, die Querachse bildet die Marlene-Dietrich-Straße.
teils Stadtbezirk 3 • Maxvorstadt | teils Stadtbezirk 9 • Neuhausen-Nymphenburg

Marsfeld Schon früh nutzten die Truppen der Kurfürsten die Neuhauser Heide als Exerzierplatz und Übungsgelände. Die Neuhauser Bauern beschwerten sich seit 1603 erfolglos über die Flurschäden, die die Soldaten auf ihren Feldern und Wiesen anrichteten. 1804 ließ daraufhin das Kriegsministerium das Areal, das damals bis zur Landshuter Allee reichte, mit einem Wall umgeben – das Marsfeld entstand nach dem Vorbild des »Campus Martius« in Rom, das dem Kriegsgott Mars geweiht war. 1835 ließ die Regierung die Neuhauser, die das Gelände nie verkauft hatten und ununterbrochen Entschädigung forderten, enteignen. Die Stadt München erhielt sieben Jahre später das Wegerecht. Die Unebenheiten des riesigen Geländes führten schließlich dazu, dass der Exerzierplatz auf das Oberwiesenfeld verlegt wurde. Das Oberwiesenfeld begann damals an der Dachauer-/Ecke Maßmannstraße. Auf dem Marsfeld beschloss man den Bau von Militäreinrichtungen und verkaufte dann den Rest als Baugelände. Schon 1858 sollte eine Kaserne entstehen, doch die an der Landsberger Straße gelegene Schwefelsäurefabrik Buchner verpestete die Gegend mit so üblen Gerüchen, dass man erst deren Schließung abwarten musste. 1888 begannen die Bauarbeiten zur Marsfeldkaserne für die Einheiten aus der völlig veralteten Salzstadelkaserne.

Am Nordrand des Marsfelds befand sich die Schule für das Kadettenkorps mit Internat in einem Neorenaissance-Bau in Backsteinoptik entlang der Blutenburgstraße. Dazu kamen die Inspektion der Militärausbildungsanstalten, die Artillerie- und Ingenieurschule und die Kriegsakademien, sowie eine Kriegsschule (Pappenheim-/Ecke Blutenburgstraße), in deren großem Hörsaal 1924 der Hitler-Prozess stattfand. Heute nutzt die Telekom das Anwesen.

Nach dem Ersten Weltkrieg gehörte die Besatzung der Marsfeldkaserne im November 1918 zu den ersten Einheiten, die sich dem Revolutionszug Kurt Eisners anschloss. Auf dem Gelände des Marsfelds paradierte später noch die SA, doch zu dieser Zeit hatte schon die zunehmende Bebauung des einstmals gigantischen Areals begonnen. Heute ist von einem Platz nicht mehr viel zu merken. Auf dem Marsfeld befinden sich u. a. der Circus-Krone-Bau, das Landeskriminalamt, die Wittelsbacher Schule, die Münchner Finanzämter und die Oberpostdirektion.

Oberwiesenfeld

siehe Stadtbezirk 11 • Milbertshofen-Am Hart

Schönfeld/Schönfeldvorstadt

Ursprünglich sollte das Schönfeld, das sich im Norden unmittelbar an die Residenz zwischen der Königinstraße und der Schwabinger Landstraße (heute Ludwigstraße) anschloss und berühmt war für seine Obst- und Ziergärten, ein reiner Militärgarten werden. Hier in der Au vor dem »Swäbinger Thor« sollten sich Soldaten in ihrer Freizeit sinnvoll beschäftigen und ihr eigenes Gemüse anbauen, statt zu saufen und zu raufen. Dann plante man, das Schönfeld dem Englischen Garten zuzuschlagen, der auf dem königlichen Hirsch-Anger entstehen sollte. Doch Garten- und Stadtplaner Friedrich Ludwig von Sckell fand, dass der natürliche Wall der Isarböschung nahe der Königinstraße eine ideale Grenze für den »Theodorpark« darstellte. Nun hieß es umdenken. Die bereits gekauften Grundstücke wollte man gewinnbringend verwenden und Wohnraum war in München bereits damals rar. Kurfürst Karl Theodor ließ 1795 entlang der Gartenstraße (heute Kaulbachstraße) 29 Parzellen abstecken, die unter der Bedingung, dass sie sofort bebaut werden mussten, zu Vorzugskonditionen auf den Markt gebracht wurden. Schnell entstand eine Villensiedlung mit großen Gärten nahe der Stadt. Wie die Gegend einmal ausgesehen hat, ist heute kaum noch nachvollziehbar. Einzig das Prinz-Carl-Palais und ein Haus an der Von-der-Tann-Straße vermitteln noch einen Eindruck von der alten Schönfeldvorstadt. Auch einige Bauten in der Kaulbach- und der Königinstraße haben ein wenig Vorstadtvillen-Flair, wie z. B. das Palais Seyssel d'Aix an der Kaulbachstraße. Das 1913/14 errichtete Adelspalais dient heute als Sitz des Institut Français. Eine der berühmt-berüchtigtsten Bewohnerinnen der Schönfeldvorstadt war die Millionenbetrügerin Adele Spitzeder, die bis 1873 in einer Villa, Schönfeldstraße 9, ihre »Dachauer Bank« unterhielt und gutgläubige Anleger um rund 8 Millionen Gulden betrog. Heute kennt kaum noch jemand die Schönfeldvorstadt als eigenständiges Viertel, längst ist sie Teil der Maxvorstadt geworden, nur ein Straßenname erinnert noch an sie.

Erstnennung 27. April 1797 als Schönfeld; 14. Dezember 1812 als Schönfeldvorstadt
Namensherkunft schönes Feld

Der Wittelsbacherbrunnen am Lenbachplatz

St. Benno-Viertel

Die Gegend rund um St. Benno wird im Volksmund schon seit längerem als St. Benno-Viertel bezeichnet. Aber erst seit 2008 gibt es das Viertel zwischen Nymphenburger, Dachauer und Lazarettstraße offiziell, als man den entsprechenden Parklizenzbereich so benannte. Für die Kirche St. Benno wurde zum Fest des Heiligen Benno, Münchens Stadtpatron, am 16. Juni 1888 der Grundstein gelegt. Die Lage war weit draußen vor der Stadt, direkt am Rand des damaligen Kasernengürtels. Der Zentralkirchenbauverein beauftragte den erst 34-jährigen Architekten Leonhard Romeis, der einen neoromanischen Bau plante. Neoromanik war Ende des 19. Jh. groß in Mode, denn nach der deutschen Reichseinigung wollte man mit diesem Stil an die Zeit des deutsch-römischen Kaisertums anknüpfen. Sieben Jahre später weihte Erzbischof Antonius von Thoma die Kirche. Obwohl Fliegerbomben das Gotteshaus 1944 zerstörten, baute man die Kirche von 1947 bis 1953 entgegen der damaligen Gewohnheit originalgetreu wieder auf.

Wesentlich zur Finanzierung des Baus von St. Benno hatte Erzgießer Ferdinand von Miller beigetragen. Miller betrieb in der Erzgießereistraße seinen weltbekannten Gussbetrieb, der aus einer kleinen Gusshütte mitten in den Viehweiden jenseits der Stadtgrenze hervorgegangen war. In der kgl. Erzgießerei wurde ab 1844 auch die Kolossalstatue der Bavaria in Erz gegossen. Die größte Bronzefigur seit der Antike demonstrierte, wie leistungsfähig der Maxvorstädter Betrieb war. Weil das Geschäft boomte, kaufte Miller 1873 die Gießerei dem Staat ab. Aus der Maxvorstadt wurden fortan Kolossalstatuen in alle Welt geliefert, bis die Firma 1931 den Betrieb einstellte. Die letzten Ruinen des im Krieg schwer beschädigten Anwesens wurden erst 1987 komplett beseitigt und Neubauten entstanden.

Stadtquartier Lenbachgärten

Zwischen Altem Botanischem Garten und Kloster St. Bonifaz an der Karlstraße entstand auf historischem Boden zwischen 2004 und 2007 ein luxuriöses Quartier mit Büros, Wohnungen und einem Fünf-Sterne-Hotel. Hier befand sich einst die Alte Chemie der Ludwig-Maximilians-Universität, jenes Institut, an dem auch Justus von Liebig lehrte. Teile der Fassade des denkmalgeschützten Hörsaalgebäudes an der Katharina-von-Bora-Straße wurden rekonstruiert und in die Fassade eines Bürohauses integriert. Der Name »Lenbachgärten« entsprang der Phantasie des Bauträgers und bezieht sich auf das in der Nähe stehende Lenbachhaus. Für die Maxvorstadt ist das komplett ausgestorben wirkende Quartier wie ein Fremdkörper. Rund um die Uhr von Security bewacht, leistet sich der internationale Geldadel hier einen citynahen Zweit- oder Drittwohnsitz.

Die Kirche St. Benno

03

In den Straßen der Maxvorstadt herrscht immer buntes Treiben.

Kunstakademie

Maxvorstadt in Zahlen
Einwohner 48.875
Fläche 425,59 ha
Ärzte 200
Volksschulen 5
Gymnasien 2
Hochschulen 9
Theater 6
Kinos 10
Tourismusbetriebe 35

03

Wohnheimsiedlung Maßmannplatz

Gemeinsam mit einem engagierten amerikanischen Besatzungsoffizier entwickelte der Münchner Kunsthistoriker Hermann Mau (später Direktor des Instituts für Zeitgeschichte) die Idee für eine Wohnheimsiedlung, in der Studenten und Lehrlinge gemeinsam leben sollten. Ohne Baugenehmigung, aber mit Unterstützung von Stadt und US-Army entstand 1948 das erste Haus nach Entwürfen des Architekturstudenten Werner Wirsing am ehemaligen Maßmannbergl; ein Haus in Doppel-H-Form, das heute unter Denkmalschutz steht. Die 1951 fertiggestellten Erweiterungsbauten in westlicher Richtung stammten von Erik Braun, Gordon Ludwig, Jakob Semmler, Wolfgang Fuchs und Herbert Groethuysen. Die jungen Architekten wollten mit der Siedlung auch ein Zeichen setzen, dass sie einen modernistischen Wiederaufbau der Stadt München wünschten. Träger der Siedlung ist der am 22. Juli 1949 gegründete Verein Wohnheimsiedlung Maßmannplatz e.V. Die Wohnanlage bekam eine Selbstverwaltung, das Zusammenleben von Studenten und Auszubildenden sollte auch das Demokratieverständnis fördern. Die Selbstverwaltung besteht aus mehreren Gremien, die jährlich neu gewählt werden. Zwei- bis viermal jährlich tagt die Aufnahmesitzung, in der über die Belegung der Zimmer entschieden wird. Ein »Barministerium«, das jedes Semester von einem anderen Haus gestellt wird, sorgt dafür, dass die Kellerbar in Haus D immer donnerstags geöffnet ist. In den fünf Häusern, die untereinander verbunden sind, teilen sich zwischen 22 und 28 Bewohner je eine Küche und einen Aufenthaltsraum. Insgesamt gibt es 124 Einzelzimmer. Die Siedlung ist bei Studenten beliebt, weil sich in unmittelbarer Nähe die Fachhochschule München (FHM) sowie die Technische Universität München (TUM) befinden.

Museen (Auswahl):

1. Ägyptisches Museum, *Gabelsbergerstraße, geplanter Einzug im Frühjahr 2012*
2. Alte Pinakothek, *Barer Str. 27*
3. Deutsches Theatermuseum, *Hofgarten-arkaden, Galeriestr. 4 a/6*
4. Geologisches Museum, *Luisenstr. 37*
5. Glyptothek *(Münchens erster Museumsbau), Königsplatz (Abb.)*
6. Kunstsammlung des Herzoglichen Georgianum, *Professor-Huber-Platz 1*
7. Museum Brandhorst, *Theresienstr. 35 a*
8. Museum für Abgüsse Klassischer Bildwerke, *Katharina-von-Bora-Str. 10*
9. Museum Reich der Kristalle, *Theresienstr. 41*
10. Neue Pinakothek *(älteste Sammlung für zeitgenössische Kunst der Welt), Barer Str. 29*
11. NS-Dokumentationszentrum München *(geplant), Brienner Straße*
12. Paläontologisches Museum, *Richard-Wagner-Str. 10*
13. Pinakothek der Moderne, *Barer Str. 40*
    mit: Architekturmuseum der TU
    Die Neue Sammlung *(erstes Design-museum der Welt)*
    Sammlung Moderne Kunst
    Staatliche Graphische Sammlung
14. Siemens Forum, *Oskar-von-Miller-Ring 20*
15. Staatliche Antikensammlungen, *Königsplatz 1*
16. Städtische Galerie im Lenbachhaus und Kunstbau, *Luisenstr. 33*

Zum Selbst-Erkunden:

Gotteshäuser (Auswahl):

1. St.Benno *(kath.), Loristr. 21 (Abb.)*
2. St. Bonifaz *(kath.), Karlstr. 34*
3. St. Joseph *(kath.), Tengstr. 7*
4. St. Ludwig *(kath.), Ludwigstr. 22*
5. St. Markus *(ev.), Gabelsbergerstr. 6*

Und sonst:

1. Akademie der Bildenden Künste, *Akademiestr. 2–4*
2. Alter Nordfriedhof, *Arcisstr. 45*
3. Alter Botanischer Garten, *Sophienstr. 7*
4. Augustinerkeller, *Arnulfstr. 52*
5. Bayerische Staatsbibliothek, *Ludwigstr. 16*
6. Circus Krone, *Marsstr. 43*
7. DenkStätte Weiße Rose *(im Lichthof der Universität), Geschwister-Scholl-Platz 1*
8. Hochschule für Film und Fernsehen, *Gabelsbergerstr. 33*
9. Hochschule für Musik und Theater, *Arcisstr. 12*
10. Löwenbräukeller, *Nymphenburger Str. 2*
11. Ludwig-Maximilians-Universität, *Geschwister-Scholl-Platz 1*
12. Siegestor, *Ludwigstraße*
13. Technische Universität München, *Arcisstr. 21*
14. Wittelsbacherbrunnen, *Lenbachplatz*

Im Arnulfpark

SCHWABING-WEST

Schwabing nennt sich – besonders in Immobilienanzeigen – bekanntlich fast alles nördlich des Siegestors. Aber Schwabing-West ist tatsächlich Schwabing. Der Ort Schwabing, dessen historischer Kern direkt am Englischen Garten liegt, dehnte sich vor allem im 19. Jh. immer weiter nach Westen aus. Die ersten Häuser in Schwabing-West entstanden Mitte des 19. Jh. entlang des aufgelassenen Türkengrabens an der Kurfürsten- und Belgradstraße. Seinen Bauboom erlebte der Stadtteil dann zwischen der Eingemeindung Schwabings 1890 und dem Ersten Weltkrieg. Unter den Immobilienspekulanten herrschte Goldgräberstimmung, Schwabinger Bauern verdienten sich durch den Landverkauf eine goldene Nase. Das Stadterweiterungsbüro unter Theodor Fischer legte eine Straßenführung fest, die im Gegensatz zur streng rechtwinklig angelegten Maxvorstadt durch gekrümmte Straßen aufgelockert ist. Für Grünflächen und Plätze blieb wenig Platz. Wo es vorher nur Wiesen und Felder gab, entstanden in wenigen Jahren dicht an dicht Wohnblöcke bis zur Winzererstraße hin, wo das militärisch genutzte Oberwiesenfeld begann. Als neues Stadtviertelzentrum ließ Fischer den Elisabethplatz anlegen.

St. Ursula

Historische Bezirke Schwabing
- Ackermannbogen
- Barbarasiedlung
- Georgenschwaige
- Konradshof
- Oberwiesenfeld

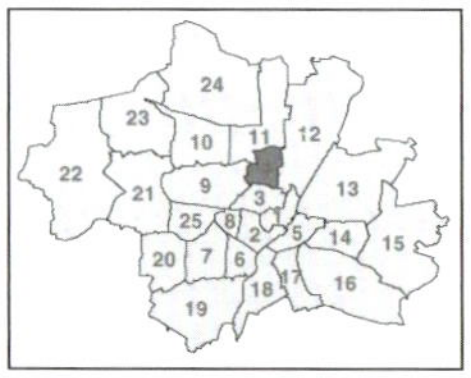

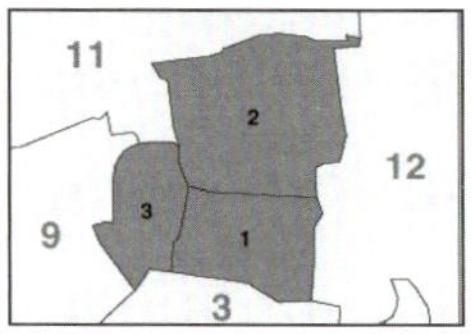

Offizielle Bezirksteile
1 Neuschwabing
2 Am Luitpoldpark
3 Schwere-Reiter-Straße

04

Auffällig ist, dass nicht eine Kirche den zentralen Platz beherrscht, sondern Schulen, die Elisabethschule und das Giselagymnasium. Auf dem Elisabethplatz findet bis heute einer der vier Münchner Freiluftmärkte statt. Die erste Markthalle wurde 1903 erbaut. Den Bombenhagel des Zweiten Weltkriegs überlebte aber nur das kleine »Milchhäusl« aus dem späten 19. Jh., in dem sich heute ein kleines Lokal mit Biergarten befindet.

Der Bauboom brachte es mit sich, dass es ein Überangebot an Wohnungen gab. Die Mieten fielen, vor allem einfache Arbeiter siedelten sich in Schwabing-West an. Weil für Schwabing eine ausreichende medizinische Versorgung garantiert werden musste, sah sich die Stadt nach einem geeigneten Gelände für ein neues Krankenhaus um. Das kleine Schwabinger Krankenhaus, das seit 1861 an der Mandlstraße existierte, platzte längst aus allen Nähten. Die Stadt kaufte Grundstücke am Kölner Platz und baute zwischen 1905 und 1914 das Krankenhaus München-Schwabing nach Plänen von Richard Schachner. Bei seiner Eröffnung 1910 galt die Klinik mit ihren weitläufigen Anlagen und den Pavillonbauten als modernstes Krankenhaus der Welt. Zahlreiche Erweiterungsbauten ließen die Klinik bis in die 1990er Jahre hinein stetig wachsen. Seit 2005 heißt das Krankenhaus offiziell »Klinikum Schwabing« und gilt heute als eines der modernsten Rettungszentren Europas.

1909 beschloss die Stadt München, Schwabing-West von Schwabing zu trennen und einen eigenen Stadtbezirk einzurichten. Im selben Jahr begannen die Planungen, den Westschwabingern einen Erholungspark zu gönnen. Im Nordwesten des Neubaugebiets besaß die Stadt ein großes Areal, das im Stil eines englischen Parks gestaltet wurde. Am 11. März 1911, dem 90. Geburtstag von Prinzregent Luitpold, konnte der Luitpoldpark der Öffentlichkeit übergeben werden. Ein Jahr später eröffnete eine beliebte Ausflugsgaststätte im Park, das Bamberger Haus. Nach dem Zweiten Weltkrieg entstand im Nordosten des Geländes beim Scheidplatz aus Kriegstrümmern der Schwabinger Schuttberg, der heute begrünt ist und einen herrlichen Blick über die Stadt bietet.

mehr zu Schwabing: siehe Stadtbezirk 12 • Schwabing-Freimann

Ackermannbogen

Auf einem Teil des ehemaligen Oberwiesenfelds entstand zwischen Ackermann- und Schwere-Reiter-Straße auf dem Gelände Waldmann- und Stetten-Kaserne sowie auf Teilen der Prinz-Leopold-Kaserne von 2002 bis 2010 ein komplett neuer Stadtteil mit unterschiedlichen Wohnformen für ca. 4.500 Menschen. Die Anlage, gefördert im Wohnungsbauprogramm der Siedlungsmodelle Bayern, gliedert sich in vier Zonen. Im Nordosten finden sich als Stadtvillen konzipierte Bauten, im Norden wurden langgestreckte, nach Süden ausgerichtete

04 • SCHWABING WEST

Jugendstil in Vollendung: das Optik-Riess-Haus in der Ainmillerstraße

Für Jugendstilfans ist Schwabing-West ein Eldorado.
Rechte Seite:
Viele Cafés und Szeneläden prägen das Viertel.
Ein riesiges Auge bewacht den Eingang zum Nordbad.
Beinahe eine Stadt in der Stadt ist das Schwabinger Krankenhaus, in dem die Äskulap-Schlange wacht.

CAFE SCHWABING

NORDBAD

Siedlungsbau einst und heute: die Barbarasiedlung und im Ackermannbogen

Wohnblöcke errichtet, im Südosten baute man die Hauszeile entlang einer mäandernden Straße. Ein 14-geschossiges Wohnhochhaus bildet den Abschluss nach Westen.

Barbarasiedlung Noch heute riecht es hier nach Pferden. Hans Holzmann hält sie. Die Tiere ziehen seine Kutsche, mit denen er Touristen oder Brautpaare durch den Englischen Garten fährt. Es ist, als sei die Zeit stehengeblieben mitten in jenem Schwabinger Viertel, das einst für die Armee erbaut wurde. Die Handwerker und Beamten des Korps-Bekleidungsamtes galten zwar rechtlich als Soldaten, immerhin hatten sie eine kurze Grundausbildung absolviert, dienten der Armee aber in ziviler Funktion. Für diese sogenannten Ökonomiehandwerker gab es ein Dienstwohngebäude auf dem Gelände des Barackenkasernements Oberwiesenfeld, das bald nicht mehr ausreichte. In einem Dreieck zwischen Barbara-, Infanterie- und Schwere-Reiter-Straße entstand ab 1909 die neue Militärwohnanlage mit Gartenstadtcharakter nach Plänen des Architekten Georg Besold. Die ein Jahr später bezugsfertigen ersten zwölf Häuser boten Platz für 36 Familien. Weitere Häuser an der Schwere-Reiter-Straße und zwei größere Wohnblocks wurden noch vor Ende des Ersten Weltkriegs fertiggestellt. Die Ein- bis Vierfamilienhäuser verfügen alle über einen Vor- und Nutzgarten. Die Siedlung macht durch unterschiedliche Hausformen und -größen einen aufgelockerten Eindruck, da gibt es Walm- und Spitzdächer. 1972 sollte die Barbarasiedlung dem Olympiagelände weichen, doch zum Glück kam das Ensemble

Schwabing-West in Zahlen
Einwohner 62.856
Fläche 433,87 ha
Ärzte 134
Volksschulen 4
Realschulen 2
Gymnasien 3
Theater 2
Kinos 1
Tourismusbetriebe 7

rechtzeitig unter Denkmalschutz. Die Siedlung gehört dem Freistaat Bayern und wurde nach 1986 aufwändig renoviert.

Georgenschwaige Eigentlich ist die Georgenschwaige gar nicht die Georgenschwaige, denn historisch gesehen ist damit die Schwaige Milbertshofen mit der Kirche St. Georg gemeint. 1790 errichteten die Brüder Franz Xaver und Joseph Lunglmayr bei Milbertshofen am Nymphenburg-Biedersteinkanal eine Bleiche nach holländischem System. Schon sechs Jahre später verkauften die Lunglmayrs die Bleiche an den Freisinger Hofkammerrat Andrä von Riß. Riß starb 1798. Seine Witwe Therese verkaufte den nun »Risenfeld« genannten Besitz am 8. Januar 1800 an Max von Wibner, der eine Perlgraubenmühle errichtete. Das ehemalige Bleichhaus wurde 1833 vom Wirt Heinrich Rößler zur Restauration »Bad Georgenschwaige« umgebaut. Das Riesenfeld gehörte teilweise zur Gemeinde Schwabing, teilweise zu Milbertshofen (*siehe Stadtbezirk 11 • Milbertshofen*). Das Georgenschwaigbad lag auf Schwabinger Grund und kam daher 1890 bei der Eingemeindung Schwabings zu München. Es existiert heute noch im Norden des Luitpoldparks, sein Name übertrug sich auf den umliegenden Stadtbezirk.

Konradshof Ein Konrad, vermutlich der Propst Konrad von Schäftlarn, gab dem 1260 als »Chunratshoven« erstmals erwähnten Gebiet seinen Namen. Konradshof bestand nur aus weitläufigen Feldern auf dem südlichen Teil des Oberwiesenfelds, die dem Kloster Schäftlarn bis zur Säkularisation 1803 gehörte. Ein zugehöriger Gutshof, wie es der Name vermuten lässt, existierte nie. Das Kloster verpachtete die Äcker an Münchner Bürger.
teils Stadtbezirk 4 • Schwabing-West | teils Stadtbezirk 9 • Neuhausen-Nymphenburg.

Militärwohnanlage Barbarastraße
siehe Barbarasiedlung

Oberwiesenfeld
siehe Stadtbezirk 11 • Milbertshofen-Am Hart

Zum Selbst-Erkunden:

Und sonst:

1. Elisabethplatz mit Freiluftmarkt
2. Luitpoldpark *(Abb.)*
3. Nordbad, *Schleißheimer Str. 142*
4. SchauBurg, *Franz-Joseph-Str. 47*
5. Schwabinger Krankenhaus, *Kölner Platz 1*

Gotteshäuser (Auswahl):

1. St. Barbara *(kath.), Infanteriestr. 15*
2. St. Ursula *(kath.), Kaiserplatz 1*

Museen:

1. Museum Witt, *Tengstr. 33, größte Nachtfaltersammlung der Welt, Tel. 089/27374240**

** nach telef. Vereinbarung*

AU/VORSTADT AU

Eine Stadt neben der Stadt? Getrennt nur durch einen Fluss? Das konnte nicht lange gut gehen. Also schluckte die Stadt München 1854 die benachbarte Stadt Vorstadt Au, die damals bereits über 12.000 Einwohner zählte. Die Au war in jener Zeit ein dicht besiedeltes Herbergenviertel für Handwerker, Kleingewerbetreibende, Arbeiter und Tagelöhner. Viele der billigen Lohnarbeiter kamen jeden Morgen über die Brücken nach München und kehrten jeden Abend wieder über die Brücken zurück in ihre Vorstadt – schön abgetrennt von der reichen Großstadt jenseits der Isar! Doch wie es einmal in der Vorstadt Au ausgesehen haben mag, kann man sich kaum noch vorstellen. Heute vermitteln in den verwinkelten Gassen die wenigen erhaltenen, liebevoll renovierten Herbergshäuser einen romantischen Charme. Wenn man aber weiß, dass diese winzigen Häuser früher pro Stockwerk einer mehrköpfigen Familie Lebens- und oft auch Arbeitsraum boten, kann man sich vorstellen, wie beengt und erbärmlich die Umstände einst waren.

Dass sich nach der Gründung Münchens auf der gegenüberliegenden Seite der Isarbrücke eine Siedlung entwickeln würde, war kaum verwunderlich. Der Brückenkopf und der anschließende Gasteig bis hinauf zum Rosenheimer Platz gehörten noch zum Burgfrieden, waren also Teil der Stadt München. Südlich des Stadtgebiets begann die Besiedlung der von Seitenarmen der Isar durchflossenen Au. Näher an der Stadt konnte man damals nicht wohnen. Schon 1249 tauchte in Urkunden das Brüderpaar Heinrich und Otto de Owe auf, die ersten Hinweise auf die Au. 1289 schenkte der Münchner Bürger Konrad Munsterer dem Klarissinnenkloster am Anger einen Gutshof in der Au.

Viele Auer lebten vermutlich zunächst von der Fischerei. Die Herzöge nutzten das Dörflein als Ausgangspunkt für ihre Jagdausflüge in die Umgebung. Die zahlreichen Bäche, Nebenarme der Isar, vor allem aber der Auermühlbach als zentrale Schlagader, brachten schon früh Industrie in die Au. Kaiser Ludwig der Bayer überließ dem Heiliggeistspital 1340 drei Mühlen in der Au (die erste absolut sichere schriftliche Erwähnung der Au). Wenige Jahre später wurde die erste Papiermühle errichtet, die bis Ende des 19. Jh. produzierte, heute befindet sich auf dem Gelände das Freizeitheim Am Kegelhof. Waffenschmieden, Säge-, Gips-, Öl-, Polier- und Schleifmühlen, Gerbereien und Spinnereien kamen hinzu. Alles betrieben mit Wasserkraft. Sogar eine Seidenmanufaktur eröffnete im 17. Jh. 1684 ließ Kurfürst Max Emanuel nahe Wagegg in der Lilienstraße 19–27 eine große »Tuch-, Zeug- und Strümpffabrik« errichten, die sogenannte kurfürstliche Fabrica, die rund 2.000 Menschen Arbeit bot, aber keine vierzig Jahre später pleite ging. Erfolgreicher war die »Porcellan-Fabrique«, die Max II. Joseph in einem Teil des ehemaligen Schlosses Neudeck 1747 einrichtete. Sie war die Keimzelle der heutigen Nymphenburger Porzellanmanufaktur (*siehe auch Neudeck*). In den Räumen der »Fabrica« eröffnete 1790 das Arbeitshaus des Grafen Rumford, der auf kurfürstliches Geheiß Jagd auf Herumtreiber machte. 2.000 Bettler, Behinderte und Waisenkinder wurden an nur einem Tag eingewiesen und mussten Uniformen herstellen. Das Arbeitshaus schloss schon zehn Jahre später. Der Nachfolger, eine Maschinenspinnerei, ging schnell pleite.

Erstnennung 12. Dezember 1340 als »Awe ze Gyesingen«
Namensbedeutung »Awe« = Au = Land am Wasser bei Giesing
Stadterhebung 1808, mit der amtlichen Bezeichnung »Vorstadt Au«
Gemeindebildung 1818, eigene Gemeinde gemeinsam mit Untergiesing
Eingemeindung 1. Oktober 1854
Lage historischer Stadtkern rings um den Mariahilfplatz und die Kirche Maria Hilf

Nicht nur die Auer Industrie, vor allem auch das Wachstum Münchens brachten es mit sich, dass immer mehr einfache Arbeiter, Tagelöhner und Handwerker die Nähe zur Stadt suchten. Weil sie zu arm waren, um sich das Bürgerrecht in München zu kaufen, ließen sie sich im nächstgelegenen Vorort nieder: der Au. Bereits um das Jahr 1600 herum konnte die Au den Bevölkerungszuzug kaum noch bewältigen. Vor allem Bauarbeiter, die sich auf Münchner Großbaustellen wie der Michaelskirche, der Stadtmauer oder der Residenz verdingten, suchten händeringend eine Bleibe. Vermietet wurde noch der letzte schäbige Stall. Um das Aufenthaltsrecht zu bekommen, heirateten viele Burschen kurzerhand ortsansässige Witwen, egal wie alt und hässlich sie sein mochten, oder betrieben »Häuserschwindel«, indem sie Scheinkäufe von Herbergswohnungen tätigten. Die Au verfügte seit 1612 über ein eigenes Gericht, das direkt dem Fürstenhof unterstand. Doch der Amtmann konnte nicht wirklich durchgreifen. Der Kurfürst versuchte 1625 die schlimmsten Auswüchse per Dekret zu unterbinden, indem jeder Zuzügler genug Vermögen nachweisen musste, um eine Familie ernähren zu können. Es nutzte nicht viel, die Au verkam weiter. Man fand immer eine Möglichkeit, illegal unterzuvermieten. Das Dorf sehe aus »wie ein ungestalter Haufen ärmlicher Hütten, welche der absichtsloseste Zufall, ohne Plan und Zweck herabgeschüttet« hat, wie es Anselm Martin noch 1837 beschrieb. Jeder baute, wo und wie er wollte, seine Klein- und Kleinsthäuser in dem Gewirr der krummen und engen Gassen. Für ein bisschen mehr Übersichtlichkeit wurde die Au 1801 in sieben, nach Farben benannte Viertel eingeteilt. Holztafeln in der entsprechenden Farbe an den Häuserecken sollten wenigstens eine grobe Orientierung garantieren.

Besonderen Ärger bereitete den Münchner Handwerkern die billige Konkurrenz aus der Au. Schneider, Weber und Schuhmacher warben die Kundschaft ab. Die Bäcker lieferten sich im 17. Jh. sogar einen regelrechten »Krieg«, in dessen Folge den Auern verboten wurde, Weißbrot und Semmeln zu backen. Die

05

Auer schmuggelten trotzdem ihr Schwarzbrot nach München, obwohl ihnen als Strafe das Ofeneinreißen drohte.

Bereits 1724 erwog der Stadtrat, die Au und die benachbarte Lohe in den erweiterten Burgfrieden einzubeziehen, also quasi einzugemeinden, hauptsächlich, um das verrufene Nest unter Kontrolle zu bekommen. Entflohene Straftäter, Bettler und Gesindel gehörten ebenso zum Straßenbild wie Prostituierte. Unzählige Wirtshäuser und Spelunken brachten den Auern den Ruf ein, hemmungslose Säufer zu sein, selbst die Solideren unter ihnen hätten ein »nicht zu überwindendes Bedürfnis, sich je zuweilen en canaille zu betrinken«, wie es ein Chronist 1835 formulierte. Die Eingemeindungspläne wurden aber aufgegeben.

Im 18. Jh. hatte die Au besonders darunter zu leiden, dass sie außerhalb der schützenden Stadtmauern lag. Mehrere Kriege erschütterten das Land, Soldaten aus ganz Europa fielen immer wieder brandschatzend, plündernd und vergewaltigend in der Au ein.

1796 genehmigte Kurfürst Karl Theodor den Auern das Recht, zweimal im Jahr einen Jahrmarkt abzuhalten: die Auer Dult war geboren. Die dritte und älteste Dult, die Jacobidult, fand in München erstmals 1310 auf dem heutigen St. Jakobs-Platz statt, sie wurde Ende des 18. Jh. in die Kaufinger- und Neuhauserstraße verlegt und wechselte noch mehrfach ihren Standort, bis auch sie letztendlich in die Au zog. Seit 1905 finden bis heute drei Dulten auf dem Mariahilfplatz statt: die Maidult Ende Mai, die Jacobidult Ende Juli und die Kirchweihdult nach Kirchweih. Ursprünglich war die Dult eine Art Handwerksmesse, inzwischen gilt sie nicht nur als größter Geschirrmarkt Europas, sondern bietet auch viele Trödel- und Antiquitätenstände sowie ein Volksfest mit nostalgischen Fahrgeschäften, Biergarten und zahlreichen Imbissbuden. Die Auer Dulten ziehen als gemütliche, kleine Schwestern des Oktoberfests jährlich rund 300.000 Besucher an.

Kurz nach den ersten Dulten erhob Max I. Joseph 1808 die Hofmark Au zur eigenständigen Vorstadt und genehmigte auch ein Wappen: drei grüne Hügel aus denen eine dreifache silberne Lilie emporwächst.

Müllersches Volksbad

Dreimal im Jahr zieht die Auer Dult tausende Besucher an.

Damals stand auf dem Mariahilfplatz noch eine Plantage mit 650 Obstbäumen. Die Bäume ließ man fällen, um einen Exerzierplatz zu schaffen. 1818 wurde die Vorstadt Au schließlich zur Stadt dritter Klasse erhoben – sehr zum Ärger der Auer, denn es lebten schon rund 7.500 Menschen in der Stadt, womit die Au eigentlich eine Stadt erster Klasse hätte werden müssen. Elf Jahre später baute man am Mariahilfplatz 17 das erste Ratshaus der Stadt (heute befindet sich hier das Landratsamt München).

Eine eigene »Fremdenpolizei« sollte im 19. Jh. später mit willkürlichen Hausdurchsuchungen für Ordnung sorgen. Sie hatte sogar das Recht »herumtreibende auswärtige Dirnen und Burschen« körperlich zu züchtigen, wenn sie mehr als einmal aufgegriffen wurden. Am Auer Tor bei der Isarbrücke und bei weiteren Kontrollpunkten wurden Wachposten mit Schranken aufgestellt, nur wer über Ausweispapiere verfügte, durfte die Au betreten. Wieder waren die Maßnahmen kaum von Erfolg gekrönt. Einer makabren Anekdote aus der Mitte des 19. Jh. zufolge, soll der Scharfrichter von Wien die Au für eine enorm große Stadt gehalten haben, weil er so viele aus der Au zum Köpfen bekam. Die Münchner verachteten und fürchteten die Auer, weil man ihnen sogar nachsagte, dass sie die Schoßhunde der Städter fangen und mästen, dann schlachten und braten würden. Die Zustände besserten sich nicht, denn die Au wuchs und wuchs. »Jankerlkavaliere«, wie man damals die Gangs aus Halbstarken nannte, beherrschten die Straßen. Der Bevölkerungsdruck sorgte aber auch dafür, dass die Au eine prächtige große Kirche bekam. Seit 1466 stand am Rand des Mariahilfsplatzes eine kleine Kapelle, die über die Jahrhunderte immer größer und größer aus- oder neu gebaut wurde. 1831 schließlich erfolgte die Grundsteinlegung zur heutigen Mariahilfkirche nach Plänen von Daniel Ohlmüller. Sie wurde der erste neugotische Kirchenbau Bayerns.

1854, im Jahr der Eingemeindung nach München, lebten 10.840 Menschen in der Vorstadt Au, was die Au zur zehntgrößten Stadt Bayerns gemacht hatte. Mit der Industrialisierung setzte ein weiterer Boom ein. Die neuen Herbergen wurden noch kleiner, noch erbärmlicher gebaut. Oft maß ein Raum unter 15 m^2, die Deckenhöhe erreichte selten 2 m, Zugang gab es nur über wackelige Hühnerleitern. So ein Loch kostete dann um die sieben Mark, wobei der Monatsverdienst oft nur zehn Mark betrug. Alternativ konnte man sich seine Kammer als Teileigentum des Hauses kaufen. Herbergshäuser hatten in der Regel also mehrere Besitzer. Auf dem steilen Hang zwischen Quell- und Hochstraße, wo sich heute eine Grünanlage befindet, quetschte sich einst Herberge an Herberge. In einem der kleinen Häuser an der Zeppelinstraße 41 kam 1882 der wohl berühmteste Auer zur Welt: Valentin Ludwig Fey, Sohn eines Fuhrunternehmers, besser bekannt als der Komiker Karl Valentin, der sein Leben lang der Au verbunden blieb.

Bizarrerweise lagen in der Au Glanz und Elend dicht beieinander, denn der Ort war nicht nur Anziehungspunkt für Arbeitssuchende aus dem Hinterland, sondern auch für den Münchner

Ehemalige Herbergsanwesen in den verwinkelten Auer Gassen.

Adel. Den Anfang machte 1401 Konrad der Preisinger, der sich einen luxuriösen Sommersitz am Fuße des Berges errichtete. Andere Patrizier folgten, ein Schlösschen auf der anderen Isarseite galt plötzlich als schick. Im 16. Jh. ließ Herzog Wilhelm IV. ein Jagd- und Lustschloss bei Neudeck errichten. Auf fürstliches Geheiß siedelten sich ab 1627 auch Paulanermönche bei Neudeck an, die eine eigene Brauerei aufzogen. Neben der Paulanerbrauerei bekam die Au später eine weitere Großbrauerei: Franziskanerbräu verlegte im Jahr 1841 seine Produktion komplett aus München heraus auf den Lilienberg an die Hochstraße. Auf dem Gelände wurden 1971 die letzten Bauten abgerissen, heute steht hier der »Franziskanerhof«, eine Wohnanlage mit bis zu zwölfstöckigen Gebäuden.

Im 19. Jh., als die adeligen Lustschlösser und Sommersitze längst der Vergangenheit angehörten, abgerissen waren oder anderen Zwecken dienten, expandierte die Au immer mehr nach Süden und Osten. Statt der Herbergshäuser errichtete man zunehmend Mietskasernen oder Genossenschaftswohnblöcke, um günstigen Wohnraum zu schaffen. Die Bomben des Zweiten Weltkriegs zerstörten viele Herbergen, in der Nachkriegszeit zog man einfache Wohnblöcke hoch. Langsam zog sich auch die Industrie zurück, die Wasserkraft des Auermühlbachs trieb keine Mühlen oder Turbinen mehr an. Die Vorstadt blieb jedoch ein Problembezirk, ein verrufenes Glasscherbenviertel. Das änderte sich erst Ende der 1990er Jahre schlagartig. Plötzlich entdeckten die Münchner das heruntergekommene Viertel mit den verwinkelten Gassen, das zwei kaum zu schlagende Pluspunkte in Sachen Lebensqualität bietet: absolute Innenstadtnähe und noch bessere Isarnähe. Seitdem erlebt die Au und mit ihr das südliche Untergiesing einen gewaltigen Aufschwung, der den alten Einwohnern Angst macht. Luxussanierungen und elegante Neubauten sorgen für explodierende Mieten. Zuletzt brachte die Ankündigung der Paulanerbrauerei, den Betrieb aus der Au an den Stadtrand zu verlagern, die Auer zum Kochen, denn die Anwohner fürchten, dass auf dem Brauereigelände die münchentypischen Wohnanlagen der gehobensten Preisklasse entstehen werden, die die Struktur im Viertel vollends auf den Kopf stellen werden.

Auf den Alpen

Warum das Gebiet in der Hochau östlich der Hochstraße, rings um die Rablstraße, im Jahr 1829 den Namen »Auf den Alpen« erhielt, ist nicht geklärt. Vermutlich hatte man zu Zeiten, als die Gegend noch wenig bebaut war, bei klarer Sicht einen tollen Blick auf die Berge. Der Alpenplatz und die Alpenstraße im benachbarten Giesing leiten ihren Namen ebenfalls von der Alpensicht ab. Auf den Alpen befindet sich heute ein gemischtes Gewerbe- und Wohngebiet.

Falkenau Die Wälder der Au auf der anderen Isarseite nutzten die jagdfreudigen Wittelsbacher schon immer gerne als Jagdrevier. Und die für den Hoch- und Geldadel eleganteste und prestigeträchtigste Form der Jagd war die Jagd mit einem teuren Beizvogel, einem Falken, Habicht, Sperber oder Merlin. Bereits Herzog Wilhelm IV. ließ auf der östlichen Isarseite ein großzügiges Jagdgehege anlegen, das sich von Neudeck bis Grünwald hinzog. Hier entstanden ein »Jagdhäuschen«, ein »Fischerhäuschen« und ein »Falkenhof« zur Aufzucht von Stoßfalken. Die Falkenau war aber nur ein kleiner Bereich eines eleganten Lustgartens, der unter Wilhelm V. immer weiter und luxuriöser ausgebaut wurde (*siehe Neudeck*). Der Falkenhof diente zur »Falkhonerie-Jagdlust« und unterstand einem eigenen Aumeister. Doch die kostbaren und zum Teil auch sehr exotischen Vögel wie Pfauen oder Eisvögel, die hier gehalten wurden, vertrugen das extrem nasskalte Klima der Au nicht. Viele verendeten. Um seine kostbaren Vögel zu schützen, ließ Max Emanuel ein modernes Falkenhaus vor dem Neuhauser Tor erbauen. Er verkaufte den alten Hof samt der Falkenau an den Hofkammerrat Johann Georg von Messerer und erhob ihn zum adeligen Sitz mit Hofmarksgerichtbarkeit. Messerer richtete im Anwesen eine Tafernwirtschaft ein. Am 6. Juli 1812 beschloss das Generalkommissariat des Isarkreises, dass die Ortschaften Lohe und Obere Falkenau fortan nicht mehr Teil der Vorstadt Au sein sollten, sondern mit dem Dorf Obergiesing eine eigene Gemeinde bilden. Die Falkenau wurde mit Obergiesing am 1. Oktober 1854 eingemeindet. 1886 kaufte die Pschorrbrauerei die Gaststätte in der ehemaligen Falkenau, heute Falkenstraße 36, und ersetzte das alte Haus 1904 durch einen Neubau, der allerdings im Zweiten Weltkrieg den Bomben zum Opfer fiel. Auch im Nachkriegsbau befindet sich bis heute eine Gaststätte.

Marquartskreuth Herzog Ludwig der Gebartete von Ingolstadt stand im Krieg mit seinen Münchner Verwandten um die Herrschaft über Bayern. Um direkt vor München einen Standort zu haben, kaufte er 1403 den Edelsitz der Ritter von Giesingen oben am Nockherberg im historischen Untergiesing. Ludwig unterlag im Krieg und so übernahmen die Münchner Wittelsbacher den Besitz. 1427 tauschte Herzog Wilhelm IV. das Gut mit dem Kloster Ettal. Nach etlichen Besitzer- und Pächterwechseln kam der Edelsitz an den kurfürstlichen Kämmerer Johann Marquart Graf von Kreuth. Kreuth erhielt am 29. April 1775 die Edelsitzgerichtsbarkeit unter dem Namen Marquartskreuth. Der Graf erfreute sich nicht lange an dem Anwesen. Im Juli 1789 erwarb die Familie Nockher das Gut. Aus dem Edelsitz wurde das beliebte Wirtshaus »Nockhergarten«, das 1903 zur Regulierung des Nockherbergs abgerissen wurde.

Neudeck in der Au Der Müller Ott, den man den Neydegker nannte, war ein gewiefter Geschäftsmann, beinahe könnte man ihn Großunternehmer nennen. Er betrieb zwei Mühlen in der Au, die 1353 erstmals erwähnt wurden, und auch die Untere Kaiblmühle in der Isarvorstadt, Buttermelcherstraße 16. 1383 ist der Name auch als Name für die Mühle am Auer Mühlbach selbst belegt (»auz dem pachh zue Neydekk«). Der Name Neydekk kommt von »Neid«, ein klassischer Namensbestandteil von Trutzburgen, mit dem man die Nachbarn herausfordern und zugleich abwehren wollte, und »Eck«, womit ein vorspringender Berg gemeint war. Die Mühle muss idyllisch gelegen haben, denn Münchens Stadtadel entdeckte bald die Gegend jenseits der Isar als attraktives Gebiet zur Kapitalanlage. Die ersten Landsitze entstanden bei der winzigen Siedlung Neudeck nahe dem Dorf Au. Auch die bayerischen Herzöge interessierten sich für die Auwälder jenseits der Isar – als fürstliches Jagdrevier. So begann Herzog Wilhelm IV. bei Neudeck ein ausgedehntes Jagdgehege mit mehreren größeren oder kleineren Gehöften auszubauen (*siehe auch Falkenau*). Er kaufte die Pulvermühle auf und ersetzte sie durch eine neue Säge- und Mahlmühle.

Das fürstliche Jagdschlösschen am Neudeck entstand 1511. Rings herum legte man unter Einbeziehung des Berghangs einen barocken Lustgarten mit üppigen Wasserspielen und exotischen Tieren an, den »Neudecker Garten«. Daneben gab es Obst- und Nutzgärten, Stallungen für Pferde und Nutzvieh, Fischteiche und sogar eine Schildkrötenzucht sowie Häuser für die Bediensteten. Herzog Wilhelm V. ließ in unmittelbarer Nachbarschaft eine Kirche samt Pfarrhaus errichten, die er den Basilianer-Mönchen überließ. Da die geistlichen Herren aber vor allem durch Faulenzen, Alkoholexzesse und Hurerei auffielen, meinte der Herzog, die Basilianer »passen mit ihren lockeren Sitten besser nach Rom«. Er schmiss sie raus und holte im Jahr 1627 Paulaner-Mönche, die 1665 ihr neu erbautes Kloster beziehen konnten. Sie begannen schnell mit dem Bierbrauen, denn mit nahrhaftem Bier konnte man die strengen Fastenregeln umgehen. Bald zog sich von Neudeck hinauf bis nach Giesing die florierende Paulanerbrauerei mit ihren Nebengebäuden und Bierkellern.

Mit dem Tod Herzog Albrechts VI. 1666 endete die große höfische Zeit in Neudeck. Der Todesstoß kam schließlich mit dem Bau von Schloss Nymphenburg als Sommerresidenz. Unter Max III. Joseph erlebte Neudeck noch einmal eine kurze Blüte. Der Töpfer Franz Ignaz Niedermayer richtete 1747 in dem Schloss die »Churfürstliche Porcaillan-Fabrique« ein. Doch die kurfürstliche Porzellanfabrik zog schon 1761 nach Nymphenburg um. Das Anwesen übernahmen die benachbarten Paulaner, die bereits 1755 den legendären Lustgarten erhalten hatten. Das ehemalige Schlösschen wurde nach Aufhebung des Paulanerklosters 1799 erst in ein Lazarett, dann in ein Zuchthaus umgewandelt, das damals als Musterbeispiel für modernen Strafvollzug galt. Die Insassen bekamen in den zugehörigen Werkstätten Arbeit und wurden am Erlös ihrer Produkte beteiligt.

Die Klosterbrauerei übernahm erst der Johanniterorden, dann kaufte sie Franz Xaver Zacherl im Jahr 1813 und errichtete 1822 auf dem Gelände des Paulanergartens seine Wirtschaft »Zacherl-

Historische Bezirke
Au/Vorstadt Au
• Auf den Alpen
• Falkenau
• Marquartskreuth
• Neudeck in der Au
• Wageck
Haidhausen
• Am Kirchstein
• Franzosenviertel
• Gasteig
• Lüften
• Steinhausen

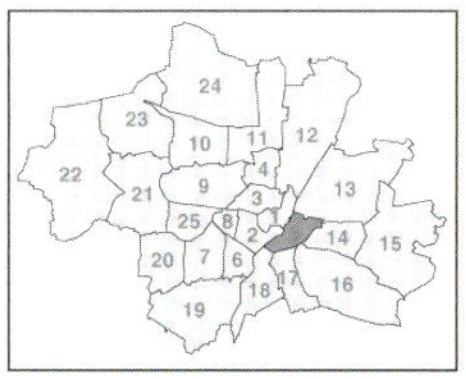

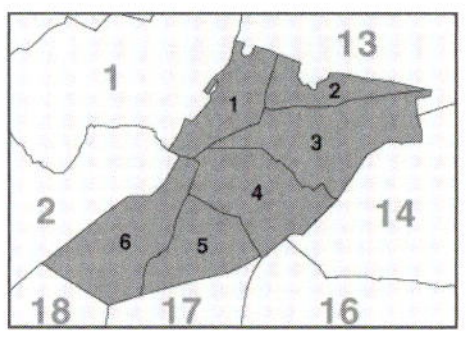

Offizielle Bezirksteile
1 Maximilianeum
2 Steinhausen
3 Haidhausen-Nord
4 Haidhausen-Süd
5 Obere Au
6 Untere Au

Neudeck in der Au mit dem Landratsamt (mit blauem Turm) und dem ehemaligen Gefängnis (linker Bildrand)

garten«. Zacherl trieb den Ausbau des Nockherbergs voran, denn die Fuhrwerke taten sich schwer auf dem steilen Hang. Und er erstritt sich das Recht auf den Starkbierausschank, was den großzügigen Ausbau des Brauereigeländes ober- und unterhalb des Nockherbergs und die Einrichtung des großen, heute noch beliebten Nockherbergbiergartens zur Folge hatte. Berühmt-berüchtigt wurden die Ereignisse vom 23. März 1888, als es auf dem Nockherberg wegen des erhöhten Bierpreises zur »Salvatorschlacht« kam, einer wüsten Massenschlägerei mit über 4.000 Beteiligten, die das Militär nach Stunden nur mit blank gezogenen Waffen beenden konnte.

Anfang des 20. Jh. wurde das ganze Gelände am Neudeck komplett umgestaltet, als man den Nockherberg verkehrsgerecht ausbaute und für den Trambahnbetrieb verbreiterte. Das ehemalige Schloss, dann Kloster und zuletzt Gefängnis Neudeck und seine Nebengebäude wurden abgerissen. Die Sträflinge verlegte man nach Straubing. 1902 errichtete man an dieser Stelle das Amtsgerichtsgebäude am Mariahilfplatz, in dem heute das Landratsamt ist. Gleich ums Eck baute man in dieser Zeit die zentrale Impfanstalt Bayerns, die spätere Landesimpfanstalt. Seit 1985 nutzt die Polizeiinspektion 21 das Gebäude. Gegenüber entstanden die Frauen- und Jugend-Strafanstalten. Die Gefängniszellen lagen in Richtung Hof, damit die Gefangenen nicht den Auer Mühlbach sehen und auf Fluchtgedanken kommen konnten. Hier befanden sich insgesamt 124 Haftplätze; 72 in der Frauen- und 52 in der Jugendarrestanstalt. Frauen saßen in der Regel in Abschiebe- oder Untersuchungshaft, Jugendliche standen meist unter Freizeit- oder Kurzarrest. Im Juni 2009 zog die Vollzugsanstalt um in die Schwarzenbergstraße nach Giesing direkt neben die JVA Stadelheim. Der Bayerische Landtag beschloss im Mai 2010 den Verkauf des Grundstücks. Die Münchner Obdachlosenzeitschrift BISS plante, die Gebäude in ein Hotel gehobener Qualität umzubauen, wo Menschen aus sozial schwierigen Verhältnissen eine Ausbildung erhalten sollen. Im Mai 2011 jedoch beschloss der Landtag, Neudeck an Investoren zu verkaufen, die aus dem ehemaligen Gefängnis Studentenappartements machen wollen.

Wageck Der Gutshof »Wagegg« in der Lilienstraße wurde 1563 zum Edelsitz ernannt. Zu dem Anwesen gehörten neben dem kleinen Schlösschen eine Mahl- und eine Sägemühle sowie eine Hammerschmiede. »Wag« bedeutete Wasser in einem Graben oder Teich und »Eck« vorspringender Berg oder auch Winkel. Um 1780 wurde Wageck aufgelöst und größtenteils abgerissen. Das Schlösschen bekam ein zweites Geschoss und wurde zur Tabakfabrik umgebaut. 1813 pachtete der Besitzer des Paulanerbräus, Martin Zacherl, das Anwesen.

HAIDHAUSEN

Beliebtes Wohn- und Ausgehviertel – was Schwabing in den 1960er und 1970er Jahren war, wurde Haidhausen in den 1980ern. Wer jung und hip war, oder sich zumindest dafür hielt, zog hierher. Das alte Arbeiterviertel erlebte seinen großen Aufschwung als junges Münchner In-Viertel. Dabei ist Haidhausen selbst erheblich älter als München.

Der erste Hinweis auf den Ort findet sich im Jahr 808, als ein Kirchenmann namens Erlaperth dem Bischof von Freising ein Kirchlein samt Wohnhaus und Grundstück in »Heidhusir« schenkte. Für Jahrhunderte führte das Dorf einen Dornröschenschlaf, der mit der Gründung Münchens 1158 abrupt ein Ende fand. Denn der neue Handelsweg für das kostbare Salz führte fortan mitten durch Haidhausen. Die Straße nach Wien, heute die Einstein-, Kirchen- und Innere Wienerstraße, wurde zur Lebensader. Alle Fuhrwerke mussten über die Isarbrücke am Gasteig, also mussten sie auch durch das Dorf im Osten. Schon um 1300 herum kamen täglich bis zu 80 Karren und mit ihnen zahllose Kaufleute, Fuhrknechte und Händler, die verpflegt und versorgt werden wollten. München wuchs stetig weiter und zog immer mehr Arbeitskräfte aus dem Umland an. Kaum jemand konnte es sich leisten, das teure Münchner Bürgerrecht zu erwerben und in die Stadt zu ziehen. Wer nicht in der stadtnahen Au unterkam, der suchte sich eine Bleibe in Haidhausen.

Lebte das Dorf einst hauptsächlich von der Landwirtschaft und den Durchreisenden, erschloss sich im 13. und 14. Jh. eine ganz neue Einnahmequelle. Nach mehreren verheerenden Bränden beschlossen die Münchner, ihre Häuser und die Stadtbefestigung aus Stein zu errichten. Da es keinen geeigneten Naturstein in der Gegend gab, musste man künstliche Steine fertigen – Ziegelsteine aus Lehm. Und Lehmvorkommen gab es in Haidhausen wie auch in den angrenzenden Gemeinden zur Genüge. Italienische Wanderarbeiter brachten die damals noch neue Technik des Ziegelbrennens nach Bayern. Ab 1443 kaufte die Stadt München den Haidhausern Stück für Stück ihre Lehmgründe und Ziegelstadel ab. War der Boden ausgebeutet, bekamen die Bauern das Land zur Bewirtschaftung zurück. Herzog Albrecht verpflichtete 1488 alle Bewohner der Umgebung Münchens zur Mitarbeit an den Befestigungsanlagen. Später kamen Gastarbeiter aus Italien, die in den Ziegeleien bis zu 16 Stunden am Tag schufteten. Darunter viele Kinder und Jugendliche. Ende des 19. Jh., als die Akkordarbeit einen Ziegelausstoß von täglich 20.000 Stück brachte, wurde in der Wörthschule sogar spezieller Unterricht für die italienischen Kinder angeboten.

Erstnennung 12. Februar 808 als »Heidhusir«
Namensbedeutung Häuser auf der Heide
Gemeindebildung 1818
Eingemeindung 1. Oktober 1854 mit Verleihung des Titels »Vorstadt Haidhausen«
Lage alter Ortskern um die Kirche St. Johann Baptist an der Kirchenstraße 39

05

Das Haidhauser Herz: der Wiener Platz mit Blick auf die katholische Kirche St. Johann Baptist

Herbergsanwesen an der Kreppe

Der Münchner Adel interessierte sich nach dem Dreißigjährigen Krieg zunehmend für das Dorf im Osten. Franz Ponkratz von Leiblfing erbaute sich im 17. Jh. ein schmuckes Schlösschen mit Lustgarten ganz in der Nähe des heutigen Max-Weber-Platzes. Es gelang dem Reichsgrafen im Jahr 1692, dass ihm der Kurfürst ganz Haidhausen als Hofmark zusprach. Damit konnte Leiblfing Steuern und Abgaben einziehen sowie die niedere Gerichtsbarkeit ausüben. Der Reichsgraf konnte sich nur fünf Jahre an seinen Pfründen freuen. Nach seinem Tod verkauften die Erben Haidhausen 1699 an den Grafen Paul von Fugger-Kirchberg-Weißenhorn. Als der dreißig Jahre später starb, wechselte das Dorf in kurzer Zeit mehrfach den Besitzer. Einer von ihnen, Graf Max Cajetan von Törring zu Seefeld, verschenkte Haidhausen gar an die Freyin von Pfitschenthall. Nach Erbstreitigkeiten kam Haidhausen wieder zurück an die Familie Törring-Seefeld. Ab 1812 wurde die Hofmark langsam aufgelöst. Die Törrings verkauften das Schloss an den Bogenhausener Pfarrer Hallmayr, der es der Gemeinde Haidhausen überließ, die wiederum eine Schule darin einrichtete. Große Teile des Gartengeländes erwarb der Metzger Peter Seiler. Auf dem »Metzgeranger« wurde später die 1879 geweihte neue Johanniskirche erbaut. Den Rest der Hofmark bot die Familie Törring der Stadt München zum Kauf an. Die Staatsregierung protestierte dagegen, sie wollte selbst Haidhausen erwerben. 1826 schließlich kaufte der Staat den Ort für 64.000 Gulden und machte aus Haidhausen eine Landgemeinde.

Eine andere Adelsfamilie, die in Haidhausen ihre Spuren hinterließ, waren die Preysings. Graf Johann Maximilian II. von Preysing-Hohenaschau baute sich ein gewaltiges Schloss mit opulentem Lustgarten nahe der alten Dorfkirche. Nicht mehr und nicht weniger als Versailles diente für die Anlage als Vorbild. Die Preysings ließen in Haidhausen prächtige Alleen anlegen, die heutige Preysingstraße ist der Rest einer solchen Pappelallee. Im Schatten der adeligen Lustschlösser kamen auch andere reiche Münchner nach Haidhausen und bauten ihre Villen. Das

Maximilianeum

Preysingschloss wurde 1828 an den Kaufmann Kaut verkauft und wechselte mehrfach den Besitzer, bis es 1840 den Schwestern des Ordens der Frauen zum Guten Hirten überlassen wurde. Die Nonnen ließen das baufällige Schloss einreißen und errichteten ihr Klostergebäude, wo sie sich um »gefallene Mädchen« kümmerten. 1965 zog das Kloster nach Solln, auf dem Gelände des alten Preysingschlosses entstand das Katholische Zentrum mit Mädchengymnasium (Edith-Stein-Gymnasium), Internat und Katholischer Stiftungsfachhochschule.

Die exponierte Lage an der Salzstraße kurz vor München brachte den Haidhausern aber auch einen gewaltigen Nachteil: Welcher Krieg auch immer tobte, Haidhausen hatte darunter zu leiden. Sei es, weil man hier die Zufahrtswege nach München so gut blockieren konnte, sei es, weil man die Häuser zur Unterbringung von Soldaten nutzen und die Scheunen und Ställe plündern konnte, oder weil man vom Gasteig aus eine prächtige Sicht auf die Stadt hatte und somit die Geschütze gut in Stellung bringen konnte. In grauer Vorzeit sollen schon Magyaren (Ungarn) über Haidhausen hergefallen sein. Als die Herzöge Ernst und Wilhelm von Bayern-München im Jahr 1403 einen blutigen Krieg gegen die Stadt München austrugen, brannten sie nebenbei auch ganz Haidhausen nieder. Besonders schlimm traf es das Dorf im Dreißigjährigen Krieg. Die Schweden unter König Gustav Adolf rückten ausgerechnet vom Norden über Bogenhausen und Haidhausen auf den Gasteig zu. Dort bezogen sie Stellung. Am 15. Mai 1632 übergaben die Bürgermeister Ligsalz und Barth auf dem Gasteigberg die Stadt kampflos den Schweden unter der Bedingung, dass München nicht geplündert werde. Die Schweden hielten sich daran, plünderten dafür das Umland, darunter auch Haidhausen. Danach kamen nur wenige Jahre später spanische Truppen und schließlich wieder die Schweden, diesmal im Verband mit den Franzosen. Die leisteten gründliche Arbeit, hielten sich nicht mit Plündern und Morden auf, sondern machten ganz Haidhausen bis auf das Leprosenhaus dem Erdboden gleich. Im 18. Jh. marodierten Österreicher und erneut Franzosen in Haidhausen.

Wie in der Vorstadt Au sorgten auch in Haidhausen die vielen Lohnarbeiter, die in den Ziegeleien oder in München schufteten, dafür, dass zahlreiche einfache Herbergssiedlungen entstanden. Eine der größten, »In der Grube«, befand sich in einer aufgelassenen Kiesgrube entlang der heutigen Einsteinstraße. Schon 1628 zählte man hier 44 Gemächer. Mit der Industrialisierung im 19. Jh. zogen immer mehr Arbeitswillige zu, die Wohnsituation in den Herbergen gestaltete sich zunehmend katastrophal. Familien drängten sich auf engstem Raum in erbärmlichen Behausungen mit teilweise undichten Dächern, mussten sich Plumpsklo und Pumpbrunnen teilen. Viele hungerten. Der ideale Nährboden für Seuchen wie die Cholera, die in den Elendsquartieren regelmäßig ihre Opfer forderte. Bettler und Gesindel trieben ihr Unwesen. Zu einem Hauptargument für die Eingemeindung machte München – wie bei der Au –, dass dann die Polizei besseren Zugriff auf zwielichtige Gestalten hätte.

In den Straßen von Haidhausen …

Haidhausen zählte 6.107 Einwohner, als es 1854 gemeinsam mit der Au und Giesing zum Münchner Stadtgebiet kam. Im Jahr 1900 waren es schon 46.000, die Wohnungsnot erreichte ihren Höhepunkt. »Schuld« daran hatte auch der 1871 eröffnete Ostbahnhof, der Haidhausen zum Verkehrsknotenpunkt und als Industriestandort interessant machte, sowie noch mehr Arbeiter ins Viertel schwemmte. Um wenigstens die hygienische Situation der Bewohner ein wenig zu erleichtern, eröffnete unmittelbar neben der Ludwigsbrücke 1901 das Müllersche Volksbad, eine »Badeanstalt für das unbemittelte Volk«, das heute als eines der schönsten Jugendstilbäder Europas gilt. Zeitgleich wurde bereits die Beseitigung der Herbergen gefordert, die Stadt München verbot deren Neubau, kaufte alte auf und riss sie ab. In der Nazizeit begann der Herbergenabriss im großen Stil. Die Bomben des Zweiten Weltkriegs taten ihr übriges. Die letzten Herbergen »In der Grube« mussten in den 1950er Jahren einem Erweiterungsbau des Krankenhauses rechts der Isar weichen. Einen kleinen Eindruck davon, wie es in Haidhausen einmal ausgesehen hat, vermitteln heute noch die restaurierten Herbergen an der Kreppe oder der Kriechbaumhof, der von den meisten irrtümlich für einen Bauernhof gehalten wird, an der Ecke Preysing-/Wolfgangstraße.

Das Krankenhaus rechts der Isar nahm seinen Anfang übrigens in einem Kaffeehaus. Weil die Haidhauser 1834 dringend eine eigene »Armen- und Krankenanstalt« einrichten mussten, pachtete man das Kaffeehaus der Witwe Anna Kurz in der Ismaninger Straße und richtete darin ein bescheidenes Spital mit 36 Betten, einem Waschbecken und zwei Toiletten ein. Das Krankenhaus fand schnell regen Zulauf auch aus den Nachbargemeinden. Angrenzende Äcker wurden aufgekauft und der Klinikkomplex Stück für Stück erweitert, zuletzt auch auf dem Gebiet der Herbergshäuser in der Grube. Heute gehört das Krankenhaus rechts der Isar mit seinen 30 Einzelkliniken und zahlreichen Instituten zur Technischen Universität München.

Die exponierte Lage nahe dem Klinikum auf dem Isarhochufer wählte König Maximilian II., um einen würdigen städtebaulichen Abschluss für seine neu angelegte Maximilianstraße zu haben. Er ließ 1857 das Maximilianeum am Steilhang auf dem Haidhauser »Ripfelanger« errichten. Was heute alle als Sitz des bayrischen Landtags kennen, ist eigentlich eine Studienstiftung für »talentvolle Jünglinge, welche die Gymnasial-Studien absolviert, und sich durch alle Klassen, sowohl in intellectueller, als auch moralischer Beziehung von ihren Altersgenossen rühmlich hervorgetan haben«. Der Landtag ist seit 1949 nur Untermieter. Das Maximilianeum, von Zeitgenossen als »Kartonmachwerk« bespöttelt, diente im Zweiten Weltkrieg zur Unterbringung von Armeeeinheiten. Heute beherbergt es wieder, wie vom Stifter vorgesehen, Uni-Stipendiaten.

Haidhausen wuchs auch schnell zu einem Bierzentrum innerhalb der Biermetropole München heran. Da man in vorindustrieller Zeit Bier nur in Kellern kühl halten konnte, bot sich das Isarhochufer am Gasteig und am Rosenheimer Berg bis hinauf nach Lüften an. Bald war der Rosenheimer Berg von Bierkellern geradezu durchlöchert. 1850 existierten zwischen Rosenheimer-, Preysing-, Keller- und Wiener Straße über 50 Bierkeller, geradezu eine Partymeile des 19. Jh. Heute ist noch der Hofbräukeller am Wiener Platz erhalten, ebenso der Unionsbräu am Max-Weber-Platz. Der Hofbräukeller wurde 1919 zum Schauplatz eines furchtbaren historischen Ereignisses: Adolf Hitler hielt hier seine erste parteipolitische Rede. Das Hetzblatt »Völkischer Beobachter« nahm ebenfalls seinen Anfang in Haidhausen: Es war ursprünglich die Stadtteilzeitung »Münchner Beobachter«. Hitler nutzte fortan die Haidhauser Bierkeller für seine demagogischen Auftritte. Vom Bürgerbräu am Rosenheimer Platz aus begann am 8. November 1923 der Hitlerputsch, von hier zog einen Tag später der Stoßtrupp Richtung Innenstadt. Eine der später regelmäßig stattfindenden Veranstaltungen der »Alten Kämpfer«

im Bürgerbräukeller versuchte im November 1938 der Maxvorstädter Schreiner Georg Elser zu nutzen, um den braunen Spuk zu beenden. Doch seine Bombe explodiert zu spät. Hitler hatte bereits den Saal verlassen.

Nach dem Krieg machten die Amerikaner den Haidhauser Bäckermeister Karl Scharnagel zum ersten Münchner Oberbürgermeister der Nachkriegszeit. Scharnagel hatte dieses Amt bereits vor der Nazizeit inne. Das im Krieg nur mäßig zerbombte Haidhausen wurde 1976 zum Sanierungsgebiet erklärt, die alten Mietskasernen im Franzosenviertel renoviert. Durch den hohen Anteil an sanierten Altbauten wurde Haidhausen dann im späten 20. Jh. zum begehrten Wohnviertel. Auf ehemaligen Industrieanlagen, wie dem Postgelände zwischen Orleans-, Kirchen- und Spicherenstraße, das zuvor von der Farbenfabrik Michael Huber genutzt wurde, entstanden neue Wohngebiete. Lebendiges Zentrum Haidhausens ist heute der 1889 errichtete Markt am Wiener Platz, der kleinste der vier Münchner Freiluft-Lebensmittelmärkte.

Am Kirchstein

Am Kirchstein verdankt seinen Namen der Tatsache, dass hier die (Ziegel-)Steine für den Bau der neuen Pfarrkirche produziert wurden. Der Kirchenbauausschuss Haidhausen kaufte im Jahr 1855 die seit ca. 1820 existierende Ziegelei »Neustein« an der Äußeren Wiener Straße (heute Einsteinstraße) sowie den dazugehörigen Lehmgrund, um das Baumaterial selbst erzeugen zu können. Die Anlage südlich des Vogelweideplatzes, eigentlich Teil von Steinhausen, nannte man am 7. März 1856 in »Kirchstein« um. 1881 bis 1883 entstand dann auf dem Gelände das städtische Gaswerk »Am Kirchstein«. Es war bis 1927 in Betrieb, die Gasbehälter und das Gelände wur-

Der Kriechbaumhof – kein Bauernhof, sondern ein altes Herbergshaus.

Weißenburger Platz im Franzosenviertel

den bei einem Luftangriff 1942 zerstört. Seit 1953 befindet sich hier das Straßenbahn- und Busdepot.

Franzosenviertel

Baron Carl von Eichthal kannte die Tricks, wie man die besten Geschäfte machte: die richtigen Insidertipps zur rechten Zeit bekommen und sofort handeln. Der vermögende Bankier gehörte zur Ostbahnhofgesellschaft, wusste also lange vor der Öffentlichkeit über die Planungen des neuen Ostbahnhofs Bescheid. Eichthal kaufte flugs riesige, in den Augen der Besitzer wertlose Grundstücke auf der Lüften zwischen Rosenheimer Platz und Orleansplatz zu einem Spottpreis auf und stampfte ab 1870 ein neues Wohnviertel aus dem Boden. Kurz zuvor hatte Eichthal bereits in der Isarvorstadt das Gärtnerplatzviertel auf seinem eigenen Grund und Boden als lukratives Immobilienprojekt hochgezogen. Im Gegensatz zum Gärtnerplatzviertel, das eine gehobenere Klientel ansprechen sollte, ließ Eichthal in Haidhausen billige Wohnungen für die ärmere Klientel errichten. Einzig entlang der zum Boulevard ausgebauten Wörthstraße entstanden etwas repräsentativere Bauten im Stil des Historismus. Das Neubaugebiet bekam im Volksmund schnell den Namen »Franzosenviertel«, weil die Straßen nach Schlachtorten des siegreichen Kriegs gegen Frankreich 1870/71 benannt wurden (Orleansplatz und -straße, Weißenburger Platz, Pariser Platz und Straße, Gravelotte-, Wörth-, und Sedanstraße).

Gasteig

Wohin nur mit den Leprösen und Aussätzigen? Am besten weit raus aus der Stadt, auf die andere Isarseite! Der Gasteig bot sich an. Der steile Berg, den die Salzfuhrwerke auf ihrem Weg von und nach München nehmen mussten, gehörte seit der Gründung Münchens zum Burgfrieden, also zu dem Stadtbereich, der außerhalb der Mauern lag. München konnte es sich natürlich nicht leisten, den Brückenkopf auf der anderen Isarseite einer anderen Gemeinde zu überlassen. Bis hinauf nach Lüften reichte das Stadtgebiet, das man einst zum Äußeren Angerviertel, der späteren Isarvorstadt, zählte. Schon 1295 richtete die Stadt mit denkbar wenig finanziellen Mitteln das Leprosenhaus samt der Kapelle St. Nicolaus »ad

Gasteig Kulturzentrum

leprosos«, dem heutigen Gasteigkircherl, ein. Die Kranken mussten schwarze Mäntel mit breiten weißen Krägen tragen, damit man sie sofort erkennen konnte. Ihren Unterhalt mussten sie sich selbst zusammenbetteln oder auf großzügige Spenden hoffen. Immerhin waren sie von allen Steuern und Abgaben befreit. Das Leprosenhaus kam langsam auf eine finanziell sichere Basis, erwirtschaftete schließlich sogar Überschüsse und konnte das Geld in Grundstücke und Güter im Umland investieren, deren Ertrag wieder dem Haus zugute kam.

Der Gasteigberg eignete sich aber auch besonders gut für militärische Zwecke. Bei fast jedem Krieg bezogen feindliche Truppen hier Stellung, um München zu belagern oder zu beschießen. Ein historisch bedeutsames Ereignis gab es am 15. Mai 1632, als die Schweden im Dreißigjährigen Krieg vor München lagen. Die Unterhändler der Stadt, die Bürgermeister Ligsalz und Barth, pilgerten den Gasteig hinauf und warfen sich oben vor den Schweden auf die Knie. Sie übergaben die Stadt kampflos unter der Bedingung, dass München nicht geplündert werde.

Im 18. Jh. gelang es, die Lepra weitgehend einzudämmen, im Siechenhaus kamen nun vor allem »Fistulose, Beinkrebsige, Erbgrindige, Scorbutische und Venerische« unter. Auf dem Gelände des heutigen Kulturzentrums am Gasteig baute man 1795 gegenüber dem Siechenhaus ein Armenversorgungshaus, das 1861 dem Neubau des Gasteig-Spitals weichen musste. Aus dem Spital wurde später das Altenheim am Gasteig, das 1974 für den Neubau des Kulturzentrums der Abrissbirne zum Opfer fiel.

Erstnennung 23. Februar 1293 als »auf dem Gasteig ze München«
Namensbedeutung von »gach« = jäh oder steil, also ein jäh ansteigender Weg

St. Nikolaus am Gasteig

Au-Haidhausen in Zahlen
Einwohner 56.322
Fläche 424,10 ha
Ärzte 146
Volksschulen 8
Realschulen 3
Gymnasien 4
Theater 7
Kinos 7
Tourismusbetriebe 17

Die Planungen für das städtische Kulturzentrum begannen 1969. Die Münchner Philharmoniker, die Stadtbibliothek, die Volkshochschule und das Richard-Strauss-Konservatorium sollten in einem Bau untergebracht werden. Die Bauplatzwahl fiel auf das 23.000 m^2 große Areal zwischen Haidhausen und Isar. Den Architekturwettbewerb gewann die Architektengemeinschaft Raue, Rollhagen und Lindemann, Oberbürgermeister Georg Kronawitter setzte 1978 den ersten Spatenstich. Das Kulturzentrum geriet nicht nur wegen der ständig steigenden Baukosten in die Kritik, fast ganz München schüttelte den Kopf über den mangelnden Mut zu moderner, wegweisenden Architektur bei so einem wichtigen Projekt. Viele Münchner bespötteln bis heute den wenig einladenden, wuchtigen roten Backsteinbau als »Kulturvollzugsanstalt«. Die Ziegelarchitektur war bewusst gewählt worden, um an die lange Tradition der Ziegelbrennereien in Haidhausen zu erinnern. Mit einem Festkonzert der Münchner Philharmoniker unter Dirigent Sergiu Celibidache wurde der Gasteig am 10. November 1985 eröffnet – und gleich die größte Schwäche deutlich: die mäßige Akustik. Inzwischen hat die Bevölkerung das Kulturzentrum trotz seiner Optik so gut angenommen, dass es mit rund 750.000 Besuchern im Jahr zu Deutschlands bestbesuchten Kulturbetrieben zählt.

Lüften *(Auf der Lüften)*

Noch auf beinahe allen Karten vor der Wende vom 19. zum 20. Jh. findet sich »Lüften« oder auch »Auf der Lüften« als Gemarkung südlich des Dorfes Haidhausen und östlich des Gasteigs. Das 1760 erstmals erwähnte Lüften gehörte ab 1818 zur Gemeinde Ramersdorf und befand sich ungefähr auf dem Gebiet des Franzosenviertels zwischen Rosenheimer Platz und Orleansplatz. Die Rosenheimer Straße war im 19. Jh. gesäumt von zahlreichen kleinen Bierbrauereien und Biergärten, an deren Ende Lüften begann. Woher der Name stammt, ist ungewiss: Entweder wegen der zugigen Luft auf der Hochebene oberhalb des Gasteigs, oder von einem Sommerhaus, das ein Wirt dort auf einem Lindenbaum – also quasi in den Lüften – erbauen ließ. Mit der Entstehung des Franzosenviertels und der Ausdehnung Haidhausens verschwand Lüften plötzlich von den Stadtkarten.

Steinhausen *siehe Stadtbezirk 13 • Bogenhausen*

Museen:

1. Haidhausen Museum, *Kirchenstr. 24*
2. Lothringer Dreizehn, *Lothringer Str. 13*

Zum Selbst-Erkunden:

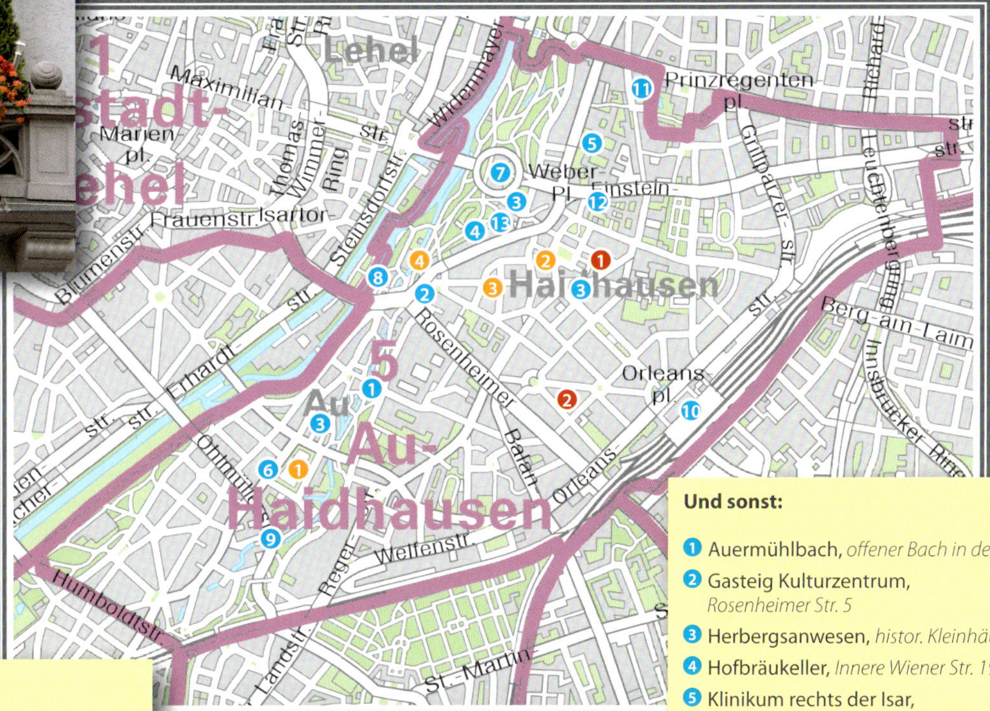

Gotteshäuser (Auswahl):

1. Mariahilf-Kirche *(kath.), Mariahilfplatz*
2. St. Johannes-Baptist *(kath.), Johannisplatz*
3. St. Johannes-Baptist *(ev.), Preysingplatz 1 (Abb.)*
4. St. Nikolaus *(kath.), Kapelle, Am Gasteig*

Und sonst:

1. Auermühlbach, *offener Bach in der Au*
2. Gasteig Kulturzentrum, *Rosenheimer Str. 5*
3. Herbergsanwesen, *histor. Kleinhäuser*
4. Hofbräukeller, *Innere Wiener Str. 19*
5. Klinikum rechts der Isar, *Ismaninger Str. 22*
6. Mariahilfplatz, *hier findet 3 x jährlich die Auer Dult statt*
7. Maximilianeum, *Sitz des bayr. Landtags*
8. Müllersches Volksbad, *Jugendstilbad, Rosenheimer Str. 1*
9. Nockherbergbiergarten, *Hochstr. 77*
10. Ostbahnhof
11. Prinzregentenbad/-stadion, *Prinzregentenstr. 80*
12. Unionsbräu, *Einsteinstr. 42*
13. Wiener Platz mit Freiluftmarkt *(Abb.)*

SENDLING (Mitter-, Ober- und Untersendling)

Von wegen »stade Zeit«! Blutgeruch lag in der Luft an Weihnachten im Jahre 1705. Kurfürst Max Emanuel hatte sich im Spanischen Erbfolgekrieg auf die falsche Seite geschlagen und musste nach Frankreich ins Exil. Die habsburgischen Truppen des Kaisers Leopold I. hielten München besetzt. Der Kaiser hatte die Steuern so massiv erhöht, dass es im Land gärte. »Liaba bairisch steam, ois kaiserlich verdeam«, lautete die Parole der Bauern aus Nieder- und Oberbayern. Es kam zu Aufständen. An Weihnachten sollte schließlich München befreit werden. Die Aufständischen aus dem Oberland stellten eine Truppe zusammen und zogen 2.769 Mann stark zur Hauptstadt. In der Nacht des 25. Dezember lieferten sich die Bauern die erste blutige Schlacht mit den kaiserlichen Truppen in der Isarvorstadt – und unterlagen. In wilder Hatz flohen sie zurück nach Untersendling, wo sie ihr Quartier aufgeschlagen hatten. Die kaiserlichen Soldaten kannten kein Pardon: Obwohl viele Bauern sich ergeben wollten oder sich in die Kirche St. Margaret retteten, in der Hoffnung, die Soldaten würden den heiligen Ort an Weihnachten ehren, richteten die Habsburger ein unvorstellbares Blutbad an und zerstörten die gotische Kirche. Über 1.000 Bauern starben. Das Gemetzel ging als »Sendlinger Mordweihnacht« in die Geschichte ein. Der legendäre Schmied von Kochel, der die Aufständischen angeführt haben soll, ist übrigens historisch nicht belegt. Dennoch hat man ihm und anderen Anführern – Clanze, Aberle, Senser und Kidler – in Sendling Straßen gewidmet. So wird die Erinnerung an die Mordweihnacht bis heute lebendig gehalten in dem Stadtviertel, das um vieles älter ist als München und andere alte Viertel.

Erstnennung 782 als »Sentilinga«
Namensbedeutung Siedlung des Sendilo
Gemeindebildung MITTERSENDLING 1818, Teil der Gemeinde Untersendling
Eingemeindung Mittersendling 01. Januar 1877, als Teil von Untersendling
Lage Mittersendling alter Ortskern um die St.-Achaz-Kirche, Fallstraße 11
Gemeindebildung OBERSENDLING 1818, Teil der Gemeinde Thalkirchen
Eingemeindung Obersendling 01. Januar 1900
Lage Obersendling alter Ortskern an der Wolfratshauser Straße, oberhalb von Thalkirchen
Gemeindebildung UNTERSENDLING 1818, mit Mittersendling
Eingemeindung Untersendling 01. Januar 1877
Lage Untersendling alter Ortskern am Hochufer der Isar bei der alten Sendlinger Kirche St. Margaret, Plinganserstraße 1

Schon um 2000 v. Chr. lebten Menschen an der heutigen Plinganserstraße, wie Funde von Hockergräbern zeigten. Überhaupt ist die Plinganserstraße offenbar auf einem historischen Friedhof entstanden: 141 Gräber aus der Merowingerzeit (5./7. Jh.) legte man exakt im Straßenverlauf frei. Vermutlich in dieser Zeit muss sich auch ein Stammesführer namens Sendilo mit seiner Sippe hier niedergelassen haben. Erstmals taucht »Sentilinga« schriftlich in einer Schenkungsurkunde von 782 auf, als Alpolt und sein Sohn Huasuni ihre Besitzungen »bebaut und unbebaut, beweglich und unbeweglich, Wälder, Felder, Wiesen, Weiden, Quellen und Bäche, mit Gebäuden und dem ganzen Bauwerk, mit allem Gesinde an Knechten und Mägden« dem Kloster Schäftlarn vermachten. Die Tradition der Grundbesitzer, das Kloster Schäftlarn, den Bischof in Freising oder andere kirchliche Institutionen zu beschenken, hielt sich die folgenden Jahrhunderte. Langsam kauften sich auch viele wohlhabende Münchner Ländereien in Sendling.

Schon im 12. Jh. etablierte sich im Dorf das Adelsgeschlecht der Sentlinger, das ein goldenes Einhorn im Wappen führte. Die Sentlinger kamen als Salzhändler und Bankiers im neu gegründeten München zu Reichtum und gehörten sogar dem Rat der Stadt an. Irgendwann gegen Ende des 16. Jh. starben die Sentlinger schließlich aus. Das langegezogene Dorf an der Straße von Süd nach Nord wurde schön früh dreigeteilt. 1281 kamen Unter- und Mittersendling zunächst zum Landgericht Dachau, Obersendling wurde dem Landgericht Starnberg unterstellt und die Obersendlinger Nachbargemeinde Thalkirchen blieb bei Wolfratshausen. Unter- und Mittersendling unterstanden später dem Amt Feldmoching und schließlich ab 1666 dem Amt Neuhausen. Obersendling kam zum Amt Gauting, der zuständige Amtmann saß in Solln. Während die Untersendlinger mit St. Margaret und die Mittersendlinger mit St. Achaz eigene Kirchen besuchen konnten, hatten die Obersendlinger ihre Kirche in Thalkirchen. Thalkirchen war die Urpfarrei Sendlings. Überhaupt verband Obersendling mehr mit Thalkirchen als mit den beiden Sendling.

Natürlich blieben auch die drei Sendling nicht von den Schrecken des Dreißigjährigen Kriegs verschont. Dreimal fielen die Soldaten zwischen 1632 und 1647 über Unter- und Mittersendling her, plünderten und verwüsteten die Orte. Von Obersendling ist nichts überliefert, es dürfte aber ebenfalls unter den marodierenden Truppen gelitten haben. Die bisher wichtigsten Grundherren, die Klöster, sahen sich nun gezwungen, die Dörfer neu aufzubauen. Da ihnen das Geld dazu fehlte, verkauften sie Teile der Besitzungen an finanzkräftige Adelige, die die Edelsitze Sendling, Neuhofen und Löwenhof errichteten. So erwarb 1689 Kurfürst Max Emanuel den Feuerhof in Mittersendling vom Kloster Beuerberg und überließ ihn als Edelsitz mit Niedergerichtsbarkeit dem Landrichter Thomas von Macolini. Dessen Nachfolger, Hofkammerrat Christoph von Packenreit, ließ den Besitz zu einer repräsentativen Schlossanlage mit mehreren Nebengebäuden ausbauen. Der Sitz zu Sendling wechselte mehrfach die Besitzer, schließlich übernahm Graf Zech, dem bereits der Edelsitz zu Neuhofen gehörte, 1835 den Sitz zu Sendling. Fünf Jahre später kam das Anwesen in bürgerliche Hände. Heute erinnert rein gar nichts mehr an eine Sendlinger Residenz: Auf dem ehemaligen Schlossgelände verläuft der Mittlere Ring.

Der dritte Edelsitz in Sendling war der Löwenhof, der im Zusammenhang mit der Sendlinger Mordweihnacht Berühmtheit erlangte. Ursprünglich gehörte er dem Kloster Benediktbeuren.

06 • SENDLING

Die neue Pfarrkirche St. Margaret

Untersendlings Zentrum mit der alten St. Margaret-Kirche

Um die niedergebrannten Anwesen nicht aufbauen zu müssen, verkaufte der Abt den Hof 1638 an den Bundeskassierer Blasy Weinmaister. Ab 1689 war der Löwenhof eine eigene Hofmark mit Niedergerichtsbarkeit, einem kleinen Schloss – und einer Gastwirtschaft dazu. Die damals »Alte Wirt« genannte Wirtschaft diente Weihnachten 1705 den rebellierenden Oberländern als Versammlungsort. Schloss Löwenhof und das Gasthaus erlebten mehrere Besitzerwechsel, bis das Wirtshaus 1928 schließlich abgerissen wurde. Das Schloss erwarb 1869 Robert Harras, der hier eine Ausflugswirtschaft einrichtete. Das Schloss musste 1903 dem Neubau eines mehrstöckigen Mietshauses weichen, in dessen Erdgeschoss das Café Harras wiedereröffnete. Wegen seiner zentralen Lage an einem Verkehrsknotenpunkt wurde das Café Harras zum Namensgeber für die ganze Straßenkreuzung. Heute ist der Harras einer der bekanntesten Plätze Münchens, dessen Neugestaltung und Verkehrsberuhigung momentan in vollem Gange ist. Am Häuserblock Plinganserstraße 38 erinnern noch Löwenköpfe und drei Figuren an den alten Löwenhof und den Sendlinger Bauernaufstand.

Dass Obersendling keinen wirklichen Bezug zu den anderen Sendling hatte, zeigte sich bei der Gemeindebildung 1818: Es kam zur Gemeinde Thalkirchen. Unter- und Mittersendling, Neuhofen und die Sendlinger Haide (heute Schwanthalerhöhe) wurden zur Gemeinde Untersendling zusammengefasst. Damals war der Weg nach München noch weit, doch im Laufe des 19. Jh. wuchs die Stadt immer näher heran. 1810 fand auf der Sendlinger Wiese ein großes Pferderennen zu Ehren der Vermählung von Kronprinz Ludwig mit Therese von Sachsen-Hildburghausen statt – die Geburtsstunde des Oktoberfests. 13 Jahre später ließ Ludwig I. auf der angrenzenden Hangkante einen Park anlegen, so wurde aus der Sendlinger Höhe die Theresienhöhe und aus der Sendlinger Wiese die Theresienwiese. Schließlich verloren die Sendlinger einen Teil ihrer Felder im Norden, als auf der Sendlinger Haide das Neubaugebiet Schwanthalerhöhe entstand. Noch einschneidender wirkte sich auf die Sendlings der Bau der Eisenbahnstrecken aus. Mittersendling bekam 1871 eine eigene Haltestation und die Industrie siedelte sich entlang der Gleise und der Straße nach Wolfratshausen an. Die Lokomotivenfabrik Krauß baute 1872 ein Zweigwerk zwischen Lindwurm- und Bavariastraße, gleich daneben entstand

Am Großmarkt

die Eisengießerei Sugg. Schon seit 1866 braute die Kochelbrauerei ihr Bier an der Schmied-Kochel-Straße und die Benzoesäurefabrik Brunner eröffnete 1877 am Ortsrand ihr Werk. Mehrere Maschinen-, Motoren- und Tabakfabriken zogen nach. Die Stadt München richtete in dieser Zeit ihr zentrales Brennmaterialmagazin gleich neben Münchens erster Gasfabrik nahe Sendling in Thalkirchen ein. Schließlich baute die Stadt zwischen 1871 und 1888 nahe der Bahngleise auf dem Sendlinger Unterfeld elf große Lagerhäuser für Getreide, Hülsenfrüchte, Malz und Sämereien. Die Lager entwickelten sich schnell zum Zentrum für Getreidehandel mit internationaler Bedeutung – der Vorläufer der späteren Großmarkthallen. München verleibte sich das Gelände kurzerhand bereits vor der Eingemeindung ein.

Zeitgleich mit der Industrialisierung verloren die Sendlings ihr bäuerliches Gesicht, Wohnviertel breiteten sich aus. Zum einen entstanden Mietblöcke für die zahlreichen Arbeiter, zum anderen bauten reiche Städter elegante Villen an der Isarhangkante. Ab 1890 wurde auch das Sendlinger Unterfeld zwischen Hangkante und Isarvorstadt, wo bislang vor allem Gärtnereien siedelten, stadtplanerisch erschlossen. Entlang eines geometrischen Straßenrasters bauten Terraingesellschaften südlich der Lindwurmstraße Mietshäuser für ein gehobeneres Publikum, parallel dazu errichteten Baugenossenschaften speziell für einkommensschwache Mieter konzipierte Wohnblöcke. Rein äußerlich unterschieden sich die unterschiedlichen Wohnstandards kaum,

St. Korbinian am Gotzingerplatz

Historische Bezirke Sendling
- Flaucher
- Mittersendling
- Neuhofen
- Untersendling

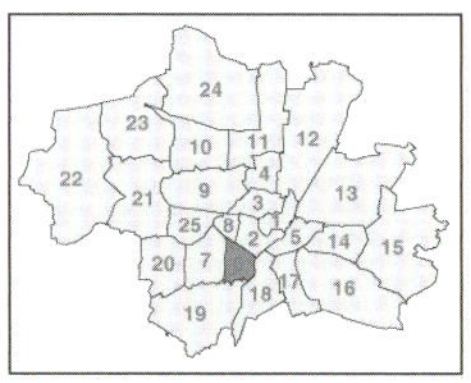

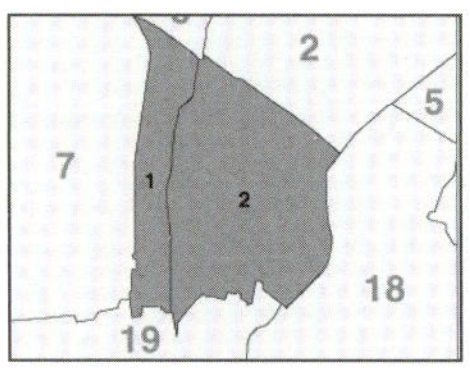

Offizielle Bezirksteile
1 Untersendling
2 Sendlinger Feld

06

üppiger Gründerzeitstuck oder Jugendstilornamente zieren alle Fassaden. Die Bebauung des Unterfelds war in den 1920er Jahren abgeschlossen.

Massiv von der Bauentwicklung bedrängt, forderte Untersendling schließlich die Eingemeindung zu München. Der Ort sah sich außer Stande, die stetig steigenden Kosten u. a. für Schulwesen und Armenfürsorge weiterhin selbst zu tragen. 1877 schluckte München Unter- und Mittersendling, Neuhofen sowie die einstige Sendlinger Haide, die längst zum Arbeiterviertel Westend (*siehe Stadtbezirk 8 • Schwanthalerhöhe*) geworden war. Mit der Eingemeindung verloren die Sendlinger ihren Friedhof, bekamen dafür aber im gleichen Jahr Ersatz mit dem Sendlinger Friedhof am Harras und 1907 mit dem neu angelegten Waldfriedhof (*heute Teil von Stadtbezirk 20 • Hadern*). Trotz der zunehmenden Urbanisierung – vor allem am Harras und an der Plinganserstraße – hielt sich der Bevölkerungszuwachs in Grenzen. 1908 lebten nur 5.805 Menschen hier. Schuld daran hatten auch die Sendlinger Bauern, die sich lange standhaft weigerten, ihr Ackerland an Baugesellschaften zu verkaufen. Vor allem aber fürchteten sie noch mehr Industriebetriebe samt rauchenden Schloten und beäugten das zugezogene Arbeiterproletariat misstrauisch. Es kam immer wieder zu Schlägereien zwischen Bauern und Arbeitern.

Weil sie unerwünscht waren, zogen die Fabriken Richtung Süden nach Obersendling. Bauunternehmer Heilmann entwickelte um 1900 Pläne für ein großes Industriegebiet in Obersendling, warb mit praktischer Stromversorgung aus den Isarwerken und direktem Eisenbahnanschluss. Zehn Jahre später war Obersendling ein florierendes Industriegebiet, wo u. a. mehrere Schuhfabriken und die Zigarettenfabrik Zuban (heute die Verwaltung von Philip Morris) produzierten. 1927 kam dann die Firma, die Obersendling bis heute prägt: Siemens eröffnete ein Zweigwerk und hatte hier einen seiner größten Standorte mit mindestens 20.000 Beschäftigten. Mittlerweile wird das Gelände als schicke Wohnlage entwickelt.

Einen bedeutenden Schub erhielt Sendling, als die Stadt ihre Getreidehallen zum Großmarkt nach Pariser Vorbild ausbaute. Die Eröffnung fand 1912 statt. Heute ist der »Bauch von München« eine der größten Großmarkthallen Europas (nach einigen Quellen sogar die größte), wo jährlich 270 Unternehmen ca. 600.000 t Waren aus 83 Ländern umschlagen, dazu kommen zahllose weitere Firmen vor allem aus den Bereichen Gärtnerei und Blumenhandel. Untersendling versorgt also eine Region mit rund 5 Mio. Menschen. Einige der historischen Hallen stehen unter Denkmalschutz.

In einem »roten« Arbeiterviertel wie Sendling taten sich die nach dem Ersten Weltkrieg erstarkenden Nationalsozialisten schwer. Man wählte traditionell SPD. Nach der Machtübernahme aber mussten sich auch die Sendlinger der neuen Zeit fügen. Das KZ Dachau richtete in Sendling zwei Außenlager ein, deren Insassen in den Industrieanlagen als Zwangsarbeiter schuften mussten. Teile Untersendlings, vor allem die Großmarkthalle, wurden bei Fliegerangriffen im Zweiten Weltkrieg stark getroffen. Um dem Wahnsinn ein Ende zu bereiten, schlossen sich einige Sendlinger der Freiheitsaktion Bayern an und versuchten die Sendlinger Ortsgruppe der NSDAP zu entmachten. Das Unternehmen scheiterte, die Widerständler mussten untertauchen.

Nach dem Krieg erlebte Sendling einen enormen Aufschwung. Zwei Drittel der Bebauung entstand nach 1945. So stellte die Stadt den Bürgern, die im Krieg ihr Dach über dem Kopf verlo-

Stemmerhof

Sonnen, Grillen, Relaxen mitten in der Stadt: ab zum Flaucher!

ren hatten, die Äcker entlang der Hinterbärenbadstraße zwischen Hansa- und Garmischer Straße zur Verfügung. Zwischen 1952 und 1964 baute die GWG hier 226 Häuser mit 1.742 Miet- und 60 Eigentumswohnungen. Am schnellen Aufschwung hatte auch Siemens einen entscheidenden Anteil. Der Konzern verlegte nach dem Zweiten Weltkrieg seinen Sitz von Berlin nach München und das Werk an der Obersendlinger Hofmannstraße wurde zum zentralen Standort mit dem Siemens-Hochhaus als markantem Wahrzeichen. Die Pläne, das Hochhaus durch zwei weitere zu einem Ensemble zu ergänzen, führten 2004 zu einem sehr emotional geführten Bürgerbegehren. Seitdem dürfen in München keine Hochhäuser mehr gebaut werden, die höher als die Türme der Frauenkirche sind. Apropos Bürger und Begehren: Jahrelang tobte ein heftiger Kampf um den Bauplatz einer neuen Moschee in Sendling. Sie sollte gegenüber der Kirche St. Korbinian am Gotzinger Platz entstehen und rief den Protest von Bürgerinitiativen hervor. Das Projekt wurde 2010 dann aus finanziellen Gründen ad acta gelegt.

Mit Ausnahme des immer noch sehr industriell geprägten Obersendling, dem Großmarktgelände und einem Industriegebiet entlang der Hansastraße ist Sendling heute größtenteils eine reine Wohngegend. Dabei sollte man sich von den vielen gesichtslosen Mietblöcken der Nachkriegszeit nicht täuschen lassen: Vor allem in den Seitenstraßen zwischen Mittersendling und Waldfriedhof gibt es schmucke Villen in großen Gärten. Nicht umsonst wählten Thomas Wimmer, der »Wimmer-Dammerl«, Münchens beliebtester OB, und Bayerns Ministerpräsident Franz Josef Strauß Sendling als Wohngebiet. Immer beliebter und mittlerweile als neues In-Viertel gehandelt ist das Unterland zwischen Lindwurmstraße und Großmarkthalle mit seinem hohen Altbaubestand und dem pittoresken Gotzinger Platz, der sicher zu den liebenswertesten Plätzen Münchens zählt. Seitdem kämpft Untersendling mit den typischen Folgen der Gentrifizierung: die Miet- und Immobilienpreise explodieren, die Alteingesessenen müssen schicken Latte-Macchiato-Müttern und deren Cayenne-fahrenden Kreativjob-Gatten weichen. Das gilt auch für den alten Kern Untersendlings zwischen St. Margaret und Harras.

Ein anderes beinahe vergessenes Kleinod: Der alte Teil Mittersendlings rings um St. Achaz liegt wie eine Insel etwas verschlafen zwischen S-Bahn, Mittlerem Ring und der hier mittlerweile vierspurig ausgebauten Plinganserstraße. Eine weitere Aufwertung wird Sendling erfahren, wenn der Mittlere Ring teilweise im Tunnel unter der Erde verschwindet.

Flaucher Nacktbaden auf Kiesbänken, Würschtl grillen, sich an warmen Sommerabenden mit Bier an der rauschenden Isar unter rauschenden Bäumen berauschen … Der Flaucher ist eines der schönsten Naherholungsgebiete Münchens und hier trifft das »Nah« wirklich zu, denn er liegt mittendrin in der Großstadt. Anders als die andern innerstädtischen Parkanlagen

Der historische Kern von Mittersendling mit der Kirche St. Achaz liegt versteckt zwischen Mittlerem Ring, S-Bahn und Ausfallstraßen.

vermittelt der Flaucher ein viel unmittelbareres Naturerlebnis, auch wenn getrickst wurde. Denn die Isar ist hier längst nicht mehr wild und ursprünglich, sondern nur renaturiert. An schönen Sommertagen und lauen Abenden pilgert halb München zu den Kiesbänken, Inseln und Wiesen des Flauchers zwischen Heizkraftwerk an der Brudermühlbrücke und Thalkirchen. Seinen ungewöhnlichen Namen verdankt das Gebiet einem Gastwirt namens Johann Flaucher. Der beschloss, aus einem um 1800 erbauten Forsthaus in den Isarauen eine Gaststätte zu machen. 1873 eröffnete er sein Wirtshaus »Zum Flaucher«. Noch heute ist dort ein beliebter Biergarten. Direkt am Flaucher liegt versteckt im Wald eine Kleingartenkolonie und zwischen Isarkanal und Schäftlarnstraße wurden inzwischen Wohnhäuser gebaut.

Mittersendling *siehe Sendling*

Neuhofen

Der Pfarrer von Ottendichl bei Haar brauchte dringend Geld für seine finanziell ruinierte Kirche. Er sah 1682 keine andere Lösung, als seinen Besitz in Mittersendling, den alten Distelhof, zu verkaufen. Geheimrat Mattias von Jonner erwarb das Anwesen und baute sich daneben ein schmuckes Schloss mit »zimblich großen Garten«. Kurfürst Max Emanuel erhob das Schloss am 9. Oktober 1698 unter dem Namen Neuhofen zum Edelsitz. Nach einigen Besitzerwechseln verkaufte die Gräfin Charlotte von Spreti das Schloss 1737 an Georg Joseph Albert von Zech. Die Zechs blieben Herren von Neuhofen, bis sie 1835 den benachbarten Edelsitz Sendling übernahmen. Doch auch Grafen müssen von etwas leben. So errichtete der letzte Graf von Zech auf seinem Sitz ganz profan ein Gasthaus. Nachdem Neuhofen in bürgerliche Hände kam, florierte die Gastwirtschaft dank zahlreicher Attraktionen wie einer großen Rutschbahn und vor allem dank der romantischen Lage an der Hangkante. Die reich gewordenen Wirtsleute Kalteis ließen sich neben dem Anwesen eine Villa bauen, die heute noch steht und als Pfarrhaus für St. Achaz dient. In Neuhofen wurde Kriegsschutt abgeladen, womit die Hangkante weit nach Osten wanderte. Schloss Neuhofen bzw. die Gastwirtschaft selbst existiert nicht mehr. Auf dem Gelände an der Plinganserstraße 102 steht heute das Hotel Ambassador und ein kleiner Park.

Untersendling *siehe Sendling*

Sendling in Zahlen
Einwohner 38.567
Fläche 392,37 ha
Ärzte 66
Volksschulen 7
Realschulen 3
Gymnasien 4
Theater 1
Tourismusbetriebe 5

Gotteshäuser (Auswahl):

1. St. Achaz *(kath.), Fallstr. 11*
2. St. Korbinian *(kath.), Valleystr. 24*
3. Alte Kirche St. Margaret *(kath.), Ort der Sendlinger Mordweihnacht, Plinganserstr. 1*
4. Neue Kirche St. Margaret *(kath.), Margaretenplatz (Abb.)*

Zum Selbst-Erkunden:

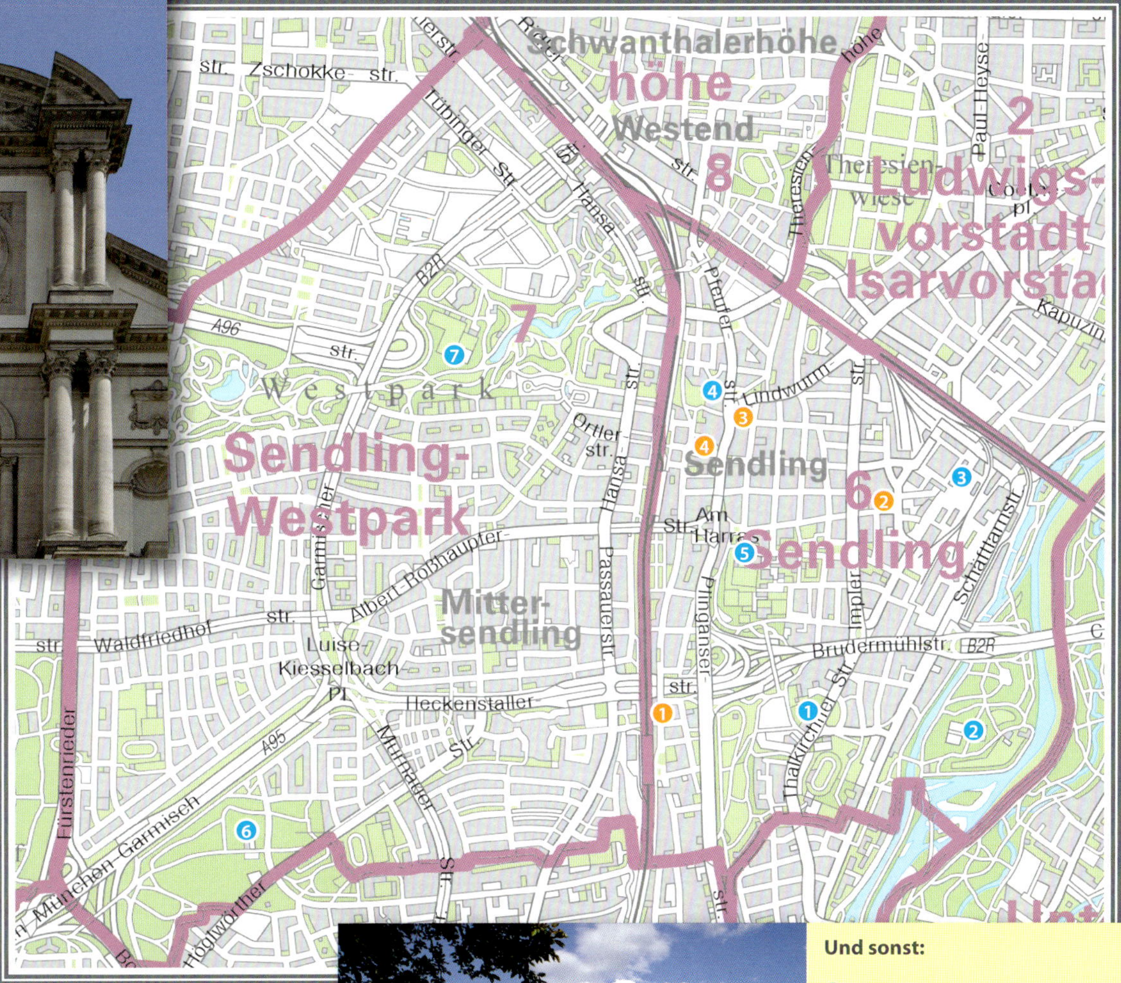

Und sonst:

1. Alter Israelitischer Friedhof, *Thalkirchner Str. 240*
2. Flaucher, *Münchens beliebtestes Naherholungsgebiet*
3. Großmarkthallen
4. Stemmerhof, *alter Bauernhof, heute Biomarkt, Plinganserstr. 6*
5. Südbad, *Valleystr. 37*
6. Südpark
7. Westpark *(Abb.)*

SENDLING *siehe Stadtbezirk 6 • Sendling, S. 72*

Hansapark Auf dem ehemaligen Gelände der Baufirma Moll direkt am Westpark legte der Münchner Oberbürgermeister am 13. Juni 1989 den Grundstein für die neue Siedlung. In drei Jahren Bauzeit entstanden 550 Wohnungen, die sich alle zur Grünseite des Parks orientieren. Den Siedlungsnamen wählte der Bauträger, die Gewofag, nach der angrenzenden Hansastraße, die seit 1899 so heißt. Nahe dem Hansapark entstand das neue ADAC Verwaltungsgebäude, ein imposantes Hochhaus der Berliner Architekten Sauerbruch & Hutton. Noch immer genießt die Hansastraße einen etwas zweifelhaften Ruf, da es hier Straßenstrich und Sexclubs gibt. Allerdings ist hier auch in einem ehemaligen Gewerbegelände seit langen Jahren das Feierwerk, ein über die Stadtgrenzen hinaus bekanntes Kulturzentrum nicht nur für Jugendliche.

Holzapfelkreuth *siehe Stadtbezirk 20 • Hadern*

Kriegersiedlung Mittersendling Die winzige Siedlung aus Einfamilienhäusern mit kleinen Gärten zwischen der Albert-Roßhaupter- und der Johann-Clanze-Straße wurde Anfang der 1920er Jahre von der Bau- und Kleinsiedlungsgenossenschaft des Kriegsbeschädigtenvereins für Veteranen des Ersten Weltkriegs errichtet.

Mittersendling *siehe Stadtbezirk 06 • Sendling*

Neufriedenheim *siehe Stadtbezirk 25 • Laim*

Oberlandsiedlung Gigantomanie stand am Anfang der Planung: Ursprünglich sollte die Forstenrieder Allee in diesem Bereich zur großzügigen Prachtstraße mit getrennten Fahrbahnen ausgebaut werden. Die Oberlandsiedlung zwischen Luise-Kiesselbach-Platz, Einhornalle, Fürstenrieder- und Waldfriedhofstraße sollte ein monumentales Entrée zur Stadt bilden. Dazu kam es aber nie, denn der Weltkrieg verhinderte den Bau des Pendants an der Südseite der Straße und dieser Teil der Forstenrieder Allee ist mittlerweile das verkehrsreiche Ende der A 95. Die Architekten Sep und Fritz Ruf und Hans Holzauer entwarfen die Siedlung für die Süddeutsche Grund- und Hausbau GmbH. Auf einer Länge von 1,5 km entstanden zwischen 1935 und 1942 fünfgeschossige Doppelzeilen mit parallel verlaufenden dreigeschossigen Häuserzeilen, die von der Straße zurückgesetzt sind. Die nördlich anschließende Siedlung aus 80 Ein- und Zweifamilienhäusern war bereits kurz zuvor fertiggestellt und Oberlandsiedlung getauft worden, da die Straßennamen des Neubaugebiets nach Berggipfeln und Orten des bayerischen Oberlandes benannt wurden (Werdenfels-, Partenkirchner-, Seefelderstraße etc.).

Historische Bezirke Sendling
- Hansapark
- Holzapfelkreuth
- Kriegersiedlung Mittersendling
- Neufriedenheim
- Oberlandsiedlung
- Waldfriedhofviertel
- Westpark

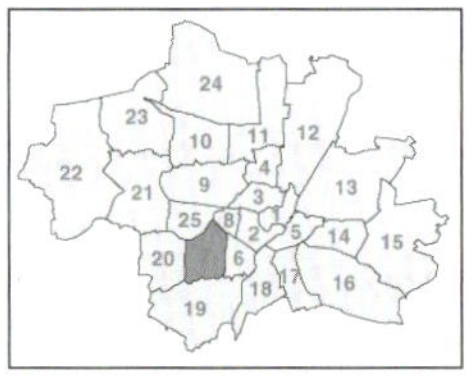

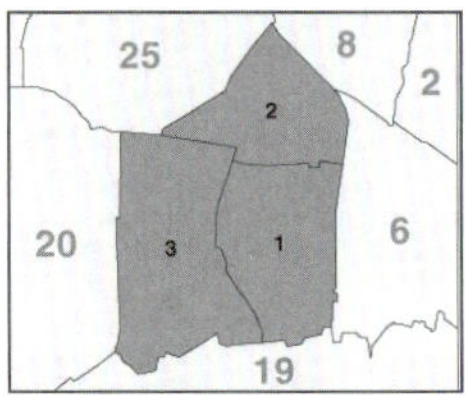

Offizielle Bezirksteile
1 Mittersendling
2 Land in Sonne
3 Am Waldfriedhof

07

Die thailändische Sala mit Buddha-Statue im Westpark

07 • SENDLING WESTPARK

Oben links leuchtet St. Joseph im Münchenstift am Luise-Kiesselbach-Platz im abendlichen Rot. In der Mitte der Eingang zum Waldfriedhof. Moderne Bauten prägen die westliche Hansastraße (re.).

Waldfriedhofviertel

Das Viertel verdankt seinen Namen dem Waldfriedhof. 1954 beschloss der Stadtrat den Namen »Neusendling«, gegebenenfalls mit dem Zusatz »Waldfriedhofviertel«. Neusendling setzte sich nicht durch. Das Waldfriedhofviertel gehört heute sowohl zu Hadern als auch zu Sendling-Westpark.

mehr: siehe Stadtbezirk 20 • Hadern

Westpark

Eine Kraft-durch-Freude-Stadt wollten die Nationalsozialisten auf dem Ödland erbauen – Wohnstätte für die Massen an Arbeitern, die die geplante Monumentalachse zwischen Pasing und Innenstadt errichten sollten. Dazu kam es nie. Das rund 60 ha große Gelände blieb weitgehend unbebautes Brachland südlich der Lindauer Autobahn, das teilweise landwirtschaftlich genutzt wurde. Im Südwesten befand sich ein aufgelassenes Kieswerk, im Osten zwei kleine Gewerbeflächen und eine stillgelegte Radrennbahn. Nach dem Zweiten Weltkrieg rückte die Bebauung immer näher an das Gelände heran. Bürgerinitiativen wehrten sich gegen eine völlige Zubetonierung und forderten einen Erholungspark für Sendling, Laim und das Westend. Dann bewarb sich München für die Ausrichtung der Internationalen Gartenbauausstellung und sah das Ödland plötzlich in ganz anderem Licht.

Dummerweise hatte das Bayernwerk 1974 bereits Baurecht für mehrgeschossige Wohnanlagen im südlichen Teil des Gebiets erhalten. Nach zähen Verhandlungen tauschte die Stadt mit dem Bayernwerk Grundstücke und die neue Siedlung entstand auf dem Gelände des ehemaligen Kohlenlagers an der Heckenstallerstraße, die heutige Siedlung am Gottfried-Böhm-Ring.

Den ausgeschriebenen Wettbewerb für den Westpark gewann 1977 der Münchner Landschaftsarchitekt Peter Kluska mit einem Entwurf, »einen vom Lärm der Großstadt abgeschirmten Talraum im Charakter der Voralpenlandschaft zu schaffen, in den der Besucher eintauchen und von dessen künstlich aufgeschütteten, Moränen gleichenden Hügeln aus er die Stadtkulisse und das Alpenpanorama sehen könne.« München bewarb sich mit dem Konzept für die IGA 1983 und setzte sich siegreich gegen Hamburg durch, das mit einer Neugestaltung von Planten en Blomen punkten wollte. 1978 erfolgte der erste Spatenstich für umfangreiche Erdarbeiten, die aus der platten Fläche eine Landschaft aus Hügeln und Tälern machte. Seit der erfolgreichen IGA mit rund 11,5 Mio. Besuchern ist der Park frei zugänglich.

Der Westpark ist heute nach einer Erweiterung im Jahr 1992 74 ha groß und wird durch den Mittleren Ring in einen Ost- und einen Westteil gegliedert. Einige der Attraktionen, die nach der IGA eigentlich abgebaut werden sollten, blieben auf Bürgerwunsch erhalten. So die ostasiatischen Gärten, das Sardenhaus, das Seecafé und das Bayerwaldhaus. Beliebte Attraktionen sind zum Beispiel die nepalesische Pagode, die von 200 Handwerkern in Nepal geschnitzt wurde und deren Transport nach München

Sendling-Westpark in Zahlen

Einwohner 52.495
Fläche 779,93 ha
Ärzte 73
Volksschulen 7
Gymnasien 2
Theater 1
Kinos 1
Tourismusbetriebe 12

Drogendealer nutzten, um in den Hohlräumen rund 400 kg Haschisch zu schmuggeln. In ihr begeht die hinduistische Gemeinde jeden Oktober das hinduistische Lichterfest und die buddhistische Gemeinde die buddhistischen Voll- und Neumondfeiern. Ebenfalls religiös genutzt wird die thailändische Sala mit der Buddha-Statue, das erste Buddha-Heiligtum

Europas, geweiht vom Abt des Buddharama-Klosters Waalwijk. Jeden Mai findet hier das buddhistische Vesakh-Fest statt. Wie gut die Bevölkerung den Westpark angenommen hat, sieht man tagtäglich: Spaziergänger, Jogger, Radler und Skater tummeln sich auf den weiten Wegen, Sportler, Sonnenanbeter und Grillfans nutzen die Wiesen. Im Winter dienen die Hügel als Rodelhänge. Die Seebühne mit ihren 1.200 Plätzen zieht mit Veranstaltungen viele Besucher an. Schiffmodellbauer können mit ihren Schiffen den Mollsee mit einem kleinen Hafen und Kais nutzen. Außerdem bietet der Westpark allen Kulturinteressierten mehrere bedeutende Werke zeitgenössischer Künstler im öffentlichen Raum.

Karte zum Selbst-Erkunden
siehe Stadtbezirk 6 • Sendling, S. 79

Asien liegt so nah – nämlich mitten im Westpark: hier der chinesische Sommerpavillon und die nepalesische Pagode (kl. Bild).

SCHWANTHALERHÖHE

Münchens kleinster Stadtbezirk Schwanthalerhöhe, populär Westend genannt, hat im Gegensatz zu anderen Vierteln keine lange Geschichte. Hier gab es früher kein Dorf, kein Kloster hatte Pfründe – nichts Welt-, Bayern- oder auch nur Münchenbewegendes tat sich bis ins 19. Jh. auf der Anhöhe westlich der Stadt. Ein einsames Zollhaus stand an der Landstraße nach Pasing in Höhe der Holzapfelstraße, wo Gebühren von den vorbeiziehenden Fuhrwerken kassiert wurden. Die Felder auf der Sendlinger Haide, wie das Gelände damals hieß, waren karg und brachten den Sendlinger Bauern kaum Ertrag. Als lukrativer erwies sich ab dem 18. Jh. das Geschäft mit der eiszeitlichen Kiesschicht. Die Sendlinger verkauften den Kies nach München als Baumaterial.

Der nachgewiesenermaßen erste Bewohner der öden Gegend, die dem Dachauer Amtsgericht unterstand, war Johann Adam Werther, der ab 1719 seinen Dienst als Revierförster auf der Haide versah. Er und seine Nachfolger lebten in dem kleinen ehemaligen Zollhäuschen an der Straße nach Pasing, das 1900 abgerissen wurde. 1760 wagte auch ein vereinzelter Kleinbauer sein Glück mit einem Häuschen auf der Höhe, dazu kamen ein paar »Leerhäusler«, die Ärmsten der Armen auf dem Land. Münchner zog es nur in Scharen zur Schwanthalerhöhe, weil auf dem kleinen Hügel nahe der heutigen Hackerbrücke der Galgen stand (*siehe Galgenberg, Stadtbezirk 2 • Ludwigsvorstadt-Isarvorstadt*).

Die Münchner Brauereien entdeckten die Haide ab Mitte des 18. Jh. Zunächst errichteten sie hier Stadel zur Lagerung von Hopfen- und Gerstevorräten. Später ließen sie kühlende, bis zu zwölf Meter tiefe Keller zur Bierlagerung in die Hangkante hineintreiben. Vorreiter war der Filserbräu 1804, dann kam vier Jahre später der Hirschbräu, dessen Gelände später von der Pschorrbrauerei übernommen wurde. Über die Keller pflanzte man schattenspendende Kastanien, die das Bier zusätzlich kühlen sollten. Als ab 1812 der Ausschank in den Bierkellern erlaubt wurde, strömten die Ausflügler scharenweise hinauf auf die Schwanthalerhöhe in die romantischen, kastanienbeschatteten Biergärten. Bald folgte der Wagnerkeller, der ab 1865 als Bavariakeller berühmt war. Besonders luxuriös gestaltete man den Hackerkeller (zunächst Pollinger Keller) auf der Theresienhöhe. Zu dem riesigen Anwesen gehörten ein See mit einer kleinen Insel, ein Springbrunnen und eine Wandelhalle. Ebenfalls auf die Theresienhöhe verlegte man 1852 die Schießstätte. Wenige Jahre zuvor war Münchens erster Bahnhof in der Maxvorstadt abgebrannt und als Platz für den neuen Hauptbahnhof hatte man die alte Schießstätte vor dem Neuhauser Tor auserkoren. Bahnhofsarchitekt Friedrich Bürklein entwarf die neue Schießstätte, die bis 1893 in Betrieb blieb und dann nach Obersendling umzog. In dem Gebäude etablierte sich danach eine beliebte Ausflugswirtschaft.

Erstnennung 4. Dezember 1873
Namensherkunft nach dem Bildhauer Ludwig Schwanthaler, der die Monumentalstatue der Bavaria schuf
Eingemeindung 01. Januar 1877

08

Die Brauereien, die Eisenbahn und auch der verstärkte Sandabbau in mehreren großen Sand- und Kiesgruben brachten langsam Siedler auf die Sendlinger Haide. Die neuen Eisanbahnschienen begrenzten (und begrenzen bis heute) das Westend von Norden, Osten und Süden. Um 1850 zählte man 46, recht bescheidene Anwesen. Die ersten Siedlungshäuser waren meist eingeschossige Bauten, bis heute erhalten ist davon nur noch das Kleinhaus in der Westendstraße 55. Schnell führte der Bevölkerungszustrom zur verdichteten Bebauung mit mehrgeschossigen Mietskasernen und zu Grundstückspekulationen. Die Verlängerung der Schwanthalerstraße vom Bavariaring über die Hangkante hinauf zur Theresienhöhe bis zur Ganghoferstraße erschloss 1875 ein weiteres Neubaugebiet. Die Bewohner der neuen Mietshäuser nannten ihr Viertel fortan Schwanthalerhöh'.

Hacker und Pschorr bauten ihre Brauereien zwischen Zoll- und Grasserstraße gewaltig aus (strenggenommen Ludwigsvorstadt). 1857 kaufte Augustinerbräu einen Lagerkeller von Hartlbräu an der Landsberger Straße und verlegte 1884 den gesamten Betrieb auf das heute noch existierende Gelände. Die Brauereien zogen zahlreiche Saisonarbeiter an. Bierbrauen war damals wegen der mangelhaften Kühlmethoden reine Saisonarbeit, im Sommer durfte nicht gebraut werden. Hunderte Arbeiter lebten in den großen Bierfabriken, das heißt, sie arbeiteten und schliefen dort, bekamen alle zwei Wochen ein paar Stunden Ausgang. Weitere Industriebetriebe siedelten sich wegen der spottbilligen Grundstückpreise auf der Haide an, vor allem lärm- und geruchsintensive Firmen. So die Fassfabriken Strobl und Drexler, die mit ihrem Pechgeruch die Gegend verpesteten. Dazu gesellte sich die Schwefelsäurefabrik Bucher, die Teerfabrik Beck, die Essigfabrik Holzapfel, die Latrinen-Reinigungs-Anstalt Holzapfel sowie mehrere Leim- und Lackproduzenten. Giftige Dämpfe und ein bestialischer Geruchsmix wehten durch die Gassen der Schwanthalerhöhe bis nach München hinein. 1871 ließ Kommerzienrat Robert F. Metzeler dann seine erste Gummifabrik an der Schwanthalerstraße erbauen. Sie florierte so, dass die Firma 1887 auf ein größeres Gelände an der Westendstraße umzog. Metzeler, vor dem Ersten Weltkrieg eine der acht größten Firmen Deutschlands, wurde einer der wichtigsten Arbeitgeber im Viertel – und einer der gefährlichsten. Das Gummiwerk, populär »Giftbude« genannt, brannte regelmäßig. »Metzeler brennt auf und nicht ab«, hieß es, weil die Fabrik anschließend immer größer wurde.

Als Metzeler seinen ersten Betrieb aufbaute, lebten schon über 7.500 Einwohner im Westend, Landflüchtlinge aus den ärmsten Regionen Niederbayerns, Frankens und Schwabens, die in der

08 • SCHWANTHALERHÖHE

Im Stil einer byzantinischen Basilika: St. Rupert

Großstadt ihr Glück suchten. 1890 hatte sich die Einwohnerzahl auf über 22.000 beinahe verdreifacht. Man fand zwar Arbeit, ein Dach über dem Kopf und obendrein zahllose Wirtshäuser, aber keine vernünftige Infrastruktur mit Schule, Kirche oder Postamt. Die Benediktiner von St. Bonifaz in der Maxvorstadt übernahmen die Seelsorge im neuen Viertel und errichteten zwischen 1878 und 1880 die erste Kirche, die neoromanische St. Benedikt an der Schrenkstraße, die Johann Marggraf entworfen hatte. Direkt daneben entstanden kurz darauf die erste Schule und die Benediktusanstalt, in der man sich um die Kinder der arbeitenden Eltern kümmerte. Auch die durch Zuwanderer bereits starke evangelische Gemeinde unterhielt Kindergärten und Sozialstationen, konnte aber erst 1931 mit der Auferstehungskirche ein eigenes Gotteshaus einweihen.

1885 erschloss der Bankier Ruederer zwischen Schwanthaler-, Schießstätt-, Gollier- und Ganghoferstraße ein großes Neubaugebiet. Über 250 Häuser entstanden in fünf Jahren Bauzeit. In der Gollierstraße lebten durchschnittlich 85,5 Einwohner pro Anwesen, das machte die Straße zu einer der fünf am dichtesten besiedelten Straßen Münchens. Die Wohnungsnot blieb im Westend extrem angespannt, nirgendwo in München teilten sich so viele Menschen eine Wohnung. Vier Menschen pro Raum galt als Normalbelegung. 18.510 Schlafgänger zählte man 1910. Schlafgänger nannte man die Menschen, die sich nur die Miete für ein Bett leisten konnten, das sie stundenweise belegen durften. Nach dem Schlaf mussten sie wieder auf die Straße und ein anderer Schlafgänger bekam das Bett. Prominentester Gast-Schwanthalerhöhler in der Jahrhundertwende war übrigens der berühmt-berüchtigte Räuber Mathias Kneißl, der sich immer wieder bei seiner Geliebten, der 18-jährigen Fabrikarbeiterin Mathilde Danner, vor der Polizei versteckte. Aufgrund seiner sozialen Struktur als Arbeiterviertel blieben viele Kinder auf der Strecke, gerade was Bildung betraf. Deshalb war es nicht verwunderlich, dass die Schwanthalerhöhe 1902 Münchens erste Hilfsschule, heute würde man so etwas sonderpädagogische Förderschule nennen, erhielt. 1903 bekam das Westend dann seinen »Dom«, St. Rupert am Gollierplatz, einen byzantinisch anmutenden Bau mit fast quadratischem Grundriss nach Plänen von Gabriel von Seidl.

Anfang des 20 Jh. begannen neu gegründete Baugenossenschaften im Westend ihre Wohnhäuser zu errichten – wie die Baugenossenschaft »München-West« an der Tulbeckstraße und die »Baugenossenschaft Ludwigsvorstadt« südlich der Gollierstraße. In den 1920ern erschlossen dann Genossenschaften wie die katholische Baugenossenschaft »Rupertusheim« die letzten freien Flächen zwischen Ganghofer-, Westend- und Kazmairstraße. Deutlich höherwertig ausgestattet richteten sich die 1928 erbauten Mollblöcke an der Ganghoferstraße an ein besseres Publikum – die gehobene Mittelschicht entdeckte das Westend als Wohnviertel. Schließlich drangen die Genossenschaften immer weiter Richtung Westen nach Friedenheim vor. Die Baugenossenschaft »Friedenheim München West« zog 1929 die letzten Blöcke bis zur Barthstraße. Die Schwanthalerhöhe war damit vollständig bebaut. Richtung Norden, zwischen Landsberger Straße und den Bahngleisen, entstand ein gewaltiger Gebäudekomplex mit markanter Glaskuppel, den jeder Autofahrer kennt, der einmal über die Donnersberger Brücke gefahren ist: das 1912 eröffnete Hauptzollamt. Ähnlich gigantisch: Die »Rote Burg« an der Bergmannstraße, ein 1927 eröffnetes Ledigenheim mit 420 Zimmern für die Ärmsten der Armen, mit dem das Schlafgängertum bekämpft werden sollte und das heute noch günstige Übernachtungsmöglichkeiten bietet.

Die wirtschaftliche Situation der 1920er Jahre brachte es mit sich, dass das Arbeiterviertel eine Hochburg der Linken, der Kommunisten und Sozialdemokraten wurde. Aber mit den steigenden Arbeitslosenzahlen stieg auch im Westend der Zulauf zu den Nationalsozialisten. Blutige Straßen- und Wirtshausschlachten waren die Folge. Als Hitler an die Macht kam, verschwanden viele Westendler in den KZs. Zu Hitlers größenwahnsinnigen Projekten gehörte die Verlegung des Hauptbahnhofs nach Laim und damit ein Ausbau der alten Gleisanlagen zum Prachtboulevard. Für die Pläne hätten große Teile des Westends abgerissen werden müssen, glücklicherweise konnten sie nicht umgesetzt werden. Stattdessen ließ die NS-Führung die Landsberger Straße

Historische Bezirke Schwanthalerhöhe
- Ausstellungspark
- Bavariapark
- Galgenberg
- Messegelände
- Theresienhöhe
- Westend

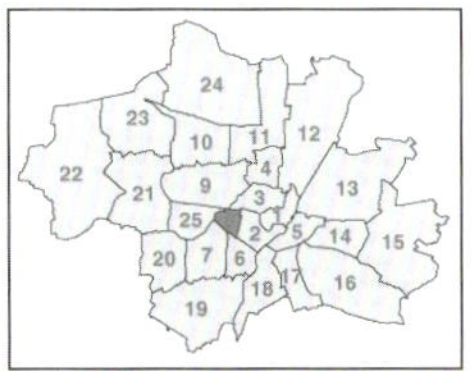

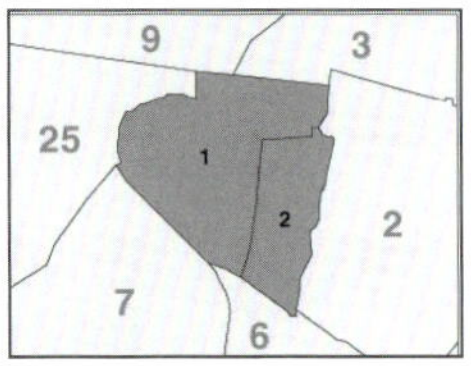

Offizielle Bezirksteile
1 Westend
2 Schwanthalerhöhe

08

ausbauen und die Donnersberger Brücke neu bauen. Während des Zweiten Weltkriegs mussten kriegsgefangene Arbeitssklaven, die u. a. bei Metzeler den Betrieb am Laufen hielten, unter menschenunwürdigen Umständen in insgesamt sieben Zwangsarbeiterlagern auf der Schwanthalerhöhe leben. Teilweise schliefen sie im Freien, weil die Baracken so von Ungeziefer verseucht waren.

In den ersten Wochen nach dem Krieg ging es vielen Westendlern zunächst erstaunlich gut. Sie hatten das Hauptzollamt, den Augustinerkeller und das Großlager von Edeka gestürmt und restlos geplündert. Der wichtigste Arbeitgeber, Metzeler, öffnete bald wieder seine Tore, das bedeutete Arbeit für die Westendler. Die Firma produzierte im Viertel bis zur Standortverlegung im Jahr 1979, danach kaufte die Stadt das Gelände und errichtete hier den Gewerbehof Westend.

Mit dem Ausbau Münchens zur Olympiastadt Ende der 1960er Jahre kam auch die Zeit des großen Biergartensterbens. Viele alte Wirtschaften, sofern sie den Krieg überstanden hatten, mussten dem U-Bahn-, Büro- und Wohnungsbau weichen. Als die Pschorr-Brauerei bekannt gab, dass der traditionsreiche Bavariakeller an der Theresienhöhe einer Wohn- und Geschäftsanlage weichen muss, kochten die Westendler. 1972 gab es einen Trauermarsch gegen den Abbruch der Bierkeller. Die Brauerei versprach damals, dass die neue (heute noch existente) Gastwirtschaft auch einen Kastaniengarten bekommen werde und »die typische Münchner Atmosphäre erhalten bleiben soll«. Die typische Münchner Atmosphäre stellte sich aber im Schatten des neuen Hochhauskomplexes nicht so recht ein. »Kleinmanhattan« oder auch »Affenfelsen« nennen die Westendler die riesige Wohn- und Geschäftsanlage, die sich hoch über die Theserienwiese erhebt.

Die Schwanthalerhöhe blieb auch nach dem Krieg, was sie war: ein einfaches Arbeiterviertel mit sehr bescheidener Wohnqualität. Wer es sich leisten konnte, zog weg. Die Wohnungen konnten in den 1960er und 70er Jahren an Gastarbeiter aus aller Herren Länder vermietet werden. Bald hieß es: Das Westend sind die drei A – Arme, Alte, Ausländer. Kurz vor der Jahrtausendwende erreichte das Westend einen

Das neue Westend-Wahrzeichen: der Wohnturm von Steidle und Partner

Die Bavaria mit Ruhmeshalle

Ausländeranteil von über 40 %, es hat heute noch einen der höchsten Ausländeranteile aller Münchner Bezirke. Eine vergleichbare Dichte an Dönerbuden und orientalisch geprägten Läden findet man in München höchstens noch in Teilen der Ludwigsvorstadt. Natürlich macht die Gentrifizierung auch am Westend nicht halt. Die großen Firmen zogen weg, die Lebensqualität verbesserte sich enorm. Neben Haidhausen entfaltete hier die Münchner Gesellschaft für Stadtsanierung heftige Aktivitäten und sorgte auch für die Vertreibung von (Klein-)Gewerbe aus den Hinterhöfen. Seit Ende der 1990er zogen viele junge Münchner, oft in kreativen Berufen, wegen der billigen Mieten hierher. Seitdem wird das Viertel von den Medien in regelmäßigen Abständen immer wieder zum neuen Münchner Künstlerviertel oder In-Kiez erklärt. Doch im Gegensatz zu anderen neuen In-Vierteln hat es das Westend (zumindest bisher) geschafft, seinen eigenen Flair und die gemischte Sozialstruktur zu behalten und keine Spielwiese der Immobilienspekulanten zu werden.

Schwanthalerhöhe in Zahlen
Einwohner 28.004
Fläche 209,52 ha
Ärzte 35
Volksschulen 3
Realschulen 1
Tourismusbetriebe 12

Ausstellungs-/Bavariapark, Messegelände *siehe Theresienhöhe*

Galgenberg *siehe Bezirk 2 • Ludwigsvorstadt-Isarvorstadt*

Theresienhöhe

Ludwig I. wollte seinen Bayern ein monumentales, patriotisches Denkmal widmen. Nachdem er schon die Walhalla bei Regensburg für bedeutende Deutsche hatte errichten lassen, sollte eine Ruhmeshalle für bedeutende Bayern in München folgen. Schon 1823 legte er fest, dass die Ruhmeshalle auf der Sendlinger Höhe entstehen sollte und ließ umliegende Wiesen aufkaufen. In den Folgejahren wurde bis 1831 schon einmal der Park Theresienhain, benannt nach der bayrischen Königin Therese, ringsum angelegt. Da Ludwig I. auch ein Schloss eingeplant hatte, sollte die Anlage zunächst »Theresienburg« heißen. Auf ein Schloss verzichtete man dann doch und der Architekt Leo von Klenze erbaute zwischen 1843 und 1853 die Ruhmeshalle mit der bronzenen Kolossalstatue der Bavaria direkt an die kleine Anhöhe. Die 1850 enthüllte, 18,52 m hohe Bavaria war die größte Kolossalstatue seit der Antike, eine technische Sensation – und sie wurde gleich Namenspatronin für die Parkanlage, die ab 1853 Bavariapark hieß. Der Park stand allerdings ziemlich im Niemandsland zwischen der Stadt München und Sendling. 1874 wurde das Bauverbot auf der Theresienhöhe aufgehoben und Pläne für eine schicke Villensiedlung an der Hangkante machten die Runde. Ein paar repräsentative Bauten, wie die Villa Hauberrisser, entstanden am Hang. Sie korrespondierten mit den Villen unten am Bavariaring. Doch die Entwicklung des Viertels ließ sich nicht aufhalten. Zu schnell und zu dicht wuchs die Schwanthalerhöhe an die Hangkante heran und mit so viel Proletariat im Rücken wollten die Reichen und Schönen nicht leben. Ab 1900 begann die Erschließung des Geländes mit anderen Plänen. Emanuel von Seidl und Wilhelm Bertsch entwickelten einen Ausstellungspark mit sechs Hallen und Hauptrestaurationsgebäude an der Heimeran- und Ganghoferstraße, der 1908 zum 750-jährigen Stadtjubiläum eröffnet wurde und 3 Mio. Besucher anzog. Dazu kam ein Jahr später ein Vergnügungspark, damals der größte Europas, der bis 1934 existierte. Aus dem Ausstellungsgelände wurde im Laufe der Jahrzehnte Münchens Messegelände. So fand hier z. B. 1965 die erste Weltausstellung des Verkehrs statt. Bis Anfang der 1990er wurde das Messegelände immer weiter ausgebaut und um zusätzliche Hallen ergänzt.

Schon bevor die Messe 1998 nach Riem umzog, wurde ein Wettbewerb zur neuen Bebauung der Theresienhöhe ausgeschrieben. Wettbewerbssieger war das Büro des Münchener Architekturprofessors Otto Steidle, zusammen mit den Landschaftsarchitekten Thomanek und Duquesnoy aus Berlin. Einige der ehemaligen Messehallen standen unter Denkmalschutz und blieben erhalten. Sie dienen seit 2003 als Außenstelle des Deutschen Museums und beherbergen das Verkehrszentrum mit zahlreichen Exponaten zum Thema Verkehr und Mobilität. Rings um die alten Hallen entstand ab dem Jahr 2000 ein neues Stadtquartier auf einer Fläche von 47,1 ha mit rund 1.800 Wohnungen und 200.000 m² Nutzfläche für Büros und Handel. Das neue Wahrzeichen des Viertels ist der 43 m hohe Wohnturm mit seinen unregelmäßig angeordneten Balkonen. Im Süden der Wohnanlage baute man eine neue Grundschule, doch blieben weitere Infrastrukturmaßnahmen zum Ärger der Bewohner aus. Während die Häuser im Norden noch relativ nahe an der Schwanthalerhöhe liegen und die dortigen Einkaufsmöglichkeiten erreichbar sind, leidet fast das ganze Stadtviertel darunter, dass weder Geschäfte noch Gastronomie in der Planung vorgesehen waren.

2010 konnte den Theresienhöhern der 16.800 m² große Quartiersplatz übergeben werden. Der Platz wurde von der Architektin Catherine Venart (Halifax), dem Landschaftsarchitekturbüro Topotek1 (Berlin) und der Kölner Künstlerin Rosemarie Trockel gemeinsam entworfen. Der Quartiersplatz Theresienhöhe liegt auf einer 50 m breiten und 300 m langen Betonplatte, die sich über einem Teil der früheren Messe-Tiefgarage und der Bahnlinie München-Rosenheim befindet.

Westend *(= Schwanthalerhöhe)* Das Westend bildete einst den westlichsten Teil der Stadt München. Die Einwohner bis zur Ganghoferstraße nannten ihr Viertel Schwanthalerhöhe, danach begann Richtung Friedenheim das eigentliche Westend. Der Name leitet sich von der Westendstraße ab, die von der Theresienhöhe bis an das damals westliche Ende der Stadt verlief; die Westendstraße hieß bis 1875 Hadererweg.
mehr: siehe Schwanthalerhöhe

Die 4,50 m hohe Schneckenskulptur von Jason Rhoades und Paul McCarthy im Bavariapark

Zum Selbst-Erkunden:

Museen:

1. Bavaria und Ruhmeshalle, *Theresienhöhe 16*
2. Deutsches Museum Verkehrszentrum, *Theresienhöhe 14 (Abb.)*

Gotteshäuser (Auswahl):

1. Auferstehungskirche *(ev.), Geroltstr. 12*
2. St. Benedikt *(kath.), Schrenkstr. 2 (Abb.)*
3. St. Rupert *(kath.), Kiliansplatz 1*

Und sonst:

1. Bavaria Park
2. Augustiner Brauerei *(Abb.)*

NEUHAUSEN

Nein, wirklich wirtlich war die Gegend nicht: eine karge Heidelandschaft mit Wiesen, Buschwerk und mickrigen Waldungen, dazu gab es kein Oberflächenwasser. Während ringsum Moosach, Pasing, Menzing und Feldmoching schon längst besiedelt waren und teilweise auf eine Jahrtausende lange Geschichte zurückblicken konnten, ließen sich erst vergleichsweise spät die ersten Siedler auf dem Gebiet von Neuhausen, Nymphenburg und Gern nieder. Der Legende nach soll im 8. Jh. ein vermutlich englischer Wanderprediger namens Winthir mit seinem Maultier auf einer Pilgerfahrt ins Heilige Land in Neuhausen gestrandet sein. Winthir soll in der Transportbranche tätig gewesen sein und Salz befördert haben. Bedeutender jedoch: Er brachte den Neuhausern das Christentum. So lange er lebte, blieb Neuhausen von Seuchen, Hunger, Krieg und jeglichem Unheil verschont. Nach seinem Tod beerdigten ihn die Bauern unter einer Linde. Später entstand hier die Winthirkirche. Tatsächlich fand man bei Grabungen 1932 unter dem Gotteshaus das Skelett eines groß gewachsenen Mannes zusammen mit einem Baumstumpf. Die Gebeine gelten seither als die des seligen Winthir.

Verlässliche schriftliche Hinweise auf Ortschaften im Gebiet gab es aber erst im 11. Jh. Als erstes wurde 1025 das Dorf Gern erwähnt, die älteste Siedlung im Stadtbezirk. Den frühesten Hinweis auf Neuhausen verdanken wir einem gewissen Roudolfus de Niwenhusen, der dem Kloster Schäftlarn um 1164 ein Landgut in Sendling vermachte. Neuhausen tauchte in den folgenden Jahrzehnten immer wieder in Schenkungsurkunden auf. So überließ im Jahr 1249 Heinrich von Starcholtzhowen seinen Landsitz Newen-

Erstnennung zwischen 1163 und 1165 als »Niwenhusen«
Namensbedeutung neue Behausung(en)
Gemeindebildung 1818
Eingemeindung 01. Januar 1890
Lage alter Ortskern an der Winthirstraße um die Winthirkirche

Schloss Nymphenburg

09

09 NEUHAUSEN NYMPHENBURG

Der Rotkreuzplatz (re.) ist das Zentrum Neuhausens.

Historische Bezirke

Neuhausen
- Arnulfpark
- Ebenau
- Oberwiesenfeld
- Postversuchssiedlung
- Siedlung Neuhausen
- Nederling
- Weishaus

Nymphenburg
- Gern
- Hirschgarten
- Kemnaten
- Villenkolonie Gern
- Villenkolonie Neuwittelsbach

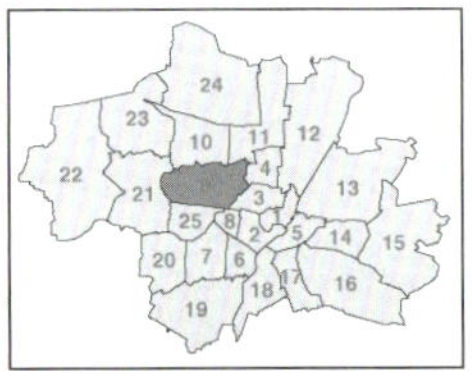

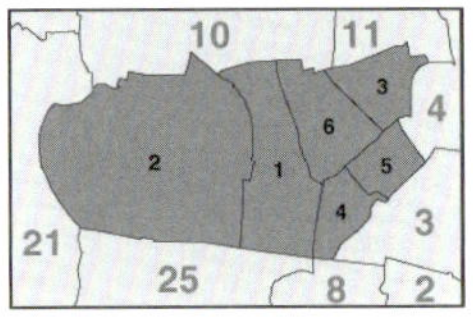

Offizielle Bezirksteile
1 Neuhausen
2 Nymphenburg
3 Oberwiesenfeld
4 St. Vinzenz
5 Alte Kaserne
6 Dom Pedro

09

husen samt Hofmark und der damit verbundenen Gerichtsbarkeit dem Bischof Konrad I. von Freising. Ein Grund, warum Neuhausen plötzlich so ins Rampenlicht trat, war sicher die Gründung Münchens 1158. Lief vorher die wichtige Salzstraße von Freising nach Augsburg nördlich des Dorfes vorbei, lag der Ort nun plötzlich an der neuen Handelsstraße von München nach Augsburg.

Die Hofmark Neuhausen samt Herrenhaus und Landgut wechselte mehrfach den Besitzer: 1362 gehörte es Heinrich Küchenmeister von Rückenstein, drei Jahre später dem Münchner Patrizier Hans Püterich und 1390 Ulrich Küchenmeister von Lechhausen. Schließlich übernahmen die bayerischen Herrscher Neuhausen. Herzog Albrecht IV. kaufte den Herrenhof 1502 von den unehelichen Söhnen seines Bruders Siegmund. Ein anderer illegitimer Wittelsbacher, der Sprössling einer Liaison von Herzog Albrecht III. mit einer Münchner Patriziertochter, wurde in Neuhausen geboren und bekam daher den Namen Johannes Neuhauser. Neuhauser stieg dank seiner adeligen Herkunft in höchste Ämter auf, wurde Domherr zu Freising, schließlich Kanzler unter seinem Halbbruder Albrecht IV. und somit einer der mächtigsten Männer Bayerns seiner Zeit. Nach dem Tod des Halbbruders übernahm Johannes Neuhauser sogar die Regentschaft über Bayern für seine beiden minderjährigen Neffen Wilhelm und Ludwig.

In den folgenden Jahrhunderten änderte sich in Neuhausen wenig. Die Zahl der Höfe und der Einwohner blieb relativ konstant, dafür bekam der Ort bereits 1583 ein eigenes Gasthaus, eine der ältesten Gaststätten im Münchner Umland. Sieben Jahre später kaufte Hofkanzler Johann Gailkircher die Hofmark Kemnaten und ließ sich in Neuhausen einen repräsentativen Herrensitz erbauten, den Vorläufer des späteren Jagdschlössls. Gailkircher erreichte, dass der Herzog Neuhausen nun zum gefreiten Edelsitz erhob. Gailkirchers Erben zeigten kein Interesse an Neuhausen und verkauften es umgehend an das Münchner Bruderhaus, das zunächst gewaltig in den Ort investieren musste. Denn die marodierenden schwedischen Soldaten zerstörten Neuhausen und Kemnaten im Dreißigjährigen Krieg komplett. Das Bruderhaus ließ die Höfe neu erbauen. Um das investierte Geld wieder hereinzubekommen, verkaufte die Bruderschaft Neuhausen an den Freiherrn von Königsacker, der es 1705 an das Münchner Augustinerkloster veräußerte. Zehn Jahre später kaufte Kurfürst Max Emanuel für 15.000 Gulden den Edelsitz.

Die Übernahme von Kemnaten/Nymphenburg und Neuhausen durch die Landesherren brachte radikale Veränderungen für das ganze Gebiet mit sich. Das neue Schloss Nymphenburg brachte eine neue Sozialstruktur ins »königliche Dorf« Kemnaten. Der Schlosskanal mit den beiden Auffahrtsalleen durchtrennte alte Wegstrecken, Brücken führten erst ab 1892 über den Kanal. Der Verkehr von München nach Augsburg wurde an Neuhausen und Gern vorbei über die Dachauer Straße geführt. Dafür bekamen die Orte durch den mit Bäumen gesäumten »Fürstenweg« eine direkte Verbindungsstrecke von der Münchner Residenz zum Schloss Nymphenburg, die heutige Nymphenburger Straße. Die Straße machte am Edelsitz Neuhausen einen Knick und führte um den Ort herum zum Schlosskanal. Diese Straße blieb freilich den Fürsten vorbehalten. Das einfache Volk musste die parallel verlaufende Blutenburgstraße nutzen. Den Edelsitz ließ sich Kurfürst Max Emanuel für sein liebstes Hobby umbauen: die Jagd. In den weiten Wäldern rings um Neuhausen veranstaltete Max Emanuel aufwändige Parforcejagden für seine illustren Gäste. Die Neuhauser Bauern sahen die fürstlichen Jagden mit gemischten Gefühlen. Einerseits konnten sie als Jagdhelfer hinzuverdienen, andererseits zerstörte das Wild immer wieder die Äcker. Außerdem mussten sie dem Kurfürsten Land abtreten, die 1729 einen Hasengarten und 1780 den Hirschgarten anlegen ließen. Was die Bauern ebenfalls verärgerte, war die Tatsache, dass das Militär die Wiesen zwischen Neuhausen und München verstärkt als Truppenübungsgebiet nutzte. Seit 1603 beschwerten sich die Bauern erfolglos über die Flurschäden, die die Soldaten

Spektakulär: die Herz-Jesu-Kirche

Neuhauser Impressionen

anrichteten. 1804 ließ daraufhin das Kriegsministerium das Areal, das damals bis zur Landshuter Allee reichte, mit einem Wall umgeben – das Marsfeld (*siehe Stadtbezirk 3 • Maxvorstadt*) entstand. 1835 enteignete die Regierung schließlich die Neuhauser, die ununterbrochen Entschädigung forderten.

Im Jahr 1794 erlebte Neuhausen die zweitgrößte Katastrophe nach dem Dreißigjährigen Krieg. Ein verheerender Brand zerstörte den alten Ortskern. Beim Neuaufbau begradigte man die Dorfstraße und errichtete die zuvor verstreut gelegenen Bauernhöfe neu entlang der Straße. Langsam wuchs im 19. Jh. die Stadt mit der Errichtung der Maxvorstadt an Neuhausen heran. Auf dem Gebiet dazwischen entstanden wilde Tagelöhnersiedlungen, deren Bewohner sich in den nahen Kies- und Sandgruben, bei den Brauereien oder beim Eisenbahnbau verdingten. Ähnlich wie in den Herbergsvierteln in Haidhausen, Giesing oder der Au herrschten katastrophale Zustände. Gesindel und Kriminelle machten die schmutzigen Gassen unsicher. Der Neuhauser Gemeindevorsteher weigerte sich, gemeinsam mit dem Armenpfleger die Siedlung zu besuchen, weil er fürchtete, nicht mehr lebend zurückzukehren. Die Neuhauser waren daher heilfroh, als München 1846 das Armenquartier mit den 223 windschiefen Gebäuden samt Marsfeld bis zur Loth- und Maillingerstraße hinauf eingemeindete. Die Stadt hatte mit dem Gelände große Pläne, die Armensiedlung musste der Industrie und dem Militär weichen. Vor den Toren Neuhausens – und entlang der Dachauer Straße auch auf Neuhauser Grund – entstanden nun die großen Brauereien und ein Gürtel von Kasernen und Militäranlagen zwischen Marsplatz und Oberwiesenfeld. Die Soldaten brachten den Neuhausern Geld in die Kassen – vor allem in den Gasthäusern, die rings um die Kasernen wie Pilze aus dem Boden schossen. Biergärten und Vergnügungsparks machten das Dorf zum beliebten Ausflugsziel auch für Städter.

So schnell wie in kein anderes Dorf kam die Eisenbahn nach Neuhausen. Der erste Münchner Bahnhof eröffnete auf dem Marsfeld in der Maxvorstadt, die 1840 eingeweihte Strecke nach Augsburg führte über Neuhauser Grund. 1866 baute der Industrielle Georg Krauß seine Lokomotivenfabrik Krauß & Co an der Grenze zu München auf (heute der Neuhauser Teil des *Arnulfparks siehe Stadtbezirk 3 • Maxvorstadt*). Von der Lokomotivenfabrik steht heute noch der Verwaltungsbau an der Helmholtzstraße 2. Wenige Jahre nach Gründung der Firma Krauß entstanden die Bahn-Zentralwerkstätte (heute die Bundesbahndirektion) und Münchens erste Arbeiter-Mustersiedlung zwischen den Bahngleisen und dem alten Ortskern. Die Arbeiterhäuser, wegen der Ziegelbauweise auch »rote Häuser« genannt, mussten 1971 einer neuen Großwohnanlage der Gemeinnützigen Baugesellschaft Bayern weichen.

Neuhausen erlebte innerhalb von 30 Jahren eine regelrechte Bevölkerungsexplosion: Lebten 1855 nur 683 Menschen hier, waren es 1885 bereits 9.648. Längst verband die Trambahn das Dorf mit der Stadt, die Nymphenburger Straße wurde zur wichtigen Ausfallstraße, Immobilienspekulanten entdeckten das Gebiet als Spielwiese, die Industriebetriebe und das Militär dehnten sich aus. Eine Eingemeindung nach München stellte nur den letzten Schritt der Urbanisierung dar. 1890 schluckte die Landeshauptstadt Neuhausen, neun Jahre später Nymphenburg und Gern. Im Gegensatz zum feinen Nymphenburg entstanden in Neuhausen vorrangig Mietshäuser sowie Arbeiterquartiere. Aber auch wichtige soziale Einrichtungen wie Schulen, Krankenhäuser und Kinderheime. Besonders in den späten 1920er Jahren wuchsen neue Quartiere wie die Wohnsiedlung Neuhausen oder die Postversuchssiedlung.

Rings um die große Straßenkreuzung von Nymphenburger Straße und Donnersbergerstraße legte man beim alten Neuhauser Jagdschlössl den Rotkreuzplatz, der seit 1903 so heißt, als Stadtteilzentrum an. Das Jagdschlössl, mit seinen Erkern und Türmchen das Wahrzeichen Neuhausens, gehörte seit 1888 dem Frauenverein des Roten Kreuzes. Der Frauenverein erwarb ein angrenzendes Anwesen, auf dem ab 1890 das Krankenhaus am

Rotkreuzplatz entstand. Schnell kamen weitere Bauten hinzu: ein Schwesternwohnheim, ein Schwesternaltersheim, ein Wöchnerinnenheim. Das Krankenhaus wurde im Krieg komplett zerstört – ebenso das alte Jagdschlössl. Im Gegensatz zum Schloss baute man das Krankenhaus ab 1951 in seiner heutigen Form wieder auf. Das markante Hochhaus stammt von Hubert Michel aus dem Jahr 1967. Überhaupt prägt vor allem Nachkriegsarchitektur den zentralen Platz Neuhausens. Markantester und gleichzeitig umstrittenster Bau ist heute der Kaufhof aus den späten 1970er Jahren. Dass zeitgenössische Architektur aber auch funktionieren und sogar zur vielbesuchten touristischen Sehenswürdigkeit aufsteigen kann, belegt die neue Herz-Jesu-Kirche in der Romanstraße 6. Der quaderförmige, gläserne Bau entstand zwischen 1997 und 2000 nach Plänen des Münchner Architekturbüros Allmann Sattler Wappner, nachdem die alte Kirche 1994 einem Brand zum Opfer fiel.

Neuhausen entwickelte sich dank seines hohen Bestands an Altbauten in den 1980ern bei Studenten und jungen Familien zum angesagten Wohnviertel mit vielen Szenekneipen und alternativen Läden. Die Gründerzeitbauten entlang der Nymphenburger Straße und an der Blutenburgstraße, die durch den Mittleren Ring vom Viertelzentrum abgetrennt sind, waren da schon ein beliebtes Quartier für das gehobene Bürgertum. In den vergangenen Jahren hat die Gentrifizierung auch in Neuhausen Einzug gehalten. Die Stadt versucht durch eine Erhaltungssatzung der Luxussanierung und der damit einhergehenden Verdrängung der angestammten Bevölkerung entgegenzuwirken.

Arnulfpark

siehe Stadtbezirk 3 • Maxvorstadt

Ebenau

Noch fast bis Ende des 19. Jh. gab es in dem 1831 erstmals als Ebenau bezeichneten winzigen Weiler nur ein einziges Gehöft an der Straße nach Dachau. Erst als sich Neuhausen Richtung Osten ausdehnte, wurde auch die Ebenau, die direkt an das Oberwiesenfeld grenzte, erschlossen. Woher der Name für das Viertel zwischen Leonrod-, Dachauer Straße und Landshuter Allee kommt, ist unklar. Vermutlich bedeutet er einfach ebene Aue; zuvor hieß das Gebiet Weishaus, auch über die Herkunft und Bedeutung dieses Namens weiß man heute nichts mehr. Die Bebauung der Ebenau begann mit der Eröffnung der Straßenbahnhaltestelle Leonrodplatz 1909. Die für damalige Verhältnisse optimale Anbindung an den öffentlichen Nahverkehr nutzte der »Verein für die Verbesserung der Wohnverhältnisse in München« (er heißt seit 1961 »Gemeinnütziger Wohnungsverein München 1899 e. V.«) zur Errichtung einer sozialen Wohnungssiedlung. Die Bauten aus der Gründerzeit sind heute noch zum Teil erhalten und stehen unter Denkmalschutz. Südlich der Dom-Pedro-Straße siedelten sich mehrere Gärtnereien an, die nach dem Zweiten Weltkrieg Wohngebäuden weichen mussten. Gegenüber der Ebenau, auf der anderen Seite der Dachauer Straße, befand sich einst Militärgelände, das nach seiner Auflassung bis Ende der 1980er Jahre als riesiges Flohmarktareal genutzt wurde. In den alten Fahrzeughallen etablierten sich Alternativtheater und Künstler. Auch dieses Gebiet wurde inzwischen mit einer Mischung aus Gewerbe- und Wohnhäusern bebaut, so hat die Zentrale des Goethe-Instutits hier ihren Sitz.

Oberwiesenfeld

siehe Stadtbezirk 11 • Milbertshofen–Am Hart

Postversuchssiedlung

Zwischen Arnulf-, Schäringer-, Richel- und Burghausener Straße ließ der Bayerische Post- und Telegraphenverband gemeinsam mit der Reichsforschungsgesellschaft für Wirtschaftlichkeit im Bau- und Wohnungswesen 1928/29 die Versuchssiedlung nach Plänen von Robert Vorhoelzer und Walther Schmidt errichten. Wie der Name schon verrät, war die Siedlung als Versuch angelegt. Es sollten verschiedene Materialien, Bauweisen und Dachformen in Sachen Akzeptanz, Benutzerfreundlichkeit und Wirtschaftlichkeit ausgetestet werden. So

St. Theresia am Rande der Ebenau

Der Amerikanerblock mit den Eckbalkonen (re.) ist das markanteste Gebäude der Siedlung Neuhausen.

wurden beispielsweise auch drei verschiedene Heizungssysteme in baugleiche Wohnungen installiert: Zentralheizung, Etagenheizung und Einzelöfen. In dem Wohnblock entstanden 202 Wohnungen mit je 57 m² und 124 Wohnungen mit 70 m². Die Bauten gruppieren sich um einen großen, beinahe quadratischen Innenhof. Entlang der Arnulfstraße wurden Läden eingerichtet. Revolutionär war der Einbau der sogenannten Münchner Küche, die von Dr. Erna Meyer erfunden und von Hanna Löv erstmals in der Postversuchssiedlung praktisch umgesetzt wurde. Die Münchner Küche sollte den idealen Kompromiss zwischen der Frankfurter Küche, die streng vom Wohnbereich abgetrennt war, und der Wohnküche, die als zunehmend unhygienisch empfunden wurde, darstellen. Die Münchner Küche bot durch eine teilverglaste Wand und einen offene Durchgang eine Sicht- und Hörverbindung zum Wohnbereich, damit die Hausfrau die Kinder auch beim Kochen beaufsichtigen konnte. Diese Küchenform ist heute allerdings in keiner einzigen Wohnung der Siedlung erhalten. In vier Musterwohnungen konnten die Mieter sich auch über die als besonders praktisch, preiswert und dennoch schön geltende Einrichtung der Bayerischen Hausratshilfe freuen. Die Postversuchssiedlung steht heute als bedeutendes Beispiel der Postbauschule unter Denkmalschutz.

Siedlung Neuhausen

Als eine der ersten Arbeiter-Großsiedlungen der neu gegründeten Gewofag (Gemeinnützigen Wohnungsfürsorge AG München) entstand zwischen 1928 und 1931 die Siedlung Neuhausen nach einem Konzept von Hans Döllgast. In nur zwei Jahren Bauzeit waren 1.900 Wohnungen mit unterschiedlichen Grundflächen, alle mit Bädern ausgestattet – damals immer noch luxuriös –, sowie 33 Geschäfte und vier Gaststätten fertig. Alle Gebäude wurden zwar betont schlicht gehalten, doch durch die künstlerische Vielfalt im Entwurf der einzelnen Häuser konnte eine gesichtslose Siedlung vermieden werden. Die Blöcke wurden von verschiedenen Architekten wie u. a. Otho Orlando Kurz, Gustav Gsaenger, Uli Seeck, Martin Mendler individuell entworfen und mit Kunst am Bau geschmückt. Dass das ganze Ensemble zwischen Arnulf- und Nibelungenstraße, Steuben- und Winthirplatz eine Fülle an öffentlicher Kunst bieten sollte, gehörte zum Gesamtkonzept. Mehr noch: Hier sollten Künstler und Kunsthandwerker leben und arbeiten. Im südlichen Teil der Siedlung befindet sich der von Uli Seeck entworfene Künstlerhof, der durch einstöckige, nach Norden ausgerichtete Ateliers begrenzt wird.

Zuletzt vollendete man am westlichen Rand den »Amerikanerblock«, der seinen Namen den Krediten aus den Vereinigten Staaten verdankt. Der damalige Oberbürgermeister Karl Scharnagl hatte die Finanzierung mit amerikanischen Geldgebern abgesichert und im Gegenzug die Plätze und Straßen in der Nähe amerikafreundlich benannt: Steubenplatz (Friedrich Wilhelm von Steuben war preußischer Offizier und später US-amerikanischer General), Karl-Schurz-Straße (Schurz war der erste Deutschstämmige, der Mitglied des amerikanischen Senats wurde) und Washingtonstraße (nach dem ersten amerikanischen Präsidenten). Der Amerikanerblock mit seinen an den Ecken herumgeführten Balkonen stammt von Otho Orlando Kurz und Eduard Herbert. Er ist fünfgeschossig und damit höher als die anderen Gebäude. Er steht als wichtiges Werk der Neuen Sachlichkeit unter Denkmalschutz, die gesamte Siedlung unter Ensembleschutz.

Nederling *siehe: Stadtbezirk 10 • Moosach*

Weishaus *siehe Ebenau*

NYMPHENBURG *(zuvor Kemnaten)*

Der Kurfürst freute sich riesig: Endlich hatte ihm seine Gattin Henriette Adelaide von Savoyen im Jahr 1662 den Thronfolger Max Emanuel geschenkt. Kurfürst Ferdinand Maria war darüber so entzückt, dass er sich nicht lumpen ließ und seiner Frau gleich ein ganzes Dorf als Wochenbettgeschenk überließ, wo ein neues Schloss erbaut werden sollte. Das Dorf hieß Kemnaten.

Kemnaten wurde am 3. April 1186 erstmals als »Chemenaten« urkundlich erwähnt. Der Name leitete sich von »caminata« für Rauchfang, Schornstein ab und bedeutet: beheizbares Haus (vgl. Kemenate). Eine Urkunde des Klosters Schäftlarn aus dem Jahr 1193 erwähnt einen Ulricus de Kemenaten, es schien also einen Dorfadel gegeben zu haben. Das Dorf bestand, wie Menzing, Giesing, Sendling und viele andere Orte in der Gegend, aus zwei Teilen: Ober- und Unter-(Nieder-)kemnaten. Seelsorgerisches Zentrum war die Kirche St. Magdalena, eine Filiale von St. Maria in Thalkirchen. Hier taten Brüder des Augustiner-Chorherrenstifts Beuerberg ihren Dienst, denn dem Kloster gehörten mehrere Höfe im Ort. Um das Jahr 1500 herum gab es sechs Anwesen, die Ende des 16. Jh. zur Hofmark zusammengefasst wurden. Im Dreißigjährigen Krieg gingen 1632 alle Gehöfte in Flammen auf. Knapp dreißig Jahre später verstarb Hofmarksherr Johann Gasser in geistiger Umnachtung und Ferdinand Maria drängte die Erben, ihm Kemnaten zu verkaufen. Am 1. Juli 1663 luchste ihnen der Kurfürst die Hofmark für nur 10.000 Gulden ab und hatte endlich das passende Geschenk für seine Gattin. Die Kurfürstin hatte große Pläne mit dem Dorf. Sie ließ ab 1664 direkt neben dem kleinen Magdalenenkirchlein

Erstnennung 15. März 1675 als »Borgo delle Ninfe« oder »Nimpfenbourg«
Namensbedeutung Burg der Nymphen
Gemeindebildung 1818, mit Gern und Hirschgarten
Eingemeindung 01. Januar 1899

Hubertusbrunnen

Nymphenburger Impressionen

In den Straßen von Gern …

ein Schloss bauen, das sie »Borgo delle Ninfe« taufte. Wer sich den Namen für das Schloss ausgedacht hat, ist nicht ganz geklärt. Vielleicht war es die Kurfürstin selbst oder deren Mutter Christine, die sie darum gebeten hatte, sich für das neue Schloss einen Namen einfallen zu lassen. Jedenfalls verschwand Kemnaten – immerhin gab es 1752 hier 28 Bauernhöfe – langsam von den Landkarten und geriet völlig in Vergessenheit, alle sprachen nur noch von Nymphenburg, dem »königlichen Dorf«.

Architekt Agostino Barelli entwarf Nymphenburg im Stil eines fünfgeschossigen italienischen Landhauses mit doppelläufigen Freitreppen zu beiden Seiten. 1675 konnte Kurfürstin Henriette ihr Schloss endlich beziehen. In den folgenden Jahrhunderten erlebte Nymphenburg mehrere Um- und Erweiterungsbauten. Besonders Kurfürst Max Emanuel zeigte sich baufreudig. Unter ihm entstanden die beiden Galerien neben dem Hauptschloss, die sich daran anschließenden Pavillons und die Schlosskapelle. Kurfürst Karl Albrecht ließ die Orangerie und den Marstall errichten. Karl Albrecht plante sogar eine »Carlstadt«, die rings um den Nymphenburger Kanal entstehen sollte, aber nie verwirklicht wurde. Für die Carlstadt hätten die kleinen Häuser, die sich hofbedienstete Handwerker am Kanal gebaut hatten, abgerissen werden müssen. Am Schlossrondell baute man zwischen 1728 und 1758 zehn Palais für höhere Hofbedienstete. 1761 zog dann die kurfürstliche Porzellanmanufaktur von Schloss Neudeck in der Au nach Nymphenburg.

Ursprünglich gehörte zum Schloss nur ein kleiner Garten im italienischen Stil, der Anfang des 18. Jh. zu einem Park im Stil des französischen Barock umgestaltet wurde. Der heutige großzügige Landschaftspark nach englischem Vorbild entstand zwischen 1804 und 1823. Schloss Nymphenburg diente den Wittelsbachern als Sommerresidenz und noch heute genießt das jeweilige Oberhaupt des Hauses Wittelsbach, derzeit Herzog Franz von Bayern, Wohnrecht, obwohl das Schloss seit 1918 dem Freistaat Bayern gehört. Schloss und Park gehören zu den größten Schlossanlagen Europas und ziehen jährlich rund 500.000 Besucher an. Damit liegt Nymphenburg weit vor der Münchner Residenz und Schloss Schleißheim. Der Botanische Garten war und ist übrigens nicht Teil der Schlossanlage.

Das alte Bauerndorf Kemnaten hatte durch das Schloss eine gewaltige Wandlung gemacht – nicht nur architektonisch. Statt Bauern lebten schon in der 2. Hälfte des 17. Jh. immer mehr Beamte, Hofbedienstete sowie auf die Hofgesellschaft ausgerichtete Handwerker und Dienstleister hier. Die Siedlung wurden 1818 gemeinsam mit Gern zu einer politischen Gemeinde zusammengefasst. Nymphenburg zählte 1.453 Einwohner im Jahr 1855, das benachbarte Neuhausen nur 683. Das änderte sich fünfundzwanzig Jahre später, nachdem Neuhausen einen gewaltigen Siedlungsschub erhalten hatte und nun mit 8.467 Einwohnern deutlich vor Nymphenburg mit 1.822 Bewohnern stand.

Bei seiner Eingemeindung nach München 1899 hatte sich Nymphenburg bereits zur bevorzugten Wohngegend für ein gehobenes Bürgertum entwickelt – daran hat sich bis heute wenig geändert. Besonders die Villen entlang der Auffahrtsalleen, in der Neuwittelsbacher Kolonie und die historische Reihenhaussiedlung in Gern tragen zum besonderen Charme des Viertels bei. Ein Freizeitvergnügen der speziellen Art bietet der Nymphenburger Schlosskanal im Winter. Ist er zugefroren und das Eis dick genug, tummeln sich Schlittschuhläufer und Eisstockschützen darauf.

Gern

Gern ist älter als Neuhausen und Kemnaten (so der erste Name Nymphenburgs). Zwischen 1024 und 1031 findet sich die erste urkundliche Erwähnung Gerns als »in loco Gerin«; unter »gere« verstand man ein langgezogenes, keilförmiges Stück Land. Damals gehörte es zu den Lehen des Freisinger Bischofs Egilbert von Moosburg. Ein Verzeichnis des Klosters Tegernsee aus den Jahren zwischen 1149 und 1155, in dem die Abgaben für Leinen festgelegt sind, nennt den Ort Kerin. Wenig später ist in Urkunden zu einem Rechtsgeschäft von einem gewissen Friedrich de Geren zu lesen.

Neuhausen-Nymphenburg in Zahlen
Einwohner 89.286
Fläche 1.293,00 ha
Ärzte 239
Volksschulen 10
Realschulen 4
Gymnasien 5
Theater 7
Kinos 1
Tourismusbetriebe 11

Gern war und blieb über die Jahrhunderte nur ein winziges Bauerndorf, bestehend aus fünf Häusern, die bis zur Säkularisation 1803 dem Hochstift Freising gehörten. Später kam als sechstes Anwesen ein Jägerhäusl hinzu. Bei der Entstehung der politischen Gemeinden im Jahr 1818 wurde Gern Teil der Gemeinde Nymphenburg.

Erst ab Mitte des 19. Jh. entdeckten wohlhabende Städter die Gegend nahe dem Schloss Nymphenburg für sich und machten aus dem Kuhdorf eine Villensiedlung. Um 1890 kauften kapitalstarke Terraingesellschaften Land auf und ab 1892 errichtete die Baufirma Heilmann & Littmann rings um die Böcklinstraße die Villenkolonie Gern. Sie ist Münchens älteste Reihenhaussiedlung bestehend aus standardisierten, zweistöckigen Reihenhäusern im englischen Cottage- oder belgischen Reihenhaus-Stil mit historisierenden Formen und unterschiedlichen Grundrissen. Bis 1898 errichtete man über 100 Häuser mit kleinen Vorgärten. Die Baufirma hob in ihrem Prospekt die »ruhige vornehme Nachbarschaft« zu Nymphenburg hervor und warb gezielt um »Gelehrte, Künstler, Schriftsteller, Beamte, Pensionisten und Rentner«. Die Kolonie steht heute zum Teil unter Denkmalschutz. Beliebt bei den Neu-Gernern und Ausflüglern war das Bier der 1876 gegründeten Gerner Brauerei, die 1920 von Löwenbräu aufgekauft und stillgelegt wurde. Auch auf dem Brauereigelände entstand in den 1970er Jahren eine Villensiedlung.

Zu Gern gehört auch das Dantebad, ein Freibad, das 1913 als reines Männerbad gegründet wurde, ab 1920 dann auch für Frauen zugänglich war und heute einen FKK-Bereich sowie ein Warmfreibad vorweist. Ebenfalls an der Dantestraße liegt das Dante-Stadion von 1928, Münchens viertgrößte Sportanlage. Hier sind die beiden Münchner American Football-Mannschaften zu Hause.

Hirschgarten

Waidmanns Heil nur auf gut Glück? Der jagdfreudige Kurfürst wusste sich zu helfen. Wozu allein der Natur vertrauen, wenn man den Nachschub an Hasen und Hirschen selbst züchten und dann vor die Flinte treiben lassen kann. Kurfürst Karl Albrecht, der spätere Kaiser Karl VII., ließ also 1729 auf Neuhauser Grund einen Hasengarten anlegen. Zur Hasenzucht kam 47 Jahre später der Anbau von Hopfen für die kurfürstlichen Brauhäuser. Kurfürst Karl Theodor, der in München an mehreren Stellen die Seidenraupenzucht vorantrieb, ließ die Hopfenäcker 1786 umpflügen und 17.000 Maulbeerbäume pflanzen. Das Projekt, München zur Seidenmetropole zu machen, scheiterte. Der Maulbeerwald ging auf in das durch Oberstjägermeister Freiherr von Waldkirch angelegte Jagdrevier. In einem eingezäunten Areal setzte man 100 Dam- und Edelhirsche sowie Steinböcke aus, damit immer genug Nachschub für die höfischen Jagden vorrätig war. Der reformfreudige Karl Theodor öffnete die Parkanlage für die Münchner Bürger, bei denen sich die Wildfütterung mit anschließendem Besuch in der 1791 erbauten Ausflugswirtschaft »Jägerhaus« schnell großer Beliebtheit erfreute. Durch den Bau

Der Hirschgarten: In Europas größtem Biergarten kann man bei einer gepflegten Maß tatsächlich Hirsche und Mufflons beobachten.

der Bahnstrecke München–Augsburg musste der Hirschgarten verkleinert werden. Nach dem Zweiten Weltkrieg baute die Stadt München den rund 40 ha großen Hirschgarten zur öffentlichen Parkanlage mit hügeligen Wiesen aus. Zum Hirschgarten gehören heute der größte Biergarten der Welt mit 8.000 Plätzen und ein Freigehege mit Damwild und Mufflons.

Seit 2007 entstehen am Hirschgarten auf ehemaligen Flächen der Deutschen Bahn die neuen Wohnquartiere »Am Hirschgarten« und »Nymphenburg Süd«, für die sogar eine eigene S-Bahnstation geschaffen wurde. Zwischen den Baugebieten wurde eine große öffentliche Grünfläche angelegt, die im Norden an den Hirschgarten und im Süden an das geplante bahnbegleitende Biotopband, den »Pionierpark«, anschließt.

Kemnaten *siehe Nymphenburg*

Villenkolonie Gern *siehe Gern*

Villenkolonie Neuwittelsbach

Nachdem die Städter die Umgebung des Schlosses Nymphenburg für sich entdeckt hatten, war es nur eine Frage der Zeit, bis nicht nur vereinzelte Landhäuser auf die grüne Wiese gebaut wurden, sondern gleich eine komplette vornehme Villenkolonie. Zwischen 1883 und 1928 wurde rings um das Rondell Neuwittelsbach, südlich des Nymphenburger Kanals zwischen Renata-, Hubertus-, Prinzen- und Nibelungenstraße, ein Quartier aus schmucken Villen mit Gartenstadtcharakter erbaut. Mit dem Namen Neuwittelsbach wollte man das Haus Wittelsbach zu dessen 700-jährigem Jubiläum ehren.

Zum Selbst-Erkunden:

Gotteshäuser (Auswahl):

1. Christkönig-Kirche *(kath.), Notburgastr. 15*
2. Herz-Jesu-Kirche *(kath.), Romanstr. 6*
3. Stephanuskirche *(ev.), Pechlarner Str. 4*
4. St. Theresia *(kath.), Dom-Pedro-Str. 39*
5. Winthirkirche *(kath.), Winthirstr. 15 (Abb.)*

Und sonst:

1. Botanischer Garten, *Menzinger Str. 61–65*
2. Dantebad, *Dantestr. 6*
3. Hirschgarten, *Europas größter Biergarten*
4. Postversuchssiedlung

Museen:

1. Botanische Staatssammlung, *Menzinger Str. 67*
2. Kreibig-Museum, *Südliches Schlossrondell 1*
3. Marstallmuseum, *Schloss Nymphenburg*
4. Museum Mensch und Natur, *Schloss Nymphenburg*
5. Porzellanmuseum, *Schloss Nymphenburg (Abb.)*
6. Schloss Nymphenburg
7. Staatliche Naturwissenschaftliche Sammlungen Bayerns, *Menzinger Str. 71*

Moosach

Hoch, höher – Uptown. Moosach ist schon von weitem her gut zu finden, seit hier Münchens höchstes Hochhaus, und nach dem Olympiaturm zweithöchstes Gebäude, der 146 m hohe Wolkenkratzer Uptown München steht. Er entstand nach Plänen des Düsseldorfer Architekturbüros Ingenhoven und Overdiek und gehört heute der Government of Singapore Investment Corporation. Doch herunter von den Höhen und hinein in die Tiefen, die Tiefen der Erde, die Belege für die lange Geschichte Moosachs bargen. Eine Frau und ihr kleines Kind sind die ältesten Moosacher. 1908 fand man an der Untermenzinger Straße 1 ein Hockergrab aus der Jungsteinzeit mit ihren Gebeinen. Damit gibt es keinen Zweifel mehr, dass das Gfild, wie man die wenig fruchtbare Ebene nordwestlich von München nennt, bereits vor rund 4.000 Jahren besiedelt wurde und besiedelt blieb. Bronzezeitliche und keltische Funde in der Umgebung zeugen davon. Dass auch die Römer hier waren oder zumindest durchkamen, belegen einige Gräberfunde sowie die Moosacher Abschnitte der alten Römerstraße, die von Wels nach Augsburg führte und heute Teil der Schneeglöckchenstraße in der Fasanerie ist. Entlang dieser wichtigen Handelsstraße, siedelten sich schließlich Bajuwaren an. Wann genau Moosach erstmals schriftlich erwähnt wurde, ist umstritten. Zwar gibt es eine Auflistung über die Güter des ersten Abts von Kloster Wessobrunn, zu denen um 760 neben »Goutingen«, »Menzingen« und »Sentlingen« auch ein »Mosahe« gehört, zweifelsfrei wird Moosach aber erst am 4. Juni 807 genannt, als ein gewisser Sicco seinen Besitz »ad mosaha« dem Freisinger Hochstift schenkt. Zwischen 1031 und 1039 befand Bischof Egilbert offenbar, dass ihm Moosach nicht genug einbrachte, und tauschte die Güter gegen andere Liegenschaften mit dem Grafen Odalschalch, der ein Vorfahre oder enger Verwandter der Grafen von Scheyern war, aus denen später die Wittelsbacher hervorgingen. Die Wittelsbacher verfügten in Moosach, Hartmannshofen und Nederling bald über große Güter und bedachten verschiedenen Klöster immer wieder mit großzügigen Landschenkungen. Moosach florierte nicht zuletzt wegen seiner Lage an der alten Salzstraße, die von Oberföhring nach Westen führte. Doch mit der Gründung Münchens 1158 verlor das einzige Dorf zwischen der Isar und Dachau plötzlich seine Bedeutung. Heinrich der Löwe ließ bei München eine neue Brücke bauen und lenkte die Salzfuhrwerke über seinen Markt. Fortan lief der Handelsweg über Neuhausen, Gern und Nederling südlich an Moosach vorbei.

Erstnennung 4. Juni 807 als »Mosaha«
Namensbedeutung Moorbach aus »Moos« = Sumpf, Moor und »Ache« = Wasser, Bach
Gemeindebildung 1818, mit Nederling, Hartmannshofen, Fasanerien, Kolonie Ludwigsfeld
Eingemeindung 01. Juli 1913
Lage alter Ortskern um die Pfarrkirche St. Martin, Moosacher St.-Martins-Platz 1

Immer mehr reiche Münchner kauften nun Land in Moosach. In der Mitte des 15. Jh. galt Moosach nach Feldmoching als der

Münchens höchstes Haus: Uptown München am Georg-Brauchle-Ring

10 • MOOSACH

zweitgrößte Ort im Gfild. Doch dann kam der Dreißigjährige Krieg. Die Schweden unter König Gustav II. Adolf rückten gegen München vor. Die Stadt hatte es nicht geschafft, einen vernünftigen Verteidigungswall fertigzustellen, daher erhielt Münchens Bürgermeister vom Kurfürsten die Genehmigung, die Stadt den Schweden kampflos zu übergeben – wenn die Schweden dafür auf eine Plünderung und Brandschatzung verzichteten. Die Schweden verzichteten, hielten sich aber an den Dörfern um München schadlos. So überfielen sie Moosach und legten im Mai 1632 die 39 Höfe umfassende Siedlung komplett in Schutt und Asche. Die Kirche, der einzige Steinbau, der das Inferno überstand, nutzen die Soldaten als Pferdestall. Kaum waren die Schweden abgezogen, wütete das nächste Grauen unter den Überlebenden: Die Pest dezimierte 1634/35 die Bevölkerung weiter. Und schließlich kamen die Schweden noch einmal mordend zurück, diesmal gemeinsam mit den Franzosen unter den Generälen Wrangel und Turenne. Dem Kurfürsten blieb nichts anderes übrig, als auch den Moosachern die Flucht nach Osten auf die andere Isarseite zu gestatten. Zwischen Moosach und Feldmoching fand nun die letzte Schlacht des Dreißigjährigen Kriegs statt. Die Herren Generäle verschoben nämlich ihren Plan, München zu stürmen und plünderten erst die Fasanerien, dann beschlossen sie, die wildreichen Ländereien zur ausgiebigen Jagd zu nutzen. Völlig im Jagdfieber bemerkten sie nicht, dass der kaiserliche Reiteroberst Johann von Werth mit seinen Truppen von München aus loszog. Er überrumpelte die Feinde am Morgen des 6. Oktober 1648 in einem Waldstück, vermutlich dem Kapuzinerhölzl. Rund 500 schwedische und französische Soldaten und 1.000 Pferde starben oder ertranken bei der Flucht im Dachauer Moos. 700 Soldaten und 120 Offiziere konnte man gefangen nehmen und im Triumphzug nach München führen. Die Generäle Wrangel und Turenne aber entkamen und Moosach lag weiter in Trümmern. Weil nur rund 20 Prozent der Moosacher Bevölkerung Krieg und Pest überlebt hatten, verzögerte sich der Wiederaufbau lange.

Die wohlhabenden Münchner Brüder Maximilian und Veit Adam Pelkoven, die über viel Grund in Moosach verfügten, erreichten es 1686 schließlich, dass Kurfürst Maximilian II. Emanuel das Dorf zur Hofmark mit niederer Gerichtsbarkeit erhob. Unter den Pelkoven-Brüdern florierte Moosach, neue Häuser wurden gebaut und man versuchte sogar eine Schule einzurichten. Die Pelkovens ließen sich um 1690 ein zweigeschossiges Schloss mit französischem Ziergarten errichten. Doch die Erben interessierten sich kaum für die Hofmark. Sie verkauften sie 1722 an den kurfürstlichen Hofkammerrat Johann Baptist von Ruffin(i), womit die Rechte der Hofmark erloschen, da sie nur den Pelkovens und ihren leiblichen Nachkommen verliehen worden waren. Ruffini veräußerte schon ein Jahr später das Landgut an seinen Kollegen, den Hofkammerrat Johann Eberhard Neuroth, der einfach weiterhin so tat, als verfüge er über die Hofmarkrechte. Tatsächlich bekam aber erst Johann Maximilian von Burgau, der 1746 den Sitz Moosach erwarb, wieder die Hofmarkrechte. Burgau nutzte seine Macht, um die Moosacher Bauern finanziell kräftig bluten zu lassen. Um seinen Säckel schließlich noch mehr zu füllen, veräußerte er Moosach 1750 an die Gräfin Maria von Hörwarth. Die Gräfin stritt zwar mit den Behörden ebenfalls um die Hofmarksgerichtsbarkeit, zeigte sich aber ansonsten gnädiger. Sie stiftete Geld für die Ausstattung der alten St. Martin-Kirche und ließ die Dorfkinder im Winter die Schule besuchen.

Der Kampf um die Hofmarksrechte ging auch unter Maximilian von Unertl, der Moosach 1767 von der Gräfin erwarb, sowie dessen Erben weiter. Erst am 19. April 1800 fand der ewige Streit ein Ende, als die Dachauer Landrichter ein für alle mal verkündeten, dass die Hofmark Moosach fortan unwiderruflich eingezogen worden sei. Der damalige Eigentümer Benno von Hofstetten verkaufte 1806 das Schloss, das in den Folgejahren unzählige Besitzerwechsel erlebte, kurzfristig als Schulgebäude diente und dann zum Wirtshaus umgebaut wurde. Bis ins 20. Jh. gestaltete sich die Geschichte des einstigen Schlosses weiterhin wechselhaft. Man lagerte Schulklassen aus der überfüllten Schule hierhin aus, richtete einen Kindergarten ein, vermietete den Garten erst an eine Gärtnerei, dann baute man 1964 eine architektonisch nicht besonders aufregende Kinderkrippe direkt neben das Schloss und wählte 1999/2000 den südlichen Teil des ehemaligen Schlossgartens als Standort für ein neues Schulgebäude. Das Pelkoven-Schlössl selbst, das zuletzt in Mietwohnungen eingeteilt war, wurde Anfang der 2000er Jahre zum Bürgerhaus umgebaut.

Den Aufschwung erlebte Moosach ab der zweiten Hälfte des 19. Jh. Der Ort wuchs, 1893 bekam Moosach seine Kanalisation und 1897 seine erste Straßenbeleuchtung entlang der Bahnhofstraße. Am Dorfrand entstanden die ersten Wohnhäuser, bald folgten größere Mietskasernen, denn auch immer mehr Gewerbe siedelte sich an. Vor allem Gärtnereien entdeckten die Moosacher Freiflächen, 1912 gab es schon mehr Gärtnereien im Ort als Bauernhöfe. Die Firma BMW hatte ihre Anfänge in Moosach, ebenso die Chemischen Werke München. Bedeutendster Arbeitgeber wurde aber die Waggonfabrik Jos. Rathgeber, die sogar den legendären Orient-Express mit Waggons ausstattete. Rathgeber produzierte auch Straßenbahntriebwagen, später Omnibusse und stieg ins Rolltreppengeschäft ein. Die Firma wurde 1986 von der F. X. Meiller GmbH übernommen, gleichzeitig stellte man die Produktion von Schienenfahrzeugen und Rolltreppen ein. 1995 verlagerte Meiller seinen Firmensitz komplett von der Landshuter Allee nach Moosach. Für die Produktion spielte der Standort jedoch zunehmend eine untergeordnete Rolle, nur noch die Rathgeber-Villa, das Tortürmchen und zwei Hallen bleiben als Industriedenkmäler heute erhalten.

Moosach wurde stückchenweise nach München eingemeindet. Zuerst kam der Westfriedhof 1896 zur Landeshauptstadt, dann 1906 das Gaswerk, und am 1. Juli 1913 zuletzt ganz Moosach mit seinen rund 2.600 Einwohnern. Es wurde Teil

Historische Bezirke
Moosach
- Borstei
- Dantepark
- Mondscheinsiedlung
- Olympiapark

Hartmannshofen
Nederling
- Mettensiedlung

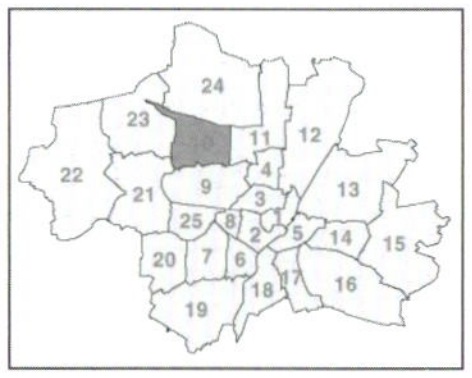

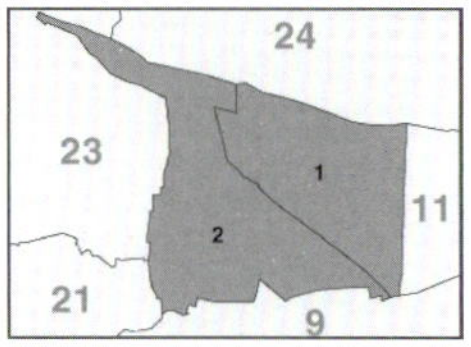

Offizielle Bezirksteile
1 Alt-Moosach
2 Moosach Bahnhof

10

Zweimal St. Martin in Moosach: links die alte, 815 erstmals erwähnte Kirche, rechts die neue.

des 28. Stadtbezirks Neuhausen-Moosach. Mit dem Anschluss an das Straßenbahnnetz 1930 boomte der Ort noch stärker. In der Nazizeit entstanden neue Kleinsiedlungen und es gab Pläne, die Technische Universität aus der Maxvorstadt nach Moosach zwischen Menzinger Straße, Wintrichring und dem Kapuzinerhölzl zu verlagern. Auch die Großmarkthalle und der Schlachthof sollten nach Moosach kommen. Keines dieser Projekte wurde letztlich verwirklicht. Anders der Rangierbahnhof. Ab 1939 begannen die umfangreichen Bauarbeiten zwischen Moosach und Feldmoching, Siedlungshäuser wurden abgebrochen, Wälder abgeholzt und Millionen von Kubikmetern Kies aufgeschüttet. Im Krieg entstanden im Ort mehrere Zwangsarbeiter- und Kriegsgefangenenlager, darunter als größtes das »Sammellager für ausländische Rüstungsarbeiter« an der Hanauer Straße mit 24 Baracken und bis zu 1.200 Insassen sowie das Arbeitserziehungslager an der Gerastraße für »Arbeitsunwillige«. Die Arbeitssklaven mussten vor allem an der Baustelle des Rangierbahnhofs und in der Waggonfabrik Jos. Rathgeber schuften. Kriegsbedingt kamen die Arbeiten am Bahnhof zum Erliegen und in den Folgejahren kam es immer wieder zu komplizierten Rechtsstreitigkeiten. Erst 1991 konnte dann der damals modernste Rangierbahnhof Europas in Betrieb genommen werden und ersetzt seitdem die alten Rangierbahnhöfe München Ost und München-Laim.

Nach dem Krieg wandelte sich Moosach vom Dorf zum Vorort. Neue Siedlungsgebiete wurden erschlossen, immer mehr alte Gebäude mussten modernen, mehrstöckigen Wohnanlagen weichen. Die beiden letzten Bauern gaben in den 1990ern ihre Höfe auf. Der Ausbau der Dachauer Straße in den 1960ern zerteilte Moosach schließlich in den alten Dorfkern und die Neubaugebiete. Der alte Teil bekam 1983 eine kleine Fußgängerzone am Moosacher St.-Martins-Platz rings um die alte Pfarrkirche St. Martin. Sie ist eine der ältesten Kirchen Münchens, denn sie wurde erstmals 815 als Eigenkirche des Grafen Cundhart erwähnt. Der heutige Bau lässt heute noch deutlich die romanischen Wurzeln aus dem 12. und 13. Jh. erkennen, trotz umfangreicher gotische Umbauten aus dem 15. Jh. und barocker Ausgestaltung. Weil das alte Kirchlein für die wachsende Gemeinde zu klein geworden war, baute man 1921–1924 direkt daneben die neue St.-Martins-Kirche nach Plänen von Hermann Leitenstorfer im Stil der Neuen Sachlichkeit. Prominentester Gast-Moosacher dürfte wohl Papst Benedikt XVI. gewesen sein, der in seiner Zeit als Aushilfskaplan 1951 im Pfarrhaus von St. Martin wohnte. »Moosach war ein Traumdorf mitten in der Stadt, durch das täglich Erntewagen rollten, wo ich durch den Garten zur Kirche und zum Friedhof ging«, erinnerte sich Benedikt XVI. an seine Moosacher Zeit. 1958 bekamen auch die Protestanten ihr erstes Gotteshaus mit der Heilig-Geist-Kirche an der Hugo-Troendle-Straße.

Als München 1966 den Zuschlag für die XX. Olympischen Sommerspiele 1972 bekam, wurden Teile des Oberwiesenfelds als Olympiagelände auserkoren und Moosach wurde olympisch, da große Teile des Oberwiesenfelds auf Moosacher Grund lagen. Hier entstand als eines der ersten Großprojekte in Beton-Fertigbauweise die Olympia-Pressestadt mit 1.650 Wohnungen, das Olympia-Pressezentrum und das Olympia-Einkaufszentrum (OEZ), das damals mit seinen 52.700 m^2 das größte Einkaufszentrum Europas war.

Moosacher Pelkovenschlössl

Impressionen aus der Borstei

Seit 1996 besteht der Stadtbezirk 10 Moosach im Wesentlichen wieder aus der alten Gemeinde Moosach. 2010 wurde die Verlängerung der U 3 fertiggestellt, seitdem ist Moosach an das U-Bahn-Netz angeschlossen.

Borstei

Ursprünglich plante Bauunternehmer Bernhard Borst eine neues Betriebsgelände mit Werkstätten und ein paar Wohnhäusern, als er 1923 an der Dachauer Straße ein 70.000 m^2 großes Grundstück erwarb. Er schrieb sogar einen Architekturwettbewerb aus. Von den 60 Beiträgen überzeugte Borst aber keiner wirklich. Er kürte keinen Sieger, sondern entwarf nun selbst die Anlage, deren Grundidee er so erklärte: »So suchte ich die Wohnfrage zu lösen: Das Schöne des Einfamilienhauses mit dem Praktischen einer Etagenwohnung zu verbinden. Dabei wollte ich alles auf die Entlastung der Hausfrau und auf die Gesundheit der Menschen abstimmen.« Von Betriebsgelände und Werkstätten blieb da nichts mehr übrig. Borst baute eine komplette Siedlung für den gehobenen Mittelstand mit mehrgeschossigen Wohnhäusern, die sich um begrünte Innenhöfe gruppieren und über Gewölbe und Durchfahrten miteinander verbunden sind. Die Anlage sollte sich ganz bewusst von den Villenkolonien mit den Einzelhäusern einerseits und den schlichten Wohnblöcken des Genossenschaftsbaus andererseits absetzen. 1927 zog Borst den Architekten Oswald Bieber hinzu.

Es entstanden insgesamt 77 Häuser mit 772 Wohnungen, 14 Geschäften, einer Apotheke, einem Postamt, zwei Kindergärten, einer Vorschule, einem Café sowie 280 Garagen. 1928 veranstaltete Borst ein Preisausschreiben für den Namen der Siedlung. 2.600 Einsendungen gingen ein. Man schlug u. a. »Paradies, Schlaraffenhof, Borsts Wohnautomat und Borstelysium« vor, Sieger wurde jedoch der zehnmal genannte Name »Borstei«. Im selben Jahr erhielt die Borstei das erste zentrale Heizkraftwerk Deutschlands, das bis heute in Betrieb ist. Damit boten die Wohnungen einen für die damalige Zeit unüblichen Komfort: Zentralheizung und fließend heißes Wasser. Zur luxuriösen Ausstattung gehörten auch Gasherde, Parkett, Bäder mit Waschbecken und Bidet, beheizte Garagen und Kinderspielplätze. Eine eigene Großwäscherei stand allen Mietern zur Verfügung und lieferte innerhalb von 24 Stunden die Wäsche schrankfertig zurück. Bis heute können die Mieter für Arbeiten im Haus stundenweise auf einen Pool von Schreinern, Installateuren, Gärtnern, Malern und anderen Handwerkern zurückgreifen. Skulpturen zieren alle Gärten und Höfe der Borstei, Fresken schmücken die individuell gestalteten Häuser. Kein Wunder, dass die Borstei schnell das gehobene Bürgertum anzog. Bernhard Borst lebte nach dem Zweiten Weltkrieg selbst in der Borstei.

Moosach in Zahlen
Einwohner 48.421
Fläche 1.109,99 ha
Ärzte 54
Volksschulen 7
Realschulen 1
Gymnasien 1
Theater 1
Tourismusbetriebe 3

Dantepark

Auf dem Gelände einer ehemaligen Kleingartenanlage an der Dachauer Straße, zwischen Klugstraße und Nymphenburg-Biedersteiner-Kanal, also neben Dantebad und Dantestadion, gestaltete das Architekturbüro Fred Angerer und Partner gemeinsam mit Landschaftsarchitekt Peter Leitzmann im Auftrag der Derag (Deutsche Realbesitz AG & Co.) zwischen 1989 und 1991 die Wohnanlage.

Fasanerie

siehe Hartmannhofen

Mondscheinsiedlung

Der Gastwirt Josef Trinkl erlaubte 1951 über hundert Familien, zum Großteil Donauschwaben, die vor Titos Terrorregime aus der Batschka in Jugoslawien geflohen waren, auf seinem Land zwischen Angerlohe und Dachauer Straße in Moosach an der Grenze zu Untermenzing ihre Wohnungen zu bauen. Da die Siedler ihre kleinen Häuser meist

Westfriedhof

nach Feierabend bis tief in die Nacht bauten, nannte man die Siedlung schnell Mondscheinsiedlung. Die wilde Siedlung kämpfte jahrzehntelang um Legalisierung durch die Stadt München, erst Ende 1999 wurde z. B. die Verkehrsanbindung geregelt.

Olympiapark *siehe Stadtbezirk 11 • Milbertshofen-Am Hart*

Trinkl-Siedlung *siehe Mondscheinsiedlung*

Hartmannshofen

Vermutlich wurde die Einöde schon im 12. Jh. gegründet. Aber erst mit der Vergabe des Lehens an einen gewissen Heinrich Raenolt (oder Reinholt) wird Hartmannshofen 1369 erstmals schriftlich erwähnt. Es bestand aus einem Hof und einer Sölde, einem Kleinstbauernhof, dessen Ertrag in der Regel nicht zum Überleben reichte, weshalb landwirtschaftliche Söldner als Taglöhner dazuverdienen mussten. Um 1500 kam zu den beiden Gebäuden noch eine Kapelle hinzu. Die Besitzer wechselten häufig, bis Hartmannshofen 1666 an Kurfürstin Henriette Adelheid verkauft wurde. Ihr Sohn Max II. Emanuel richtete dort 1717 eine seiner zahlreichen Fasanerien ein, die bis 1914 in Betrieb blieb.

Nach dem Niedergang der Fasanenjagd machte Revierjäger Engelbert Bierschenk aus den Gebäuden eine Ausflugswirtschaft und leistete sich einen kleinen Bauernhof mit etwas Nutzvieh. Der landwirtschaftliche Betrieb wurde erst 1960 eingestellt, erhalten blieb die bis heute beliebte Gaststätte an der Hartmannshofer Straße 20. 1919 gründeten sich drei Siedlungsgemeinschaften: die »Soziale Eigenheim-

Siedlung Neulustheim«, die »Kleinhausbau- und Siedlungsgenossenschaft der Unteroffiziere des Beurlaubtenstandes von 1919 München« und die »Siedlungsgenossenschaft Hartmannshofen«. Alle drei erhielten von der Krongutsverwaltung Grund der ehemaligen königlichen Fasanerie Hartmannshofen im Erbbaurecht. Eine der Hauptbedingungen: Bis spätestens 1937 musste das Gebiet bebaut sein. Ab 1920 zog die »Kleinhausbau- und Siedlungsgenossenschaft« die ersten 32 Häuser auf dem Gebiet von Untermenzing hoch, 1925 baute man dann auch auf Moosacher Grund. Die Planung umfasste insgesamt 208 Ein- und Zweifamilienhäuser sowie ein Geschäftshaus mit Läden für den täglichen Bedarf. Die Genossenschaft benannte sich 1931 in »Baugenossenschaft Hartmannshofen Nord eGmbH« um. 1921 begann die »Siedlungsgenossenschaft Hartmannshofen«, die heute »Siedlervereinigung Hartmannshofen« heißt, mit ihren ersten sieben Häusern. Nach dem Zweiten Weltkrieg folgten 21 mehrstöckige Wohngebäude. Weitere 420 Wohneinheiten kamen Ende der 1990er Jahre hinzu.

Erstnennung 1. Oktober 1369 als »Hartmanshoven«
Namensherkunft Hof eines Mannes namens Hartmann
Gemeindebildung 1818, mit Moosach, Nederling, Fasanerien, Kolonie Ludwigsfeld
Lage: an der Allacher-, Weidmann- und Lechelstraße

Als 1926 Hartmannshofen weitgehend fertig bebaut war, wurde die Kirche St. Raphael Zentrum der neuen Siedlung. Sie bestand anfangs nur aus einer hölzernen Sanitätsbaracke, die bereits in Gröbenzell als Notkirche gedient hatte und mit Altar, Sakristei, Türmchen und zwei Glocken nach Hartmannshofen transportiert wurde. St. Raphael wurde am 17. Oktober 1926 geweiht. Der heutige Kirchenbau an der Lechelstraße 54 entstand 1932. Im gleichen Jahr baute man die kleine evangelische Bethlehemskirche an der Lechelstraße 51. Durch den Zuzug von immer mehr Protestanten musste der Kirchenraum mehrfach erwei-

Impressionen aus Moosach mit der Ausflugswirtschaft Fasanerie in Hartmannshofen

tert werden. Die Bethlehemskirche in ihrer heutigen Form entwarf Architekt Gustav Gsaenger, einer der produktivsten Architekten evangelischer Kirchen im München der 60er Jahre.

Noch heute ist in Hartmannshofen weitgehend der Gartenstadtcharakter erhalten. Die Grundstücke sind für Münchner Verhältnisse riesig, uralte Bäume stehen unter Naturschutz, das ganze Gebiet zählt laut Biotopkartierung zu den »qualitativ besten der trockenen Eichen- und Hainbuchenwälder des Münchner Raumes«. Grundstücke, bei denen das Erbpachtrecht ausläuft, verkauft der Eigentümer, das Finanzministerium, in den letzten Jahren. Damit keine übermäßige Verdichtung Immobilienspekulanten anlockt, wurde ein Bebauungsplan erlassen, der die Sicherung der großzügigen Siedlung vorsieht.

Nederling

Der kleine Weiler Nederling bestand bei seiner ersten Erwähnung vermutlich nur aus zwei Höfen. Einer davon gehörte zum Besitz des Klosters Dießen, daher nannte man ihn den Dießener Hof. Der andere hieß nach einem ehemaligen Besitzer Frimmerhof. Die beiden Güter standen auf steinigem, wenig fruchtbarem und daher kaum ertragreichem Grund. Die Pächter wechselten häufig, zeitweise standen die Höfe sogar leer. 1875 zählte man in Nederling 28 Einwohner, 9 Pferde und 43 Rinder. Der Frimmerhof schrumpfte immer weiter zusammen, weil die Besitzer stetig mehr und mehr Land verkauften. Zuletzt verlor er 1893 einen großen Teil seines Bodens, als der aktuelle Besitzer Max von Lutz 37 Tagwerk (rund 12 Hektar) für die Errichtung des Westfriedhofs der Gemeinde Moosach verkaufte. Stadtbaumeister Hans Grässel plante den Friedhof samt Aussegnungshalle und Nebengebäuden. Die Bauarbeiten begannen 1898, nach zahlreichen Erweiterungen ist der Westfriedhof heute nach dem Waldfriedhof der zweitgrößte Münchner Friedhof.

Erstnennung 1362/63 als »Noederling«
Namensherkunft möglicherweise vom Eigennamen Nendilo oder vom Familiennamen Noder/Notter
Gemeindebildung 1818, mit Moosach, Hartmannshofen, Fasanerien, Kolonie Ludwigsfeld

Um 1900 war Nederling kurz als Standort für die neue Pferderennbahn im Gespräch. Schließlich erwarb der Bankier Salomon Gutmann im Jahr 1913 den Frimmerhof und konnte ein Jahr später auch den Dießener Hof dazukaufen. Sein neues Anwesen nannte Gutmann nun Gut Nederling und verpachtete es gewinnbringend. Die TU nutzte ab 1920 das Gut als Staatliches Versuchsgut für Pflanzenbau und Pflanzenschutz. 1937 enteigneten die Nazis den jüdischen Eigentümer, die Stadt München übernahm Nederling und zahlte nach dem Krieg immerhin eine »Wiedergutmachung«. Der Frimmerhof wurde von 1939 bis 1959 an einen Schweinezüchter vermietet. Seit 1962 sind in den Gebäuden des Nederlinger Gutes Wohn- und Betriebsgebäude der Stadtgärtendirektion untergebracht. Der Dießener Hof wurde im November 2003 verkauft. Nach dem Umbau ist darin das Theater Gut Nederling sowie eine Gaststätte mit Biergarten beheimatet.

Ab 1906 entstanden nordwestlich des Guts mehrere Kleingartenanlagen, darunter die »Heinrich-Schlicht-Anlage«, die Münchens erste Kleingartenanlage überhaupt ist. Westlich der Schrebergärten befinden sich heute die Anlagen des Postsportvereins. Auch das 1911 erbaute Krankenhaus des Dritten Ordens liegt auf Nederlinger Gebiet. Im Laufe des 20. Jh. wurden alle Nederlinger Fluren nach und nach bebaut, zuletzt kam 1999 die Mettensiedlung hinzu. Nach diversen Flurbereinigungen und Neuordnungen der Stadtbezirke gehören Teile des alten Nederlings heute nicht nur zu Moosach, sondern auch zum 9. Stadtbezirk Neuhausen-Nymphenburg.

Direkt neben dem Nederlinger Gut steht heute noch die altehrwürdige Nederlinger Linde, die mit einem Alter von etwa 300 bis 350 Jahren als ältester Baum Münchens gilt. Unter dem 23 m großen Baum saß oft der Gerner Maler Philipp Röth und malte Landschaftsbilder, weshalb sie auch als Röth-Linde bezeichnet wird.

Mettensiedlung Einst führte die Röhrmooser Straße zwischen Feldern durch das Gelände, das zu Nederling gehört. 1972 nutzte die Stadt das Gebiet als zusätzlichen Parkplatz für die Besucher der Olympischen Spiele. Hier entstand dann ab 1999 das Neubaugebiet entlang der neu angelegten Mettenstraße, im Dreieck zwischen Wintrichring, Volpini- und Nederlinger Straße.

Und sonst:

1. **Ausflugswirtschaft Fasanerie,** *Hartmannshofer Str. 20*
2. **Ausflugswirtschaft Gut Nederling,** *Nederlinger Str. 78*
3. **Borstei,** *Wohnanlage, Bernhard-Borst-Str. 1/3/5/7/9*
4. **Botanikum,** *Feldmochinger Straße 75-79, Kunst-Biotop und Event-Location*
5. **Pelkovenschlössl,** *Moosacher Sankt-Martins-Platz 2*
6. **Röth-Linde,** *350 Jahre alte Linde mit Gedenktafel an Professor Philipp Röth (1841-1921); Nederlinger Straße unweit westlich von Baldurstr. 64*
7. **Uptown München,** *Georg-Brauchle-Ring, mit 146 m Münchens höchstes Hochhaus*
8. **Westfriedhof,** *Baldurstr. 28, angelegt von Hans Grässel ab 1897 (Abb.)*

Zum Selbst-Erkunden:

Gotteshäuser (Auswahl):

1. **Alte Pfarrkirche St. Martin** *(kath.), romanischer Kern, gotisch und barock verändert, Moosacher St.-Martins-Platz 1*
2. **Neue Pfarrkirche St. Martin** *(kath.), 1922/23, von Hermann Leitenstorfer, Leipziger Str. 11*
3. **Heilig Geist Kirche** *(ev.), Gubestr. 4 (Abb.)*

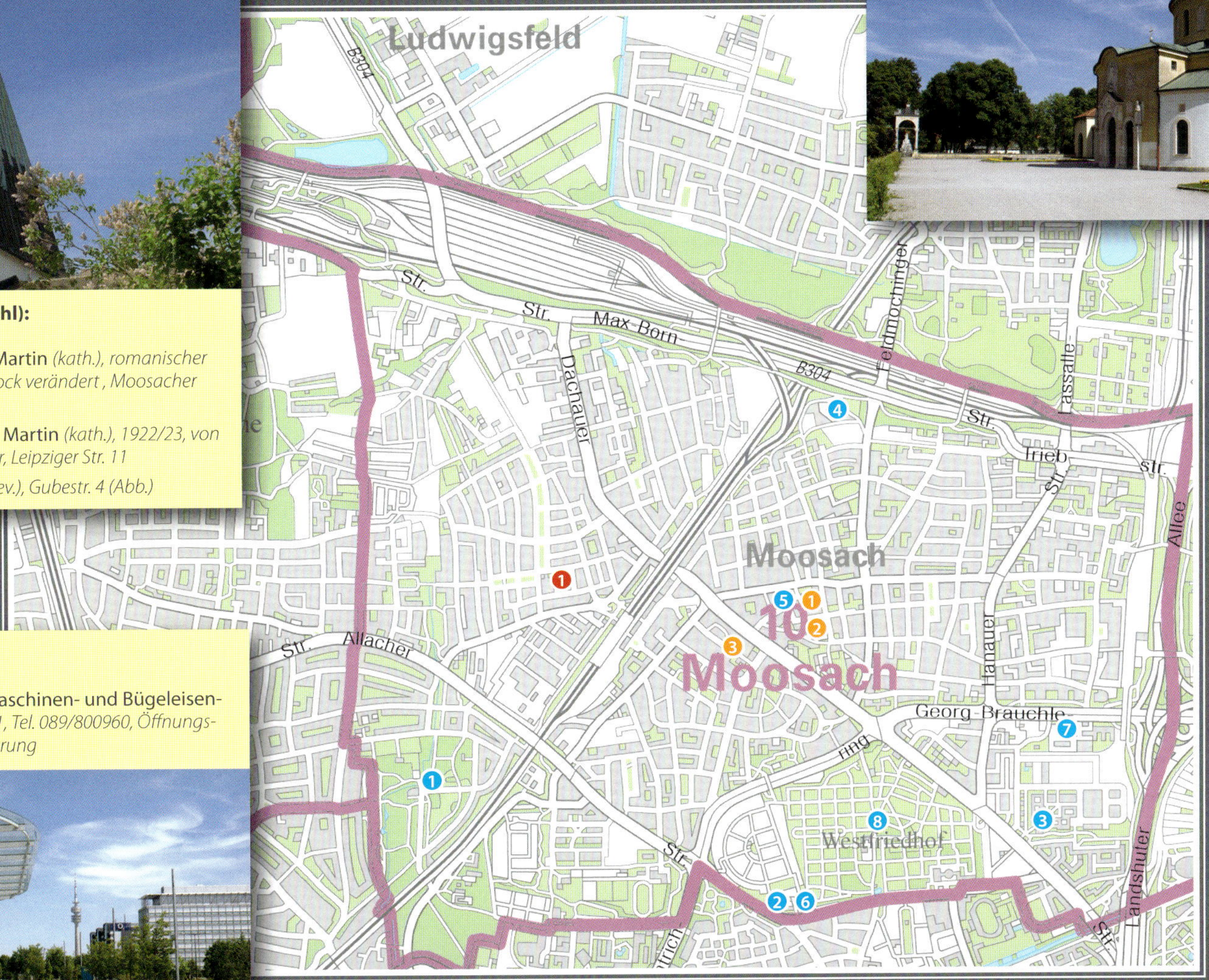

Museen:

1. **Historisches Nähmaschinen- und Bügeleisenmuseum,** *Benzstr. 11, Tel. 089/800960, Öffnungszeiten nach Vereinbarung*

10

11 • MILBERTSHOFEN AM HART

Blick über Milbertshofen und Moosach vom Olympiaberg

MILBERTSHOFEN

Vier Städte schluckte München in seinem Expansionsdrang, zwei davon im Norden grenzten unmittelbar aneinander: Schwabing und Milbertshofen. Die Stadt Milbertshofen entstand aus einer kleinen Schwaige, einem Gutshof mit Viehzucht und Milchwirtschaft. Wann genau die Schwaige gegründet wurde, ist unbekannt, es muss um das Jahr 1000 herum gewesen sein. Uralte Römerstraßen führten schon seit Ewigkeiten vorbei, so viel ist sicher. Doch den ersten schriftlichen Hinweis gab es erst 1140, als Graf Konrad I. von Valley die Schwaige dem Kloster Schäftlarn schenkte. Damals hieß sie noch »Ilmungshoven«, was sich über die Jahrhunderte zu Milbertshofen wandelte. Zunächst bewirtschafteten die Klosterbrüder das Anwesen noch selbst und errichteten eine kleine, dem Heiligen Georg geweihte Kirche, weshalb man Milbertshofen auch Georgenschwaige nannte. 1437 jedoch setzte das Kloster einen leibeigenen Bauern namens Konrad auf den Hof, dessen Nachfolger die Familie Keferloher wurde. Die Keferlohers müssen gut gewirtschaftet haben. Denn zum einen erbauten sie 1507 die alte St.-Georgs-Kirche, zum anderen rankt sich um sie die Sage vom silbernen Pflug, der das Wappen Milbertshofens ziert. Bauer Hans Keferloher soll so reich gewesen sein, dass er einen Pflug aus reinem Silber in Originalgröße bauen ließ und mit diesem pflügte, nur um seine Nachbarn zu beeindrucken. In einer anderen Version der Sage soll der Bauer den Silberpflug als Geschenk für das Kloster Schäftlarn hergestellt haben. Sieben Generationen lang gehörte die Schwaige den Keferlohern, dann pachteten Ludwig und Anna Ostermayr sie im Jahr 1630. Die Ostermayrs überstanden die Plünderungen der schwedischen Truppen im Dreißigjährigen Krieg und die schwere Pestzeit, dennoch kam für sie nach 40 Jahren das Aus. Das Kloster Schäftlarn tauschte nämlich mit Kurfürst Ferdinand Maria die Georgenschwaige gegen die Hofmark Baierbrunn.

Der Kurfürst überließ das Gut umgehend seinem Oberhofmeister Hermann zu Fürstenberg, dessen Erben es nur neun Jahre später an den Schatzmeister Anton Sailer verkauften. Mit diesem Besitzerwechsel wurde Milbertshofen zum Edelsitz mit niederer Gerichtsbarkeit. Sailer wollte das Anwesen nicht behalten, er bot es zum doppelten Preis, den er selbst bezahlt hatte, dem Kurfürsten Maximilian II. Emanuel an. Der Kurfürst schlug zu, denn er plante, seine Residenzen München, Nymphenburg, Schleißheim

Erstnennung zwischen 1149 und 1152 als »Ilmungeshoven«
Namensbedeutung Hof des Ilmung; der Name wandelte sich im Laufe der Zeit von Mülingshoven (1310), über Mülbenhoven (1325), Mulmantzhoven (1336) zu Milberzhofen (1468)
Gemeindebildung 1818
Stadterhebung 01. Mai 1910
Eingemeindung 01. April 1913
Lage alter Ortskern an der St.-Georgs-Kirche, Alter St.-Georgs-Platz 6

und Dachau durch ein Kanalsystem mit dem Knotenpunkt Milbertshofen zu verbinden. Südlich von Milbertshofen entstand der erste Kanalabschnitt (in etwa die heutige Belgradstraße). Die Aushubarbeiten für den zweiten Abschnitt, dem Türkengraben, der partiell der heutigen Türkenstraße entspricht, kamen bis zur Georgenschwaige. Doch Kurfürst Max Emanuel schlug sich im Spanischen Erbfolgekrieg auf die falsche Seite, sein Kanalprojekt versandete im wahrsten Sinne des Wortes und außerdem: Er konnte Sailer das Geld nicht zahlen. Sailers Erbinnen, Tochter Maria Anna von Dulac und Enkelin Maria Theresia, stritten so lange mit dem Fürstenhof, bis sie Milbertshofen schließlich zurückbekamen. Maria Theresia von Dulac schaffte es in kürzester Zeit, die einst florierende Schwaige zu ruinieren. Kurfürst Karl Theodor ließ Milbertshofen daraufhin ersteigern und verleibte es der Verwaltung von Schleißheim ein.

1799 schließlich annoncierte der neue Kurfürst, der spätere König Max I. Joseph, das Gut in einer Zeitung zum Verkauf. Vier reiche Bauernfamilien aus Waldsassen in der Oberpfalz brachten die 33.000 Gulden auf und erwarben die riesige Fläche zwischen Freimann und Feldmoching samt den Gebäuden. André Ruprecht, Lorenz Flaucher, Georg Flaucher und Wolf-Adam Schöner reisten mit Kind und Kegel nach Milbertshofen und gründeten somit das Dorf, das zunächst nur zehn Einwohner zählte. Verwandtschaft aus Waldsassen zog nach, Siedler kamen hinzu, bauten neue Höfe und kauften Land von der Gemeinde Moosach dazu. 1830 lebten schon 174 Menschen hier. Man heiratete kreuz und quer, das Dorf wuchs und man blieb dennoch unter sich, da praktisch jeder mit jedem verwandt war. Der alte Flaucherhof existierte immerhin bis 1971, der Schönerhof wurde gar erst 1993 abgerissen. Auch das alte Georgskirchlein hatte die Jahrhunderte überstanden, bis eine Fliegerbombe im Zweiten Weltkrieg das Gotteshaus in Schutt und Asche legte. Erhalten blieb bis heute nur der Turm, der spätgotische Flügelaltar aus dem Jahr 1510 konnte gerettet werden.

1863 eröffnete die erste Schule im Dorf, die Kinder mussten nicht mehr den weiten Weg nach Moosach gehen. Der Ort expandierte langsam Richtung Süden zum Nymphenburg-Biedersteinkanal, der als einziger der kurfürstlichen Kanäle erhalten blieb. Gärtnereien und Mühlen nutzten das Wasser – aber auch Ausflügler liebten die Gegend, denn zum einen lockten entlang der Schleißheimer Straße etliche Wirtschaften, zum anderen bestand und besteht bis heute am Kanal das beliebte Freibad Georgenschwaige. Weil es auf dem nahen Dorf so schön war, zogen immer mehr Städter nach Milbertshofen. Das Dorf wuchs entlang der Schleißheimer Straße langsam mit München zusammen. Ende des 19. Jh. lebten bereits 2.709 Einwohner in Milbertshofen– und außerdem zahllose Schafe, denn die Bauern hatten die Schafzucht als profitables Geschäft entdeckt. Eine neue, größere Kirche musste gebaut werden: die 1912 geweihte neue St.-Georgs-Kirche.

Mit dem Wachstum wollten die Milbertshofener aber auch kein einfaches Dorf mehr sein, sie wollten Städter werden. Am 1. Mai 1910 war es soweit: Milbertshofen mit den Ortsteilen Riesenfeld, Neulerchenfeld und Neufreimann-West wurde zur Stadt erhoben – wenn auch zur kleinsten Stadt Bayerns mit nur 4.001 Einwohnern, darunter immerhin 200 Ausländer. Ein eigenes Wappen blieb der Stadt aber versagt, der Entwurf einer Kirche auf grüner Wiese wurde abgelehnt. Nur drei Jahre später war es mit der Stadt dann schon vorbei. Das hochverschuldete Milbertshofen warf sich München regelrecht an den Hals. Eher widerwillig – wer adoptiert schon gerne einen Pleitier – stimmte München der Eingemeindung 1913 zu.

Milbertshofen entwickelte sich zu einem bedeutenden Industriestandort in München. Großen Anteil daran hatte die Familie Petuel. Ludwig Petuel kaufte 1868 die örtliche Brauerei und die Schnapsbrennerei, die Keimzelle für ein Imperium aus unterschiedlichen Industriezweigen wie einem Fahrradwerk, einer Kalkbrennerei und einer Immobiliengesellschaft. Zwischen Georgenschwaigebad und dem Ortskern, auf dem sogenannten Riesenfeld, errichtete Großgrundbesitzer Petuel eine mondäne Villenkolonie. Petuel betrieb in Milbertshofen auch die erste Motorbuslinie Deutschlands, stiftete Grundstücke für den Bahnhof, ein Schulhaus und eine der größten Radrennbahnen der Welt, auf der der legendäre Münchner Rennfahrer Thaddäus Robl einen Geschwindigkeitsrekord nach dem anderen aufstellte. Petuels Fahrradwerk schloss 1910, die Flugmotorenfabrik Deutschland übernahm das Gelände an der Schleißheimer Straße 288. Aus der Flugfabrik gingen 1913 die Rapp Motorenwerke hervor, die sich ab 1917 BMW (Bayerische Motorenwerke) nannten. Nach dem Ausstieg des Hauptaktionärs, der die Namensrechte besaß, benannte sich BMW um in Südbremse. Die Firma ist heute als Knorr-Bremse der weltweit führende Hersteller von Bremssystemen für Schienen- und Nutzfahrzeuge. Die weltbekannte Firma BMW entstand unmittelbar daneben aus dem 1916 gegründeten Gustav-Otto-Flugwerk. Die Firma hieß zunächst BFW (Bayerische Flugwerke) und übernahm dann 1922 nach dem Wechsel des Hauptaktionärs den Namen BMW. Dass sich ausgerechnet Flugzeugfirmen in Milbertshofen niederließen, lag an dem angrenzenden Oberwiesenfeld, einer gewaltigen Schotterebene, die von der Maxvorstadt bis nach Feldmoching reichte. Das Gelände diente als Militärübungsplatz und ab Ende des 19. Jh. auch als Flugplatz.

Neben BMW siedelten sich auch die Autofabriken Karl Mayr und Martin Stolle an sowie die Austria-Tabak-Werke, die hier bis 1977 die Kultmarke Nil produzierten. Die Industrie brachte Milbertshofen nach Hitlers Machtübernahme sein dunkelstes Kapitel: Zwangsarbeiterlager und die Judensiedlung Milbertshofen. Zwischen Heeresverpflegungsamt und Reichskleinsiedlung Am Hart entstand auf 1.450 m² ein Barackenlager zur Kasernierung der Münchner Juden. »Freiwillig« und ohne Bezahlung mussten jüdische Münchner selbst die 18 Baracken errichten. 1941 zogen sie ein und mussten für die menschenunwürdige Unterkunft auch noch Miete zahlen. Ihre alten Wohnungen, die sie möbliert zurücklassen und auf eigene Kosten renovieren mussten, verteilte das Wohnungsamt an »verdiente« Personen. Vom Güterbahnhof Milbertshofen an der Riesenfeldstraße aus begannen bald die Transporte in die Vernichtungslager. Am 19. August 1942 wurde das Lager aufgelöst, München galt offiziell als judenfrei (tatsächlich lebten noch 146 in der Landeshauptstadt). Die Baracken blieben stehen, nun brachte man Fremd- und Zwangsarbeiter unter, die hauptsächlich bei BMW arbeiten mussten. Insgesamt gab es in Milbertshofen acht Zwangsarbeiterlager, die nach dem Krieg als Flüchtlingslager dienten. Sie sind allesamt längst überbaut. Auf dem Gelände der Judensiedlung steht heute ein Gewerbegebiet, ein Gedenkstein erinnert an die grauenvolle Zeit.

Historische Bezirke Milbertshofen
- Am Hart
- Dornfinkensiedlung
- Harthof
- Kaltherberge
- Neuschwabing
- Nordhaide
- Oberwiesenfeld
- Olympiapark
- Olympisches Dorf
- Riesenfeld
- Volkswohnanlage Milbertshofen

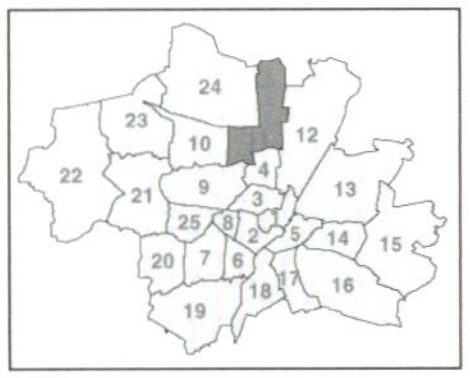

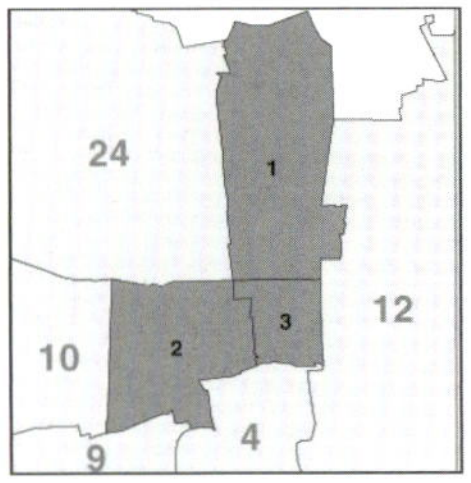

Offizielle Bezirksteile
1 Am Hart
2 Am Riesenfeld
3 Milbertshofen

11

Zwei Mal St. Georg in Milbertshofen: li. die neue Kirche, re. die alte.

Als wichtiger Industriestandort war Milbertshofen stark dem alliierten Bombenhagel ausgesetzt. Doch noch schlimmer als die Bomben zerstörte 1957 der Ausbau des Frankfurter Rings das Viertel. Der breiten Verkehrsschneise wurden alte Bauernhäuser und selbst das seit 1587 bestehende Schwaighaus geopfert. Hauptsache neu und modern, war die Nachkriegsdevise. Auch der Mittlere Ring zerschnitt Milbertshofen. Das Viertel stand vor dem totalen Verkehrskollaps, denn auf dem Frankfurter Ring und dem Mittleren Ring rauschten täglich zigtausend Fahrzeuge vorbei. Erst der 1,5 km lange Petueltunnel, durch den seit 2002 der Mittlere Ring unterirdisch rauscht, brachte eine gewisse Entlastung. Der neu entstandene Petuelpark auf der Tunneldecke ist die lang ersehnte zentrale grüne Lunge für die Bewohner.

Natürlich hat Milbertshofen noch eine weitere große grüne Lunge: den Olympiapark, doch der ist durch die Straßenführung von den Wohngebieten aus nicht gut zu erreichen. Die Olympischen Spiele von 1972 veränderten das Gesicht Milbertshofens gewaltig. Auf Teilen des Oberwiesenfelds entstanden damals die architektonisch außergewöhnlichen Sportanlagen, die mit ihrer Zeltkonstruktion ein Wahrzeichen der Landeshauptstadt geworden sind, sowie das Olympische Dorf.

Milbertshofen bietet mit dem Olympiagelände und der BMW-Welt zwar zwei äußerst beliebte Touristenmagneten, doch profitiert das Umfeld davon fast nicht. Man findet im Ortskern kaum weitere Sehenswürdigkeiten oder irgendwelche Spuren des alten Bauerndorfs. Ein paar alte Villen sind erhalten, ebenso historische Kasernengebäude. Die nach dem Krieg wieder aufgebauten Reste des uralten St.-Georgskirchleins aus dem 16. Jh. stehen heute inmitten einer kleinen Grünfläche, umgeben von gesichtslosen Wohnblöcken. Das Viertel ist extrem dicht bebaut, zwei Drittel aller Häuser stammen aus der Zeit nach 1963 und sind architektonisch nicht gerade attraktiv. Riesige, häufig soziale Wohnanlagen prägen bis heute das Gesicht des Viertels. Milbertshofen bietet durch die Industrie, allen voran BMW, zahllose Arbeitsplätze und hat dadurch auch einen enorm hohen Ausländeranteil, doch gleichzeitig herrschen im Viertel Arbeitslosigkeit und Armut. Milbertshofen gehört im Münchner Armutsbericht von 2007 zu den Stadtbezirken mit den meisten Sozialhilfeempfängern. Um eine drohende Verslumung zu verhindern, setzt die Stadt München seit 1985 ein umfassendes Sanierungskonzept um und nahm Milbertshofen neben dem Hasenbergl in das Förderprogramm »Stadtteile mit besonderem Entwicklungsbedarf – die soziale Stadt« auf. Seitdem tut sich einiges. Damit Milbertshofen aber nicht völlig dem Münchner Trend explodierender Mieten zum Opfer fällt, beschloss die Stadt eine Erhaltungssatzung, die Luxussanierungen ausschließt und Mietpreisobergrenzen festlegt.

Am Hart Im stark industriell geprägten Münchner Norden, einer der größten Arbeitgeber war und ist BMW, entstanden zwischen den beiden Weltkriegen einige Arbeitersiedlungen. 1933 beschloss der Stadtrat den Bau der Reichskleinsiedlung »Am Hart« zwischen Marienbader-, Arnauer-, Sudetendeutscher- und Ingolstädter Straße, die am 8. September 1935 bezugsfertig war. Der Siedlungsname »Am Hart« spielt auf den nahen Wald an, ein »Hart« ist ein Bergwald oder auch eine Waldweidewirtschaft. Die 338 Einfamilienhäuser waren alle gleich groß (60 m^2 Grundfläche), verfügten über einen Gartenanteil zur Selbstversorgung, hatten weder Strom noch Kanalisation und waren dennoch heiß begehrt. Das Konzept der Reichskleinsiedlungen stammte zwar aus der Weimarer Republik, wurde aber nahtlos von den Nationalsozialisten übernommen. Da es mehr Bewerber als Wohnraum gab, wurden die Häuser unter garantiert arischen und besonders nationalsozialistisch gesonnenen Siedlerfamilien ausgelost. Zentrum der Siedlung bildeten ein Gemeinschaftshaus, heute das für seine Kleinkunstbühne münchenweit bekannte Wirtshaus Am Hart, sowie die katholische Kirche Zu den Heiligen 14 Nothelfern.

Nach dem Krieg machten die vielen Kasernen der Gegend, die entweder von der US-Army genutzt oder als Wohnlager für

Beeindruckende Architektur und hoher Freizeitwert: das Olympiagelände

Kulturhaus Milbertshofen

11

Displaced Persons dienten, die Siedlung Am Hart zu einem Zentrum von Schwarzmarkt und Prostitution. Die Hauseigentümer, nur wenige Wochen zuvor noch stramme Nazis, schacherten mit allem, dessen sie habhaft werden konnten, und vermieteten ihre Zimmer an Damen aus dem ältesten Gewerbe. Polizeirazzien gehörten zum Alltag. Die Lage wurde durch Flüchtlingswellen verschärft, die Siedler mussten an vertriebene Sudetendeutsche und Schlesier zwangsuntervermieten. Durch die Lage nördlich der großen Industrieanlagen hatte und hat die Siedlung keinen direkten Anschluss zum Stadtzentrum. Das macht das Areal heute zu einer beliebten Wohngegend. Von den einst einfachen Siedlungshäusern sind nur noch wenige erhalten. Sie mussten modernen Doppelhäusern und Vorstadtvillen weichen. Das Gebiet gehörte ursprünglich zu Feldmoching, bis es 1950 in einer Gebietsreform Milbertshofen zugeschlagen wurde.
siehe auch Harthof: Stadtbezirk 24 • Feldmoching-Hasenbergl

Dornfinkensiedlung

Nördlich der Neuherbergstraße entstand zwischen 1949 und 1952 eine Außenstelle des Lagers Frauenholz für die Ärmsten der Armen. In 400 Einfachstwohnungen ohne Bad fristeten die Bewohner ein trostloses Dasein. Die Kriminalitätsrate war enorm. Erst in den 1990ern ließ die Stadt den nach der Dornfinkenstraße benannten Slum abreißen und mit neuen Wohnblöcken bebauen. Um die Erinnerung an die Dornfinkensiedlung zu tilgen, wurde die Dornfinkenstraße in Rose-Pilcher-Weg umbenannt. Doch neue Namen ändern nichts an alten Problemen und speziell dem schlechten Ruf der Siedlung: Die meisten Häuser vermietet heute wieder das Sozialreferat an besonders einkommenssachwache Familien.

Harthof

siehe Stadtbezirk 24 • Feldmoching-Hasenbergl

Kaltherberge

Kaltherberge war eigentlich ein Spottname für das 1549 erstmals erwähnte Neuherberg, einer Schwaige mit Tafernwirtschaft. Eine Kaltherberge, so wurde Neuherberg 1720 erstmals bezeichnet, war ein einfaches Gasthaus mit erbärmlichem Komfort. Die jetzige Siedlung entstand Anfang der 1930er Jahre und wurde nach dem Krieg komplett von den Amerikanern beschlagnahmt. Die US-Verwaltung setzte die Siedler auf die Straße und brachte in den Einfamilienhäusern KZ-Überlebende unter. Erst Ende 1949 wurde die Siedlung Kaltherberge den einstigen Eigentümern zurückgegeben und mit öffentlichen Mitteln renoviert.

Neuschwabing

Es wurde kein neues Schwabing und heute kennt kaum noch jemand die Bezeichnung »Neuschwabing« für das Gebiet entlang der Leopoldstraße zwischen Griegstraße im Süden und Milbertshofener/Domagkstraße im Norden. Die ersten Häuser der Kolonie entstanden um das Jahr 1858 herum.
teils Stadtbezirk 11 • Milbertshofen-Am Hart (Häuser westlich der Leopoldstraße) | teils Stadtbezirk 12 • Schwabing-Freimann (Häuser östlich der Leopoldstraße).

Nordhaide

(Panzerwiese) Schon in den 1930er Jahren plante die Stadt, das Truppenübungsgelände mit Wohnungen zu bebauen. Doch die Militärs, die große Teile des Oberwiesenfelds belegten, hatten etwas dagegen. Nicht umsonst nannte der Volksmund die Haidelandschaft »Panzerwiese«, denn hier übten früher Panzer. 1994 kaufte die Stadt München das aufgelassene, 200 ha große Truppenübungsgelände, um neue Siedlungsflächen zu schaffen. Doch aus einer großzügigen Bebauung wurde nichts. Die Panzerwiese entpuppte sich als europaweit einzigartige Primärhaide mit unschätzbarem ökologischem Wert. Über 80 % der Fläche kamen unter Naturschutz. Die Bebauung mit zum Teil herausragender zeitgenössischer Architektur beschränkte sich auf den südwestlichen Rand. 2.200 Wohnungen, eine Anlage mit 550 Studentenappartements und wichtige Infrastruktureinrichtungen mit viel Grün drumherum entstanden. Mit dem vor allem bei jungen, einkommensstarken Familien beliebten Quartier Nordhaide hat es die Stadt geschafft, neue städtebauliche Akzente im bislang stark vernachlässigten Norden zu setzen und eine drohende Verelendung der Gegend zu stoppen.

Oberwiesenfeld

Der Garten, der dem Oberwiesenfeld seinen Namen gab, lag einst am Rand der Maxvorstadt. Auf dem sogenannten Maßmannbergl an der Dachauer Straße richtete sich der kurfürstliche Hofkammer- und Kommerzienrat Dominikus von Schwaiger ein großzügiges Anwesen ein, das 1790 erstmals als »Wiesenfeld« bezeichnet wurde. Ein Chronist beschrieb das Areal 1805 als eine »dem Sandberge durch Fleiß und Cultur abgedrungene Oekonomie nebst Garten«. Der Garten bildete aber nur den kleinsten Teil des Oberwiesenfelds. Das Ödland der Schotterebene im Münchner Norden diente seit Urzeiten den Neuhausern und Feldmochingern als Viehweide, durchschnitten nur vom Nymphenburg-Biederstein-Kanal. Ab 1794 wurde es zum »Artillerie-Experimentierplatz« bestimmt. Nur wenige Jahre später begann die Bebauung mit so zahlreichen Militäreinrichtungen, dass das Oberwiesenfeld ab 1822 keinen Platz mehr zum Exerzieren bot. Man musste großzügig Nachbargrundstücke im Norden dazukaufen.

Am 16. Mai 1835 gegen 15 Uhr 30 erschütterte eine gewaltige Explosion die Maxvorstadt, kaum ein Haus zwischen Karl- und Türkenstraße blieb heil, selbst das Dach der Frauenkirche wurde teilweise abgedeckt. Der von den Schikanen

Eine Gedenksäule erinnert an die Judensiedlung Milbertshofen.

Im Olympiapark

seiner Ausbilder zermürbte Artillerist Stanislaus Schmitt beging spektakulär Selbstmord, um ein Zeichen zu setzen: Er sprengte sich mitsamt dem Pulverturm auf dem Oberwiesenfeld in die Luft. Als neuen Standort für das Munitionsdepot wählte man daraufhin sicherheitshalber einen Ort weit draußen, nördlich von Milbertshofen. Die Pulverturmstraße in Feldmoching erinnert noch an diesen Standort.

Der militärische Ausbau des Geländes setzte sich bis ins 20. Jh. fort. Mehrere Kasernen wurden angesiedelt, so die Eisenbahner-Kaserne, das Barackenkasernement, die Luftschiffer-Kaserne und die Prinz-Leopold-Kaserne. Dazu kamen Militärverwaltungsbauten. Und München bekam auf dem Oberwiesenfeld auch seinen ersten Flughafen. Schon Ende des 19. Jh. landeten hier Ballone und Luftschiffe, ab 1909 wurde er offiziell zum Flugplatz für zivile und militärische Maschinen. 1925 legte man die erste Start- und Landebahn an, vier Jahre später baute man den ersten »Terminal« für Passagiere und Fracht – eine einfache Bretterbude. Probleme brachten die Stadterweiterungen Münchens und die zunehmend dichte Bebauung. Oberwiesenfeld lag nicht mehr außerhalb, sondern mitten in der Stadt. Der stetig steigende Flugbetrieb musste dringend an einen neuen Standort verlegt werden. Ein Jahr vor dem Umzug des Flughafens nach Riem 1939, wurden auf dem Flughafen Oberwiesenfeld 49.156 Passagiere abgefertigt.

Die Nationalsozialisten hatten große Pläne mit dem Oberwiesenfeld: ein neuer Güterbahnhof sollte angelegt werden, außerdem sollten die Großmarkthalle und der Schlachthof hierher ziehen. Die Pläne wurden nie umgesetzt. Nur der Wohnungsbau erreichte das Gebiet, die Reichskleinsiedlung Am Hart und der Harthof wurden erbaut und die GWG errichtete zahlreiche Wohnblöcke. Hitler ließ auch die Militäranlagen durch mehrere neue Kasernen großzügig erweitern.

Der Flughafen blieb gleichzeitig in abgespeckter Form in Betrieb, wurde von 1945 bis 1957 von der US-Armee und bis 1968 für Privatflieger genutzt. Dann riss man das Verwaltungsgebäude ab, um an seiner Stelle das Olympiastadion bauen zu können. Ein großer Teil des Oberwiesenfelds ging im Olympiagelände auf. Der Schuttberg, bestehend aus den Trümmern der im Zweiten Weltkrieg zerstörten Münchner Häuser, wurde begrünt und ist heute als Olympiaberg ein beliebtes Ausflugsziel.

Die weitläufigen Kasernenareale dienten nach dem zweiten Weltkrieg zunächst der US Army, ab 1955 der Bundeswehr. Und weil das Militär in kleinen Schritten Kasernen oder Depots aufgab, entwickelte sich auf dem Oberwiesenfeld eine bunte Subkulturszene. Künstler, Theatergruppen, Musikbands, semi-legale Partyveranstalter – und zum Teil auch zwielichtiges Gesindel – nutzten die Hallen als Ateliers, Probe- und Auftrittsräume. Die berühmte Münchner Hallenkultur blühte auf. Bekanntestes Beispiel: Die Alabamahalle auf dem Gelände zwischen Schleißheimer- und Knorrstraße, aus der ab 1984 die Kult-Jugendsendung »Live aus dem Alabama« gesendet wurde. Die großen Zeiten der Subkultur sind längst vorbei. BMW hat das Alabamagelände gekauft und mit seinem Forschungs- und Innovationszentrum bebaut. Auch die meisten anderen Flächen des ehemaligen Armeestandorts wurden in den vergangenen Jahren aufgelassen, ganz neue Wohnviertel wie Ackermannbogen und Nordhaide entstanden. Für die restlichen Flächen und noch erhaltenen Gebäude gab und gibt es verschiedene Nutzungskonzepte und Ausschreibungen. An das alte Oberwiesenfeld erinnert heute nichts mehr.

Oberwiesenfeld gehört heute zu den Stadtbezirken 3 • Maxvorstadt, 4 • Schwabing-West, 9 • Neuhausen-Nymphenburg und 11 • Milbertshofen

Olympiapark

Eigentlich sollte nur der U-Bahnhof »Olympiapark« getauft werden, um damit den Leitgedanken »Olympische Spiele im Grünen« zu transportieren. Den U-Bahnhof nennt heute kein Mensch »Olympiapark«, dafür setzte sich der Name aber als halboffizieller Begriff für das gesamte Gelände durch, das für die Olympischen Sommerspiele 1972 im Münchner Norden entstand. Ursprünglich befand sich hier der Flughafen Oberwiesen-

Olympisches Dorf

feld. Nach dessen Umzug nach Riem lag das Gelände lange brach. Nach dem Krieg wurde auf dem Oberwiesenfeld mit den Trümmern des zerstörten Münchens einer der großen Schuttberge aufgefüllt. In der Ödfläche ließen sich Obdachlose nieder und bauten kleine Bretterbuden. Als einziger wilder Siedler schaffte es der Russe Väterchen Timofej, dass er mit seinen aus Bauschutt errichteten Häuschen und der Kapelle auch während und nach dem Bau des Olympiageländes bleiben durfte. Der Greis genoss Kultstatus, er wurde 110 Jahre alt und damit der älteste Münchner. Seine Ost-West-Friedenskirche steht heute noch.

Nachdem München 1966 den Zuschlag für die Ausrichtung der XX. Olympischen Spiele erhalten hatte, entwickelte das Architektenbüro Behnisch & Partner gemeinsam mit dem Landschaftsarchitekten Günther Grzimek den Entwurf für das Sport- und Erholungsgebiet. Die Gesamtkosten betrugen 1,35 Mrd. DM (ca. 675 Mio. Euro).

Im Allgemeinen versteht man heute unter dem Begriff Olympiapark diese Bereiche: das Olympiagelände mit Olympiaturm und allen Sportstätten wie Olympiastadion und Olympiahalle; den Olympiapark südlich des Olympiageländes mit Olympiaberg (Schuttberg) und Olympiasee; das Olympische Dorf, das sich aus dem ehemaligen Männerdorf, dem Frauendorf und der Pressestadt zusammensetzt, wobei das Gebiet der ehemaligen Pressestadt mit dem Olympia Einkaufszentrum zu Moosach gehören.

größtenteils Stadtbezirk 11 • Milbertshofen-Am Hart | teils Stadtbezirk 10 • Moosach

Olympisches Dorf

Mit dem Olympiadorf wollte München der ganzen Welt zeigen, welchen hohen Standard der Wohnungsbau in Deutschland erreicht hatte. Nebeneinander entstanden von 1968 bis 1972 zwischen Mittlerem Ring, Moosacher- und Lerchenauer Straße zwei Dörfer in unterschiedlicher Bauweise: Im Süden die Bungalow-Kette des Frauendorfs, heute Studentenviertel, und im Norden das »Oberdorf«, das Männerdorf mit den terrassenartig angelegten Hochhäusern. Weltweit erstmalig war in dem Konzept auch die strikte Trennung von Auto- und Fußgängerverkehr geglückt. Das ehemalige Frauendorf ließ das Studentenwerk München bereits ab 1961 planen und bauen. Die Bungalows werden heute als Studentenwohnheim genutzt und zur Unterscheidung von der Studentenstadt Freimann als Studentenviertel Oberwiesenfeld bezeichnet. Zum Studentenviertel zählen auch ein Hochhaus mit 801 Einzelappartements sowie 100 familiengerechte Wohnungen in Terrassenbauten. Im Frühjahr 2007 begannen umfangreiche Sanierungsarbeiten, bei denen die Bungalows abschnittsweise abgerissen und denkmalgerecht neu gebaut wurden, weil eine Sanierung teurer geworden wäre. Damit gingen auch die bunten, individuellen Tür- und Fassadenmalereien verloren, die für das Olydorf (wie die Bewohner es nennen) so charakteristisch waren. Nur zwölf alte Bungalows blieben original erhalten und wurden saniert. 2010 konnten die neuen Bungalows bezogen werden. Da man die Gebäudebreite etwas verschmälerte, stehen nun 1.052 Bungalows statt der ursprünglich nur 800 zur Verfügung.

Die terrassen- und pyramidenförmigen Häuser des Oberdorfs entstanden durch fünf Bauträgerfirmen nach Plänen der Stuttgarter Architekten Heinle und Wischer. Nach den Spielen wurden die Wohnungen verkauft. Am nördlichen Helene-Mayer-Ring findet sich das Ökomenische Kirchenzentrum. Insgesamt leben rund 6.100 Menschen im Olympiadorf und die meisten wollen auch nicht mehr weg. Etwa 90 % aller Umzüge finden innerhalb des Dorfes statt.

Die ehemalige Olympia-Pressestadt liegt westlich des Olympiaparks zwischen Landshuter Allee und Riesstraße und zählt verwaltungstechnisch zu Moosach. Heute befindet sich auf dem Gelände das 2006 fertiggestelle Berufsschulzentrum München der Stadt München mit den Berufsschulen für Steuern, Informationstechnik, Bürokommunikation und Industriekaufwesen, Einzelhandel und Mediendesign.

Milbertshofen-Am Hart in Zahlen
Einwohner 68.970
Fläche 1.337,55 ha
Ärzte 54
Volksschulen 12
Realschulen 1
Gymnasien 1
Theater 1
Kinos 1
Tourismusbetriebe 7

Riesenfeld

Die Brüder Franz Xaver und Joseph Lunglmayr errichteten 1790 am Kanal eine Bleiche nach holländischem System. Bei der »Holländischen Bleiche« wurde die Wäsche nicht nur in der Sonne gebleicht, Seife, Asche und Buttermilch unterstützten den Prozess. Schon sechs Jahre nach der Eröffnung verkauften die Lunglmayrs den Betrieb an den Freisinger Hofkammerrat Andrä von Riß. Nach Andräs Tod verkaufte seine Witwe Therese den nun »Risenfeld« genannten Besitz im Jahr 1800 an Max von Wibner, der eine Perlgraubenmühle errichtete. Das ehemalige Bleichhaus wurde 1833 vom Wirt Heinrich Rößler zur Restauration »Bad Georgenschwaige« umgebaut.

Das Riesenfeld gehörte teilweise zur Gemeinde Schwabing, teilweise zu Milbertshofen. Der Schwabinger Teil kam 1890 zu München. Auf dem Milbertshofener Teil nördlich des Kanals entstand im 19. Jh. auf Betreiben der Petuelschen Terraingesellschaft die Villenkolonie Riesenfeld, die mit Milbertshofen 1913 eingemeindet wurde.

Die Industrie entdeckte das Riesenfeld schon um die Jahrhundertwende als Standort. Einer der ersten, die hier produzierten, war Ludwig Petuel, der 1897 sein Fahrradwerk Riesenfeld baute und in Milbertshofen eine Brauerei sowie eine Schnapsbrennerei betrieb. Auch ein Kalksandsteinwerk, eine Rosshaarspinnerei und eine Albuminfabrik siedelten sich an. Im Kalksandsteinwerk ließ Petuel vor allem das Baumaterial für die Villenkolonie Riesenfeld produzieren. Mit der zunehmenden Industrialisierung kam das Ende der Villenkolonie, denn rauchende Schlote waren auch damals keine angenehmen Nachbarn. Heute sind an der Riesenfeld-, Schopenhauer- und Kantstraße noch einige der alten Vorstadtvillen erhalten. Das restliche Gelände ist Teil des BMW-Werks.

Volkswohnanlage Milbertshofen

Nach dem Erfolg der Volkswohnanlage Maikäfersiedlung in Berg am Laim plante die GWG (Gemeinnützige Wohnstätten- und Siedlungsgesellschaft) ab 1936 eine weitere Volkswohnanlage für einkommensschwache Familien beiderseits der Milbertshofener Straße. Zu Kriegsbeginn standen bereits 113 zweigeschossige Fünffamilienhäuser mit 565 Wohnungen. In einem zweiten Bauabschnitt sollte eine höhere Randbebauung die Siedlung einfassen, doch der Krieg verhinderte den Weiterbau. Ein Teil der Anlage fiel dem Bombenhagel zum Opfer. Erst 1952 ging es mit 23 Neubauten weiter. Danach entstanden bis 1964 weitere 832 neue Wohneinheiten in fünf- bis sechsgeschossigen Häusern. Die desaströse Bausubstanz und die extrem einfache Ausstattung der ersten Vorkriegsbauten machten eine Generalsanierung der Volkswohnanlage Mitte der 1970er nötig. Etliche Häuser wurden abgerissen und durch Neubauten ersetzt. Statt der typischen Zeilenbauten der frühen Jahre versuchten die Architekten nun auch im sozialen Wohnungsbau neue Akzente zu setzen und planten die Neubauten mit Innenhöfen und viel Grün.

Zum Selbst-Erkunden:

Gotteshäuser (Auswahl):

1. 14 Nothelfer *(kath.), Karlsbader Str. 3 (Abb.)*
2. St. Georg *(kath.), alte u. neue Kirche, Milbertshofener Platz 2*

Und sonst:

1. Olympiapark mit Fernsehturm, Olympiastadion, Olympiasee etc.
2. Panzerwiese, *Naturschutzgebiet*

Museen:

1. BMW Museum, *Am Olympiapark 2 (Abb.)*
2. Rock Museum Munich, *Spiridon-Louis-Ring 7, im Olympiaturm*

SCHWABING

Wohl kaum ein Münchner Stadtteil ist weltweit bekannter als Schwabing. Willkommen also in Schwabylon, dem berühmten Wahnmoching, jenem Viertel, das bekanntlich kein Ort, sondern ein Zustand ist. Doch auch dieser Zustand begann einst ganz klein als Ort, vermutlich als bajuwarische Siedlung. Reihengräber nahe dem Siegestor und an der Martiusstraße zeigen, dass es hier schon im 7. Jh. ein Dörflein gegeben haben muss. Offiziell tauchte Schwabing dann im Jahr 782 auf, als ein Mann namens Alpolt und sein Sohn Huasuni ihr Erbe in »Suuapinga« dem Kloster Schäftlarn überließen. Das Kloster Schäftlarn blieb bis zur Säkularisation einer der wichtigsten Grundherrn in Schwabing.

Bald traten die Herren von Schwabing in Erscheinung, ein Adelsgeschlecht, das im 14. Jh. ausgestorben ist. Die Herren von Schwabing residierten in einer kleinen Burg (zwischen Haimhauser-, Occam- und Gohrenstraße), zu ihrem Dorf gehörte auch eine Mühle am Schwabinger Bach sowie mehrere Höfe. Nach den Schwabingern wurden die Edlen von Gollier Burgherren in Schwabing, als auch diese ausstarben, fiel das Lehen um 1340 an Kaiser Ludwig den Bayern zurück. Kurz zuvor, im Jahr 1315, wurde erstmals eine Kirche in Schwabing erwähnt, St. Ursula, die im 17. Jh. ihre heute noch erhaltene frühbarocke Ausstattung bekam. St. Ursula hieß ursprünglich bis 1359 St. Johannes der Täufer, war eine Filiale der Pfarrei St. Margaret von Sendling und heißt heute St. Sylvester. Die aktuelle St. Ursula Kirche steht seit 1897 an der Kaiserstraße.

Schwabing blieb jahrhundertelang ein kleines Dorf mit wenigen, weit verstreuten Höfen. Weil im 14. Jh. Seuchen und Hungersnöte das Land erschütterten, sah sich München genötigt, Häuser für die »Sonder-Siechenden« weit draußen vor den Stadtmauern einzurichten. Ein Leprosenspital auf dem Gasteig entstand – und ein weiteres 1467 am nördlichen Burgfrieden an der Grenze zu Schwabing (Ecke Leopold-/Nikolaistraße). Beide Leprosenhäuser verfügten über ein dem Hl. Nikolaus geweihtes Kirchlein. Die Kranken erbettelten sich ihren Lebensunterhalt bei vorbeikommenden Reisenden. Das Leprosenhaus, wie ganz Schwabing, im Dreißigjährigen Krieg geplündert und zerstört, wurde nach Kriegsende erweitert und ausgebaut.

Erstnennung ca. 782 als »Suuapinga«
Namensbedeutung von »Swapo« = Schwabe, also die Siedlung eines Swapo bzw. Schwaben
Gemeindebildung 1818, mit Biederstein, Hirschau, Riesenfeld
Stadterhebung 01. Januar 1887
Eingemeindung 20. November 1890
Lage alter Ortskern westlich der Kirche St. Sylvester, früher St. Ursula, Biedersteiner Straße 1a

Langsam entdeckten auch die reichen Münchner Bürger und Patrizier das Dorf im Norden und kauften sich ein. Hofbedienstete errichteten ihre Landsitze, Schlösser wie Suresnes, Biederstein und das Gohrenschlössl entstanden. 1760 zählte man schon 47 Anwesen. Einige Jahre zuvor hatte Kurfürst Max II. Emanuel mit seinen ehrgeizigen Kanalprojekten gravierend in die Landschaft um

12

12 • SCHWABING FREIMANN

Alt-Schwabinger Ortskern mit St. Sylvester

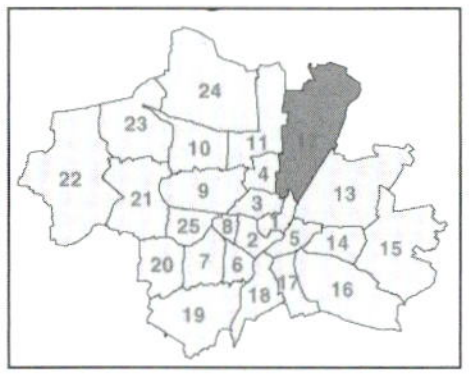

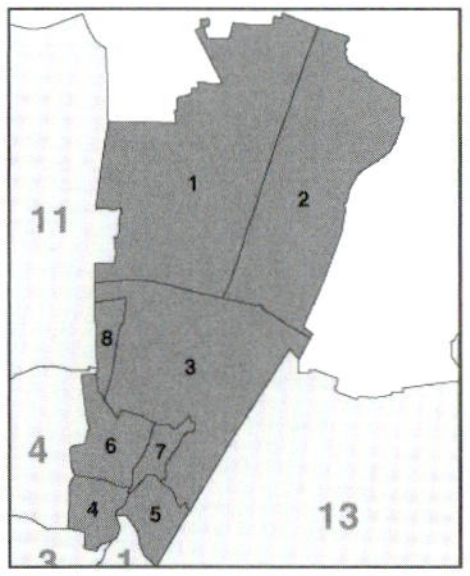

Offizielle Bezirksteile
1 Freimann
2 Obere Isarau
3 Alte Heide – Hirschau
4 Münchner Freiheit
5 Biederstein
6 Schwabing-Ost
7 Kleinhesselohe
8 Neufreimann

Schwabing eingegriffen. Der Kurfürst ließ zunächst einen Kanal vom Schwabinger Bach zum Schloss Lustheim graben, um Baumaterial für sein neues Schloss Schleißheim zu transportieren. Bei diesem Kanalprojekt arbeiteten auch türkische Kriegsgefangene mit. 1702 folgte der Nymphenburg-Biederstein-Kanal, um Schleißheim mit Schloss Nymphenburg zu verbinden und zwei Jahre später der Türkengraben für den Wasserweg von der Stadtresidenz zum Schloss Schleißheim, bei dem, anders als der Name vermuten lässt, übrigens keine türkischen Gefangene mehr zum Einsatz kamen. Das Kanalprojekt scheiterte letztlich an Wassermangel, 1811 wurde der Türkengraben zugeschüttet. Die Türkenstraße in der Maxvorstadt erinnert heute noch an den Kanalverlauf.

Im späten 18. Jh. wuchs München langsam aber sicher immer näher an Schwabing heran. Zunächst nur in Form eines Gartens, der auf der Idee eines Amerikaners beruhte. Benjamin Thompson aus Boston trat 1784 in die Dienste des Kurfürsten Karl Theodor und stieg schnell zum Kriegs- und Polizeiminister auf. Zur besseren Verpflegung der Soldaten und um sie vor Müßiggang zu bewahren, schlug Thompson dem Kurfürsten die Errichtung eines Militärgartens vor. Das Jagdrevier Hirschanger vor dem

Erlöserkirche

Schwabinger Tor schien ihm das geeignete Gelände, man kaufte zusätzlich Grundstücke entlang der heutigen Königinstraße auf: die Schönfeldvorstadt entstand, aus der Richtung Westen ein Wohngebiet in der heutigen Maxvorstadt und Richtung Isar der Englische Garten hervorgingen (*mehr siehe Stadtbezirk 3 • Maxvorstadt*). Die Idee, den Militärgarten zum großen Volksgarten auszubauen, wurde ab 1789 umgesetzt. Gartenbaumeister Friedrich Ludwig von Sckell bekam den Auftrag, die »schönste Anlage der Natur« zu entwerfen. Alles sollte wie ein natürlich gewachsener Park aussehen, war aber doch komplett von Menschenhand geschaffen. Die sumpfigen Wiesen wurden entwässert, Wege und Brücken angelegt, Bäume gepflanzt, verschiedene Grotten, Tempel und Vergnügungsstätten errichtet. Das Schmuckstück des neuen Gartens bildete aber der Chinesische Turm mit dem dazugehörigen Wirtshaus. 1798 trat Reinhard von Werneck die Nachfolge des zum Grafen von Rumford geadelten Thompson an und erweiterte den Englischen Garten Richtung Norden auf fast die doppelte Größe. Fortan lustwandelten die Münchner Bürger an Sonntagen hinaus aus den engen Gassen der Stadt durch den Englischen Garten oder entlang der gewundenen Schwabinger Landstraße nach Schwabing, um in beliebten Gastwirtschaften die nötige flüssige Stärkung für den Nachhauseweg zu tanken.

Die gewundene Landstraße nach Norden musste bald einem Großbauprojekt weichen. Noch als Kronprinz plante Ludwig I. einen Prachtboulevard von der Residenz bis an die Grenzen Schwabings. Sein Architekt Leo von Klenze ließ das Schwabinger Tor einreißen und die Wallanlagen einebnen, um den Odeonsplatz zu schaffen. Von hier zog sich die neue, kerzengerade Ludwigstraße mit ihren Prachtbauten gen Norden und fand mit dem 1843 erbauten Siegestor ihren würdigen Abschluss. Die Münchner hielten Ludwig I. für völlig verrückt, denn rings um die Straße war ödes Land und zwischen Siegestor und Schwabing lagen Felder. Die Ludwigstraße führte also mitten ins Nirgendwo. Obwohl das Siegestor nach wie vor in der Maxvorstadt liegt, gilt es heute als eines der bekanntesten Wahrzeichen Schwabings, und wie heißt es doch in einem bekannten Chanson: »Gleich hinterm Siegestor fängt Schwabing an …« Wohl gemerkt: hinterm!

Die weiten Flure des Englischen Gartens und die Wasserkraft des Schwabinger Baches zogen aber auch die Industrie an. Gegen den heftigen Protest von Gartenarchitekt Sckell erhielt Hofhammerschmied Lindauer 1814 die Erlaubnis, mitten im Englischen Garten am Bach eine Stahlfabrik zu errichten. 1837 erwarb Joseph von Maffei den Lindauerschen Hammer und baute ihn zur Maschinenfabrik um. Maffei produzierte Lokomotiven, Dampfturbinen und Dampfschiffe. Bis 1908 verließen 8.165 Loks das Schwabinger Werk. Maffei stellte nach dem Ersten Weltkrieg die Produktion im Englischen Garten ein, 1931 übernahm Konkurrent Krauss die Firma, die seitdem als Krauss-Maffei weltbekannt ist. Die Fabrik wurde vier Jahre später abgerissen und das Gelände wieder renaturiert. Auch die Firma Loden Frey kam in

Futuristisch: die Bushaltestelle Münchner Freiheit

den Englischen Garten. Ab 1870 produzierte Loden Frey in der Osterwaldstraße nördlich des Kleinhesseloher Sees. Entscheidend für den Industriestandort Schwabing wurde der 1901 eröffnete Bahnhof (hinter dem Ungererbad), der den Firmen die dringend benötigten Gleisanschlüsse brachte. Die Industrie zog verstärkt Arbeiter nach Schwabing, immerhin arbeiteten 1912 schon 2.026 Menschen bei Maffei. Die Schwabinger Bauern verkauften ihre Felder, auf denen günstige Mietshäuser hochgezogen wurden, das Bauerndorf entwickelte sich zur Arbeitersiedlung.

Mit den Lebenden stieg auch die Zahl der Toten. Schwabing benötigte dringend einen neuen Friedhof. 1884 legte die Gemeinde an ihrer Nordgrenze den neuen Friedhof an, aus dem der heutige Nordfriedhof hervorging. Nach insgesamt neun Erweiterungen umfasst der Nordfriedhof heute 34.000 Grabplätze.

1880 hatte Schwabing bereits über 5.000 Einwohner und wurde sieben Jahre später zur »mittelbaren Stadt« erhoben. Das Stadtwappen zierten zwölf goldene Ähren auf blauem Grund. Die junge Stadt sah sich schnell mit ihren Aufgaben und vor allem den Ausgaben überfordert. Man kleckerte nicht, sondern klotzte: Noch vor der Stadt München, die weiterhin ihre Straßen mit Gas beleuchtete, leistete sich Schwabing zum Beispiel 1889 elektrische Straßenlaternen. Der Schuldenberg wuchs. Knapp vier Jahre nach der Stadterhebung bat die Stadt Schwabing die Stadt München händeringend um Eingemeindung. Am 20. November 1890 endete die Selbständigkeit Schwabings, München bekam 11.589 neue Einwohner hinzu. Die Grenzen zur Maxvorstadt wurden neu bestimmt. Reichte die Maxvorstadt bislang bis zur Hohenzollernstraße, wurde ihre Grenze nun nach Süden zur Georgenstraße verlegt. Die Georgenstraße ist bis heute die Grenze zwischen Schwabing und der Maxvorstadt.

In jenen Jahren begann dann der Mythos Schwabing – auch wenn selbst eingefleischte Schwabinger zugeben müssen, dass wesentliche Zentren der Legende nicht in Schwabing, sondern in der Maxvorstadt lagen: die Universität, die Künstlerkneipen Simplicissimus, Goldener Hirsch und das Café Stephanie – allgemein Café Größenwahn genannt. 1886 eröffnete in der Maxvorstadt die Akademie der Künste, zahlreiche private Malschulen wie die des bekannten Künstlers Anton Ažbe siedelten sich in der Gegend an. Wenige Jahre später galt München als die Kunst-Hauptstadt Deutschlands. Die Studenten und Künstler machten damals keinen Unterschied, ob sie dies- oder jenseits der Georgenstraße lebten und arbeiteten, ob sie ihre Feste in der Schwabinger Brauerei oder im Simplicissimus feierten. Schwabing wurde zum Inbegriff für brodelnde Kreativität und verrückte Bohème, wurde zum geistigen Zustand, vergleichbar mit Montmartre in Paris. Im Gegensatz zum erzkonservativen Berlin wurde man in München, sprich in Schwabing, kaum von der Polizei behindert und konnte die Liberalitas Bavariae leben. Auch der russische Revolutionär Wladimir Iljitsch Lenin profitierte davon und ließ sich 1900 in der Kaiserstraße nieder. Thomas Mann beendete in Schwabing seine Arbeit an »Die Buddenbrooks«, Max Reger komponierte, Wassily Kandinsky entwickelte in seinem Atelier die abstrakte Malerei. August Macke, Rainer Maria Rilke, Giorgio de Chirico, Oskar Maria Graf, Paul Klee, Frank Wedekind, Alfred Kubin und Lovis Corinth – um nur die allerbekanntesten zu nennen – arbeiteten hier. Selbst Picasso beneidete die Schwabinger und sagte, dass man Kunst nur in »Munick« studieren könne. »Gschlamperte Malerweiber« wie Gabriele Münter und »Emanzen« wie die Schriftstellerin Franziska zu Reventlow, die die freie Liebe propagierte, gehörten selbstverständlich dazu. Und wo, wenn nicht in diesem Umfeld, hätte eine Zeitschrift entstehen können, die einer ganzen Stilepoche den Namen gab: 1896 erschien die erste Ausgabe des Magazins »Jugend«, nach dem der Jugendstil benannt wurde.

Schwabing war hip. Die immer dichtere Besiedlung ließ das Viertel rapide wachsen. Selbst die alte Nikolaikirche des längst abgerissenen Leprosenhauses wurde 1898 samt Friedhof eingeebnet und

Einst legendär: das Schwabinger Nachtleben

Alt-Schwabing hat seinen dörflichen Charakter bis heute behalten

das Gelände am heutigen Nikolaiplatz mit Mietshäusern bebaut. Im Jahr 1900 lebten bereits 28.154 Einwohner hier. Neun Jahre später hatte sich Schwabing schon so weit Richtung Westen ausgedehnt, dass ein neuer Stadtbezirk geschaffen werden musste: Schwabing-West. Auch ausreichende medizinische Versorgung musste garantiert werden. Das kleine Krankenhaus, das seit 1861 an der Mandlstraße existierte, platzte längst aus allen Nähten. Die Stadt kaufte Grundstücke am Kölner Platz und baute zwischen 1905 und 1914 das Krankenhaus München-Schwabing nach Plänen von Richard Schachner (*mehr: siehe Stadtbezirk 4 • Schwabing-West*).

Mit Ende des Ersten Weltkriegs und der blutig niedergeschlagenen Räterepublik änderte sich das politische Klima schlagartig. München wurde erzkonservativ, das bohème Leben Schwabings kam zum Erliegen. Zahlreiche spätere Nazigrößen lebten schon damals in Schwabing. Unter ihnen der NSDAP-Stadtrat Karl Fiehler, der ab 1933 faschistischer Oberbürgermeister Münchens wurde. Rund die Hälfte aller Häuser in Schwabing fiel den Bomben des Zweiten Weltkriegs zum Opfer, weshalb heute viele Straßen des Viertels von gesichtsloser Nachkriegsarchitektur geprägt sind. Auf vielen Ruinengrundstücken, wo vor dem Krieg noch einzelne Villen gestanden hatten, wurden mehrgeschossige Wohnblocks hochgezogen wie der »Fuchsbau« an der Fuchsstraße.

Kurz nach dem Krieg begann es in Schwabing wieder zu brodeln, die Nachtclubszene etablierte sich. Dann kam jene heiße Sommernacht des 20. Juni 1962. Ein Anwohner am Nikolaiplatz fühlte sich durch Straßenmusikanten belästigt, die es wagten, noch nach 22 Uhr zu spielen, und rief die Polizei. Es folgte eine eher unbedeutende Rangelei zwischen Musikern und Uniformierten, in die sich die Umstehenden einmischten – aus diesem kleinen Zündfunken explodierten die Schwabinger Unruhen. Tagelang tobten blutige Straßenschlachten mit zahllosen Verletzten rings um die Leopoldstraße. Besonders der rücksichtslose und brutale Schlagstockeinsatz der Polizei sorgte für Unmut. Die Verantwortlichen lernten allerdings aus den Schwabinger Nächten und entwickelten die schnell bundesweit übernommene »Münchner Linie«, zu deren Grundsätzen psychologische Schulungen für Polizeikräfte und Deeskalationsstrategien gehörten.

Nicht zuletzt dank der Unruhen war Schwabing wieder angesagt. Hippies, Beatniks und Kommunarden gehörten zum Straßenbild der 1960er und 1970er Jahre. Jimmi Hendrix zerschlug im »Big Apple« seine erste Gitarre, Uschi Obermeier und Rainer Langhans eröffneten ihre legendäre Highfish-Kommune in einer Schwabinger Villa. Doch mit den 80er Jahren endete die große Zeit. Die »schönste Tochter Münchens« mutierte zur »Grande Dame«. Die Gentrifizierung, wie man heute das Gegenteil von Verelendung eines Stadtteils nennt, erwischte Schwabing als erstes Münchner Stadtviertel mit Luxussanierungen und explodierenden Mieten. Entlang der Leopoldstraße ließen sich Banken und Versicherungen mit ihren Verwaltungen nieder. Und die Revoluzzer von einst hatten längst gutbezahlte Jobs und legten Wert auf ein gediegenes, nur »irgendwie kreatives« Ambiente. Die Karawane der Künstler und Trendsetter zog weiter, erst nach Haidhausen, dann in die Isarvorstadt.

Was blieb ist der Name, den vor allem Immobilienfirmen weiterhin ausschlachten und alles im Münchner Norden, sei es Milbertshofen, Freimann oder sogar Hasenbergl als »Nord-Schwabing« verkaufen wollen. Schwabing wird seit Jahrzehnten immer wieder totgesagt, erst jüngst äußerte ein sehr bekannter Münchner Großgastronom, dass Schwabing niemals wieder angesagt sein würde. Die schillernde Kneipenszene am Feilitzschplatz und entlang der Leopoldstraße gilt bei vielen als reine Touristenfalle. Doch jährlich bummeln tausende Touristen durch die romantischen Straßen Alt-Schwabings und der Englische Garten lockt Jahr für Jahr Millionen Besucher an, nicht nur um die berühmten Nackerten zu sehen. Immerhin hat München hier in den 1980ern das erste innerstädtische FKK-Badegelände Deutschlands geschaffen. Nach wie vor gibt es eine große Theater- und Kleinkunstszene. Auch der zweimal jährlich stattfindende »Corso Leopold«, bei dem sich die gesamte Leopoldstraße in eine einzige Partymeile verwandelt, bringt der Grande Dame neuen Schwung. Denn wie heißt es so schön: Totgesagte leben länger.

Am Chinesischen Turm

Aumeister Dem Aumeister kamen einst wichtige Aufgaben zu: Er besaß den Schlüssel zum Tor der Schwabinger Brücke, über die man in den Auwald und zu den reichen Fischgründen gelangte. Der Aumeister überwachte außerdem das Weiderecht und hegte das Wild. Ursprünglich stand das Aumeisterhaus im nördlichen Lehel. Mit der Anlage des Englischen Gartens verlegte man das Haus 1810/11 an die Stelle eines ehemaligen hölzernen Gartenwirtschaftsgebäudes. Hofmaurermeister Joseph Deiglmayr errichtete ein neues Wirtschaftsgebäude, den heutigen »Aumeister«, in dem der Aumeister auch die Teilnehmer an den großen Hofjagden des Prinzregenten zu bewirten hatte. Weil sich mit Speis und Trank gut Geld verdienen ließ, baute der Aumeister seine Gastwirtschaft aus. Seitdem strömen bis heute die Ausflügler zum Aumeister.

Biederstein Kurfürst Max Emanuel zeigte sich einfallsreich, wenn es darum ging, neue Geldquellen zu erschließen. So verlieh er 1723 »öde Gründe« in der Schwabinger Heide als Bauland an verdiente Angestellte. Der kurfürstliche Rat Riederauer gehörte zu denen, die sich einen schmucken Landsitz errichteten. Das Anwesen kam 1781 an den Baron Karl Albrecht von Aretin, das er aber drei Jahre später an Kurfürst Karl Theodor verkaufte. Karl Theodor erhob es zur Hofmark mit niederer Gerichtsbarkeit und verlieh es umgehend an seinen Kabinettsekretär Stephan von Stengel, der seinem Gut den Namen »Biederstein« (»bieder« bedeutete damals auch brav, wacker) gab. Stengel konnte sich nicht ganz zwanzig Jahre an seinem Schlösschen erfreuen, dann wurde er versetzt und verkaufte es an Kurfürst Max IV. Joseph, der es 1803 um- und ausbauen sowie einen englischen Landschaftsgarten anlegen ließ, bevor er es seiner Gattin Karoline schenkte. Kaiser Napoleon Bonaparte und Zar Alexander von Russland waren hier zu Gast. 1824 errichtete Leo von Klenze ein neues, großes Schloss Biederstein. Hierhin zog sich Königin Karoline nach dem Tod Max I. Joseph mit ihrem Hofstaat zurück. Die Wittelsbacher hatten nach dem Ersten Weltkrieg keine Verwendung mehr für Schloss Biederstein, sie verkauften das Anwesen 1934. Es wurde abgerissen und mit Wohn- und Geschäftshäusern bebaut.

Hirschau Wie der Name verrät, gab es einst in den wildreichen Isarauen nördlich der Stadt zahlreiche Hirsche. Die Landesherren nutzten das Gebiet zur Jagd. Die Hirschau, früher auch Hirschanger genannt, wurde zwischen 1798 und 1804 als Fortsetzung des Englischen Gartens erschlossen und kultiviert. Seit 1808 heißt das Gebiet offiziell Hirschau. Heute lockt hier eine beliebte Gastwirtschaft zahlreiche Ausflügler.

Beliebte Ausflugsziele im Englischen Garten: der Aumeister und Kleinhesselohe mit See und Seehaus

Kleinhesselohe

Sie wollten Bier und eine Wurschtsemmel! Als der Englische Garten Ende des 18. Jh. angelegt wurde, mussten die Arbeiter und Gärtner versorgt werden. Also errichtete der Parkwächter Joseph Tax auf einer sumpfigen Wiese mit vielen Haselstauden südöstlich des Dorfs Schwabing im Jahr 1790 eine kleine Bierzapferei, die schnell den Namen »Heselloh« bekam. Der Name leitete sich ab von »Hesel« = Hasel(staude) und »Lohe« = lichter Wald, also ein lichter Wald von Haselstauden; dazu kam dann das »Klein-« im Gegensatz zu Großhesselohe bei Pullach. Schnell wurde der Ausschank ein Erfolg, bald bot man auch andere Getränke und kleine Speisen an. Dank eines hölzernen Tanzschuppens entwickelte sich Kleinhesselohe zu einer beliebten Ausflugsgaststätte im neuen Park, zumal Gartenarchitekt Reinhard von Werneck 1803 in der Nähe dann den Kleinhesseloher See angelegte. Ab 1807 erweiterte Wernecks Nachfolger Friedrich Ludwig von Sckell den See auf seine heutige Größe von 86.410 m². Das Wasser rückte damit direkt an die kleine Wirtschaft heran. Das schmucke Bootshaus mit Speisegaststätte, das Gabriel von Seidl 1882/83 errichtete, musste 1935 einem Neubau von Rudolf Esterer weichen. 35 Jahre später riss man dann Esterers Ausflugswirtschaft nieder und wollte einen repräsentativen Neubau verwirklichen, der aber zu teuer wurde. Also mussten sich Ausflügler bis 1985 mit provisorischen Behelfsbauten begnügen. Seitdem steht nun das heutige Seehaus nach Entwürfen von Ernst Hürlimann und Ludwig Wiedemann am Kleinhesseloher See.

Mitterschwabing

Der Geheime Rat, Kämmerer und Obristjägermeister Johann Theodor von Waldkirch erwarb 1770 ein schmuckes Lustschlösschen mit Garten und reichlich Grund am westlichen Rand des Dorfes Schwabing. Das Anwesen hatte sich einst Hofkammerrat Franz von Thurbert errichtet. Kurfürst Max III. Joseph erhob das Gut am 22. Januar 1774 zu einem gefreiten Edelsitz namens »Mitter-Schwäbing«. Das Schlösschen, später nach seinem neuen Besitzer, dem Philosophen Franz von Baader, Baaderschlösschen genannt, wurde letztlich zu einer Gastwirtschaft umgebaut und 1890 abgerissen. An seiner Stelle entstand die Schwabinger Brauerei (Leopold-, Ecke Feilitzschstraße), heute befindet sich hier das Hertie-Kaufhaus.

Neufeld

Graf Joseph von Lodron erwarb 1763 in Schwabing den Lustgarten des Gardeobermeisters Joseph von Dengelbach und errichtete sich darin ein Schlösschen. Kurfürst Karl Theodor erhob das Anwesen 1789 zum Rittersitz und stattete es vier Jahre später unter dem Namen Neufeld mit Niedergerichtsbarkeit über drei dazugehörige Anwesen aus. 1802 kaufte Hofmarschall Ludwig von Gohren Schloss Neufeld, das damit seine Würde als Rittersitz verlor und seither als »Gohrenschlössl«, Biedersteinstr. 21, bekannt ist. Der Name Neufeld geriet in Vergessenheit. Heute hat hier die Verwaltung der Klinik und Poliklinik für Dermatologie und Allergologie der TU München ihren Sitz.

Neuschwabing

siehe Stadtbezirk 11 • Milbertshofen-Am Hart

Parkstadt Schwabing

Ab dem Jahr 2000 entstand zwischen Autobahn A9, Mittlerer Ring, Leopold- und Domagkstraße ein komplett neues Stadtviertel, das zwar schon sehr weit vom Kern Alt-Schwabings entfernt ist, sich aber dennoch Parkstadt Schwabing nennt. Auf einer Fläche von rund 400.000 m² wurden rund 1.500 Wohnungen – davon 500 Sozialwohnungen –

Die Highlight Towers in der Parkstadt Schwabing

drei Kindertagesstätten, eine Kinderkrippe sowie zahlreiche Büro- und Verwaltungsgebäude, Läden, Restaurants, Hotels gebaut. Etwa 12.000 neue Arbeitsplätze entstanden in dem Areal. Architektonisch ist die gesamte Parkstadt dem Bauhaus gewidmet, was sich auch in den Straßennamen widerspiegelt. Als markante Eckpfeiler begrüßen die beiden von den Chicagoer Architekten Murphy/Jahn entworfenen und 2004 fertiggestellten Highlight Towers jeden Autofahrer, der von Norden über die A 9 nach München kommt. Tower 1 ist 126 m hoch, Tower 2 misst 113 m.

Suresnes Ein Exil kann inspirieren. Kabinettsekretär Ignaz von Wilhelm kaufte in Schwabing fünf Anwesen, ließ sie abreißen und beauftragte 1715 Johann Baptist Gunetzrhainer, ihm dort ein Schloss nach Vorbild des Château de Suresnes bei Paris zu erbauen. Im Château de Suresnes hatte Wilhelm einige Monate mit Kurfürst Max Emanuel im Exil gelebt. Der Kurfürst erhob am 15. Mai 1718 das Schloss unter dem Namen »Sourenne« zum Edelsitz mit Niedergerichtsbarkeit. Anfang des 19. Jh. stand Suresnes kurz vor dem Verfall. 1855 entdeckte der Erfinder Carl August von Steinheil das kleine Juwel und zog ein. Später lebte und arbeitete die Bildhauerin Elisabet Ney dort. Das Schlösschen an der Werneckstraße entwickelte sich zu einem beliebten Treff für junge Künstler und die Schwabinger Bohème. Prominentester Gast: Paul Klee hatte dort 1919 drei Monate lang sein Atelier. 1937 kaufte das Erzbistum München und Freising das Schloss Suresnes und richtete 1967 darin das Tagungshaus für die Katholische Akademie in Bayern ein. Während der Renovierung des Erzbischöflichen Palais diente Suresnes Erzbischof Reinhard Marx als Residenz.

Tivoli Der Name Tivoli tauchte erstmals 1808 auf. Der Münchner Raphael Kaula hatte seine Sommerresidenz zwischen dem Lehel und Schwabing so genannt. Im gleichen Jahr erbaute Adrian von Riedl in unmittelbarer Nachbarschaft an einem Seitenkanal des Eisbachs seine »Neumühle«. 1830 wurde das Kaula-Anwesen zur Gartenwirtschaft »Zum Tivoli« umgebaut. Tivoli, eigentlich eine Stadt bei Rom, war damals eine beliebte Bezeichnung für Vergnügungsparks. Auf dem Gelände der Neumühle wurde die Ludwigs-Walzmühle errichtet, die ab 1872/73 den Namen »Kunstmühle Tivoli« trug. 1923 schloss die Gastwirtschaft und wurde ein Jahr später abgebrochen. Die Mühle blieb noch bis 1969 in Betrieb und wurde dann abgerissen. Auf dem Gelände entstand das Parkhotel Hilton. Das Tivoli wird heute begrenzt von Iffland-, Tivoli- und Hirschauer Straße sowie Am Tucherpark.
siehe auch Tucherpark

Tucherpark

Schloss Suresnes

Tucherpark Statt um feines Mehl geht es heute um das große Geld: Am 31. März 1969 schloss die Tivoli-Kunstmühle ihre Tore. Die Bayerische Vereinsbank (heute Unicredit Bank bzw. HypoVereinsbank) übernahm das Gelände, wo sie ihr technisches Zentrum und mehrere Verwaltungsgebäude sowie ein Sportzentrum mit Schwimmhalle und Tennisplätzen errichtete. Das einstige Tivoli wurde nach Hans Christoph von Tucher, von 1959 bis 1968 Vorstandssprecher der Bank, in Tucherpark umbenannt.
siehe auch Tivoli

FREIMANN

Das Autobahnende naht! Wenn man von Norden nach München rauscht, weiß der kundige Autofahrer spätestens bei der Ausfahrt Freimann, dass man runter vom Gas muss. Kaum ein Durchrasender kennt das Stadtviertel, das von der Autobahn so brutal zerschnitten wird. Dabei sind das Dorf Freimann und seine Ortsteile Fröttmanning, Lappen und Kulturheim uralt, viel älter als München. Schon früh ließen sich auf der weiten, »Gfild« genannten Schotterebene zwischen Isar und Dachau die ersten Bauern nieder. Ein Steinbeil aus der Jungsteinzeit und eine Lanze aus dem 8. Jh. sind die Spuren der frühesten Besiedlung Freimanns. In der Zeit zwischen 948 und 957 tauchte »Frienmannun« erstmals urkundlich auf, als ein Engildo dem Bischof Lambert von Freising drei Höfe und vier Huben (kleine Höfe) überließ. Kurz danach ist noch eine weitere Schenkung beurkundet, dann verschwindet Freimann für Jahrhunderte im Dunkel der Geschichte. Erst 1356 taucht es wieder auf, als der Münchner Bürger Friedrich der Glockner sein Anwesen in Freimann an Johans den Schiet verkaufte. Überhaupt lag Freimann in den folgenden Jahren ziemlich fest in Münchner Hand. Zahlreiche wohlhabende Bürger kauften, vererbten und verkauften ganze oder halbe Höfe im Dorf.

Seltsamerweise und im krassen Gegensatz zu anderen Dörfern im Münchner Umland besaß die Kirche kaum Grund im Dorf. Das änderte sich als Kloster Andechs und der Freisinger Bischof versuchten, Land und damit Einfluss zu gewinnen. »Item der bischof von Freising der will Freyman haben«, hieß es ganz unverblümt in einem Bericht von 1441. Ständig gab es Streitigkeiten zwischen Münchner Bürgern und den Kirchenmännern über die Isarregulierung und Weiderechte. Freising konnte allerdings sein Machtgebiet nicht komplett über Freimann ausdehnen.

Erstnennung zwischen 948 und 957 als »ad Frienmannun«
Namensbedeutung bei den freien Männern (Personen, die persönlich frei, mit dem Boden aber zinsbar waren = Freimänner oder Barschalken)
Gemeindebildung 1818 mit Fröttmaning, Kulturheim, Lappen
Eingemeindung 01. Oktober 1931
Lage alter Ortskern um die St.-Nikolaus-, früher St.-Margaret-Kirche, Heinrich-Groh-Straße 11

Wie viele Gemeinden der Gegend wurde das Dorf bei kriegerischen Auseinandersetzungen immer wieder ganz oder teilweise zerstört. Erst verwüsteten Truppen im Landshuter Erbfolgekrieg 1504 Freimann, dann kamen im Dreißigjährigen Krieg die marodierenden Schweden und schließlich im Spanischen Erbfolgekrieg 1700 die bayrischen Truppen.

Obwohl Freimann ein vergleichsweise großer Ort mit vielen Höfen, Schmiede und sogar einem Schuster war, brachte der kar-

Impression aus der Alten Heide, daneben die Freimanner Moschee und der Nordfriedhof.

ge Boden nur wenig Ertrag. Die 122 Einwohner (1825) lebten bescheiden. Erst Mitte des 19. Jh. verlegten sich die Bauern vom Ackerbau auf die Zucht von Rindern und Schafen. Auch zahlreiche Gärtnereien ließen sich nieder und schließlich entdeckte die Industrie Freimann und seine Ortsteile. In Kulturheim entstanden eine Galvanoplastische Fabrik und eine große Lederfabrik, in Kleinlappen eine Pappfabrik und ein Chemiewerk zur Knochenverwertung, in Neufreimann ein Düngemittelwerk.

Und dann kam Krupp. Ab 1917 produzierte der Industrieriese Waffen in seinen Bayerischen Geschützwerken. Da Deutschland nach dem Ersten Weltkrieg keine Rüstungsproduktion mehr betreiben durfte, verkaufte Krupp die Anlage an eine Nürnberger Maschinenfabrik, die das Gelände wiederum an die Reichsbahn veräußerte. 1927 zog das Ausbesserungswerk der Bahn von Laim nach Freimann und mit ihm viele Arbeiter. Die Einwohnerzahl stieg sprunghaft auf 1.926 an. Die Baugenossenschaft »Reichsbahnwerk Freimann« errichtete bald die erste große Bahnarbeitersiedlung, die ebenso wie das Ausbesserungswerk ständig wuchs und wuchs. Anfang der 1930er kamen die Siedlungen am Blütenring und die Reichskleinsiedlung Freimann hinzu. In der Nazizeit ging die rege Bautätigkeit weiter. Auch neue Kasernen entstanden auf dem Militärareal des Oberwiesenfelds.

Obwohl schon 1940 das Teilstück der Autobahn Freimann-Dirnismaning eingeweiht wurde, kam der im wahrsten Sinne des Wortes einschneidende Autobahnausbau erst ab 1958. Seitdem trennt die breite Straße das alte Dorf Freimann von den großen Neubausiedlungen und Industrieanlagen im Westen. Hinter den Lärmschutzwällen der Autobahn kann man nicht mal mehr einen Blick auf die gotische St. Nikolauskirche und die paar Altbauten im historischen Ortskern erhaschen. Die alten Ortsteile Fröttmaning und Lappen sind sowieso komplett verschwunden. Immerhin ist Freimann durch die Renaturierung des Großlappener Müllbergs seinen Ruf als »Müllkübel Münchens« wieder los und hat ein attraktives Ausflugsziel.

Alte Heide Die im Norden Münchens ansässigen Industriebetriebe Krauss-Maffei, BMW und Deutsche Reichsbahn gründeten 1918 die gemeinnützige Wohnungsbausgesellschaft »Alte Haide« (mit a und nicht mit e, wie es nach damaliger Schreibweise schick war), um ihren Beschäftigten Wohnraum nahe den Betriebsstätten zu bieten. Es war das erste große Wohnprojekt Münchens nach dem Ersten Weltkrieg. Die ersten beiden Häuser wurden 1919 nach Plänen des Architekten Theodor Fischer beim Nordfriedhof an der heutigen Ungererstraße errichtet, 1927 war die komplette Siedlung mit ihren 786 Wohnungen bezugsfertig. 1920 findet sich dann erstmals die Bezeichnung »Alte Heide« in der heute korrekten Schreibweise im Adressbuch der Stadt München. Die Siedlung zwischen Ungererstraße und A9 liegt sowohl auf Freimanner, als auch auf Schwabinger Gebiet.

Auensiedlung Weit ab vom Schuss liegt die Auensiedlung. Nur eine einzige Zufahrt mit Brücke über den Schleißheimer Kanal führt von der Freisinger Landstraße hierher. Sie entstand nach 1948 als wilde Siedlung von Einfamilienhäusern. Schon fünf Jahre später wohnten 23 Familien dort. Bedroht von Abbruch und Zwangsumsiedlung gründeten die Siedler am 18. November 1951 eine locker organisierte Gemeinschaft und legten sich den Namen »Auensiedlung« zu. Um besser für ihre Häuser kämpfen zu können, gründete man dann die »Interessengemeinschaft Auensiedlung an der Freisinger Landstraße«. Der Stadtrat gab schließlich nach und legitimierte die Siedlung am 16. Februar 1953 nachträglich, unter der Bedingung, dass sich die Bewohner nicht gegen den langsam heranwachsenden Müllberg von Großlappen wehrten. Seit dem Abbruch des historischen Ortskerns Fröttmanings ist die Auensiedlung östlich des Fröttmaninger Bergs zwischen Schleißheimer Kanal und Garchinger Mühlbach das einzige Wohngebiet in diesem Stadtteil. An der Zufahrt zu der Siedlung befindet sich seit 1973 das Islamische Zentrum München mit der Freimanner Moschee.

Emilienhof

Namensfindung leicht gemacht: Emilie hießen sowohl die Gattin als auch die Tochter des Bauunternehmers Karl Stöhr. Da lag es für Stöhr nahe, seine von 1952 bis 1958 erbaute Wohnanlage zwischen Dietersheimer, Wandlet-, Domagk- und Garchinger Straße auf den klingenden Namen »Emilienhof« zu taufen. Streng genommen gehört der Emilienhof nicht zu Freimann, sondern zu Schwabing.

Euro-Industriepark

Auf einem Gelände der Deutschen Bundesbahn begann der Kaufmann Anton Ditt, Eigentümer der Euro-Boden GmbH, im Jahr 1963 mit der Erschließung für ein Gewerbegebiet. Nach fünf Jahren Bauzeit wurde der Industriepark, in dem sich 40 Firmen angesiedelt hatten, feierlich eröffnet. Der Euro-Industriepark ist kein Wohngebiet, er gehört zu den größten Industrieflächen Münchens.

Floriansmühle

Einst war die Floriansmühle bloß ein landwirtschaftlicher Betrieb am Garchinger Mühlbach in Kultursheim. Johann Nepomuk Kiblbeck übernahm das Anwesen und richtete 1895 eine Mahlmühle ein. Die dazugehörige Ausflugswirtschaft fand Eingang in die Literatur: Lena Christ, eine der bedeutendsten bayrischen Schriftstellerinnen, arbeitete um die Jahrhundertwende hier als Köchin und Bedienung und schrieb darüber in ihren »Erinnerungen einer Überflüssigen«. Einer von Kiblbecks Nachfolgern, Karl Kaltenbach, eröffnete 1932 auf dem Mühlengelände ein öffentliches Freibad, das sich bald großer Beliebtheit erfreute und den Namen Floriansmühle münchenweit bekannt machte. Im gleichen Jahr wurde Floriansmühle von Kultursheim gelöst und ein eigenes Stadtviertel. Das Bad schloss 1994, seine Anlagen sind aber bis heute erhalten.

Freimanner Heide

Die Grundsteinlegung zur Siedlung nördlich der Heidemannstraße fand am 27. Juni 1985 statt. Damals gab es noch keinen Namen für das Neubaugebiet, die Bürgerversammlung wurde um Vorschläge gebeten. Schließlich einigte man sich auf Freimanner Heide, eine Anspielung auf die Heidelandschaft rings um Freimann. Gleichzeitig blieben weitere Namen für die Siedlung populär: Architekten und Architektur-Historiker bezeichnen sie als »Gartenstadt Heidemannstraße« oder »Siedlung Heidemannstraße«, auf dem ADAC-Stadtplan heißt sie »Fröttmaninger Heide«. Die 1988 fertiggestellte Wohnanlage der Architekten Petzold und Hansjakob entstand nach dem Vorbild der Hufeisensiedlung von Bruno Taut in Berlin

FRÖTTMANING

Allianz-Arena, Autobahnausfahrt, Müllberg – mehr wird kaum jemand zu Fröttmaning einfallen. Tatsächlich gibt es heute bis auf ein kleines Kirchlein keine Spuren mehr von dem uralten Dorf bei Freimann, das schon 815 das erste Mal schriftlich erwähnt wurde. Damals weihte Bischof Hitto von Freising die von einem Mann namens Situli erbaute Kirche. Damit ist die Kirche Heilig Kreuz die älteste Kirche Münchens – wenn es da nicht die St. Martinskirche in Moosach gäbe, die ebenfalls im Jahr 815 erstmals erwähnt wurde und daher den Titel für sich beansprucht. Wie auch immer, Situli stattete die Kirche mit zwei Leibeigenen und einer Menge Land aus, damit sie wirtschaftlich auf sicheren Beinen stand. Nach dem Tod von Situlis Erben fiel Fröttmaning an das Kloster Weihenstephan. Die Kirche etablierte sich im Mittelalter als größter Grundherr im Dorf. Die Klöster Tegernsee und Weihenstephan, das Freisinger Hochstift und das Heiliggeistspital in München nannten den Großteil der Ländereien ihr Eigen. Durch Tausch und Verkauf kamen die Höfe im 16. Jh. zwar an andere Besitzer, doch auch die gehörten immer dem Klerus an. Das blieb bis zur Säkularisation 1803 so.

Erstnennung 19. April 815 als »ad Freddamaringun«
Namensbedeutung Siedlung des Fridumar (der Friedfertige)
Gemeindebildung 1818, Teil der Gemeinde Garching, dann Teil der Gemeinde Freimann
Eingemeindung 30. Januar 1935
Lage Ortskern um die Kirche Heilig Kreuz, Freisinger Landstraße 235, am Autobahnkreuz München-Nord

Heilig Kreuz in Fröttmaning – eine der ältesten Kirchen Münchens.

Allianz Arena

Fröttmaning war ein armes Dorf. Dürren, Überschwemmungen und Kriegswirren machten den Bauern das Leben schwer. Und der karge Boden im Münchner Norden warf keine großen Erträge ab. Vor allem Schafzüchter schickten daher ihre Tiere auf die mageren Wiesen. Schafe bestimmten noch bis ins 20. Jh. das Ortsbild. Fröttmaning erlebte keinen Boom wie andere Orte, Städter verirrten sich selten hierher. 1931, Fröttmaning war längst Teil der Gemeinde Freimann, sollte das Dorf nach München eingemeindet werden, doch die Fröttmaninger genossen innerhalb Freimanns eine gewisse Selbständigkeit und wehrten sich. Und tatsächlich gewährte das Innenministerium dem Ort den Sonderstatus als »selbständige Ortschaft«. Der Zustand währte nur vier Jahre, dann schluckte München auch Fröttmaning.

Der Anfang vom Ende kam nach dem Zweiten Weltkrieg: München kaufte sukzessive die alten Höfe auf, um Platz für das Autobahnkreuz München-Nord zu schaffen. Ende der 1960er Jahre versank der Rest Fröttmanings im Abfall der städtischen Mülldeponie Großlappen. Nichts blieb, außer dem alten Kirchlein, das in seiner heutigen Form aus dem 12./13. Jh. stammt. Dass es überhaupt noch existiert, verdankt es Bürgerprotesten, die es immer wieder vor dem Abriss retteten. Zuletzt bedrohte der Bau der Allianz-Arena das Gotteshaus. Heilig Kreuz blieb und dank des Fußballstadions ist Fröttmaning mittlerweile weltbekannt. Der einstige Müllberg ist heute ein renaturiertes Naherholungsgebiet. Eine halb in den Hang gebaute Nachbildung der Kirche Heilig Kreuz, ein Kunstwerk von Timm Ulrichs, erinnert an das, was neben Münchner Hausmüll unter dem Berg begraben ist: die uralte Siedlung Fröttmaning.

Fröttmaninger Heide

siehe Freimanner Heide

Gartensiedlung Freimann

siehe Kieferngarten

Gartenstadt Heidemannstraße

siehe Freimanner Heide

Großkopfsiedlung *siehe Kieferngarten*

Grusonsiedlung *siehe Kieferngarten*

Kieferngarten

Nach dem Zweiten Weltkrieg entstanden in Zeiten größter Wohnungsnot überall in München wilde Siedlungen mit schnell gebauten Behelfsheimen. So auch auf dem ehemaligen Schießplatz nördlich der Heidemannstraße. Schon im September 1946 gründete sich die »Interessenvereinigung Siedlergemeinschaft München-Nord e.V.«, die sich ab März 1949 »Siedlervereinigung Kieferngarten« nannte und seit September 1952 »Siedlerschaft Kieferngarten« heißt. 1950 wurde zur Erschließung die damals noch unbebaute Kieferngartenstraße angelegt. Der Stadtrat genehmigte 1952 nachträglich die Schwarzbauten, nannte sie damals aber noch »Schießplatzsiedlungen« und »Gartensiedlung Freimann«. In den 1950er Jahre engagierten sich drei Siedlerschaften in der Gegend: die »Siedlerschaft München-Nord/West« in der nach der Grusonstraße benannten Grusonsiedlung, die »Siedlerschaft Kieferngarten« und die »Siedlerschaft München-Nord/Ost«, die sich 1956 zur »Siedlerschaft Kieferngarten München-Freimann e.V.« zusammenschlossen. Alle drei Siedlungen wurden schließlich zum Stadtteil Kieferngarten zusammengefasst. Auch die sogenannte Großkopfsiedlung, benannt nach dem Brauereiarbeiter und späteren Vorsitzenden der »Siedlerschaft München-Nord/Ost«, und die Behelfsheimsiedlung gliederte man dem neuen Viertel ein. Seit 1968 trägt auch die damalige Endstation der ersten Münchner U-Bahn-Linie 6 den Namen Kieferngarten. Ende des Jahres 2006 kaufte der FC Bayern e.V. von der Bundeswehr die nördlichen Flächen der Fürst-Wrede-Kaserne, um dort ein Trainingsareal für seine Amateure zu errichten. Geplant sind vier Sporthallen, sieben Fußballplätze, zwei Basketballplätze, eine Bogenschießanlage, ein Track&Field, ein Mountainbikeparcours, ein Clubheim sowie ein Parkhaus mit 400 Stellplätzen.

Kulturheim Weil die Bauern arge Mühe hatten, die Auenlandschaft zwischen Isar und Garchinger Mühlbach zu kultivieren, nannten sie das Ergebnis ihrer Arbeit 1808 stolz: Cultursheim. Der kleine Weiler kam zehn Jahre später zur Gemeinde Freimann. Zu Kultursheim gehörte bis 1932 auch die Floriansmühle am Mühlbach, die danach ein eigenständiger Ortsteil wurde. 1952 ging es dem Genitiv-»s« im Namen an den Kragen. Der Stadtrat beschloss, es zu streichen, weil es grammatikalisch nicht begründbar sei. Heute dient Kulturheim tatsächlich der Kultur: Hier stehen Studios des Bayerischen Fernsehens, nordöstlich davon befindet sich das ECC Kongresszenturm.

Lappen *(Groß- und Klein-)* Wer heute nach dem Ort Lappen sucht, findet: Nichts mehr! Während von Fröttmaning immerhin noch die Kirche übrig blieb, ist Lappen vollständig verschwunden. Groß- oder Kleinlappen bringen die meisten Münchner heute automatisch mit Abfall oder Abwasser in Zusammenhang. Denn in Lappen ist z. B. die Kläranlage München I beheimatet, die 1926 als erstes Münchner Klärwerk in Betrieb ging. Sie nimmt den größten Teil Großlappens ein. Davor war die Geschichte des zwischen 1167 und 1171 erstmals als »Louppen« erwähnten Weilers jahrhundertelang von der Landwirtschaft geprägt. Der Name leitete sich wahrscheinlich von »Labach« für morastige Gegend ab. Grundherr war zunächst das Kloster Weihenstephan, ab 1517 gehörten die drei Gutshöfe dem Bischof von Freising. Der Ort verkleinerte sich bald, ab 1666 gibt es nur noch eine einzige Schwaige, also eine Viehwirtschaft ohne nennenswerten Ackerbau. Die wechselnden Betreiber gerieten durch Viehseuchen immer tiefer in die Schuldenfalle. Die einzige Lösung schien die Verkleinerung der Betriebs, bzw. dessen Aufteilung in zwei Schwaigen. 1798 stimmte Freising dem Vorschlag des Schwaigers Georg Pubnhofer zu. Reichsgraf von Oberndorf erwarb den kleineren Teil, den er »Auffelden« nannte. Ein Name, der sich nie durchsetzte, stattdessen wurde Kleinlappen gebräuchlich. Die Krupp AG kaufte 1925 Kleinlappen auf.

Lappen kam 1818 zur Gemeinde Freimann. Das Gut Großlappen florierte weiter als Viehzucht- und Milchwirtschaftsbetrieb.

Blick vom Fröttmaninger Berg auf die Allianz Arena und die Kunstinstallation »Versunkenes Dorf«, eine Replik der Kirche Heilig Kreuz.

Östlich des Guts entstanden dann auf den Weideflächen ab 1916 die Anlagen der ersten Münchner Abfalldeponie. 1925 eröffnete das Klärwerk. Der Großstadtmüll schluckte nach und nach die ganzen Agrarflächen. 1954 verschwand schließlich der letzte Acker unter der neuen Mülldeponie Großlappen. Bereits 1987 stand die Deponie am Ende ihrer Kapazität: 20 Mio. Kubikmeter Müll hatte sie aufgenommen. Die neue Deponie Nord-West im Entsorgungspark Freimann ging in Betrieb und in Großlappen begann die Renaturierung. Die einstige Deponie kennt man heute als Fröttmaninger Berg, der im Sommer Wanderer und im Winter Rodler anlockt. Der Gutshof Großlappen dient mittlerweile der Stadt München als Land- und Forstwirtschaftsamt. Hier wird unter anderem in der gutseigenen Brennerei Industriealkohol gebrannt.

Neufreimann »Neufreimann« taufte die Gemeinde Freimann am 20. März 1858 ihr erstes großes Erschließungsprojekt, das an das Projekt »Neuschwabing« der Schwabinger Nachbarn

Einfahrt nach Großlappen

anschließen sollte. Noch im selben Jahr wurden die ersten Häuser an der Ingolstädter Straße – zwischen der Milbertshofener/Domagkstraße im Süden und der Hürnbeckstraße im Norden – gebaut. Nach dem Ende des Zweiten Weltkriegs beschlagnahmte die US-Militärverwaltung Häuser der Arbeitersiedlung Kaltherberg (gehört heute zu Milbertshofen) und richtete das Lager »Neu-Freimann« zur Unterbringung sogenannter Displaced Persons ein. Displaced Persons/DPs waren Zivilpersonen, die sich kriegsbedingt außerhalb ihres Heimatstaates befanden und ohne Hilfe nicht zurückkehren oder in einem anderen Land neu ansiedeln konnten. 2.500 DPs lebten hier, bis das Lager 1949 geschlossen und wieder den Siedlern überlassen wurde. Seit 1960 ist für viele Münchner »Neufreimann« gleichbedeutend mit den neuen Industriegebieten rund um die Domagkstraße wie dem Euro-Industriepark. In Neufreimann gab bzw. gibt es noch einige Einrichtungen der Bundeswehr wie die Bayern-Kaserne, die zum Kasernengürtel im Norden Münchens gehört und bis Ende 2011 aufgegeben werden soll.
teils Stadtbezirk 11 • Milbertshofen–Am Hart (Häuser westlich der Ingolstädter Straße) | teils Stadtbezirk 12 • Schwabing-Freimann (Häuser östlich der Ingolstädter Straße)

Schwabing-Freimann in Zahlen
Einwohner 65.158
Fläche 2.564,45 ha
Ärzte 207
Volksschulen 9
Realschulen 1
Gymnasien 2
Theater 8
Kinos 10
Tourismusbetriebe 28

12

Neuherberg

Die kleine Schwaige wurde am 10. Juli 1549 erstmals als »New herberg« erwähnt. Zu dem Anwesen gehörte eine einfache Tafernwirtschaft, die Herberge diente also als Gasthaus mit Übernachtungsmöglichkeit. 1618 übernahm der Kurfürst das Gut »Neuschwaig oder Neuherberg« und kümmerte sich nicht darum. Das Anwesen verkam zusehends. Ein Gutachten der kurfürstlichen Hofkammer von 1783 nennt Neuherberg abfällig eine »kalte Herberg«. »Kaltherberge« bezeichnete ein Gasthaus mit minderwertigem Komfort. Der Name blieb bis heute für eine benachbarte Siedlung in Milbertshofen erhalten. Die Kleinsiedlung Neuherberg (nicht zu verwechseln mit dem gleichnamigen Ortsteil von Oberschleißheim) entstand ab März 1934 auf städtischem Grund, zwei Jahre später zogen die ersten Bewohner ein. Lange blieb die Siedlung namenlos, weil man eine Verwechslung mit dem Ortsteil in Oberschleißheim fürchtete. Erst nach dem Krieg bekam sie offiziell den Namen Neuherberg.

Röck-Siedlung

Nördlich der Müllverwertungsanlage Großlappen wollte Georg Röck, Vertreter und ehemaliger Betriebsleiter des »Biohum-Werkes München-Großlappen«, ein Unternehmen für die Verwertung des in Großlappen anfallenden Klärschlammes für Düngungszwecke errichten. Die Stadt München verweigerte allerdings die Baugenehmigung. Röck verkaufte seine Grundstücke wieder an Siedler. Hier entstand an der Bundesstraße 11 eine wilde Siedlung, die den Namen des einstigen Landeigentümers bekam.

Siedlung Heidemannstraße

siehe Freimanner Heide

Studentenstadt Freimann (»StuSta«)

Angesichts stetig steigender Zahlen von immatrikulierten Studenten und parallel dazu immer teurer werdenden Unterkünften, entwickelte Eugen Wiberg, Rektor der LMU, die Idee für eine Studentenstadt und gründete den »Verein Studentenstadt München«. Am Rande des Englischen Gartens, Ecke Ungererstraße/Frankfurter Ring, stellte der Freistaat Bayern ein 8 ha großes Grundstück zur Verfügung. Den ausgeschriebenen Wettbewerb gewann Ernst Maria Lang mit dem Architekturbüro Lang und Pogadl im Jahr 1960. Ein Jahr später begannen die Bauarbeiten in vier Abschnitten, die sich bis 1975 hinzogen. Zunächst entstand die sogenannte Altstadt mit 627 Einzelzimmern in mehreren zwei- und dreistöckigen Häusern und zwei neunstöckigen Hochhäusern. Später kam die Neustadt mit ihren sieben- bis 21-stöckigen Häusern hinzu. Die StuSta verfügt heute über 2.478 Wohnplätze in 14 Häusern, eine Kinderkrippe sowie eine Mehrzweckhalle und ist die größte Studentensiedlung Deutschlands. Ihre Straßen sind nach Widerstandskämpfern der Weißen Rose benannt. Da sich der Wohnungsmarkt gerade für Studenten in München keineswegs entspannt hat, kamen 2001 Containergebäude mit neuen Unterkünften hinzu. 2005 entstand dann eine Versuchsanlage aus sieben »micro compact homes«, autarken Wohneinheiten auf 6,50 m^2 Grundfläche. Die Wohnanlage wird von Studenten in Zusammenarbeit mit dem Münchner Studentenwerk selbstverwaltet. Die StuSta veranstaltet seit mehreren Jahren das StuStaCulum, das größte studentische Theater- und Musikfestival Deutschlands.

Zum Selbst-Erkunden:

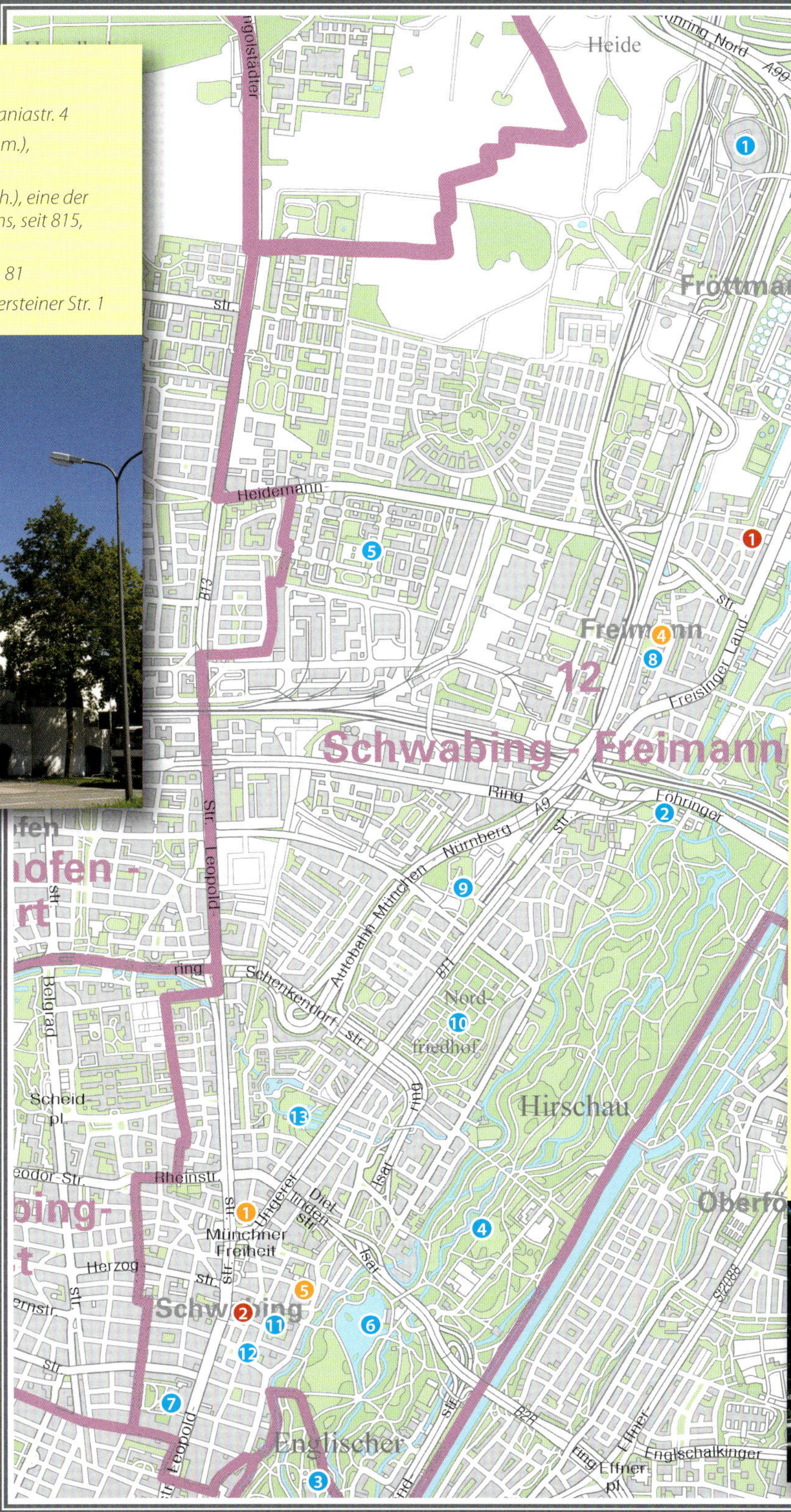

Gotteshäuser (Auswahl):

1. Erlöserkirche *(ev.), Germaniastr. 4*
2. Freimann-Moschee *(islam.), Wallnerstr. 1–5*
3. Heilig-Kreuz-Kirche *(kath.), eine der ältesten Kirchen Münchens, seit 815, Kurt-Landauer-Weg 8*
4. St. Albert *(kath.), Situlistr. 81*
5. St. Sylvester *(kath.), Biedersteiner Str. 1*

Museen:

1. Puppenmuseum, Sammlung Elisabeth von Massenbach, *Gondershauser Str. 37, Tel. 089/3228950**
2. Zählermuseum, *Franzstr. 9, Mi: 9–12 h, Tel. 089/38101361**

** nach telef. Vereinbarung*

Und sonst:

1. Allianz-Arena, *Werner-Heisenberg-Allee 25*
2. Aumeister, *Ausflugswirtschaft*
3. Chinesischer Turm, *Biergarten*
4. Englischer Garten
5. Euro-Industriepark
6. Kleinhesseloher See
7. Mensa der LMU, *Leopoldstr. 15*
8. Mohr-Villa, *Kulturzentrum, Situlistr. 75*
9. Neuer Friedhof der Israelitischen Kultusgemeinde
10. Nordfriedhof *(Abb.)*
11. Schloss Suresnes, *Werneckstr. 2*
12. Seidlvilla, *Nikolaiplatz 1*
13. Ungererbad, *Traubestr. 3*
14. Versunkenes Dorf, *Kunstinstallation von Timm Ulrichs*

Hirschau

12

BOGENHAUSEN

Adalpert war ein finsterer Räuber, der im finsteren Frühmittelalter die Gegend um München unsicher machte. Der Galgen wartete bereits auf ihn. Doch der Heilige Korbinian sah das Gute in dem Galgenvogel, setzte sich für ihn ein und erreichte die Begnadigung. Fortan folgte Adalpert dem Missionar sein Leben lang. Ein Leben, das in »pupinhusir« endete, wo Adalpert seine letzte Ruhe fand. So wurde Bogenhausen als Grab des Adalpert erstmals in der »Lebensbeschreibung des Hl. Korbinian« des Bischofs Arbeo von Freising in den Jahren 768/769 schriftlich erwähnt. Der Ort zählte damals zum Besitz des Freisinger Bischofs und dessen Kloster Schäftlarn und blieb es über Jahrhunderte. Die Bischöfe vergaben Lehen oder tauschten Höfe mit Adeligen. Das Gebiet um Bogenhausen war von ständigen Spannungen zwischen den Bischöfen, die ihre Machtposition halten und ausbauen wollten, und den bayrischen Herzögen, die ihrerseits den Einfluss der Bischöfe zurückdrängen wollten, geprägt. Der Streit endete erst, als Ludwig IV. – der spätere Kaiser Ludwig der Bayer – 1319 die Grafschaft Ismaning an Bischof Konrad III. den Sendlinger verkaufte und ihm volle Gerichtsbarkeit zugestand. Als Grenze zwischen dem Herzogtum und dem Hochstift Freising bestimmte man den Südrand des Prielwalds, womit Bogenhausen zum Grenzort zwischen zwei Herrschaftsbereichen wurde.

Das Dorf unterstand dem Landgericht Wolfratshausen, dessen Amtmann in Perlach saß. Bischof Konrad der Sendlinger versuchte dennoch seinen Einfluss in Bogenhausen auszubauen und förderte den Aufstieg Bogenhausens zum zentralen Pfarrdorf für den Münchner Osten. Zur Urpfarrei gehörten die Filialen in Giesing, Harthausen (Menterschwaige), Haidhausen, Gasteig, Trudering, Riem, Gronsdorf und Haar. Das Dorf selbst zählte mit rund 30 Anwesen eher zu den kleineren Ortschaften, etwas größer zwar als Ramersdorf, aber erheblich kleiner als zum Beispiel Perlach.

Die Bogenhauser Brücke heißt offiziell Max-Joseph-Brücke.

In der Zeit der Gegenreformation konnte sich die Bogenhausener Kirche über zahlreiche Stiftungen freuen. Doch der gewonnene Reichtum währte nicht lange. Im Dreißigjährigen Krieg zogen die Schweden unter ihrem König Gustav Adolf im Frühjahr 1632 über Bogenhausen und den Gasteig nach München. Die Soldaten plünderten die Bauernhöfe, raubten und vergewaltigten. Kurz zuvor hatte Bogenhausen schon durch den herzoglichen Beschluss, dass Giesing und die Au von der Bogenhauser Mutterpfarrei gelöst wurden, an Bedeutung verloren. Apropos Pfarrei: Im 18. Jh. erhielt Bogenhausen die beiden Bauten, die bis heute den historischen Ortskern Altbogenhausens ausmachen – den Pfarrhof und die Rokokokirche St. Georg. Der zugehörige Friedhof ist im 20. Jh. zum Prominentenfriedhof geworden. Von Liesl Karstadt über Oskar Maria Graf und Erich Kästner bis Rainer Werner Faßbinder fanden hier viele bedeutende Persönlichkeiten ihre letzte Ruhe. Entscheidenden Anteil am prunkvollen Neubau von St. Georg hatte August Graf von Törring-Jettenbach, der sich genau gegenüber der Kirche sein Schloss Neuberghausen hatte bauen lassen.

Erstnennung 768/769 als »Pupinhusir«
Namensbedeutung Haus/Häuser des Poapo/Pubo
Gemeindebildung 1818, mit Sternwarte, Priel, Brunnthal, Neuberghausen
Eingemeindung 01. Januar 1892
Lage alter Ortskern an der St.-Georgs-Kirche, Bogenhauser Kirchplatz 1

Schloss Neuberghausen und Schloss Stepperg veränderten Ortsbild, Rechtszugehörigkeit und soziales Gefüge in dem Bauerndorf. Die Eigentümer von Stepperg, seit 1640 Edelsitz, und Neuberghausen, seit 1740 Edelsitz, verfügten über die niedere Gerichtsbarkeit in ihrem Einflussgebiet und bauten ihre Anwesen zu äußerst repräsentablen Landsitzen mit üppigen, weitläufigen Gärten aus. Maximilian Graf von Montgelas, ab 1803 Herr über Stepperg, ließ extra die erste hölzerne Bogenhauser Brücke bauen, um schneller nach München zu kommen. Eine Brücke, die später für viel Streit sorgen sollte, denn niemand fühlte sich dafür zuständig, die Brücke zu unterhalten und zu richten, bis schließlich nach ewigem Geplänkel 1876 die neue steinerne Bogenhauser Brücke eröffnet wurde. Montgelas war es auch, der die Säkularisation vorantrieb und damit die Herrschaft des Hochstifts Freising im Münchner Osten beendete. Auf Stepperg ließ sich schließlich Herzog Max in Bayern nieder, dem das Villenviertel Herzogpark seinen Namen verdankt. Der Herzogpark war einst Teil von Stepperg. Hier bauten sich Ende des 19. Jh. die Reichen, Schönen und Mächtigen ihre Villen und gründeten so den Ruf Bogenhausens als vornehme Wohngegend.

Nach dem Ende der bischöflichen Herrschaft über das benachbarte Priel legten die Bogenhauser Bauern zusammen und ersteigerten einen Großteil des Prielwalds, den sie abholzten, um Ackerflächen zu gewinnen. Gleichzeitig entdeckten sie eine neue

Einnahmequelle. Schon lange bestanden im Weiler Priel und in der Einöde Steinhausen Ziegeleien, die dank der Bauwut der bayerischen Könige florierten. Die Bogenhauser pflügten fortan ihre Felder nicht mehr, sondern gruben sich unter die fruchtbare Erde hinunter zur gewinnträchtigen Lehmschicht. Der Münchner Stadtmaurermeister Joseph Höchl tat sich besonders eifrig hervor und kaufte Land im großen Stil auf, um es abzuziegeln. Es lohnte sich für Privatiers, reiche Witwen und Spekulanten in Bogenhauser Grund zu investieren. Aus Äckern wurde ein Industriegebiet mit Ziegeleien, Lehmgruben, Brennöfen mit qualmenden Schloten, Kiesgruben und Quetschwerken. Gearbeitet wurde von Sonnenaufgang bis Sonnenuntergang, nur im Winter ruhte die Ziegelproduktion wegen des gefrorenen Bodens. Als Mitte des 19. Jh. die einheimischen Arbeitskräfte nicht mehr ausreichten, zogen Saisonarbeiter aus Italien zu. Sie hausten oft unter erbärmlichsten Bedingungen, viele von ihnen waren noch Kinder.

Neben der Industrie bot Bogenhausen aber auch eine wissenschaftliche Attraktion: Die Sternwarte wurde östlich des Ortskerns auf einem kleinen Hügel errichtet und nahm 1819 ihre systematische Arbeit auf. Die Münchner Forscher verzeichneten hier bereits den Planeten Neptun ganz ohne internationalen Aufruhr in ihren Himmelskarten – zwei Jahre vor der offiziellen, sensationellen »Entdeckung« durch Johann Galle 1846. Und noch eine Entdeckung verdankt der Weltraum Bogenhausen: den kleinen Planeten »Monachia«. Das alte Sternwartegebäude wurde 1964 abgerissen, zwei Jahre später konnte der Neubau bezogen werden. Die Sternwarte ist Teil des Instituts für Astronomie und Astrophysik der LMU und nicht zu verwechseln mit der Volkssternwarte in Berg am Laim.

Der Friedensengel

Historische Bezirke
Bogenhausen
- Am Prielhof
- Arabellapark
- Atriumsiedlung Bogenhausen
- Brunnthal
- Herzogpark
- Neuberghausen
- Neue Südstadt
- Parkstadt Bogenhausen
- Priel
- Stepperg

Daglfing
- Selbsthilfesiedlung Daglfing

Denning
- Denninger Kolonie
- Obermaiersche Kolonie

Englschalking
- Cosimapark
- Fideliopark

Johanneskirchen
- Am Hierlbach
- Gartenstadt Johannes-kirchen
- Zahnbrechersiedlung

Oberföhring
- Grüntal
- St. Emmeram

Zamdorf
- Afrikasiedlung
- Reichskleinsiedlung Zamdorf
- Steinhausen
- Zamilapark

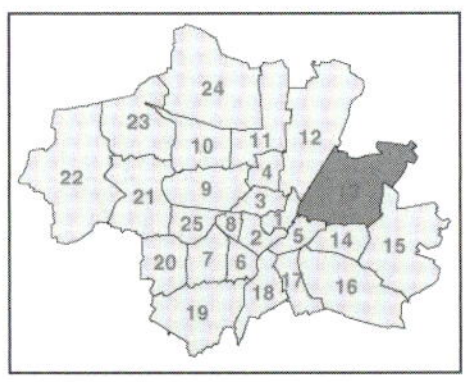

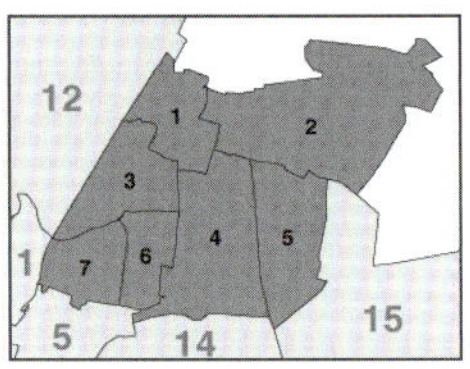

Offizielle Bezirksteile
1 Oberföhring
2 Johanneskirchen
3 Herzogpark
4 Englschalking
5 Daglfing
6 Parkstadt
7 Altbogenhausen

Prinzregententheater

Eine wichtige Einnahmequelle für die Gemeinde Bogenhausen war der Brückenzoll, der zum Überqueren der neuen Max-Joseph-Brücke entrichtet werden musste. Doch weil der Zoll so hoch war, blieben immer mehr Fuhrwerke und auch Spaziergänger aus, was besonders die Gast- und Ausflugswirtschaften zu spüren bekamen. Der Ort geriet in finanzielle Bedrängnis, fürchtete sich auch vor dem unkontrollierten Zuzug von Gastarbeitern und stellte daher den Antrag auf Eingemeindung. Die Lehmvorräte gingen zudem langsam zu Ende, die Ziegelbarone zogen weiter nach Oberföhring und Daglfing. Nach zähen Verhandlungen – München hatte zunächst kein Interesse an dem fernen Dorf – kam Bogenhausen mit seinen 1.570 Einwohnern im Jahr 1892 zu München. Dabei spielte das Dorf einen seiner Haupttrümpfe aus: die landschaftlich reizvolle Gegend am Isarhochufer, die sich hervorragend zur Erschließung eines Villenviertels eignete. So entstand zwischen Maria-Theresia- und Möhlstraße unmittelbar nach der Eingemeindung ein luxuriöses Wohngebiet für die verwöhnte Oberschicht. Innerhalb weniger Jahre änderte sich die Sozialstruktur radikal: War Bogenhausen bislang zu zwei Dritteln bevölkert von armen Lohnarbeitern, stellten bald die Vermögenden die Mehrheit im Viertel – woran sich bis heute nichts mehr geändert hat. Die Prominenten aufzuzählen, die hier leb(t)en, von Thomas Mann über Maria Schell bis Boris Becker, würden den Rahmen sprengen.

Der Ausbau des Viertels wurde systematisch vorangetrieben. Längst hatte man sich von der streng geometrischen Straßenführung früherer Vorstädte verabschiedet und plante mit kürzeren und gekrümmten Straßen, um einen gewachsenen Charakter vorzutäuschen. Mit dem 1901 eröffneten Prinzregententheater bekam Bogenhausen ein »geradezu frivol« (so ein Zeitgenosse) schönes kulturelles Zentrum. Ob Gründerzeit, Neubarock, Jugendstil, Neue Sachlichkeit oder Postmoderne – wer es sich leisten konnte, beschäftigte die besten Architekten seiner Zeit und hinterließ in Bogenhausen architektonische Spuren. Zu den heute viel besuchten Highlights zählt zweifelsohne die Villa Stuck an der Grenze zu Haidhausen, die sich der Maler Franz von Stuck Ende des 19. Jh. erbaute.

Das Bogenhauser Großbürgertum hatte schließlich auch einen entscheidenden Anteil an Hitlers Aufstieg. Der spätere Diktator fand Unterstützung in den Salons der konservativen Society und bezog später selbst eine Wohnung am Prinzregentenplatz, obwohl er ja offiziell das Bürgertum als dekadent verabscheute. Weil Bogenhausen bis auf die Togal-Werke keine nennenswerte Industrie hatte, blieb es von größeren Zerstörungen im Zweiten Weltkrieg weitgehend verschont. Unmittelbar nach Kriegsende richteten die Amerikaner in der Möhlstraße Anlaufstellen für aus den KZs befreite Juden und Displaced Persons (DPs) ein. In der Folge entwickelte sich die Möhlstraße zum Münchner Zentrum jüdischens Lebens. Die Straßenbahn dorthin nannte man im Volksmund »Palästinaexpress«. Überall entlang der Möhlstraße entstanden Behelfsbauten, in denen DPs einen von den Behörden geduldeten halblegalen Schwarzmarkt etablierten. Im Frühjahr 1949 gab es bereits 109 Schwarzmarktbuden und vier Cafés. Die Möhlstraße war der größte Schwarzmarkt Deutschlands.

Da dringend Wohnraum geschaffen werden musste, blieb auch das vornehme Bogenhausen nicht von großen Neubauprojekten verschont. Ab 1954 erstand die Parkstadt Bogenhausen, die erste Großwohnanlage Bayerns nach dem Krieg. Gute zehn Jahre später stampfte Bauunternehmer Schörghuber mit dem Neubaugebiet Arabellapark ein komplett neues Stadtviertel aus dem Boden. So stehen in Bogenhausen ganz unterschiedliche Wohn- und Lebensformen dicht nebeneinander. Vom guten Ruf Bogenhausens als Münchens vornehmste Adresse profitieren vor allem die Immobilienvermarkter, die alles zwischen Oberföhring und Zamdorf, was heute zum Stadtbezirk gehört, aber letztlich überhaupt nichts mit dem tatsächlichen alten Ort zu tun hat, als Bogenhausen bewerben können.

Am Prielhof Zwei Gehöfte namens »Prielhöfe« sind in der Gegend schon 1288 und 1304 belegt. Den Namen führte dann eine Straßenwirtschaft an der Ismaninger Hauptstraße (heute Oberföhringer Straße 42) weiter. Das Anwesen mit Ziegelei befand sich ab 1876 im Besitz der Familie von Johann Jakob Seidl. Dessen Erben teilten 1934 den Grund in Bauplätze und verkauften diese. Die ganze Siedlung, die hinter dem Gasthaus südlich der Odinstraße entstand, wurde »Einfamilienhaus-Anlage am Prielhof« getauft. Da man die neuen Straßen in Anlehnung an die altnordische Mythologie benannte (Normannen-, Frithjof-, Rudlieb-, Ortnit-, Asgard-, Odin- und Muspelheimstraße), stand auch der Name »Normannen-Siedlung« für die Villenkolonie aus Ein- und Zweifamilienhäusern zur Debatte. Die Siedlung ist nicht zu verwechseln mit der »Gartensiedlung Bogenhausen-Priel«. Das Wirtshaus selbst und den restlichen Grund erwarb die Firma Gabriel und Josef Sedlmayr, Spaten-Franziskaner-Leistbräu, im Jahr 1938 für 21.000 Mark. Die Wirtschaft wurde 1960 abgerissen.
mehr: siehe Priel

Arabellapark Viele Namen standen zur Debatte: »Richard-Strauss-Stadt«, »Neubogenhausen«, »Neue Parkstadt«, »Bogenhausen II« oder »Parkstadt Bogenhausen II«. Schließlich gab Bauunternehmer Josef Schörghuber dem Neubaugebiet einfach den Namen seiner Tochter Arabella. Da praktischerweise auch eine Straße, benannt nach einer Strauss-Oper, so hieß, konnte man den

Die Villen an der Maria-Theresia-Straße gehören ebenso zum Flair Alt-Bogenhausens wie die Kirche St. Georg.

Moderne Architektur wie das Hypo-Hochhaus (li.) dominiert den Arabellapark. Über dem Effnertunnel thront seit Anfang 2011 die Skulptur »Mae West« (re.).

Namen auch als Ehrung für den großen Münchner Komponisten deuten. Schörghuber hatte ab 1958 systematisch abgeziegelten, unbebauten Grund im Osten des Effnerplatzes aufgekauft. Sieben Jahre später begann sein Unternehmen, die Bayerische Hausbau, das 40 ha große Areal zwischen Richard-Strauss-Straße, Effnerplatz, Englschalkinger Straße, Vollmann- und Denninger Straße zu bebauen. Der Bebauungsplan sah einzeln stehende Hochhäuser inmitten großzügiger Grünanlagen, reine Fußgängerbereiche und eine Verzahnung von Wohnen und Arbeiten vor. Als erstes setzte Schörghuber ein Zeichen der Moderne in die Landschaft: das 23-stöckige Arabellahaus, eine Stadt in der Stadt mit Hotel, Wohnungen, Appartements, Privatklinik, Arztpraxen, Büros, Restaurants und einem Badeparadies im 22. Stock – heute noch Münchens höchstgelegener Wellnessbereich. Schörghuber plante ursprünglich auch ein Kongresszentrum mit Hotel (hier steht heute das Sheraton Hotel) sowie eine »Richard-Strauss-Konzerthalle« für 2.500 Zuhörer und ein Museum für Moderne Kunst. Die Projekte blieben unrealisiert. Nach dem ersten Boom vergab die Stadt zunächst keine weiteren Baugenehmigungen mehr. Ein neuer Bebauungsplan von 1976 sah vor, dass im Arabellapark rings um den Rosenkavalierplatz ein Stadtteilzentrum mit allen Einrichtungen, die auch ein altes, gewachsenes Viertel zu bieten hat, entstehen sollte. Die Umsetzung funktionierte, eine zweite intensive Bauphase setzte ein. 1981 bekam München eines seiner bekanntesten Wahrzeichen der Moderne: das 114 m hohe Hypo-Hochhaus mit seinen Prismentürmen. In den 1980er Jahren waren die Bauarbeiten am Arabellapark schließlich abgeschlossen. Seit Anfang 2011 ist der Arabellapark um eine spektakuläre Attraktion reicher. Die 52 m hohe Kohlenstofffaser-Skulptur »Mae West« der Künstlerin Rita McBride thront über dem Effnerplatz und greift sowohl das Rund des Kreisverkehrs als auch die Höhe der Arabella- und Hypo-Häuser auf.

Atriumsiedlung Bogenhausen

Die kleine, 1932 erbaute Atriumsiedlung liegt an der Ecke Delp-/Denninger Straße, östlich schließt das Proktologische Institut München Ost an. Wie der Name schon verrät, sind die ebenerdigen Häuser im römischen Atriumstil errichtet. Zwei Wohntrakte stoßen im rechten Winkel aneinander, die beiden anderen Seiten werden durch Mauern geschlossen.

Brunnthal

Badefreuden in und an der Isar haben eine lange Tradition. So gab eine Badequelle, die unmittelbar aus dem Isarhang von Bogenhausen hervorsprudelte, dem Gebiet den Namen, das am 3. November 1544 erstmals als »Pruntal« erwähnt wurde. Einst soll hier nach dem Dreißigjährigen Krieg ein Soldatenwaisenhaus gestanden haben. Die Münchner schätzten bereits im 17. Jh. den Wasserspaß im Brunnhaus im Tal. Für eine kleine Gebühr konnte man von 6 Uhr früh bis 22 Uhr baden und sich in einer zugehörigen Gastronomie auch innerlich erfrischen. Das Badehaus war ein herrschaftliches, schlossähnliches Anwesen mit 17 Zimmern, das Anfang des 19. Jh. einer gewissen Magdalena Dumenyl gehörte. Nach dem Tod der Besitzerin wurde das Dumenylsche Bad verkauft und ging ein Jahr später wieder in Betrieb. Obwohl sich Brunnthal regen Zulaufs erfreute, kam 1858 Schritt für Schritt das Ende. Im Zuge der Gestaltung der Maximiliansanlage wurde zunächst das Brunnhaus für die Wasserversorgung abgerissen. 1891 erteilte die Stadt letztmals eine Konzession für den Bade- und Heilanstaltsbetrieb. Ein Jahr später gemeindete München Brunnthal ein und ließ die Badeanstalt 1910 abbrechen. Auf dem Areal entstanden drei Villen im neoklassizistischen Stil, in denen noch bis nach dem Zweiten Weltkrieg eine Kneippkuranstalt existierte.

Gartenstadt Bogenhausen Priel

Ab 1934 wurde die Siedlung aus Einfamilien- und Doppelhäusern auf dem Gelände ehemaliger Ziegeleien errichtet. Weil sie an Cosimastraße, Wahnfriedallee und Lohengrinstraße grenzt, wird sie auch als »Richard-Wagner-Viertel« bezeichnet. Die Siedlung ist nicht zu verwechseln mit der Siedlung »Prielhof« oder «Am Prielhof«.
mehr: siehe Priel

Herzogpark

Besser geht's nicht: Kein anderes Stadtviertel in München ist eine exklusivere Wohnlage als Herzogpark im unteren Bogenhausen zwischen Max-Joseph-Brücke und dem Oberföhringer Stauwehr. Einst gehörte das 1,3 Mio. m² große Gebiet zum Schloss Stepperg des Grafen Maximilian von Montgelas, das oben auf der Hangkante lag. Nach der Isarregulierung und Trockenlegung der sumpfigen Isarauen konnte sich Montgelas hier 1805 von dem Gartenarchitekten Friedrich von Sckell einen herrschaftlichen Park anlegen lassen. Diesen Park kaufte später Herzog Max in Bayern, daher der Name Herzogpark. Die Wittelsbacher verloren schnell das Interesse an dem Gelände, der Park verwilderte. Schließlich verkaufte Herzog Karl Theodor in Bayern, der bekannte Münchner Augenarzt und Gründer der Augenklinik an der Nymphenburger Straße, im Jahr 1900 das riesige Areal für 4 Mio. Mark an die »Terrain-Aktiengesellschaft Herzogpark München-Gern«. Der Herzog benötigte das Geld dringend, da er für zwei Töchter eine enorme Aussteuer aufbringen musste; schließlich heirateten in jenem Jahr Tochter Elisabeth den belgischen König Albert I., und Tochter Marie den bayerischen Kronprinzen Rupprecht. Die Baugesellschaft parzellierte das Land und errichtete ein luxuriöses Villenquartier. Industrielle, Privatiers, prominente Wissenschaftler und Künstler – darunter Thomas Mann – zogen hierher. In den 1920ern und 1930ern erlebte der Herzogpark seine Glanzzeit als Treff der Reichen und Schönen. Das änderte sich radikal in der NS-Zeit mit der Vertreibung und Vernichtung jüdischer Familien. Im Zweiten Weltkrieg wurde der Herzogpark stark zerstört. So sind wenige alte Villen erhalten und nur ein paar Baum-Methusaleme haben bis heute überlebt. Die Lage zwischen Isarhang und Isar blieb und bleibt aber eine äußerst begehrte Wohnlage.

Musterbauten »Neue Südstadt«

siehe Neue Südstadt

Neuberghausen

Eine »Hofstatt auf dem Perg zu Pogenhausen« stand gegenüber der St. Georgskirche, wie es eine Chronik von 1652 zu berichten weiß. Es muss sich also schon damals um ein recht ansehnliches Gehöft gehandelt haben (heute: Maria-Theresia-Straße 35). Diese Hofstatt kaufte sich 1740 Hofkammerrat Caspar Georg von Lachenmayr, der bereits ein Gut in Berghausen bei Abensberg besaß. Kurfürst Karl Albrecht erhob noch im selben Jahr das Gut zum Edelsitz mit Niedergerichtsbarkeit unter dem Namen »Neuberghaußen«. Damit gab es rund 100 Jahre nach Schloss Stepperg einen zweiten Edelsitz in Bogenhausen. August Joseph Graf von Törring-Jettenbach erwarb den Besitz 1760 und ließ das Schloss von den bedeutenden Baumeistern Ignaz Anton Gunetzrhainer und François de Cuvilliés dem Älteren im Stil des Rokoko umbauen. Zudem förderte der Graf engagiert den Neu- bzw. Umbau von St. Georg zur prächtig ausgestatteten Rokokokirche. Im November 1808 verkaufte sein Sohn Joseph August das Schloss an Finanzminister Johann Wilhelm von Hompesch, das man fortan allgemein »Hompeschschlössl« nannte. Bei der Bildung der politischen Gemeinden 1818 kam Neuberghausen als Ortsteil zu Bogenhausen.

Die Witwe Lindner, bislang Wirtin des »Tivoli« im Lehel, erwarb 1827 das völlig heruntergekommene Schlössl, um darin die Ausflugsgaststätte »Neuberghausen« einzurichten. Das Wirtshaus wurde ein voller Erfolg. Rauschende Feste, Tanzabende und Kostümbälle zogen eine illustre Gesellschaft an. An lauen Tagen pilgerten die Ausflügler scharenweise vom Englischen Garten über die hölzerne Bogenhauser Brücke nach Neuberghausen – unter ihnen: Dichter Heinrich Heine. Nach einigen Besitzerwechseln

Die einstige Lauer-Villa in Neuberghausen.

kaufte schließlich König Maximilian II. den Eigentümern Franz und Anna Wagenpfeil 1857 erst die Gartenanlage und fünf Jahre später den restlichen Grund mit Gebäude ab. Max II. benötigte Bauplatz für einen Neubau, der die Maximiliansanlagen abschließen sollte. Er verfügte den Abriss des Rokoko-Schlösschens, an dessen Stelle die neugotische »Königliche Versorgungsanstalt für Beamtentöchter« erbaut wurde. Die »Schankrechtsame«, also die Erlaubnis zur Führung eine Gastwirtschaft, übertrug man auf den gegenüberliegenden »Rappelhof«, Neuberghauser Straße 11. Nach dem Abriss des Hofs errichtete man eine neue Gaststätte mit dem Namen »Gasthaus Neuberghausen«. Auch sie überlebte nicht lange, sie musste 1913 der Villa des Kunstmalers Friedrich Lauer weichen. Die »Lauer-Villa« diente als Messehaus für eine »Edel-Messe«, als Verbindungshaus für die Burschenschaft Svuebia, nach dem Zweiten Weltkrieg dann als Synagoge und Fachhochschule, bis 1993 die Städtische Sing- und Musikschule und eine Kindertagesstätte einzogen. Inzwischen ist die Villa nach historischem Vorbild aufwändig renoviert.

Neue Südstadt

Wohnungsnot in München ist kein neues Phänomen. Schon im 19. Jh. wurden ganze Stadtteile auf der grünen Wiese aus dem Boden gestampft. Während der Nazizeit verschärfte sich die Lage auf dem Wohnungsmarkt weiter, da Hitlers irrsinnige Monumentalbauideen den Abriss ganzer Wohngebiete nach sich ziehen mussten. Um neuen Wohnraum zu schaffen, plante man 14.500 Wohneinheiten in gigantischen Mietskasernen in sechs neuen, nationalsozialistischen Trabantenstädten, die auf die schönen Namen »Wallgau«, »Inn«, »Chiemgau«, »Salzach«, »Alpenland« und »Hochland« getauft werden sollten. Ausgehend von einem noch zu bauenden neuen Gauzentrum am Gasteig sollten die Siedlungen entlang der zur schnurgeraden Ausfall- und Aufmarschachse ausgebauten Rosenheimer Straße bis nach Ramersdorf entstehen. Dafür hätten weite Teile Haidhausens und Bogenhausens platt gemacht werden müssen. Die Häuser inklusive der kompletten Einrichtung waren standardisiert. Die Planungen sahen an den Ecken der Wohnblöcke Hochbunker vor, die zum Teil direkt von den Wohnungen aus erreichbar waren. Letztlich blieb es bei der Planung für die Südstadt, nur einige Musterbauten nach Plänen von Fritz Norkauer wurden zwischen 1938 und 1944 in Bogenhausen entlang der Prinzregentenstraße (Hausnummern 99 bis 111) als »Neue Südstadt« fertiggestellt. Bekannt wurde die Anlage vor allem durch den in einem der Hochbunker beheimateten Ausstellungsraum »Kunstbunker Tumulka«.

Parkstadt Bogenhausen

Einst hatte Adolf Hitler sich das Land zwischen Schreberweg, Richard-Strauss-, Stuntz- und Gotthelfstraße reserviert, um hier seinen Alterssitz zu bauen. Doch auf dem » Führergelände« in Bogenhausen bauten stattdessen nach dem Zweiten Weltkrieg die Gemeinnützige Wohnstättengesellschaft Hamburg 1910 (Gewog) und die Südhausbau GmbH gemeinsam die erste Großwohnanlage Bayerns. Die Gewog errichtete die Mietshäuser, die Südhausbau die 135 Eigenheime. Die Gesamtplanung lag in den Händen des Architekten Franz Ruf, die Häuser wurden von mehreren Architekten wie Sep Ruf, Johannes Ludwig, Helmut von Werz, Johann Christoph Ottow sowie Hans Knapp-Schachleiter entworfen. Gartenarchitekt Alfred Reich plante die Grünanlage. Münchens Oberbürgermeister Thomas Wimmer übernahm die Grundsteinlegung am 11. November 1954. Knapp 2.000 Wohneinheiten für 6.000 Bewohner entstanden innerhalb von nur zwei Jahren in unterschiedlichen Haustypen – darunter drei 12-geschossige und zwei 15-geschossige Hochhäuser sowie Mehrfamilienhäuser mit acht bis vier Geschossen und eine Reihenhaus-Siedlung. Trotz verschiedener Haustypen und mehrerer Architekten gelang durch die Normierung von Details eine optische Einheit. Mitten in der Parkstadt wurde 1957 die Stuntz-Schule, eine Grund- und später auch Hauptschule, errichtet. 1960 weihte Kardinal Wendel die neue katholische Kirche St. Johann von Capistran an der Gotthelfstraße, ein Jahr später öffnete die evangelische Nazarethkirche in der Hörselbergstraße ihre Türen.

1967 übernahm die Neue Heimat Bayern die Parkstadt Bogenhausen. Das »Große Ladenzentrum« und die Parkgaststätte von Franz Ruf sind seit 1996 denkmalgeschützt, die gesamte Anlage steht unter Ensembleschutz.

Im südlichen Anschluss an die Parkstadt Bogenhausen befinden sich die sogenannten Fries-Häuser, die Architekt Sep Ruf für den Bauunternehmer Fries & Co. zwischen 1955 und 1957 errichtete. Die Anlage sollte ein Musterbeispiel für den Nachkriegssiedlungsbau sein, fand aber wenig Begeisterung – wie auch das andere Projekt, das Ruf für Fries verwirklichte: die heftig umstrittene Neue Maxburg am Lenbachplatz. Die Fries-Häuser

St. Johann von Capistran

13

bestanden aus einem langen, siebengeschossigen Wohnblock, zwei Ladenpavillons an der Richard-Strauss-Straße und einem neungeschossigen Wohnhaus im Süden. 1993 riss man die Ladenpavillons ab, an ihrer Stelle errichtete man das extravagante, keilförmige »Trianon«-Büro- und Geschäftshaus nach den Plänen von Stephan Braunfels.

Priel Seit Urzeiten trennte der lichte Prielwald oberhalb des Herzogparks auf dem Isarhochufer die Einflussbereiche der Bischöfe von Freising und der bayrischen Kurfürsten. Immer wieder versuchten die bayrischen Herzöge, den lehmreichen Priel einzutauschen – vergeblich, das Gebiet blieb bei Freising. Münchner Jäger wilderten dafür ausgiebig im bischöflichen Revier, was zu jahrhundertelang schwelenden Zwistigkeiten führte. Das Gebiet war äußerst dünn besiedelt, nur zwei Höfe mit dem Namen Prielhöfe (»Prvelhoef«) sind schon 1288 bzw. 1304 belegt. Unter »Prül« bzw. Priel verstand man eine mit Buschwerk bewachsene Wiese, oder auch einen Tiergarten/ein Wildgehege. Kurfürst Max Emanuel ließ 1715/16 in einem kleinen Weiler bei Priel dann die erste Ziegelei des Münchner Nordostens errichten. Sie produzierte die Ziegelsteine zum Bau der Schlösser in Schleißheim und Nymphenburg. Zu den Baustellen transportierte man die Steine über einen Kanal, der etwa da begann, wo heute der Brunnbach fließt. Der Kanal ist heute noch nördlich von Freimann und südlich von Garching zu sehen.

Mit der Säkularisation wurde 1803 das Hochstift Freising verweltlicht und seine Besitztümer veräußert, so auch der Prielwald, den man versteigerte und anschließend schnell abholzte. Nun begann der Lehmabbau im großen Stil, besonders vorangetrieben vom Stadtmaurermeister Joseph Höchl. Bestand der Weiler Priel bisher nur aus zwei Häusern und einer Ziegelei, gab es bald fünf Ziegeleien mit Trockenstadeln, Öfen und Wohnhäusern. Eines der Anwesen gehörte dem Münchner Architekturmaler Anton Höchl, der das vom Vater geerbte Haus zur Künstlervilla ausbaute, wo auch Herzog Max in Bayern gern verkehrte. Heute gehört das Höchlanwesen der Stadt München, die auf dem Gelände 1982 das Krankenhaus Bogenhausen errichtete. Die Künstlervilla ist allerdings noch erhalten. Sie heißt im Volksmund »Höchlschlössl« und gab der nahen Kleingartenanlage »Schlösslgarten« den Namen.

In den 1930er Jahren gingen die Lehmvorräte in Priel zu Ende, die Ziegeleien zogen weiter nach Norden und hinterließen eine verwüstete Mondlandschaft. An der Stelle der mittelalterlichen Prielhöfe entstanden in den 1930er Jahren die Villenkolonie »Am Prielhof« und nördlich anschließend die »Gartenstadt Bogenhausen-Priel«. An den Lehmabbau erinnern heute noch die tiefliegenden Gärten entlang der Oberföhringer Straße. 1955 verschwand selbst die Straßenbezeichnung: aus »Am Priel« wurde die Oberföhringer Straße.

Stepperg Der Münchner Bürgermeister Georg Schobinger suchte ein neues Domizil. Sein Auge fiel auf den Zaichingerhof, der seit dem 15. Jh. dem Hochstift Freising gehörte. Schobinger erwarb 1630 einen Teil des Anwesens, das auf Höhe des heutigen Herkomerplatzes lag. Da Schobinger bereits in Stettberg bei Pfaffenhofen eine Hofmark mit niederer Gerichtsbarkeit besaß, bat er den Herzog darum, die Stettberger Hofmark auf den Bogenhausener Besitz zu übertragen. 1640 genehmigte der Herzog

Wo einst Schloss Stepperg stand, residiert heute der Bundesfinanzhof.

die Errichtung eines »Edelsitzes«. Schobinger übertrug nicht nur die Hofmark, sondern auch den Namen auf sein neues Anwesen (Stettberg bzw. Stepperg), und er baute es zu einem Schloss aus. Seine Erben verkauften das Schloss, das nach mehreren Besitzerwechseln der Staatsminister Maximilian von Montgelas im Jahr 1803 erwarb. Montgelas nutzte das Schloss, das er »Gartenhaus Bogenhausen« nannte, als Sommerresidenz. Zwei Jahre später wurde hier Geschichte geschrieben: Im »Bogenhauser Geheimvertrag« besiegelten Bayern und Frankreich ihre Allianz gegen Österreich und Russland, und Kurfürst Max IV. Joseph erhielt die Königswürde. Im gleichen Jahr ließ Montgelas unterhalb des Schlosses auf einem riesigen Areal einen Landschaftspark anlegen (*siehe Herzogpark*). Der Graf lebte bis zu seinem Tod auf Stepperg. 1839 verkaufte sein Sohn das Anwesen samt Park an Herzog Max in Bayern. Dessen Sohn Karl Theodor veräußerte den Besitz im Jahr 1900 als Bauerwartungsland an die »Terrain-Aktiengesellschaft Herzogpark München-Gern«. Im Park entstand die Villensiedlung Herzogpark. Den einstigen Edelsitz Stepperg erwarb der Kunstmaler und Fabrikant Ernst Philipp Fleischer, der das Schloss abreißen und sich eine Künstlervilla erbauen ließ. In die »Fleischervilla« zog erst der Reichsfinanzhof und nach dem Zweiten Weltkrieg der Bundesfinanzhof. Eine bronzene Tafel an der Parkmauer des Bundesfinanzhofes erinnert bis heute an die große Zeit Steppergs: »Hier am Edelsitz Stepperg zu Bogenhausen haben sie [Sckell und Montgelas] Staatskunst und Gartenkunst glücklich verbunden«, lautet die Inschrift.

DAGLFING

Seelenheil durch großzügige Schenkungen erkaufen, war im frühen Mittelalter gängige Praxis. Viele Ortschaften verdanken solchen Schenkungen ihre erste urkundliche Erwähnung. So auch Daglfing. Der Edelmann Ratolt überließ am 10. Dezember 839 sein Gut samt den zugehörigen unfreien Bauern dem Hochstift zu Freising. Ratolts Sohn Chunihoh, der als Bischof im Ausland lebte, ging wenige Jahre später noch weiter und vermachte der Kirche sein komplettes Erbe. Darunter war auch eine kleine Basilika. Damals bemühte sich Freising sein Einflussgebiet im Münchner Osten auszubauen und bekam schließlich Hilfe von

Die Ursprünge der Kirche St. Philippus und Jakobus in Daglfing gehen bis ins 9. Jh. zurück.

13

Die Trabrennbahn machte Daglfing zu einem Pferdezentrum.

höchster Stelle: Kaiser Ludwig der Bayer verkaufte 1319 Daglfing zusammen mit Ismaning, Ober- und Unterföhring und Englschalking an Freising. Der Bischof erhielt die volle Gerichtsbarkeit, die Orte wurden zur Grafschaft Ismaning zusammengefasst. Im Jahr 1424 bekam die kleine Dorfkirche, die bislang den »Vier Gekrönten« geweiht war, neue Patrone: die Apostel Philippus und Jakobus. Die heutige Kirche St. Philipp und Jakobus stammt aus dem Jahr 1724.

Mitte des 16. Jh. zählte man in Daglfing fünf ganze Höfe sowie mehrere kleine Anwesen. Neben Bauern gab es im Dorf auch einen Schmied und einen Weber. Im Dreißigjährigen Krieg erlitt Daglfing das gleiche Schicksal wie die anderen Orte um München, fast alle Höfe wurden von den durchziehenden Schweden zerstört. Auch die große Pest von 1643 forderte zahlreiche Opfer. Obwohl sich der Bischof von Freising während der napoleonischen Kriege neutral verhielt, konnte er nicht verhindern, dass die Grafschaft Ismaning von französischen Truppen schwer in Mitleidenschaft genommen wurde.

stnennung 10. Dezember 839 als »ad Tagolfingas«
amensbedeutung Siedlung des Tagolf/Thachulf
emeindebildung 1818 selbständige Gemeinde; ab 20 mit Denning, Englschalking, Johanneskirchen, mdorf und Steinhausen; Zamdorf kam mit Steinusen 1875 zu Berg am Laim
ngemeindung 01. Januar 1930
ge alter Ortskern um die Kirche St. Philipp und ob, Kohlbrennerstraße 21

Daglfing blieb über Jahrhunderte ein kleiner Ort mit wenigen Bauten. Mit der Säkularisation verlor Freising seine Ländereien an den Staat. Daglfing, das gerade mal 76 Einwohner zählte, gewann 1820 als politische Gemeinde etwas an Bedeutung. Fortan gehörten die Orte Denning, Englschalking, Johanneskirchen, Zamdorf und Steinhausen zu Daglfing. Über die Zwangsehe war kaum jemand glücklich. Jeder Ort versuchte eine Umgemeindung zu erreichen. Einzig Zamdorf war nach jahrzehntelangem Kampf damit erfolgreich und kam zu Berg am Laim.

Tiefe Einschnitte im wahrsten Sinne des Wortes kamen für die Daglfinger Ortsteile Mitte des 19. Jh. Die Ziegeleien fraßen sich von Bogenhausen und Priel her durch die Lehmvorkommen im Münchner Osten. Überall schossen Ziegeleien, Trockenstadel und Brennöfen mit rauchenden Schloten aus dem Boden. Münchens Bauwirtschaft boomte, neue Stadtviertel wie die Maxvorstadt entstanden, neue große Kirchen wie Mariahilf in der Au oder Heiligkreuz in Giesing wurden geplant – es bestand ein enormer Bedarf an Baumaterial. Nicht nur professionelle Ziegler, auch Bauern profitierten davon. Selbst der Bogenhausener Pfarrer versuchte eine Ziegelei aufzuziehen und mitzuverdienen. Nur Daglfing selbst blieb außen vor – es lag nicht mehr auf der Lehmzunge. Noch um 1900 zählte man in Daglfing gerade mal 23 Wohnhäuser. Die goldene Zeit der »Loambarone«, wie man die Ziegeleibesitzer nannte, in Dagflings Ortsteilen dauerte ungefähr zwei Generationen von 1860 bis 1920. Rund dreißig Betriebe machten ihre Besitzer reich, zogen zahllose italienische Saisonarbeiter an und hinterließen, nachdem die Lehmvorkommen erschöpft bzw. abgeziegelt waren, eine verwüstete Landschaft. Aus Ziegelland wurden nun erst Kiesgruben, dann Bauland. Auch viele Gärtnereien und Tierzuchtbetriebe, vor allem Schweinemästereien, siedelten sich an.

Der Alte Kernhof von 1612 ist das älteste erhaltene Anwesen Dennings.

Schließlich bekam Daglfing doch noch ein Stück vom großen Kuchen ab: Die Trabrennbahn zog von Laim nach Daglfing. Der Münchner Trabrenn- und Zuchtverein kaufte das Gelände und eröffnete am 26. Oktober 1902 die Rennbahn, die zunächst noch Trabrennbahn Zamdorf hieß. Während der Münchner Räterepublik 1919 besetzten Spartakisten das Gelände, da Pferdesport eine klassische Adels- und Bourgoisie-Domäne und damit absolut konterrevolutionär war. Die Trabrennbahn entwickelte sich zum wichtigsten Wirtschaftsfaktor, gemeinsam mit dem benachbarten Riem und seiner Galopprennbahn entstand ein wichtiges Pferdesportzentrum. In den 1920er Jahren fanden auch Auto-, Motorrad- und sogar Windhunderennen statt. Im Dritten Reich förderte das Regime den Pferdesport, der internationale Trabrennpreis »Silbernes Pferd von Deutschland« zog Publikum aus aller Welt an. Nach dem Zweiten Weltkrieg erlebte die Trabrennbahn eine Renaissance, neue Tribünen wurden erbaut. Die großen Zeiten endeten dann aber in den 1980er Jahren, die Rennbahn bekam finanzielle Probleme und wurde 2005 an eine Firmengruppe verkauft. Aktuell gibt es Pläne, den Rennbetrieb nach Maisach zu verlagern.

1909 bekam die Trabrennbahn eine eigene Eisenbahnhaltestelle, zu der Sonderzüge an Renntagen das wettbegeisterte Publikum karrten. Im gleichen Jahr eröffnete eine Lokalbahn, die vom Ostbahnhof über Zamdorf, Daglfing, Johanneskirchen und Unterföhring nach Ismaning fuhr. Weil der Zug die Krautbauern in Ismaning mit der Stadt verband, nannte man ihn den »Krautexpress«. Für die Ziegeleien im Osten und Torfstecher im Erdinger Moos wurde der Zug zum wichtigsten Transportmittel. Dank der Bahn siedelten sich in den 1920er Jahren verstärkt Industrieunternehmen in Daglfing und seinen Ortsteilen an. In dieser Zeit strebte Daglfing vehement eine Eingemeindung nach München an. Schon 1910 hatte es den ersten Antrag zur »bedingungslosen« Einverleibung gegeben. München hielt sich lange bedeckt und nahm Daglfing mit seinen rund 150 Anwesen erst im Januar 1930 auf. Es musste eine Menge investiert werden: Daglfing und seine Ortsteile hatten weder Gas- und Wasserversorgung, noch Kanalisation oder gar Müllabfuhr. Bis in die 1960er füllten die Daglfinger die alten Lehm- und Kiesgruben mit ihrem Müll auf.

Bereits vor der Eingemeindung hatte eine rege Siedlungstätigkeit in allen Ortsteilen Daglfings begonnen, die unter den Nationalsozialisten forciert wurde. Besonders sozial schwachen Familien sollte ein günstiges Heim ermöglicht werden. Ein kleines Häuschen im Garten galt als Idealvorstellung vom nationalsozialistischen Wohnen. Teilweise entstanden wilde Siedlungen im Daglfinger Moos – Hauptsache ein Dach überm Kopf im Grünen. Trotz immer dichterer Bebauung, die Einwohnerzahl verzehnfachte sich von 3.878 im Jahr 1933 auf 35.362 im Jahr 2001, ist Daglfing mit seinen Ortsteilen immer noch grün und ein für Münchner Verhältnisse dünn besiedeltes Viertel.

Selbsthilfesiedlung Daglfing

Angesichts der horrenden Mieten und für Normalverdiener schier unbezahlbaren Baulandpreise hatten die Mitarbeiter der Berufsfeuerwehr München als erste die Idee für ein Selbsthilfebauprojekt. Doch die Stadt zeigte sich reserviert. Warum nur den Feuerwehrlern günstiges Bauland für ein solches Pilotprojekt zur Verfügung stellen? Schließlich einigte man sich darauf, dass alle städtischen Mitarbeiter ein Anrecht darauf haben, die Förderung zu erhalten und in einer Selbsthilfesiedlung zu bauen. 1979 wurde das Bebauungsplanverfahren für die Kolonie in Daglfing westlich der Schichtlstraße eingeleitet. 1983/84 entstanden unter Betreuung der Aufbau Bayern GmbH 152 Eigenheime zum Teil als Reihenhäuser, zum Teil als Einzelhäuser. Zu den reinen Baukosten musste jeder Bauherr zusätzlich Selbsthilfe in Wert von 32.000 DM beitragen.

DENNING

Eigentlich ist Denning eine Römersiedlung. Bei Bauarbeiten zur neuen Obermaier'schen Siedlung fand man 1928/29 beim Platz Zur Deutschen Einheit die Überreste eines stattlichen römischen Gutshofes mit großem Badehaus aus dem 2. Jh. n. Chr. Denning muss bis ins 4. Jh. von Römern besiedelt gewesen sein, dann verlieren sich die Spuren. Der kleine Weiler tauchte dann erst vergleichsweise spät und nur sehr spärlich wieder in den Urkunden auf. Um das Jahr 1200 ist ein »Tenningen« erwähnt, das zum Landgericht Wolfratshausen gehörte und dem Amtmann von Perlach unterstand. Erst 1612 gab es in einem Steuerbuch wieder Kunde von Denning, das damals aus vier Höfen und einer Kapelle bestand, die alle verschiedenen Grundherren gehörten, darunter dem Jesuitenkolleg in München und dem Kloster Ettal. Die Anzahl der Höfe blieb bis ins 19. Jh. gleich, auch wenn die Besitzer wechselten. Dabei bot der fruchtbare Boden auf der dicken Lehmschicht beste Voraussetzungen für reiche Ernten. Die kirchlichen Güter fielen mit der Säkularisation dem Staat zu. Denning wurde bei der Bildung der politischen Gemeinden kurz ein Teil Zamdorfs, dann ein Teil Daglfings. Es änderte sich wenig, zwischen 1800 und 1900 verdoppelte sich die Zahl der Anwesen gerade mal auf acht. Dann aber wurde sich Denning seines Bodenschatzes bewusst: Lehm. In München wurde um die Jahrhundertwende gebaut wie verrückt und die Bauern begannen, den Lehm abzubauen. Ziegeleien mit Brennöfen und Trockenstadeln entstanden auf dem Ackerland. Dazu kamen einfachste Arbeiterwohnungen für die italienischen Saisonarbeiter.

stnennung um 1200 als »Tenningen«
amensbedeutung Siedlung des Tenno
emeindebildung 1818 als Teil der Gemeinde Zamorf; 1820 Teil der Gemeinde Daglfing
ngemeindung 01. Dezember 1930
ge entlang der Ostpreußenstraße

Die evangelische Immanuelkirche in Denning.

Denning mit seinen damals 64 Einwohnern versuchte 1873, sich von Daglfing zu lösen und Teil der Gemeinde Bogenhausen zu werden, was das zuständige Bezirksamt aber ablehnte. Auch bei der Eingemeindung nach München zeigten sich die Denninger bockig. Während die Muttergemeinde Daglfing bereits zum Januar 1930 Teil Münchens wurde, sträubte sich Denning ein paar Monate, bevor es im Dezember desselben Jahres dann doch geschluckt wurde.

Von den alten Bauernhöfen überlebte nur der Alte Kernhof, Denninger Straße 235. Selbst die Schutzheiligenkapelle St. Georg von 1650, die im Zweiten Weltkrieg schwere Bombenschäden davontrug, fiel in den 1950er Jahren der Abrissbirne zum Opfer. Denning entwickelte sich – und blieb bis heute – eine beliebte Wohngegend im Münchner Osten mit viel Grün. Zentrale Schlagader ist die Ostpreußenstraße mit ihren Geschäften und Gaststätten. An die große Zeit der Ziegeleien und Kiesgruben erinnert mittlerweile nichts mehr.

Denninger Kolonie

Westlich der Ostpreußenstraße besaß Christian Kern ein riesiges ehemaliges Ziegeleigelände. Er ließ 1925/26 einzelne Grundstücke zwischen Denninger und Memeler Straße parzellieren und verkaufte sie an Siedler. Die Käufer mussten die Erschließungsstraßen zwischen ihren Grundstücken selbst anlegen und dazu Kies von ihrem Land zur Verfügung stellen. Zunächst baute man sich bescheidene Behausungen, meist nur kleine Holzhütten. Erst nach dem Zweiten Weltkrieg entstanden bessere Häuser und Villen. Für die Straßennamen standen – ebenso wie die der Obermaierschen Kolonie östlich der Ostpreußenstraße – Städte in Polen, Pommern und Litauen (West- und Ostpreußen) Pate.

Ein rund 30 ha großes Gebiet im südlichen Teil der Kolonie (nördlich der Stargrader Straße) erwarb im Jahr 1921 die Bayerische Siedlungs- und Landesbank, die die Fläche parzellierte und weiterverkaufte.

Obermaiersche Kolonie Bauunternehmer Leonhard Obermaier plante ein Neubaugebiet auf seinem Grund, einem ehemaligen Ziegeleigelände. Er parzellierte 1925 die öden Wiesen und verkaufte die rund 900 m^2 großen Grundstücke an Siedler. Für die Erschließungsstraßen mussten die Käufer wieder Land abgeben und zum Aufschütten der Straßen außerdem Kies von ihren Grundstücken bereitstellen. Bei den Aushubarbeiten dann die Sensation: Nördlich des Platzes Zur Deutschen Einheit fand man die Reste eines stattlichen römischen Gutshofs aus dem 2. Jh. n. Chr. Die Obermaiersche Kolonie erstreckt sich östlich der Ostpreußenstraße, rund um den Platz Zur Deutschen Einheit, bis zur Marienburger Straße und zum Daglfinger Bahnhof. Die Straßen wurden wie in der Denninger Kolonie nach Städten aus Polen, Pommern und Litauen (West- und Ostpreußen) benannt.

ENGLSCHALKING

Das versunkene Dorf an der S-Bahnlinie«, titelte im Mai 1983 die Süddeutsche Zeitung über einen Fund an der Ecke Stegmühl-/Rambaldistraße in Englschalking. Dort hatte man durch Luftbildaufnahmen endsteinzeitliche und frühbronzezeitliche Gräberfelder entdeckt, dazu noch die Reste des wohl größten bisher gefundenen altbajuwarischen Dorfs. Was allerdings in der grauen Vorzeit in Englschalking passierte, ob das Gebiet überhaupt dauerhaft bewohnt war, lässt sich nur spekulieren. Die Endung auf -ing deutet jedenfalls auf eine alte Siedlung hin. Erstmals wurde »Engelschalchingen« zwischen 1231 und 1234 urkundlich erwähnt. Der Weiler war ein typisches Haufendorf, bestehend aus zwei Höfen, drei Huben und einem Hirtenlehen (Dienstgut des Gemeindehirten). 1319 fasste Kaiser Ludwig der Bayer Englschalking gemeinsam mit den Nachbarorten zur Grafschaft Ismaning zusammen und verkaufte alles an den Bischof von Freising. Kurz danach begann der Bau der frühgotischen St. Nikolauskirche. Englschalking wurde im Dreißigjährigen Krieg beinahe komplett zerstört und danach von den Freisinger Grundherrn wieder aufgebaut.

Im alten Englschalkinger Ortskern mit dem Maibaum finden sich alte Höfe und die Kirche St. Nikolaus aus dem 14. Jh.

Weil das Dorf abseits der großen Verkehrswege lag, wuchs es nicht wesentlich. Im Jahr 1800 zählte man in Englschalking neun Anwesen. Kurz danach verlor der Freisinger Bischof seine Besitzungen, Englschalking fiel an den bayrischen Staat und wurde 1818 mit seinen 49 Bewohnern Teil der Gemeinde Daglfing. Einen Aufschwung erlebte der Ort ab Mitte der 1880er Jahre, als der Lehmabbau im großen Stil begann und sich Ziegeleien ansiedelten. Wie in den Nachbardörfern kamen immer mehr italienische Saisonarbeiter nach Englschalking und benötigten Unterkünfte. Um 1900 war der Ort auf 24 Anwesen gewachsen. Englschalking entwickelte sich Dank seiner zentralen Lage zum wichtigsten Ort der Gemeinde Daglfing mit der Englschalkinger Straße als Hauptverkehrsader und der Gemeindeschule. Wobei »wichtigster Ort« noch relativ zu sehen ist, denn bei der Eingemeindung 1930 zählte man 40 Anwesen. Bis heute hat sich Englschalking seinen alten Dorfkern mit dem Kirchlein St. Nikolaus und dem Maibaum im Wesentlichen erhalten können. Ringsherum entstanden in den 1960ern die großen Neubaugebiete Cosima- und Fideliopark.

Erstnennung 1231/1234 als »Engelschalchingen«
Namensbedeutung Siedlung des Engelschalch, was »strenger Knecht« bedeutet
Gemeindebildung 1818 selbständige Gemeinde, 1820 Teil der Gemeinde Daglfing
Eingemeindung 01. Januar 1930
Lage alter Ortskern um die Kirche St. Nikolaus, Flaschenträgerstraße 1

Cosimapark

Auf Brachland zwischen Cosima- und Englschalkinger Straße begann die Münchner Grund GmbH & Co. KG 1963 mit dem Bau eines Wohnquartiers nach Plänen des Architekturbüros Ernst Barth. Der Name war schnell gefunden: Cosimapark, nach der Cosimastraße, die nach der Gattin Richard Wagners benannt worden war. Auf dem Grundstück von 11,1 ha entstanden 1.650 Miet- und Eigentumswohnungen in 13 Punkt- und Atriumshäusern, die zwischen vier und 18 Stockwerken hoch sind. Die Punkthäuser verfügen über rundum laufende Balkonbänder. Um dem »Park« in Cosimapark gerecht zu werden, gestaltete Gartenarchitekt Gottfried Hansjakob großzügige Grünanlagen zwischen den Gebäuden. Zudem baute man ein Privatkrankenhaus, ein Bürogebäude, zwei Ladenzentren, Tiefgaragen mit ca. 700 Stellplätzen und eine Tankstelle. Für das Gebäude Stolzingstraße 21 erhielt Barth 1968 den Ehrenpreis für Wohnungsbau.

Fideliopark

Wenige Ziegeleien im Münchner Osten überlebten die Zeit nach dem Ersten Weltkrieg. Noch weniger gab es nach dem Zweiten Weltkrieg. Eine seltene Ausnahme bildete die 1864 gegründete Ziegelei des »Loambarons« Hartl. Sie ging 1926 in den Besitz Karl Ellwangers über und blieb bis ins Jahr 1960 in Betrieb. Hier wurden 11 bis 15 Mio. Ziegelsteine jährlich produziert. Doch schließlich kam auch das Aus für dieses Traditionsunternehmen. Im Mai 1966 begannen die Bauarbeiten zu der Großwohnanlage Fideliopark, die sich von der Fideliostraße im Norden entlang der Freischützstraße bis zur Englschalkinger Straße im Süden erstreckt. Der Bauträger Neue Heimat errichtete 1.700, größtenteils öffentlich geförderte Wohneinheiten in vier- bis neunzehngeschossigen Zeilen-, Scheiben- und Punkthäusern nach Plänen der Architekten Gordon Ludwig, Franz Raab und Ernst Hürlimann. Das Zentrum der Anlage bildet ein 19-stöckiges Wohnhaus, das bei seiner Fertigstellung Münchens höchstes Hochhaus war. Für die Siedlung und ihre rund 6.000 Einwohner wurden auch ein Ladenzentrum sowie eine Grund- und Hauptschule erbaut.

JOHANNESKIRCHEN

Bier sorgte für die erste Erwähnung von Johanneskirchen. Eine Urkunde vom 2. Oktober 815 legte fest, wie viel Bier die Kirche des heiligen Johannes Baptist im Ort Föhring an das Hochstift

Die alte Wehrkirche St. Johann Baptist in Johanneskirchen

Freising zu liefern hatte. St. Johann Baptist war die erste Pfarrkirche der Urpfarrei Föhring und eine Kirchenburg, eine Wehranlage schützte die Gebäude vor feindlichen Übergriffen. Im 12. Jh. wuchs rund um die Wehrkirche ein kleines Dorf und Johanneskirchen blieb nicht länger im Besitz der Freisinger Bischöfe. Es kam zum Landgericht Wolfratshausen, zuständig war der Amtmann von Perlach. Im 15. Jh. kaufte die Münchner Familie Riedler Johanneskirchen als geschlossene Hofmark mit niederer Gerichtsbarkeit. Die Riedlers zählten zu Münchens Führungselite, Ottmar Riedler galt im Jahr 1500 als reichster Bürger Münchens. Durch eine Heirat kam die Hofmark 1732 an die Freiherrn von Mayr. Mit der Bildung politischer Gemeinden im Jahr 1818 wurde Johanneskirchen zunächst eigenständig, damals lebten 65 Einwohner im Ort. Zwei Jahre später kam das Dorf zur Gemeinde Daglfing. Die Hofmark, zuletzt im Besitz der Familie Khuen-Belasi, bestand jedoch noch bis zum Revolutionsjahr 1848. Zehn Jahre zuvor hatte ein Großbrand fast das ganze Dorf bis auf die Kirche und zwei Höfe in Schutt und Asche gelegt.

Wie seine Nachbarorte erlebte Johanneskirchen einen Aufschwung Mitte des 19. Jh., als die reichen Lehmvorkommen zur Ziegelproduktion ausgebeutet wurden. Überall rauchten die Schlote der Brennöfen. 1889 versuchte Johanneskirchen, von Daglfing loszukommen und Teil der Gemeinde Oberföhring zu werden, was das Innenministerium aber ablehnte. Die meisten Ziegeleien mussten kurz nach der Jahrhundertwende wegen Unrentabilität schließen. Einzig die Ziegeleien Rattenhuber (heute Tennisplatz Freischützstraße) und Baur blieben bis 1950 bzw. 1964 in Betrieb.

Erstnennung 2. Oktober 815 als »ecclesia sancti Johannis baptiste in loco Feringas«
Namensbedeutung Kirche des heiligen Johannes Baptist zu Föhring
Gemeindebildung 1818 selbständige Gemeinde, 1820 Teil der Gemeinde Daglfing
Eingemeindung 01. Januar 1930
Lage alter Ortskern um die Kirche St. Johann Baptist, Gleißenbachstraße 2

Der alte Ortskern von Johanneskirchen wirkt ein wenig als sei die Zeit stehen geblieben. Bauernhäuser säumen den Platz um die Kirchenburg. Immer noch sind viele Flächen in Johanneskirchen landwirtschaftlich genutzt. Die bis heute erhaltene Kirche stammt im Kern aus dem 13. Jh., ihr aktuelles Aussehen erhielt sie 1688, als die ursprünglich doppelt so hohe Schutzmauer auf ihr heutiges Maß abgetragen wurde. Östlich der Bahnlinie sieht es weniger ländlich aus: Hier stehen die neuen Wohnsiedlungen mit zum Teil 15-geschossigen Bauten.

Am Hierlbach

Mitten in den Feldern nordöstlich von Johanneskirchen und südlich des Feringasees standen

Die zu Ateliers umfunktionierten Hallen der alten Wiede-Fabrik (2. u. 3. Bild v. l.) in Johanneskirchen sind ein Refugium für Künstler und kreative Köpfe.

schon ab 1920 die ersten Kleinhäuser. Zur richtigen Siedlung wuchs das damals noch »Im Moosgrund« genannte Gebiet ab 1937/38 und nach dem Zweiten Weltkrieg. 1954 wurde dann die Straße zu der Siedlung nach dem nahen Bach »Am Hierlbach« benannt. Der Bachname geht vermutlich auf eine Bauernfamilie namens Hierl zurück. 1967 wollte der Stadtrat die Siedlung mit ihren 17 Häusern abreißen lassen, was eine Interessengemeinschaft der Siedler allerdings verhindern konnte.

Gartenstadt Johanneskirchen Nicht für Erwerbslose, sondern vor allem für »Beamte und Pensionisten, also gute Pfarrkinder« plante Dr. Dr. Steinbrecher eine Siedlung auf der großen Pfarrwiese zu bauen, die der Gemeinde St. Lorenz (Oberföhring) gehörte. Steinbrecher hatte bereits mit der nach ihm benannten Siedlung in Johanneskirchen für Furore gesorgt, nicht unbedingt im positiven Sinn. Dennoch genehmigte die Regierung von Oberbayern 1933 die zweite Siedlung, unter der Bedingung, dass später kostenloser Baugrund für eine neue Pfarrkirche abgetreten werden musste. Warum dann die Siedlung nie realisiert wurde, ist bis heute unklar. Vielleicht lag es an der Verhaftung Steinbrechers im Jahr 1933. Es dauerte geschlagene 50 Jahre, bis die zweite Siedlung nach der Gartenstadtidee tatsächlich umgesetzt wurde. Der erste Bauabschnitt mit 379 Wohneinheiten inmitten von Gärten mit Obstbäumen entlang baumgesäumter Alleen konnte 1984 fertiggestellt werden. In den folgenden zwei Jahren kamen zwei weitere Bauabschnitte hinzu, darunter Reihen- und Doppelhäuser, ein Wohnblock und ein Einkaufzentrum.

Zahnbrechersiedlung Der ehemalige Landtagsabgeordnete Dr. Dr. Zahnbrecher rief 1932 die »Sieldergenossenschaft München-Johanneskirchen« ins Leben, um zwischen Glücksburger, Flensburger, Apenrader und Düppeler Straße eine Siedlung mit 120 Einfamilienhäusern zu errichten. Wer hier wohnen wollte, musste Mitglied der Genossenschaft werden und beim Bau 20 Wochen kostenlos mitarbeiten. Außerdem konnte man mit Erlaubnis der Genossenschaft ein Geschäft eröffnen. Die Genossenschaft sollte Strom, Wasser und Siedlerbedarf günstig einkaufen und Siedlungserzeugnisse verkaufen. Schnell zeigte sich, dass man sich bei den Kosten völlig verkalkuliert hatte. Steinbrecher sah sich Vorwürfen ausgesetzt, er habe Gelder unterschlagen. Tatsächlich wurde er 1933 verhaftet und saß neun Monate in Stadelheim. Die Siedlungstätigkeit trieb nun die NSDAP voran, die ersten Häuser wurden 1934 bezogen, obwohl sie meist noch nicht fertig waren. Zahnbrechers zweite Siedlung, die er auf der Pfarrwiese von St. Lorenz plante, wurde nie realisiert. Auf diesem Gelände entstand erst in den 1980ern die Gartenstadt Johanneskirchen.

OBERFÖHRING

München verdankt Oberföhrung alles – nicht zuletzt seine Existenz! Hier in dem bereits 750 erwähnten Dorf, das damit der älteste Münchner Stadtteil ist, führte einst der Weg über die Isar, die alle Handelsfuhrwerke auf dem Weg von Ost nach West überqueren mussten. Bei Niedrigwasser konnten die Fuhrwerke bequem die Isar durchwaten. Ansonsten sorgte die Familie Feringa mit ihrer Fähre dafür, dass der Uferwechsel halbwegs trocken vonstatten ging. 903 schenkte König Ludwig das Kind dem Freisinger Bischof Waldo einen Meierhof in Föhring. Die Freisinger Bischöfe verstanden es geschickt, ihren Einfluss auf ganz Föhring auszuweiten. Um die Jahrtausendwende errichteten sie eine Wehranlage, eine Münzstätte, eine Salzniederlage und schließlich eine

St. Lorenz in Oberföhring

Erstnennung 3. Juli 750 als »ad Feringas«
Namensbedeutung nach der Familie Feringa, die vor dem Brückenbau eine Fähre über die Isar betrieb
Gemeindebildung 1818, mit St. Emmeram und Grüntal
Eingemeindung 01. Juli 1913
Lage alter Ortskern um die Pfarrkirche St. Lorenz, Muspillistraße 31

Isarbrücke – sie verdienten prächtig an den Zollgebühren. Besonders die zahlreichen Salzkarawanen vom Salzburger Land nach Augsburg schwemmten Geld in die Kassen. Oberföhring prosperierte. Bis Herzog Heinrich der Löwe 1158 selbst am Salzhandel verdienen wollte, die Brücke zerstören ließ und eine neue nahe dem winzigen Weiler »Munichen« erbauen ließ – die Geburtsstunde Münchens und beinahe der Todesstoß für den Markt Föhring. Aus dem belebten Markt wurde ein beschauliches Bauerndorf.

Wenige Jahre später unterschied man erstmals zwischen Ober- und Unterföhring. Die beiden Föhrings zählten 1305 gemeinsam mit Ismaning, Englschalking, Daglfing, Freimann, Bogenhausen, Trudering, Hohenbrunn und Unterhaching zum bischöflichen Amt Föhring. Schließlich kaufte sich der Freisinger Bischof Konrad III. von Kaiser Ludwig dem Bayern den Titel des Grafen von Föhring und die Landgerichtsbarkeit, was bedeutete, dass der Bischof auch Todesurteile vollstrecken lassen konnte. Als Residenz diente die alte Wehranlage, eine kleine Burg, die vermutlich auf dem Gebiet des Pernerhofes, An der Schanze 1, stand. Fortan herrschten die Bischöfe über weite Teile des Münchner Nordostens.

Im 18. Jh. stieg Oberföhring zum äußerst beliebten Ausflugsziel für Münchner Bürger auf, das lag nur zu einem Teil an den landschaftlichen Reizen der Gegend, die einen sensationellen Blick auf München und das Alpenpanorama boten. Die Münchner kamen hauptsächlich zu den sogenannten Föhringer Tagen, weil Kurfürst Karl Theodor 1789 alle Münchner Zeitungen und Bücher zensierte. Die Fürstbischöfe dagegen zeigten sich liberal. Also konnte man in Oberföhring in aller Ruhe und ohne Angst vor Spitzeln verbotene Blätter, Schriften und Pamphlete lesen, dazu sein Bier in malerischen Gaststätten trinken und gelegentlich den Blick über das Tal gen München schweifen lassen. Die Ausflügler, später kamen sie tatsächlich ausschließlich wegen der ländlichen Idylle, brachten Oberföhring aber keinen nennenswerten Aufschwung. Mit der Säkularisation fiel der Ort an den bayrischen Staat und ab 1818 bildete Oberföhring gemeinsam mit St. Emmeram eine eigene Gemeinde. 221 Menschen lebten hier. Kleine Bauernhöfe und ein paar Tagelöhnerhütten mit der St. Lorenzkirche aus dem 17. Jh. prägten das Ortsbild.

Schließlich erlebte Oberföhring gemeinsam mit den Nachbargemeinden ab Mitte des 19. Jh. einen gewaltigen Schub nach vorne, als die Ausbeutung der Lehmvorkommen im großen Stil begann. Entlang der Oberföhringer Straße zählte man 17 Ziegeleien um das Jahr 1900. In keiner anderen Gemeinde im Münchner Osten rauchten mehr Brennofenschlote. 1913 schluckte die Stadt München das Zieglerdorf, dem sie seine Existenz verdankt, wohingegen die Schwester Unterföhring selbständig blieb und heute einer der größten Medienstandorte Deutschlands ist.

Oberföhring entwickelte sich im Lauf des 20. Jh. zur beliebten Wohngegend. Auf den abgeziegelten Flächen gewann man neues Bauland für Siedlungen. 1940 bekam der Stadtteil sogar ein Krankenhaus, auf dessen Gelände heute der Bürgerpark Oberföhring zum Seelebaumelnlassen einlädt. Langsam wuchs Oberföhring nach dem Zweiten Weltkrieg durch große Neubausiedlungen im Süden mit Priel und im Osten mit Johanneskirchen und Englschalking zusammen. Die letzten freien Flächen wurden ab Ende der 2000er Jahre bebaut. 2009 schloss die Bundeswehr die Prinz-Eugen-Kaserne, auf deren Gelände ab 2011 ein neues Wohngebiet rund 1.600 Wohneinheiten entsteht. Doch rund um die Muspillistraße hat sich am Isarhochufer bis heute ein Hauch von dörflicher Idylle mit vielen denkmalgeschützten Bauten erhalten. Und auch die Freunde moderner Kunst kommen hier auf ihre Kosten, in der Oberföhringer Straße befindet sich die Sammlung Goetz, ein Museum mit bedeutenden Werken zeitgenössische Kunst.

Grüntal

Stand sie wirklich hier? Jene alte Salzbrücke des Bischofs von Freising, die Heinrich der Löwe zerstören ließ und damit 1158 den Aufstieg Münchens ermöglichte? Es gibt Historiker, die das vermuten. Man darf sich von der heutigen Idylle nicht täuschen lassen. Einst floss nicht nur ein Bächlein durch das Tal, sondern breite Seitenarme der wilden Isar. Die Oberföhringer nutzten die Wasserkraft für mehrere Mühlen: die Prielmühle (Höhe Bürgerstraße), die Bruckmühle (die Tuchbleiche) und die Straßmühle (später Stegmühle). Und genau zwischen diesen Mühlen soll sich jene historisch nicht unbedeutende Brücke befunden haben.

Im 19. Jh. entstanden auf dem Gelände der Bruckmühle die ersten Wohngebäude, denn die Isarregulierung machte aus dem feuchten Sumpfgebiet Bauland. Bis heute ein beliebtes Ausflugsziel ist das 1894 erbaute »Wirtshaus im Grüntal«. Lange Zeit existierte bis in die 1960er Jahre an der Stelle des heutigen Oberföhringer Stauwehrs eine Art Ersatzbrücke: Ein Fährmann brachte mit seiner Rollfähre die Fahrgäste von Bogenhausen hinüber in die Hirschau.

Küntal *siehe St. Emmeram*

St. Emmeram

Der Leichenzug aus Aschheim näherte sich dem Isarufer, an dem bereits das mit Trauerflor geschmückte Floß wartete. Auf dem Wasserweg sollte der Leichnam des Heiligen Emmeram zur Beerdigung nach Regensburg, seiner alten Wirkungsstätte, transportiert werden. Um an dieses bedeutende Ereignis im späten 7. Jh. zu erinnern, baute man um 822 knapp 1 km nördlich von Oberföhring ein kleines Kirchlein zu Ehren von St. Emmeram, das sich schnell zum Wallfahrtsort entwi-

ckelte. Warum die Leiche hier auf die Flussfahrt ging? Historiker vermuten, dass an dieser Stelle die alte Salzbrücke des Freisinger Bischofs stand, also auch ein Floßhafen existiert haben kann. Verifizierbar ist das freilich nicht, andere Quellen deuten auf das Grüntal hin.

In unmittelbarer Nähe musste sich ein Gutshof befunden haben, den der letzte karolinische König Ludwig das Kind im Jahr 903 Bischof Waldo von Freising schenkte. Eine Kapelle, die Teil eines königlichen Guthofs war, wurde bereits am 3. April 822 erwähnt. Doch namentlich taucht das Küntal erst am 7. Oktober 1268 als »Chunnental« auf. Ob sich der Name wirklich von König oder einem Königshof in Föhring ableitete, darf bezweifelt werden. Aus dem »Chunnental«, was gar nicht nach König klingt, wurde nämlich erst 1399 ein »Chunigtal« mit einem »g«. Der Gutshof blieb, der Name Küngtal verschwand: Ab 1429 nannte man das Gebiet »sannd Haymran«, das heutige St. Emmeram.

Eine kleine bildungspolitische Sensation ereignete sich 1633, als an dem Wallfahrtsort eine Klause samt Noviziat und Schule eröffnete – die erste Bildungsanstalt im Münchner Nordosten. Kirchlein und das Emmeramer Wallfahrts- und Schuleremitorium überlebten die Säkularisation nicht. 1820 kam die Abrissbirne. Im Jahr 1866 baute man eine neue, heute noch existente St. Emmeram-Gedächtniskapelle.

Die Nähe zum Wasser nutzte Veith Reitter, Müller der Grüntaler Bruckmühle, um bei der Kapelle 1711 die Neue Mühle St. Emmeram zu bauen. In dem Jahr, in dem die alte Kapelle abgerissen wurde, übernahm Kaufmann Samuel Oberndorfer die Mühle und nutzte sie als Pappdeckelfabrik. Dessen Nachfolger, der Müller Franz Sterzer, richtete 1873 als Nebenverdienst zur Mühle eine kleine Bierwirtschaft und Lohnkutscherei ein. Seit 1903 wurde der Mühlbetrieb komplett eingestellt, weil durstige Ausflügler genug Umsatz brachten. Heute ist die Gastwirtschaft »St. Emmeramsmühle« mit ihrem Biergarten ein beliebtes Ausflugslokal der Münchner.

ZAMDORF

Der kleine Weiler Zamdorf an der Straße nach Wien wurde kurz nach der ersten Jahrtausendwende das erste Mal schriftlich erwähnt. Rechtlich unterstand Zamdorf dem Landgericht Wolfratshausen, seelsorgerisch gehörte es zu Baumkirchen. Zwischen Baumkirchen und Zamdorf stand einst die Kirche St. Veit auf dem Wasen, in deren zugehöriger Einsiedelei bis 1804 der

Beliebtes Ausflugsziel: dir St. Emmeramsmühle

13

Schulunterricht für die Kinder der beiden Dörfer stattfand. Viel hat sich über die Jahrhunderte nicht getan, 1760 bestand Zamdorf aus fünf Anwesen, genauso viele waren es auch noch 1812. Zamdorf wurde 1818 mit Denning und Steinhausen zu einer Gemeinde zusammengefasst und kam zwei Jahre später als Ortsteil zu Daglfing. Die Zamdorfer fühlten sich aber nie Daglfing zugehörig und forderten die Umgemeindung. 1875 schließlich wurde der Ort der Gemeinde Berg am Laim zugeschlagen.

Zamdorf begann ab Mitte des 19. Jh. zu boomen. Insgesamt sieben Ziegeleien siedelten sich an. Als 1897 der Vorortverkehr vom Münchner Ostbahnhof nach Markt Schwaben eröffnete, bekam auch Zamdorf eine Haltestelle. Nun wuchs das Dorf etwas stärker mit der nahen Großstadt zusammen. Neben dem Bahnhof entstand die Siedlung Neu-Zamdorf mit Wohnhäusern, Läden und einem Gasthaus. Da Zamdorf zu Berg am Laim gehörte, wurde es im Gegensatz zu Daglfing bereits 1913 nach München eingemeindet. In den 1930ern, als für staatliche Wohnungsbauprogramme günstiges Bauland benötigt wurde, entstanden zwei größere Wohnquartiere: die Afrikasiedlung und die Reichskleinsiedlung Zamdorf. Einen weiteren großen Bevölkerungsschub erhielt Zamdorf in den 1980ern mit dem Bau der Siedlung Zamilapark zwischen Denninger Anger und der Autobahn A 94. Südlich der Autobahn, im Ortsteil Steinhausen, befindet sich ein großes Gewerbegebiet mit dem Hochhaus der Süddeutschen Zeitung als neuem Wahrzeichen.

Erstnennung zwischen 1021 und 1039 als »Zamindorf«
Namensbedeutung Dorf des Zamo, vom ahd. »zami« für zahm, sanft, milde
Gemeindebildung 1818, mit Denning und Steinhausen; ab 1820 Teil der Gemeinde Daglfing; ab 1875 Teil der Gemeinde Berg am Laim
Eingemeindung 201. Juli 1913

Afrikasiedlung *(= Kolonialsiedlung)*

Ursprünglich hieß die Siedlung zwischen Nettelbeck-, Lüderitz- und Eggenfeldener Straße an der A 94 »Erwerbslosensiedlung Zamdorf«, dann setzte sich der Name Afrika- oder auch Kolonialsiedlung durch, denn die Straßen wurden nach damals als verdienstvoll angesehenen, deutschen Kolonialpionieren benannt. Im Herbst 1934 begann man, auf dem ursprünglich als Kleingartenanlage genutzten Gelände die ersten Wohnhäuser zu errichten. Gefördert durch das Arbeitsbeschaffungsprogramm für minderbemittelte Familien entstanden rund 140 Eigenheime, davon 61 Doppelhaushälften. Für 28 Reichsmark im Monat konnten »befürsorgte« Familien die Häuschen mit je ca. 53 m² Wohnfläche und einem 200 m² großen Garten zum Gemüseanbau und zur Kleintierhaltung mieten. Während des Zweiten Weltkriegs wurden hier Schweine, Ziegen, Hühner und Hasen zur Eigenversorgung gehalten. Besonders kinderreiche Familien zogen in die Afrika-Siedlung, dazu wurde trotz der qualvollen Enge aus Finanznot noch untervermietet, in fast jedem Haus lebten mehr als fünf Personen. Ab 1962 konnten die Bewohner ihre Häuser für 5.000 bis 9.600 DM kaufen.

Umstritten sind heute die Namenspatrone der Straßen. So ehrte man noch 1932 Major Hans Dominik mit einer Straße für seine »Verdienste um die Erforschung und Befriedung der einstigen deutschen Kolonie Kamerun«, heute gilt Dominik als Schreckensherrscher von Kamerun. Im Juni 2000 benannte der Bezirksausschuss Bogenhausen schließlich die Karl-Peters-Straße – sie ehrte einst den Afrikaforscher Carl Peters (1856–1918), der die Kolonie Deutsch-Ostafrika für das Deutsche Reich erwarb – in Ida-Pfeiffer-Straße um, nach Reiseschriftstellerin Ida Pfeiffer (1797–1858). Nicht umstritten ist hingegen die Rohlfsstraße,

Die Kirche St. Klara in Zamdorf und das markante Hochhaus der Süddeutschen Zeitung.

die an den Afrikaforscher Gerhard Rohlfs (1839–1896) erinnert, der als erster Europäer die Sahara in Nord-Süd-Richtung durchquerte.

Reichskleinsiedlung Zamdorf

(= Siedlung Steinhausen) In Zeiten der großen Weltwirtschaftskrise und dramatischer Arbeitslosenzahlen förderte die Reichsregierung Anfang 1930 ein Wohnungsprogramm zur Schaffung von Wohnraum und Arbeitsplätzen. Dies schuf die Grundlage für die Reichskleinsiedlung zwischen Zamdorfer und Weltenburger Straße im Zamdorfer Ortsteil Steinhausen. Die 85 ha Grund für geplante 111 Häuser stellte die Stadt München zur Verfügung. 1932 begann der Bau der standardisierten, freistehenden Einfamilienhäuser, zu denen jeweils ein rund 700 m^2 großes Grundstück gehörte. Die Siedler mussten beim Bau mithelfen. Ziel war es, dass sie sich später durch Obst- und Gemüseanbau sowie Kleintierhaltung selbst versorgen konnten. Daher gab es im Erdgeschoss neben Wohnküche, Abort, Eltern- und Kinderschlafzimmer auch einen Stall und im Dachstuhl neben zwei weiteren Kinderzimmern einen Heuboden. Keines der Häuser verfügte über ein Bad. 1942 lebten 578 Personen in der Siedlung. Für den Ausbau der Weltenburger Straße 1953 mussten die Siedler unentgeltlich Teile ihrer Gärten abtreten.

Steinhausen

Steinhausen war ursprünglich ein Teil von Zamdorf und gehörte zum Streicherhof. Hier baute sich im Jahr 1808 der Maurermeister Deiglmaier an der Chaussee nach Wien einen Ziegelstadel aus Stein (daher der Name Steinhausen), in dem später eine beliebte Gastwirtschaft betrieben wurde. Als Teil Zamdorfs kam Steinhausen 1875 zu Berg am Laim. Noch vor der Eingemeindung Berg am Laims schluckte München einen Teil Steinhausens im Jahr 1884. Auf dem Gebiet stand die Ziegelei »Neustein«, deren Ziegel für den Bau der Haidhauser Pfarrkirche dienten, daher nannte man es »Kirchstein«. Die Stadt München erbaute auf dem Gelände das Gaswerk »Am Kirchstein« (heute das Bus- und Straßenbahndepot am Vogelweideplatz), das bis 1927 in Betrieb war und bei einem Bombenangriff im Zweiten Weltkrieg zerstört wurde.

Der Rest Steinhausens kam 1913 zu München. Auf dem Haidhauser Teil Steinhausens stehen heute große Wohnblöcke, auf dem Zamdorfer Teil befindet sich die Reichskleinsiedlung Zamdorf und entlang der Autobahn nach Riem das bedeutendste Industrie- und Gewerbegebiet des Stadtbezirks mit dem 2008 fertiggestellten neuen Verwaltungshochhaus der Süddeutschen Zeitung.

Siedlung Steinhausen

siehe Reichskleinsiedlung Zamdorf

Zamilapark

Am Anfang stand ein Skandal: Oberbürgermeister Erich Kiesl (CSU) überließ dem Bauunternehmer Josef Schörghuber die 60.000 m^2 großen städtischen Grundstücke nördlich der Eggenfeldener Straße und östlich der Lüderitzstraße zu einem Schnäppchenpreis. Das Vorzugsareal war gar nicht erst öffentlich ausgeschrieben worden, so dass konkurrierende Kaufbewerber von vornherein keinerlei Chancen hatten. Schörghuber sparte so rund 20 Mio. Mark. Der Baulandskandal beherrschte den Wahlkampf zwischen Kiesl und Georg Kronawitter, aus dem Kronawitter als Sieger hervorging. Bis zum Jahr 1991 entstanden 1.224 Wohneinheiten in Reihen- und Kettenhäusern mit maximal vier Geschossen nach Plänen von Architekt Bernd Obersteiner und dem Architekturbüro Wiegelt & Partner. Dazu errichtete der Bauträger, Schörghubers Bayerische Hausbau, auch Tiefgaragen, eine Ladengruppe mit Supermarkt und Gaststätte, Arztpraxen sowie Büro- und Verwaltungsgebäude für rund 2.000 Beschäftigte. Die Anlage wurde nach der Zamilastraße benannt. 1993 konnte auch der dritte Abschnitt des Denninger Angers nördlich der Siedlung fertiggestellt werden. Dazu gehört auch die mit dem ersten Preis als schönste Grünanlage Bayerns ausgezeichnete Parklandschaft mit Geologiegarten, See und der Bezirkssportanlage an der Fritz-Lutz-Straße.

Bogenhausen in Zahlen
Einwohner 77.542
Fläche 2.368,87 ha
Ärzte 199
Volksschulen 11
Realschulen 1
Gymnasien 3
Theater 2
Kinos 2
Tourismusbetriebe 11

Zum Selbst-Erkunden:

Museen:

1. Kunstbunker Tumulka, *Prinzregentenstr. 97 a*
2. Sammlung Goetz, *Oberföhringer Str. 103*
3. Villa Stuck, *Prinzregentenstr. 60 (Abb.)**

Gotteshäuser (Auswahl):

1. Dreieinigkeitskirche *(ev.), Wehrlestr. 8*
2. St. Emmeram *(kath.), Putziger Str. 31 (Abb.)*
3. St. Georg *(kath.), Bogenhauser Kirchplatz 1*
4. St. Johann Baptist *(kath.), Gleißenbachstr. 2*
5. St. Johann von Capistran *(kath.), Gotthelfstr. 3*
6. St. Klara *(kath.), Friedrich-Eckart-Str. 9*
7. St. Lorenz *(kath.), Muspillistr. 31*
8. St. Nikolaus *(kath.), Flaschenträgerstr. 1*
9. St. Philipp und Jakob *(kath.), Kohlbrennerstr. 21*

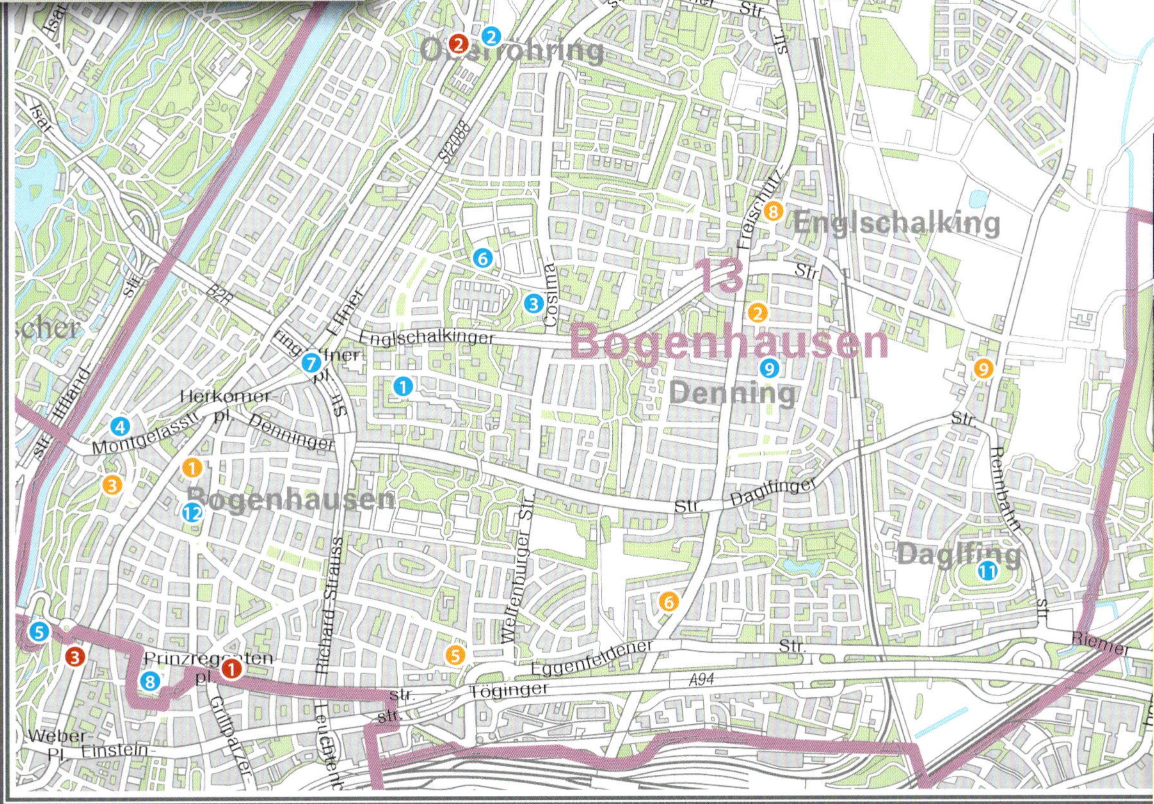

Und sonst:

1. Arabellapark
2. Bürgerpark Oberföhring, *Oberföhringer Str. 156*
3. Cosimabad, *Cosimastr. 5*
4. Dianabrunnen, *Kufsteiner Platz*
5. Friedensengel u. Luitpoldterrasse *(Abb.)*
6. Höchl-Schlössl, *Odinstr. 29*
7. Mae West, *Kunstwerk von Rita McBride, Effnerplatz*
8. Prinzregententheater, *Prinzregentenplatz 12*
9. Römerbad, *Platz Zur Deutschen Einheit*
10. Sankt Emmeramsmühle, *Sankt Emmeram 41*
11. Trabrennbahn, *Rennbahnstr. 35*
12. Universitäts-Sternwarte, *Scheinerstr. 1*

*Die Villa Stuck liegt streng genommen auf Haidhauser Gebiet, wird aber immer zu Bogenhausen gezählt …

BERG AM LAIM

Ein fruchtbarer Lössboden auf einer breiten Lehmzunge machte den Münchner Osten schon früh für Siedler interessant. Wie die ältesten Funde zeigen, wohnten schon vor über 5.000 Jahren in der Jungsteinzeit Menschen auf dem Gebiet des heutigen Berg am Laim – und sie blieben über die Jahrtausende. Hockergräber aus der Bronzezeit, Siedlungsreste aus der Urnenfelderzeit (ca. 1.200 v. Chr.), Gräber und Siedlungsreste aus der Römerzeit, auf die man in Berg am Laim und Baumkirchen per Zufall bei Bauarbeiten stieß, lassen darauf schließen, dass es sich in Berg angenehm leben ließ. Erstmalig schriftlich erwähnt wurde der Ort am 23. April 812, als der Priester Cundhart und sein Neffe Liuthram ihren geerbten Besitz »ad Perke« dem Bischof von Freising überließen, um ihr Seelenheil im Jenseits zu garantieren. Schon ein Jahr später schenkte ein gewisser Hahmunt seine Güter und eine Kirche in »Perge« ebenfalls dem Freisinger Stift. Es ist der erste Hinweis auf eine Kirche in Berg am Laim. Ob es sich dabei womöglich um die nur einen halben Kilometer entfernte Stephanskirche in Baumkirchen handelte, oder ob Berg tatsächlich eine eigene Kirche besaß, ist umstritten.

Erstnennung 23. April 812 als »ad Perke«, der Zusatz »auf dem Laimb« erstmals 1430
Namensbedeutung Lehmhügel
Gemeindebildung 1818, mit Baumkirchen und Josephsburg
Eingemeindung 01. Juli 1913
Lage alter Dorfkern an der Kreuzung Josephsburg-/Echardinger Straße

Mit dem Aufstieg der Wittelsbacher verlor die Kirche Einfluss im Ort. Berg und seine Nachbarorte unterstanden ab dem 13. Jh. dem Landgericht Wolfratshausen, der zuständige Amtmann saß in Perlach. Das Dorf bestand damals aus zwei großen und neun kleinen Höfen. 1442 schließlich erklärte Herzog Albrecht III. Berg zur geschlossenen Hofmark, die Eigentum der Wittelsbacher blieb und dem Richter Dietrich Casten unterstand. Somit waren Casten und seine Nachfolger zuständig für Polizeiaufgaben und Rechtssprechung bei allen Vergehen, auf die nicht die Todesstrafe stand wie bei Diebstahl, Mord, Vergewaltigung und Straßenraub und für das Eintreiben von Abgaben. Die Herzöge hatten Berg am Laim klug gewählt, denn der Boden war, im Gegensatz zu Perlach, von allerbester Qualität und äußerst fruchtbar. Die Wittelsbacher nutzten zudem die weiten Waldgebiete östlich der Isar gerne für ihre aufwändigen Hofjagden. Bauern aus Berg und Perlach mussten dann als Treiber, Lastenträger und Fuhrleute Dienst tun.

14

Berg am Laim hatte da schon eine gewisse Bedeutung als Industriestandort gewonnen, denn spätestens seit dem 14. Jh. nutzte man die reichen Lehmvorkommen zur Ziegelproduktion. Nach mehreren verheerenden Bränden hatte Kaiser Ludwig der Bayer 1342 verfügt, dass alle Häuser in München gemauert werden sollten, und wenn das nicht möglich war, dann doch zumindest Dachziegel haben müssten. Außerdem wurde dringend Material zum Ausbau der Stadtbefestigung benötigt. Auf den Lehmböden östlich der Isar entstanden überall Ziegelstadel, die Stadt München betrieb ihre Produktion in Haidhausen, die bayrischen Herzöge in Berg am Laim. War ein Stück Land »abgeziegelt«, war also die Lehmschicht abgetragen, wurde es anschließend wieder für die Landwirtschaft genutzt.

1615 begann die Herrschaft der Familie Lerchenfeld-Aham über Berg am Laim. Albrecht von Lerchenfeld-Aham erwarb in jenem Jahr die Hofmarkrechte für den Ort von Herzog Maximilian I. und verleibte sich kurz danach auch Echarding ein. Da es sich für eine mächtige Adelsfamilie nicht ziemte, in einem hölzernen Bauernhof zu leben, errichteten Albrechts Erben ein repräsentatives Schlösschen aus Berg am Laimer Ziegeln. Die Lerchenfelder stifteten auch die 1626 erbaute Loretokirche, deren Lauretanische Muttergottes schnell Wallfahrer aus der Umgebung anzog. Die alte Loretokirche stand übrigens nicht an der Stelle der heutigen Kirche (Josephsburgstraße 24), sondern am nördlichen Ortsrand. Sie wurde 1850 abgebrochen, ein Teil der Ausstattung fand Platz in der neuen Loretokirche.

Nach 63 Jahren hatten die Lerchenfelds das Interesse an ihrer Hofmark verloren. Vielleicht lag es auch an den Folgen von Dreißigjährigem Krieg und Pestepidemien, die auch Berg nicht verschont hatten. Freiherr Georg Konrad verkaufte sie an Fürstbischof Albrecht Sigmund von Freising. Der Fürstbischof, ein leidenschaftlicher Jäger und übrigens nie zum Priester geweiht, ließ das Lerchenfelder Schlösschen umgehend zu einem prächtigen Schloss mit Zwiebeltürmchen ausbauen, wo er mit seinem Gefolge residierte. Außerdem warb er neue Siedler an – hauptsächlich Handwerker –, für die er zwölf neue Häuser als Straßensiedlung am Weg von Baumkirchen nach Zamdorf errichten ließ. Sein Nachfolger Joseph Clemens, Erzbischof und Kurfürst von Köln, fand das Jagd- und Sommerschloss dennoch zu unrepräsentativ und baute sich 1693 am östlichen Rand des Schlossangers eine neue Residenz: die Josephsburg. Die kurkölnische

14 • BERG AM LAIM

Rokoko-Juwel St. Michael in Berg am Laim

Durch die Kultfabrik und die Optimol-Werke ist das Berg am Laimer Nachtleben weit über die Grenzen Münchens bekannt.

Zeit begann und Berg am Laim etablierte sich sogar als eine Art Machtzentrum im Heiligen Römischen Reich Deutscher Nation. Der Kölner Fürstbischof gründete am 8. Mai 1693 in seiner Hofmark die Erzbruderschaft St. Michael (offiziell: Bruderschaft des hl. Erzengels und Himmelsfürsten Michael), eine Vereinigung von Geistlichen und Laien, die besonders Erzengel Michael verehrten und die im Gegensatz zu anderen Bruderschaften nicht nur Adelige aufnahm. In ihrer Blütezeit zählte die Berg am Laimer Bruderschaft über 100.000 Mitglieder.

Joseph Clemens' Erbe, sein Neffe Clemens August von Köln, ließ dann in der Josephsburg 1751 die Kirche St. Michael erbauen, die Hauskirche der Bruderschaft St. Michael und ein bis heute erhaltenes Schatzkästlein des Rokoko. Direkt neben dem alten Schloss, jenseits der Josephsburgstraße, genehmigte sich Clemens August ein weiteres Lust- und Jagdschloss, eine »maison de plaisance«. Die Erben der Kölner Fürsten, die bayerische Wittelsbacher-Verwandtschaft, konnte mit den langsam verfallenden Anlagen nicht viel anfangen. Kurfürst Max III. Joseph ließ die Befestigungsanlagen der Josephsburg abtragen und den Schlossanger für landwirtschaftliche Nutzung umbauen.

Das alte Schloss diente weiter als Verwaltungssitz. Als Finanzminister Franz Carl von Hompesch 1778 die Hofmark erwarb, ließ er das Gebäude als »lästig und ohnnöthig« abreißen, das Jagdschloss hingegen renovierte er. Nach einigen Besitzerwechseln kam das Schloss 1840 an die Englischen Fräulein, die es als Internat und Kloster nutzten. 1987 übernahm die Erzdiözese von München und Freising den letzten erhaltenen Bau aus der kurkölner Zeit in Berg am Laim. Heute teilen sich hier das Pfarrhaus und die Maria-Ward-Schule die Räume.

Mit ihren umfangreichen, teils pompösen Baumaßnahmen sorgten die Hofmarkherren dafür, dass die Bauern in Berg am Laim langsam in die Minderheit gerieten und das Dorf stetig wuchs. Handwerker, Bauarbeiter und Tagelöhner fanden immer Arbeit, dazu kam die Ziegelproduktion. Ende des 18. Jh. lebten im Ort 103 Erwachsene und 52 Kinder. Dennoch blieb Berg am Laim das Schicksal seines westlichen Nachbarn Haidhausen erspart: Haidhausen zog mit seiner Ziegelproduktion zahlreiche Landflüchtlinge an, die unter oft menschenunwürdigen Zuständen in erbärmlichsten Behausungen unterkamen und verlor schon im 16. Jh. seinen bäuerlichen Dorfcharakter. Haidhausen mutierte zur Vorstadt. Berg am Laim hingegen blieb weitgehend ländlich geprägt.

Unter den Hofmarksherren derer von Hompesch erlebte Berg am Laim die Schrecken der Revolutionskriege. Erst plünderten die Österreicher das Dorf, dann die Franzosen, die gleich im benachbarten Zamdorf Quartier nahmen und sich von den Berg am Laimer Bauern verpflegen ließen. Durch die Säkularisation 1803 fielen alle kirchlichen Güter im Dorf an den Staat. Aus dem Franziskanerkloster von St. Michael wurde die »Zentralschule«. Die Freiherren von Hompesch gliederten Baumkirchen in ihren Besitz ein und errichteten entlang der Dorfstraßen neue kleine Siedlungshäuser für Handwerker. Weil ein Hompesch auch der letzte Großmeister des Malteserordens auf Malta war, kamen die Malteser nach Berg am Laim, wo sie bis heute ihren bayerischen Hauptsitz haben. Die Hompeschs verkauften Berg am Laim

Historische Bezirke Berg am Laim
- Baumkirchen
- Echarding
- Josephsburg
- Maikäfersiedlung
- Neuramersdorf
- Pachem
- Reichelsdorf

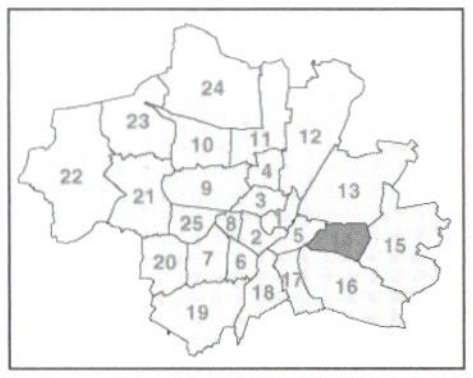

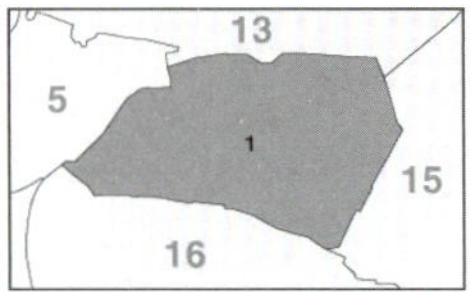

Offizielle Bezirksteile
1 Berg am Laim

14

schließlich 1840 an Baron Simon von Eichthal, den Gründer der Hypobank.

Die Auflösung der Hofmark acht Jahre später brachte neue Besitzverhältnisse. Bauern konnten endlich das Land, das sie bewirtschafteten, kaufen. Einige Bauern wurden dadurch richtig reich, weil sie die Lehmvorkommen ihrer Böden ausbeuten konnten. Sie stiegen zu »Ziegel-« oder »Loambaronen« auf. 14 Ziegeleien standen Mitte des 19. Jh. in Berg am Laim, Baumkirchen und Zamdorf. Mit der Eröffnung des Ostbahnhofs 1871 an der Grenze zwischen Haidhausen und Berg am Laim kamen immer mehr Arbeitsmigranten. Vor allem Italiener, darunter viele Kinder, zog es in den Münchner Osten, weil sie in den Ziegeleien Arbeit fanden. Die Einwohnerzahl verdoppelte sich von 1.002 im Jahr 1880 auf 2.037 im Jahr 1900, dazu kamen noch rund 1.000 italienische Gastarbeiter. Eine einzige Ziegelei brannte zwischen ein und zwei Millionen Ziegel pro Jahr. Die Schlote qualmten – doch nicht mehr lange, denn die Lehmvorräte gingen kurz nach der Jahrhundertwende zur Neige. Die abgeziegelten Flächen wurden nicht mehr wie früher zur Landwirtschaft genutzt, sondern wurden Bauerwartungsland. Pläne für einen neuen Rangierbahnhof kursierten und die Immobilienspekulanten rieben sich begeistert die Hände. Allen voran Baron von Finck, der systematisch Grundstücke aufkaufte und dann mit sattem Gewinn an den Staat für den Ausbau des Rangierbahnhofs verkaufte.

Langsam verschwanden die Ziegeleien. Um die Bodenpreise nicht völlig explodieren zu lassen, kaufte die Stadt München große Grundstücke der stillgelegten Ziegeleien. Neue Unternehmen wie Kathreiners Malzkaffeefabriken, die Spirituosenfirma Macholl und die Parkettfabrik Lincke siedelten sich bevorzugt entlang der Bahnstrecken an. Die Gemeinde warb damit, ein idealer Industriestandort zu sein, da man rund 300 Tage im Jahr Westwind habe und somit Rauch und Abgase nicht nach München hinein geweht würden. Mit der steigenden Urbanisierung und den damit verbundenen kommunalen Aufgaben sah sich Berg am Laim allerdings zunehmend überfordert, der Schuldenberg wuchs. Schon 1889 bat der Ort erstmals um Eingemeindung, doch erst auf den fünften Antrag reagierte München und vereinnahmte Berg am Laim 1913.

Baugenossenschaften der Bahn errichteten bereits um das Jahr 1900 entlang der Gleise erste große Wohnblöcke für ihre Mitglieder. Nach der Eröffnung des Rangierbahnhofs 1921 folgten neue Eisenbahnersiedlungen entlang der Truderinger Straße. Teilweise auf Berg am Laimer Grund entstand ab 1928 auch Münchens erste Großwohnsiedlung des sozialen Wohnungsbaus: Neuramersdorf.

Die Siedlungspolitik der Nazizeit brachte Berg am Laim erneut einen gewaltigen Bevölkerungsschub. Tausende arme, aber linientreue Arbeiter fanden in der »Volkswohnanlage« an der Echardinger Straße, bald nur noch »Maikäfersiedlung« genannt, und in den Blocks der städtischen GWG ein neues Zuhause. Die NS-

St. Pius mit dem extrabreiten Turm

St. Mina, die vormalige Loretokirche

Regierung hatte bewusst das traditionell sozialdemokratisch-kommunistisch geprägte Arbeiterviertel für die ersten Volkswohnanlagen gewählt, damit endlich die »Bewohner mit Nationalsozialisten durchsetzt werden«, wie es in einem Schreiben an die Stadt München hieß. Mehr noch, die NS-Regierung machte das linke Berg am Laim zu einem Zentrum ihrer abscheulichsten Verbrechen. Ab 1939 wurde eine gründliche Entjudung des Wohnungsmarkts der »Hauptstadt der Bewegung« eingeleitet. Juden wurden zwangsentmietet, in »Judenhäusern« zusammengepfercht und schließlich ab 1941 in der »Judensiedlung Milbertshofen« oder der »Heimanlage für Juden« in Berg am Laim kaserniert, bevor die insgesamt 39 Münchner Transporte in die Vernichtungslager begannen. Für die »Heimanlage« mietete die Arisierungsstelle Räume im Kloster der Barmherzigen Schwestern an der Clemens-August-Straße 9 an. Die Zwangskasernierten mussten in Münchner Betrieben arbeiten und für ihre Unterbringung bis zur Ermordung auch noch 50 Pfennig pro Tag Miete zahlen. Das Lager wurde Anfang März 1943 aufgelöst. Der Nordflügel des Klosters, in dem sich die »Heimanlage« befand, riss man ab, seit 1987 erinnert ein Mahnmal an die schreckliche Geschichte. Neben diesem Lager gab es noch einige weitere Arbeits- und Kriegsgefangenenlager in Berg am Laim, die nach dem Krieg als Flüchtlingslager dienten.

Nach dem Zweiten Weltkrieg erlebte das Viertel eine neue große Industrialisierungswelle. Die Maschinenbaufirma Behr siedelte sich an, ebenso Hawe Hydraulik, das Mess- und Regeltechnikunternehmen Rohde & Schwarz, der Pharmakonzern Fujisawa (zuvor Klinge), der Textilhersteller Bogner und eine Reihe von Verlagen, darunter der Branchenriese Bertelsmann. Einer der bekanntesten Lebensmittelhersteller, Pfanni, produzierte ab 1949 hinter dem Ostbahnhof seine Kartoffel-Fertigprodukte. 1996 verlegte Pfanni die Produktion in die neuen Bundesländer und Berg am Laim bekam eine Attraktion der ganz anderen Art: Auf dem Pfanni-Gelände entstand das größte Party-Areal Europas. Einige legendäre Clubs wie das »Ultraschall« lockten die Tanzwütigen. Ursprünglich hieß das Ganze Kunstpark Ost (heute Kultfabrik) und war als Mix aus Künstlerateliers und Clubs gedacht, doch der Kommerz obsiegte. Jedes Wochenende pilgern nun Tausende von Jugendlichen nach Berg am Laim in die Clubs von Kultfabrik und Optimol-Werken, obwohl die meisten meinen, sie wären noch in Haidhausen.

Ebenfalls ein beliebter Anziehungspunkt in Berg: Die Volkssternwarte in der Rosenheimer Str. 145h, eine der größten Volkssternwarten Deutschlands, die seit 1947 in Betrieb ist.

Architektonische Akzente setzen seit 2005 die TenTowers des Telecom-Centers an der Dingolfinger Straße mit ihren fünf Doppeltürmen und dem sechsgeschossigen Rundbau. Von der einst bäuerlichen Struktur gibt es heute praktisch keine Spuren mehr. Aus dem Dorf wurde ein moderner Stadtteil. Bis auf wenige Ausnahmen wie den ehemaligen Stürzlmairhof an der Ecke Josephsburg-/Baumkirchner Straße, wurden die letzten alten Höfe nach dem Zweiten Weltkrieg abgerissen.

Baumkirchen

Ein Tausch brachte den Ort zum ersten Mal in die Geschichtsbücher: 970 überließ eine edle Dame namens Suuanahilda, also Schwanhilde, ihren Moosacher Besitz dem Freisinger Bischof und erhielt im Gegenzug ein Lehen in »Pouminunchirihum«, wie Baumkirchen damals hieß. Rund 70 Jahre später kam die zweite Kunde von Baumkirchen: Reginlind von Hohenburg, aus einer Adelsfamilie, die auch im benachbarten Echarding über Grund verfügte, schenkte ihren Besitz in Baumkirchen dem Kloster Tegernsee. Zwischen Freising und Tegernsee tobte damals ein erbitterter Kampf um Einfluss im Münchner Osten, jeder versuchte so viel Land wie möglich in seinen Besitz zu bekommen. Erst Kaiser Heinrich III. sprach ein Machtwort. Die Benediktiner vom Tegernsee mussten sich dem Freisinger Bischof geschlagen geben und sich auf Echarding zurückziehen. Baumkirchen mit seiner Kirche und den beiden Höfen unterstand fortan für Jahrhunderte dem Stift St. Veit in Freising. Das änderte sich schlagartig mit der Säkularisation. St. Stephan wurde zur Filialkirche von St. Michael. Die Freiherren von Hompesch bekamen nun ein Problem, ihre Hofmark Berg am Laim zu halten, denn nach einer neuen Verordnung musste eine Hofmark mindestens 50 Familien umfassen. So viele lebten aber nicht in Berg am Laim, Echarding und Josephsburg. Also tauschte Johann Wilhelm von Hompesch Ländereien bei Moosburg gegen Baumkirchen und gliederte es seinem Besitz ein. Die Mindestzahl an Familien war gesichert, die Hompeschs blieben die Herren im Ort und Baumkirchen war fortan ein Teil Berg am Laims.

Aktuell sorgt der Bebauungsplan für das Neubaugebiet Baumkirchen Mitte auf den Bahnbrachen westlich der Baumkirchner Straße für Diskussionsstoff. 470 Wohnungen, 570 Arbeitsplätze, zwei Kindertagesstätten und ein großes Biotop sollen hier nach den Plänen des Architekten Peter Ebner und der Landschaftsarchitektin Andrea Gebhard entstehen.

Erstnennung 870 als »Pouminunchirihum«
Namensbedeutung aus Baumstämmen gefertigte Kirche oder mit Bäumen umstandene Kirche
Gemeindebildung 1818, Teil der Gemeinde Berg am Laim
Eingemeindung 01. Juli 1913
Lage alter Ortskern an der St.-Stephans-Kirche, Baumkirchner Straße 45

Echarding

Ein gewisser Herr Rihker brachte die erste Kunde von dem kleinen Weiler »Echartingin«, die Siedlung eines Mannes namens Erhard. Rihker tauschte 1091 sein Gut mit dem Kloster Tegernsee gegen ein anderes Gehöft in Unterziesmering (Landkreis Starnberg). Das Kloster blieb die folgenden Jahrhunderte Herr über Echarding und das benachbarte, längst nicht mehr existente Gut Egerdach. Die Abgaben flossen direkt ins Münchner St. Klara-Kloster am Anger in München, einer Zweigstelle des Tegernseer Stifts. Auch Adelsfamilien wie die Edlen derer von Hohenburg und Schneck von Perlach besaßen Grund in Echarding. Anfang des 17. Jh. begannen sich die Besitzverhältnisse ein wenig zu ändern. Der Hofmarksherr von Berg am Laim kaufte 1620 die Höfe und Grund in Echarding. Der kleine Weiler, der bislang für alle Amtsgeschäfte dem Amt Perlach unterstand, kam damit zur Hofmark Berg am Laim. Die Höfe, der Großmeier- und der Kleinmeierhof, wurden in der zweiten Hälfte des 19. Jh. an den Unternehmer Hugo von Maffei verkauft, der den Kleinmeier abreißen ließ und nur den Großmeier weiter bewirtschaftete. Maffeis Erben verkauften im 20. Jh. die Ländereien zwischen Ostbahnhof und Echardinger Straße an die Stadt München. Auf dem Ackerland entstanden Wohnblöcke, nur der Großmeierhof (Echardinger Straße 29) blieb in Betrieb. 1984 gab Stefan Egert, der letzte Bauer in Berg am Laim, den Großmeierhof auf, die Stadt riss das Gebäude fünf Jahre später ab und errichtete die Bezirksbetriebstelle München-Ost des Baureferats Gartenbau.

Josephsburg

Nachdem Kurfürst Joseph Clemens, Fürstbischof von Köln, Lüttich und Hildesheim, ein Bruder des bayrischen Kurfürst Max Emanuel und noch keine 20 Jahre alt, die Hofmark Berg am Laim geerbt hatte, befand er, dass das alte Schloss nicht seinen Ansprüchen genügen würde. Er ließ 1693 von Hofbaumeister Enrico Zuccalli ein neues Schloss bauen, die Josephsburg. Die Josephsburg war ein langgestreckter Bau mit Eckpavillons an beiden Enden inmitten einer Wehranlage. Rings um die Mauern gab es einen vom Hachinger Bach gespeisten Wassergraben. Einer der Eckpavillons beherbergte eine dem Hl.

Straße in der Maikäfersiedlung

Michael geweihte Kapelle, Keimzelle einer stetig wachsenden, von Joseph Clemens initiierten Erzbruderschaft St. Michaelis. Joseph Clemens' Nachfolger wurde Clemens August, Herzog von Bayern, Kurfürst und Erzbischof von Köln, Fürstbischof von Hildesheim, Paderborn, Münster und Osnabrück. Er zählte zu den neun Fürsten des Kurfürstenkollegiums, das den Kaiser wählte. Clemens Augusts Macht und seinen schier unermesslichen Reichtum fand selbst Papst Benedikt XIV. »monströs«. Clemens August von Köln ließ den langgestreckten Mittelbau abreißen und ab 1738 die heutige Michaelskirche im Stil des Rokoko nach Plänen von Johann Michael Fischer bauen. Die beiden Seitenflügel blieben weitgehend erhalten.

Nach der Säkularisation löste König Max I. Joseph das zugehörige Kloster der Franziskaner auf und erhob St. Michael zur Pfarrkirche von Berg am Laim. In die Klosterräume kam 1806 die neue »Zentralschule«, ab 1840 nutzten die Barmherzigen Schwestern das alte Kloster als Rekovaleszentenheim. In Teilen des Kloster wurden 1941 die »Heimanlage für Juden« eingerichtet, ein Sammelzentrum für jüdische Münchner, die hier auf ihren Abtransport in die Vernichtungslager warten mussten. Dieser Trakt ist heute abgerissen. Die Barmherzigen Schwestern nutzen das Kloster bis heute und verlegten sogar ihr Münchner Mutterhaus von der Nussbaumstraße nach Berg am Laim. 2005 erfolgte die Grundsteinlegung für das neue Kloster an der Vinzenz-von-Paul-Straße. Dass St. Michael aus einer befestigten Anlage hervorgegangen ist, lässt sich heute nicht mehr erkennen. Nur noch ein Straßenname erinnert an die alte Burganlage.

Berg am Laim in Zahlen
Einwohner 40.550
Fläche 632,27 ha
Ärzte 37
Volksschulen 4
Realschulen 2
Gymnasien 1
Theater 1
Tourismusbetriebe 3

Maikäfersiedlung

»Billigste Mietwohnungen in ein- oder mehrgeschossiger Bauweise«, lautete in den 1930er Jahren das Konzept des Reichsarbeitsministeriums zur Unterbringung bevorzugt kinderreicher Familien. Als erste Anlage dieser Art entstand die »Volkswohnungsanlage Berg am Laim« zwischen Bad-Schachener-, Echardinger und St.-Michael-Straße ab 1936. Bauträger waren das städtische Wohnungsreferat und die GWG. 1937 waren die ersten 421 Mietwohnungen und 190 Eigenheime bezugsfertig. Schnell machte der Spitzname »Maikäfersiedlung« die Runde, er spielt auf die kleinen Vorgärten und die winzigen Wohnungen an. Seit einigen Jahren wird die Maikäfersiedlung sukzessive modernisiert, die Bauten aus den 30er Jahren werden abgerissen und durch Neubauten ersetzt. Ein neues Geschäftshaus gibt der Siedlung ein neues Zentrum. 2009 konnte der erste Neubauabschnitt an der Bad-Schachener-Straße bezogen werden.

Neuramersdorf

siehe Stadtbezirk 16 • Ramersdorf-Perlach

Pachem

Was mit dem Ort Pachem (Bachheim) geschah, weiß niemand. Erstmalig wurde er 1315 schriftlich erwähnt, doch schon früher muss es ein Adelsgeschlecht gegeben haben, denn bereits 1138 wurde ein Engildie de Pachem erwähnt. Pachem, das zwischen Baumkirchen und Trudering lag, unterstand dem Bischof von Freising. Noch im Jahr 1384 tauchte der Weiler in Urkunden auf, dann verschwand er urplötzlich mit Mann und Maus von den Landkarten. Lange ging die Legende, dass Pachem in der Erde versunken sei und man an windstillen Tagen auf den Feldern das Glockengeläut aus der unterirdischen Siedlung hören könne. Tatsächlich wird Pachem wohl in einem Krieg komplett zerstört und nicht wieder aufgebaut worden sein. Später errichtete das Freisinger Stift St. Veit in der Wüstung die Kapelle St. Veit auf dem Wasen, eine Filiale zu St. Stephan in Baumkirchen, die von einem Eremiten betreut wurde. In dieser Einsiedelei fand ab dem 16. Jh. bis ins Jahr 1804 der Schulunterricht für die Kinder aus Berg am Laim, Baumkirchen, Zamdorf, Denning, Riem und Daglfing statt. Während der Revolutionskriege diente die Kirche als Sprengstoff- und als Heulager. 1806 wurde St. Veit auf dem Wasen abgerissen.

Pachem war, so vermuten Historiker, Vorlage für den britischen Schriftsteller Bram Stoker. Der Autor des Gruselklassikers »Dracula« lässt seinen Roman mit den Worten beginnen: »Bistritz, 3. Mai. München ab am 1. Mai 8.35 abends.« Ursprünglich spielte das komplette erste Kapitel in München, es wurde später rausgestrichen. Aus diesem Kapitel machte Stoker später die Kurzgeschichte »Draculas Gast«, in der man erfährt, was dem Held Johnathan Harker in München widerfuhr: Er macht im Hotel Vierjahreszeiten Station. Von dort aus unternimmt er mitten in der Walpurgisnacht vom 30. April auf den 1. Mai 1893 eine Kutschfahrt Richtung Osten ins Münchner Umland. Harker kommt in ein verlassenes Dorf, der Kutscher verweigert die Weiterfahrt, denn dies sei ein verfluchtes Dorf, in dem man die Toten unter der Erde reden hören könne, und flieht. Ein Schneesturm zieht auf. Auf dem Friedhof sucht Harker Schutz und entdeckt zu seinem Entsetzen im Mausoleum der Gräfin Dolingen aus Graz eine unverweste Leiche – eine Vampirin, die sich auf den Burschen stürzt. Ausgerechnet Graf Dracula himself, verwandelt in einen weißen Wolf, rettet Johnathan Harker und wärmt ihn mit seinem Fell, bis die Rettungsmannschaft aus München eintrifft. Warum Bram Stoker seinen berühmten Vampirgrafen im Münchner Umland tätig werden ließ und ob Stoker wirklich die Legende von Pachem im Kopf hatte, als er die Kurzgeschichte schrieb, ist allerdings ungewiss.

Reichelsdorf Wie Pachem verschwand auch Reichelsdorf urplötzlich von den Landkarten. Der 1418 erstmals erwähnte Ort lag auf dem Bogenhausener Feld zwischen Baumkirchen und Zamdorf. Ab dem 15./16. Jh. findet sich dann kein Hinweis mehr auf Reichelsdorf.

Gotteshäuser (Auswahl):

1. **St. Michael** *(kath.), bedeutende Rokokokirche, Johann-Michael-Fischer-Platz 1*
2. **St. Mina,** *(kopt.), auch: Loretokapelle, Josephsburgstr. 24*
3. **St. Pius,** *(kath.), mit außergewöhnlich breitem Turmbau, Piusplatz 1*
3. **St. Stephan** *(kath.), Baumkirchner Str. 45 (Abb.)*

Zum Selbst-Erkunden:

Museen:

1. **Das Kartoffelmuseum,** *einziges Kartoffelmuseum der Welt, Grafinger Str. 2*

Und sonst:

1. **ehem. Jagdschloss,** *heute Pfarrhaus und Schule, Josephsburgstraße*
2. **Kultfabrik u. Optimol-Werke,** *Europas größtes Partyareal zwischen Grafinger- und Friedenstraße*
3. **Maikäfersiedlung**
4. **Volkssternwarte,** *Rosenheimer Str. 145 h*

14

TRUDERING (Kirch- und Straßtrudering)

Erstnennung 13. September 772 als »Truchtheringa«
Namensbedeutung Siedlung des Truchtharo/Drudheri
Gemeindebildung 1818, bestehend aus Kirch- und Straßtrudering
Lage alter Ortskern von **Kirchtrudering** um die Pfarrkirche St. Peter und Paul, Kirchtruderinger Str. 2, von **Straßtrudering** an der Kreuzung Wasserburger Land- und Bajuwarenstraße
Eingemeindung 01. April 1932

Die edle Frau Uta, fromm und mildtätig, hatte den falschen Gatten gewählt. Graf Cuno war ein widerwärtiger Kerl, der seine Untergebenen bis aufs Blut schikanierte. Uta konnte die Untaten des Gatten nicht mit ansehen und beschenkte die Notleidenden. Eines schönen Tages feierte der Graf auf seinem Schloss nahe Trudering eine wüste Orgie, während Uta unterwegs war, Gutes zu tun. Als Uta nachts nach Hause kam, sah sie, wie sich die Erde auftat und das Schloss mit Mann und Maus verschlang. An dieser Stelle gibt es heute noch eine Senke, die Utahöhle genannt wird. Soweit die bekannte Sage über eine der großen Gestalten der Truderinger Frühgeschichte. Anderen Legenden zufolge soll Uta eine Tochter des Agilolfingerherzogs Theodo I. gewesen sein, die vom Sohn des Bischofs Emeram vergewaltigt und dann von ihrem Vater verstoßen wurde. Fest steht nur, dass eine edle Frau namens Uta der Pfarrei St. Peter und Paul zu Kirchtrudering vermutlich um 1085 eine reiche Stiftung mit viel Land vermachte. Diese Schenkung ist auch der älteste Nachweis für eine Kirche in Trudering.

St. Peter und Paul in Trudering

Tatsächlich kann Trudering auf eine jahrtausendelange Geschichte zurückblicken. Der Fund eines Steinbeils an der Bahnstrecke war eine Sensation: Es stammt aus dem 3. Jahrtausend v. Chr. Mehrere Gräberfunde aus der Hallstattzeit, der Kelten- und Römerzeit zeigen, dass der Ort dauerhaft besiedelt war. Um das Jahr 500 n. Chr. herum dürfte sich dann der Namensgeber, Bauer Truchtaro, ein Gefolgsmann des Feudalherren Fagana, mit seiner Sippe niedergelassen haben. Im Jahr 772 schließlich wird Truchtheringa erstmals schriftlich erwähnt. Weil der Grundherr namens Hiltiprant für seine Sünden büßen wollte, schenkte er den Ort der Kirche. Der noch existierende Wimmbauernhof, Truderinger Straße 271, soll damals schon zur Schenkung Hiltiprants gehört haben. Das heutige Gebäude stammt allerdings aus dem 19. Jh. und wird seit den 1960er Jahren nicht mehr landwirtschaftlich genutzt.

Trudering bestand schon im Mittelalter aus zwei Orten: Straß- und Kirchtrudering. Solche Doppeldörfer waren in der Gegend keine Seltenheit, man denke nur an Ober- und Untergiesing. Das lag daran, dass der eine Ortkern ursprünglich unter kirchlich-bischöflicher, der andere unter weltlich-fürstlicher Verwaltung stand. Zwischen den beiden Truderings lagen kleine Felder. Die Besitzverhältnisse im Ort änderten sich zwar gelegentlich – längst hatten sowohl die Kirche als auch der Herzog Besitz in beiden Truderings –, letztlich tat sich aber nicht viel. Wichtigster Grundherr blieb der Bischof von Freising. Den Klöstern Weihenstephan, Schäftlarn, Ebersberg, Dießen und Dietramszell gehörte ebenso Grund wie dem Herzog, einigen sozialen Einrichtungen wie dem Leprosenhaus am Gasteig und kirchlichen Stiftungen. Nach der Gründung Münchens kauften sich auch reiche Bürger ein und privilegierte Patrizier erhielten einträgliche Lehen.

In den folgenden Jahrhunderten erlebten die Truderinger ein ständiges Auf und Ab. Im Dreißigjährigen Krieg brannte der Ort komplett nieder. Danach raffte die Pest fast alle Überlebenden hin und Ende des 17. Jh. wütete eine verheerende Seuche, vermutlich Typhus. Neu hinzugezogene Familien bauten die verwaisten Höfe wieder auf und bestellten die verödeten Felder. Der steinige, karge Boden brachte wenig Ertrag, viele Bauern lebten in bitterer Armut.

Vom 15. bis zum 19. Jh. bestand das Doppeldorf trotz aller Widrigkeiten und Katastrophen konstant aus rund 50 bäuerlichen Anwesen, die Kirche gehörte zu Kirchtrudering, die Gastwirtschaft zu Straßtrudering. Erst 1803 fielen alle kirchlichen Besitzungen mit der Säkularisation an den Herzog. Kurz zuvor hatten sich die leibeigenen Bauern 1789 das Recht erkämpft, Teile der Ländereien der Uta'ischen Schenkung alleinverantwortlich zu bewirtschaften. Sie blieben dennoch der Kirche tributpflichtig.

15

Erst als die Grundherrschaft 1851 abgeschafft wurde, ging das Land ins Eigentum der Bauern über.

Trudering besaß im Gegensatz zu vielen anderen Orten rund um München keine Hofmark, also keine eigene Gerichtsbarkeit. Für alle Amtsgeschäfte wie Eheverträge oder Testamente musste man zum Amtmann nach Perlach, der dem Landgericht Wolfratshausen unterstand. Eine erste Schule soll es bereits während des Dreißigjährigen Kriegs in der Klause der Eremiten von St. Veit auf dem Weg nach Baumkirchen gegeben haben. Sie blieb bis 1806 die wichtigste Schule für die Gegend. Die Truderinger Kinder mussten für den Unterricht aber zwischenzeitlich auch stundenlang nach Haidhausen oder Perlach laufen, bis Kirchtrudering 1835 endlich seine erste eigene Schule bekam.

Die Landwirtschaft verlor in Trudering schon im 19. Jh. zunehmend an Bedeutung. Gab es im Jahr 1800 noch 49 Bauernhöfe, waren es hundert Jahre später nur noch 28. Entscheidenden Anteil am Wandel Truderings hatte die Bahn. Der Ort wurde Haltepunkt der Fernstrecke nach Rosenheim und immer mehr Ausflügler kamen. Langsam entdeckten die Münchner das nahe Dorf als Wohngebiet. Nach der Idee der Gartenstädte entstanden Wohnkolonien wie Waldtrudering und die Gartenkolonie Trudering. Wo 1880 noch rund 400 Menschen lebten, waren es 1920 schon 1.624 und nach Ende des Zweiten Weltkriegs über 16.109 – da gab es freilich kaum noch Bauern im Ort.

Mit der Bahn kam auch die Industrie, genauer gesagt exakt ein Industrieunternehmen: die Weinkelterei Eduard Neuner, heute als »Alte Weinpresse« bekannt. Die Bahn rückte immer näher: Sie verlegte den Güter- und Rangierbahnhof 1921 ins angrenzende Berg am Laim, der unter den Nationalsozialisten bedeutend ausgebaut wurde. Der Bahnhof verlor erst Anfang der 1990er seine Funktion, als der neue Rangierbahnhof München-Nord in Moosach in Betrieb ging. Seitdem dient er als Puffer-Bahnhof für Container- und Güterzüge.

Während des Ersten Weltkriegs und in den Jahren der Wirtschaftskrise stieg Truderings Bevölkerung sprunghaft an. Viele Städter flohen aufs Land, weil sie hier staatlich gefördert wenigstens Gemüse, Kartoffeln und Obst für den Eigenbedarf anbauen konnten. Die Truderinger Kolonien bei Waldtrudering wuchsen. In den schwierigen Jahren wuchsen aber auch die Schulden der Gemeinde ins Unermessliche. Letztlich sahen viele nur noch eine Rettung, um dem finanziellen Desaster zu entkommen: die Eingemeindung nach München. 1932 war es soweit. Und nur wenige Monate später wurde ein Waldtruderinger, der 1928 ein Haus an der Wasserburger Landstraße 279 gekauft hatte, eine der führenden Figuren des Nazi-Terrorregimes: Heinrich Himmler, Gestapo-Chef und Reichsführer SS. Bei den Gemeindewahlen zuvor war er mit Pauken und Trompeten durchgefallen, was seine Karriere allerdings nicht behinderte. 1934 verkaufte er sein Haus und zog nach Gmund am Tegernsee. Da Trudering keine bedeutende Industrie besaß, blieb es während des Krieges weitgehend

15 • TRUDERING RIEM

Alter Flughafentower

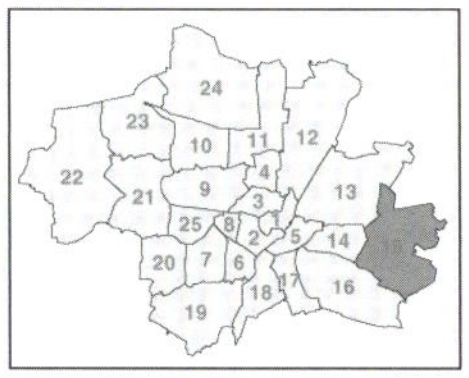

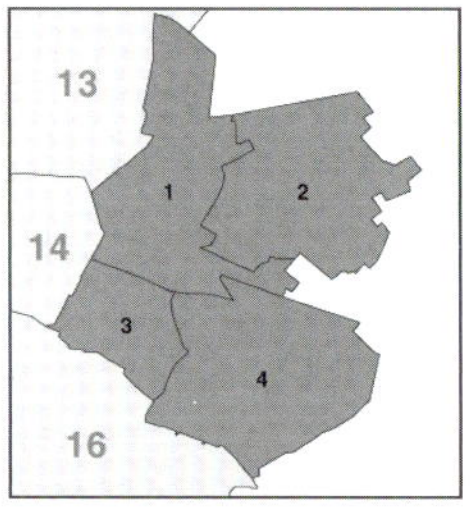

Offizielle Bezirksteile
1 Trudering-Riem
2 Messestadt Riem
3 Gartenstadt Trudering
4 Waldtrudering

von großen Zwangsarbeitslagern verschont; ausgenommen ein paar kleinere Lager z. B. an der Erdinger und der Truderinger Straße für ausländische Landarbeiter und Häftlinge, die am Flughafen Riem arbeiten mussten.

Nach dem Krieg erlebte Trudering seinen zweiten gigantischen Aufschwung als Wohngebiet. Die Bevölkerungszahlen stiegen gegen Ende des 20. Jh. noch einmal drastisch an, als zunehmend dichter gebaut wurde und statt Einfamilienhäusern mit Garten Mehrfamilienhäuser hochgezogen wurden. So wurde 2005 das Siedlungsprojekt »Bajuwarenstraße« mit 1.100 neuen Wohneinheiten realisiert. Heute leben über 60.000 Menschen im Bezirk Trudering-Riem, wobei das neue Wohngebiet Messestadt Riem den größten Anteil am Bevölkerungszuwachs der letzten Jahre hat.

Kirchtrudering *siehe Trudering*

Michaeliburg

Viele alte Münchner kennen noch die Gastwirtschaft Michaeliburg, die hier bis 1964 stand und dem Gebiet ihren Namen gab. Der Wirt Michael Obermeyer kaufte 1898 das Grundstück zwischen Perlach und Trudering und erbaute ein Wirtshaus, das mit seinem Turm einer Burg glich. Seine Konzession bekam Obermeyer nur, weil er zusicherte, neben dem Gasthaus eine Kapelle zu bauen. So entstand die Michaelikapelle, die heute als Kriegergedächtniskapelle dient. Schnell entwickelte sich rings um Gasthof und Kapelle an der Kreuzung der Zehntfeld- und Bajuwaren-/Corinthstraße eine kleine Siedlung, die meisten Bauten standen auf Perlacher Gebiet. Die Bewohner der Siedlung führten sehr zum Ärger der Behörden den inoffiziellen Namen Michaeliburg ein und bekamen ihn prompt verboten. 18 Ämter und Behörden befassten sich in den folgenden Jahren mit dem Namensstreit, denn neue Ortsnamen bedurften der königlichen Genehmigung. Am 14. Juli 1910 verboten die Behörden den Namen Michaeliburg ein für allemal. Die Michaeliburger scherte es herzlich wenig. Ihre Siedlung wuchs stetig, nicht nur Richtung Perlach und Trudering, sondern auch nach Berg am Laim. Nach dem Ersten Weltkrieg gründete man die »Siedlervereinigung Michaeliburg« – und plötzlich stieß sich auch von offizieller Seite niemand mehr an dem Namen. Bis heute sehen sich die Bewohner des Viertels zu allererst als Michaeliburger, dann als Truderinger. Dass sie sich als Truderinger fühlen, zeigte sich bei der Bezirksneuordnung Anfang der 1990er Jahre. Da wäre die Michaeliburg beinahe Berg am Laim zugeschlagen worden, was nur massive Proteste verhinderten. Die alte Michaeliburg sucht man heute allerdings vergebens. Das Gebäude fiel 2009 der Abrissbirne zum Opfer, auf dem Gelände entstanden Eigentumswohnungen.

Straßtrudering *siehe Trudering*

Waldtrudering

Wie der Name schon verrät, entstand Waldtrudering wirklich in einem Waldgebiet südöstlich von Straßtrudering. Ende des 19. Jh. kamen immer mehr Sonntagsfrischler mit der Bahn in die Gegend und fanden die Landschaft so reizvoll, dass sie sich Waldgrundstücke kauften, wo sie teils sehr aufwändige hölzerne Wochenendhäuschen errichteten. Auch zahlreiche Ausflugsgaststätten wurden gebaut, die mit Kegelbahnen, Schiffschaukeln, Tanzboden, Schießbuden und sogar Rodelbahnen die Gäste anlockten. Als eines der ersten Steinhäuser entstand 1905 das Wirtshaus »Phantasie« des Münchner Metzgermeisters Sebastian Neumeyer an der Wasserburger Landstraße (hier steht heute das sogenannte Hochhaus). Wasser gab es nur aus Brunnen, die die Siedler selbst graben mussten. Im Juni 1911

stellte der Verein »Freie Interessenvereinigung Waldtrudering« den Antrag, die Kolonie aus 20 Häusern Waldtrudering zu benennen, was der Truderinger Gemeinderat ablehnte. Das Königliche Bezirksamt hielt auch nicht viel von der Kolonie, in einem Schreiben von 1916 heißt es: »Die Kolonie Waldtrudering ist eine jener wenig erfreulichen Ansiedlungen im Osten Münchens, die in die dortigen Wälder sehr bedauerliche Lücken schlagen.« Immerhin genehmigte man der Kolonie vor allem aus sittlichen Gründen vier Straßenlaternen, denn in den Gasthäusern sollen teilweise skandalöse Zustände geherrscht haben. So sollen Gäste in Badekleidung, also quasi nackt, wilde Gelage gefeiert haben.

Für mehr Sitte und Moral sollte auch die Kirche sorgen. 1933 weihte Kardinal Faulhaber die Kirche Christi Himmelfahrt an der Waldschulstraße, die direkt neben der kurz zuvor errichteten Waldschule gebaut worden war. Waldtrudering wehrte sich Anfang der 1930er Jahre dagegen, nach München eingemeindet zu werden. Alle Eingaben, nach Haar umgemeindet zu werden, wurden abgeschmettert. Haar hatte kein Interesse an einer Gebietserweiterung, die Kolonie kam mit Trudering 1932 zu München. Waldtrudering konnte bis heute im Wesentlichen seinen Charakter als Gartenstadt behalten und ist nicht zuletzt deshalb eines der beliebtesten Wohngebiete im Münchner Osten.

Teile Waldtruderings sind folgende Siedlungen:

Batschkasiedlung Um 1950/51 drängten immer mehr deutschstämmige Heimatvertriebene nach München. Sie kamen vorwiegend aus der jugoslawischen Batschka, aber auch aus dem Banat und dem Sudetenland. Die Schwestern Auguste Steiner und Anna Müller verkauften den Flüchtlingen einzelne Parzellen ihres Grundstücks zwischen Friedenspromenade, Ingeborg- und Feldbergstraße oder stellten das Land in Erbpacht zur Verfügung. Die Siedler lebten anfangs in erbärmlichen Hütten mit Notdächern, die sie langsam zu festen Häusern ausbauten. 1954 erhielt die Batschkastraße ihren Namen.

Gartenstadt Trudering Die ersten Grundstücke der geplanten Gartenstadt zwischen Zehntfeldstraße, Friedenspromenade und Himalaja-/Vogesenstraße wurden 1917 parzelliert und an Siedler verkauft. Die »Interessen-Vereinigung Gartenstadt Trudering e.V.« gründete sich bereits am 19. März 1919.

Michaelikapelle

Irbersche Kolonie Sie ist benannt nach dem Truderinger Baumeister Franz Irber. Die Grundstücke entlang des heutigen Reiherwegs wurden um 1909 parzelliert und bebaut. Schon drei Jahre später standen hier 12 Steinhäuser.

Kolonie Flurstraße Baubeginn der Kolonie entlang der Florastraße, die früher mal Flurstraße hieß, war 1909.

Kolonie Riedinger Die Bebauung entlang der Lachenmeyr- und Oberhuberstraße begann 1911/1912. Eines der ersten Häuser war die Gaststätte »Waldesruh«, auch der erste Wasserturm, der heute noch als Wohnhaus besteht, entstand gleich in den Anfangsjahren.

Kolonie Waldfrieden Die ersten Siedler kamen 1909 und gründeten die neue Kolonie im Truderinger Wald, am Schrammingerweg von Trudering nach Solalinden.

Neutrudering Neutrudering entstand eigentlich aus der Kriegsnot heraus. Die Regierung stellte 1917 der hungernden Bevölkerung günstiges Land zum Gemüseanbau zur Verfügung und verkaufte entlang der Solalindenstraße auf der sogenannten Schäferwiese den Quadratmeter für nur 35 Pfennig. Der Ansturm war gewaltig. Bald blieb es nicht mehr beim Gartenbau. Im April 1919 schlossen sich sieben Siedler zur »Freien Interessenten-Vereinigung Neu-Trudering e.V.« zusammen, womit die Siedlung ihren Namen bekam. Heute hat die Vereinigung rund 670 Mitglieder.

Truderinger Grenzkolonie – oder »Die da hint'n« Um 1930 kamen die ersten Siedler in das Waldgebiet zwischen Günderoder-/Fauststraße und der Gerstäckerstraße, um Obst und Gemüse für den Eigenbedarf anzubauen. Während des Zweiten Weltkriegs bauten viele ihre kleinen Gartenhäuschen heimlich als Dauerwohnsitz aus. Nach dem Krieg entstanden die ersten festen Häuser, und schon während der 50er und 60er Jahre wurde die Grenzkolonie dicht besiedelt.

Am Moosfeld

Die Flurbezeichnung »Am Moosfeld« ist sehr alt, seit 1933 existiert bereits der gleichlautende Straßenname. Das Siedlungsprojekt »Am Moosfeld« wurde allerdings erst Ende der 1960er Jahre umgesetzt. Die Bebauung im größeren Stil erfolgte ab 1979. Das Moosfeld ist heute hauptsächlich als Industriegebiet genutzt.

RIEM

Flughafen, Pferderennbahn, Bundesgartenschau, Messegelände – Riem gehört spätestens seit Mitte des 20. Jh. zu den weltbekannten Stadtteilen Münchens. Wann genau aber die Geschichte des Orts begann, ist ein wenig strittig. Sicher ist, dass Riem wie seine Nachbargemeinde Trudering schon lange vor Beginn unserer Zeitrechnung bewohnt war, wie Gräberfunde aus der Hallstattzeit belegten. Der Weiler Riem wurde vermutlich um das Jahr 700 von einem fränkischen Ritter und seinen Leibeigenen gegründet. Nicht ganz geklärt ist die erste schriftliche Erwähnung: Einige, vor allem Riemer Patrioten, sagen, es war bereits 788, nach anderen Quellen war es zwischen 957 und 972, als Bischof Abraham dem Edelmann Patto den Zehnten in Riem überließ.

Erstnennung zwischen 957 und 972 als »Riema«
Namensbedeutung als »Rieme« oder »Riem« bezeichnete man im Mittelhochdeutschen einen schmalen Ackerstreifen, aber auch einen Kanal; alternativ kann »Riema« für Gürtel stehen, womit ein Gürtel von Häusern um eine Kirche herum gemeint sein soll
Gemeindebildung 1818 selbständige Gemeinde, später Teil der Gemeinde Dornach
Lage alter Ortskern um die Kirche St. Martin, Martin-Empl-Straße 9
Eingemeindung 01. Januar 1937

Riem zählte verwaltungstechnisch bis zur Eingemeindung zum bevölkerungsreicheren Nachbarort Dornach. Dornach, das bereits 856 erstmals erwähnt wurde, liegt heute außerhalb Münchens und gehört zu Aschheim. Wie dem südlichen Nachbarn Trudering verdankte Riem der Tatsache, dass es an einer Fernstraße lag, einen gewissen, wenn auch bescheidenen Wohlstand. Hier rasteten die Reisenden, hier wechselten sie die Pferde. 1183 bauten die Riemer ihre St. Martinskirche, die damit die älteste Kirche im Bezirk ist. Die Kirche unterstand der Pfarrei von Bogenhausen, ihre heutige Form und Ausstattung erhielt sie weitgehend im 19. Jh. Wie Trudering entging auch Riem nicht den mordenden und sengenden Truppen des Dreißigjährigen Kriegs und den schweren Seuchen, die im Mittelalter die Landstriche entvölkerten. Riem blieb ein kleines Dorf, im Jahr 1760 zählte man gerade mal 12 Anwesen, 1812 lebten hier 68 Einwohner. Erst mit Anschluss an die Bahnlinie erlebte Riem ab 1869 einen gewissen Aufschwung. Die Bevölkerung stieg bis Ende des Jahrhunderts auf stolze 232 Seelen.

Noch bedeutender als die Eisenbahn wurde für das verschlafene Dorf die Einrichtung der Pferderennbahn. Der Münchner Rennverein suchte in ganz München und Umgebung nach einem geeigneten Gelände für eine Pferdesportanlage und wurde schließlich in Dornach bei Riem fündig. Der Hamburger Gartenarchitekt R. Jürgens gestaltete die Galopprennbahn, die im Mai 1897 eröffnete und sofort ein beliebtes Ausflugsziel nicht nur für Münchner, sondern für den internationalen Jetset wur-

15

de. Mit der Rennbahn kamen die Pferdezüchter, ein wichtiges Reitsportzentrum entstand. Die Landstraße wurde einspurig gepflastert, damit die königliche Familie bequem anreisen konnte. Die Riemer Bauern allerdings durften den befestigten Königsweg keinesfalls benutzen, es drohten drakonische Strafen. Nach dem Ersten Weltkrieg verlor die Rennbahn an Attraktivität, die Menschen hatten kein Geld mehr für Pferdewetten. Den neuen Aufschwung brachten dann die Nazis. Der berüchtigte SS-Brigadeführer Christian Weber führte das »Braune Band von Deutschland« ein, ein internationales Rennen, und forcierte mit teilweise ruppigen Methoden den Ausbau des Rennvereins. Das Riemer Gestüt war zeitweise sogar das größte in Deutschland. Nach der Eingemeindung Riems 1937 blieb die Rennbahn zunächst Teil der Gemeinde Dornach. Erst 1942 gemeindete München auch die Rennbahn ein. Wieder brachte es ein Krieg mit sich, dass das Pferdezentrum an Bedeutung verlor. Der neue Aufschwung kam mit den Olympischen Spielen von 1972, als die Stadt die Rennbahn Riem als Austragungsort für die pferdesportlichen Wettbewerbe renovierte und ausbaute.

Eine der Gründe für Riems Eingemeindung war ein weiteres Großprojekt: der Flughafen. Nachdem der alte Münchner Flughafen auf dem Oberwiesenfeld die Grenzen seiner Kapazitäten erreicht hatte, wählte man die Äcker von Riem als neues Flugfeld. Die Bauern mussten ihr Land gegen eine Entschädigung abtreten, wer sich weigerte, dem drohte Zwangsenteignung. Im Frühjahr 1937 begannen die Bauarbeiten für den neuen Flughafen nach Entwürfen des Architekturbüros Ernst Sagebeil. Die geplante Eröffnung am 1. September 1939 musste wegen des Kriegsbeginns auf den 25. Oktober verschoben werden. Bedingt durch den Krieg wurde der Flughafen, der als Europas modernster galt, zunächst hauptsächlich für militärische Zwecke genutzt und war daher vorrangiges Ziel der alliierten Angriffe. Verheerende Bombenangriffe zerstörten 70 % der Anlage, die nach dem Krieg zunächst ausschließlich von den US-Truppen genutzt werden durfte. Erst 1948 starteten und landeten wieder zivile Maschinen in

St. Martin

St. Florian

Riem. Der komplette Wiederaufbau, der rund 7,5 Mio. D-Mark (ca. 3,75 Mio. Euro) kostete, war allerdings erst acht Jahre später abgeschlossen. Steigende Passagierzahlen brachten steigenden Fluglärm für die Anwohner mit sich. Erste Proteste regten sich und wurden aufs Schlimmste bestätigt: 1958 stürzte eine britische Maschine nach dem Start in ein Kirchtruderinger Haus, 23 Menschen starben, darunter acht Fußballer von Manchester United; 1960 streifte eine startende amerikanische Maschine die Paulskirche in der Ludwigsvorstadt und knallte auf eine vollbesetzte Straßenbahn, 52 Menschen kamen ums Leben. Nach diesen Katastrophen sahen auch die Verantwortlichen ein, dass der Flughafen in ein weniger dicht besiedeltes Gebiet verlegt werden musste. Als neuer Standort wurde das Erdinger Moos auserkoren. Dennoch war es zunächst nötig, den Flughafen Riem für das immens steigende Passagieraufkommen ständig weiter auszubauen, weil sich die Planungsphase für den Flughafen München II jahrzehntelang hinzog. Am 26. Mai 1992 war es dann so weit: In einem logistischen Mammutunternehmen zog der Flughafen bei laufendem Betrieb in nur einer einzigen Nacht von Riem in die neuen Terminals bei Erding.

Das freigewordene Gelände verplante die Stadt München für ihr nächstes Großprojekt: die Messestadt Riem. Heute ist Riem durch die Autobahn nach Passau zweigeteilt. Nördlich der Autobahn liegt das alte Dorf mit der Rennbahn, südlich davon das Messegelände und das Neubaugebiet der Messestadt.

Trudering-Riem in Zahlen
Einwohner 62.756
Fläche 2.245,18 ha
Ärzte 66
Volksschulen 10
Realschulen 1
Tourismusbetriebe 10

Messestadt Riem

Was mit dem freiwerdenden, 560 ha großen Gelände des alten Münchner Flughafens geschehen sollte, wurde ebenso lange diskutiert und geplant, wie der neue Flughafen in Erding. Weil das alte Messegelände auf der Theresienhöhe aus allen Nähten platzte, erkor man Riem als neuen Messestandort aus. Den ausgeschriebenen Wettbewerb gewann die Arbeitsgemeinschaft Frauenfeld und Partner aus Frankfurt. Auf Grundlage dieses Plans übernahm 1992 die dänische Architektengemeinschaft Bystrup, Bregenhoj und Partner den Realisierungswettbewerb für die »Neue Messe München«. 17 modernste Messehallen mit 180.000 m² Hallenfläche und 360.000 m² Freigelände sowie ein internationales Kongresszentrum entstanden ab 1993 in fünfjähriger Bauzeit. An den alten Flughafen erinnern heute nur noch die denkmalgeschützte Wappenhalle, der Tower und ein Teil der ehemaligen Besuchertribüne, die heute das Buga-Gelände westlich begrenzt. Über 30.000 Aussteller aus mehr als 100 Ländern und mehr als 2 Mio. Besucher aus über 200 Ländern sind seitdem jährlich auf dem Riemer Messegelände zu Gast.

Das Messegelände selbst ist nur Teil eines komplett neuen Stadtviertels: der Messestadt Riem, die ursprünglich Neu-Riem heißen sollte. Im südlichen Teil des alten Flughafens wurde ein Neubaugebiet mit Miet- und Eigentumswohnungen sowie dem Einkaufszentrum Riem Arcaden hochgezogen. Erstmalig für München standen dabei ökologische und soziale Aspekte im Mittelpunkt der Planungen. Projekte für autofreies Wohnen wurden ebenso realisiert wie Münchens erstes Mehrfamilien-Passivhaus und das erste Mehrfamilien-Nullenergiehaus. Zum Konzept gehört auch, dass Wohnen und Arbeiten möglichst nahe beieinander möglich sind. 1998 zogen die ersten Bewohner ein. Östlich des Messegeländes entstand ein großer Gewerbepark mit rund 30 Firmen und ca. 13.000 Arbeitsplätzen. Am Platz der Menschenrechte eröffnete 2005 das ökumenische Kirchenzentrum mit der evangelischen Sophienkirche und der katholischen Kirche St. Florian.

Hohen Freizeitwert erhält das Wohngebiet durch den Riemer Park, Münchens drittgrößte Parkanlage. Die Anlage entstand ab 2002 nach Plänen des französischen Landschaftsarchitekten Gilles Vexlard und wurde 2005 als Bundesgartenschau eröffnet. Zentrum des Parks ist ein 10 ha großer Badesee, der offiziell Riemer See heißt, aber allgemein Buga-See genannt wird.

Die Messestadt Riem soll 2013 fertiggestellt sein, dann wird sie Heimat für 16.000 Menschen sein.

15

Zum Selbst-Erkunden:

Gotteshäuser (Auswahl):

1. St. Florian *(kath.), Platz der Menschenrechte*
2. Sophienkirche *(ev.), Platz der Menschenrechte*
3. St. Martin *(kath.), alte Kirche von 1183 wurde 1738 abgebrochen und vergrößert wieder aufgebaut, Martin-Empl-Ring*
4. St. Peter und Paul *(kath.), ursprünglich gotisch, erst barockisiert, dann im Stil der Neugotik umgestaltet; 1935 Abriss und Neubau bis auf den alten Turm, Lehrer-Götz-Weg 23*

Friedenskirche

Und sonst:

1. Galopprenbahn
2. Messegelände
3. Riemer Park
4. Riem Arcaden, *Willy-Brandt-Platz 5*
5. Wappenhalle u. Tower, *ehemaliger Flughafen Riem (Abb.)*

RAMERSDORF

Knochen und etwas Bronzeschmuck – mehr blieb nicht übrig von der ältesten Ramersdorferin. Bei Bauarbeiten fand man das Frauengrab aus dem 5. Jh. an der Ecke Hechtsee-/Adam-Berg-Straße. Immerhin belegt der Fund, dass Ramersdorf auf eine lange Siedlungsgeschichte zurückblicken kann. Jener Rumolt, der dem Ort seinen Namen gab, war vermutlich ein fränkischer Adeliger, darauf lässt zumindest die Endung -dorf schließen, denn bajuwarische Dorfgründungen enden üblicherweise auf -ing. Im Gegensatz zu vielen anderen Dorfgründern der Umgebung ist der Rumolt-Clan sogar tatsächlich historisch belegt. Die einflussreiche Familie Rumolt stand im 8. und 9. Jh. im Dienste des Freisinger Bischofs, wie auch das Geschlecht des fränkischen Edlen Aripo, dem die erste schriftliche Erwähnung Ramersdorfs zu verdanken ist. Aripo tauschte im 11. Jh. mit Bischof Egilbert Besitztümer in Harthausen. Dafür bekam er alles übereignet, was Freising in Perlach und »Rumoltesdorf« an Gebäuden und Leibeigenen, immerhin 30 Menschen, besaß.

Erstnennung zwischen 1006 und 1022 als »Rumoltesdorf«
Namensbedeutung Dorf des Rumolt (= der Ruhmvolle)
Gemeindebildung 1818, mit Ziegelstadel am Laim, Pletschacher, Lüften
Eingemeindung 01. Januar 1864
Lage alter Ortskern um die Pfarr- und Wallfahrtskirche Mariä Himmelfahrt (Maria Ramersdorf), Aribonenstraße 9, an der Kreuzung Innsbrucker Ring und Rosenheimer Straße/ Autobahn München-Salzburg

Im Mittelalter teilten sich verschiedene Grundherren die Besitzungen, neben den Adelsgeschlechtern derer von Eurasburg, von Schmiechen und von Aindling auch kirchliche Einrichtungen wie das Angerkloster und das Heiliggeistspital. Reiche Münchner Patrizier kauften sich ein, oft nur, um ihr Gut dann der Geistlichkeit zu spenden. Die klassische Art, sich Seelenheil zu sichern. Überhaupt die Kirche: Ohne seine alte Kirche wäre Ramersdorf nicht zu einem der bedeutendsten Wallfahrtsorte im Münchner Umland aufgestiegen. Hierher pilgerten die Gläubigen, um vor einem wundertätigen Partikel vom Kreuze Christi ihre Fürbitten vorzubringen. Als das Kirchlein dem Ansturm der Wallfahrer nicht mehr gewachsen war, erbaute man ein neues, großes Gotteshaus, das 1412 geweiht und später barockisiert wurde. Noch heute kann man in Maria Ramersdorf bedeutende Kunstwerke der Gotik bewundern: den Kreuzaltar und das berühmte Gnadenbild »Maria mit dem Kinde«. Aus der Barockzeit stammt das Gemälde der 1632 von den Schweden verschleppten 40 Münchner Geiseln, die das Bild als Dank für ihre Heimkehr stifteten. Ab 1644 führte gar ein eigener Wallfahrtsweg mit 16 Stationssäulen an der Rosenheimer Straße entlang von der Stadt hinaus nach Ramersdorf.

Die Kirche wurde so üppig mit Stiftungen beschenkt, dass sie schnell reicher und bedeutender war als die Perlacher Kirche. Dabei war Ramersdorf nur eine Filiale der Urpfarrei Perlach. Trotz allem blieb Ramersdorf über die Jahrhunderte ein kleiner Ort. Die Kirche verlor ihre Besitzungen mit der Säkularisation Anfang des 19. Jh. und die Ramersdorfer Bauern konnten es bald den Nachbarn in Berg am Laim oder Haidhausen gleichtun: Sie beuteten die Lehmvorräte unter ihren Äckern aus, um an dem enormen Bedarf an Ziegeln für die Neubauprojekte Ludwigs I. in München zu verdienen. 1833 zählte Ramersdorf gemeinsam mit Lüften (heute Teil Haidhausens) genau 30 Pferde, 65 Rinder, einen Bock und eine Ziege – und 90 Einwohner. Schon sieben Jahre später lebten 335 Seelen hier.

Ramersdorf erlebte seine Eingemeindung stückchenweise. So zwang der Münchner Magistrat die reiche Kirchenstiftung Ramersdorf, sich an der Tilgung der Schulden für die neugebaute Ludwigskirche in der Maxvorstadt zu beteiligen. 1861 schluckte München dann Lüften, drei Jahre später wurde der Rest von Ramersdorf trotz heftiger Gegenwehr ein Teil der Metropole und gehörte fortan zur Vorstadt Haidhausen. München vernachlässigte Ramersdorf zunächst, genehmigte beispielsweise keine eigene Schule und verwies auf die Bildungsanstalten in Perlach oder Haidhausen. Nicht gerade förderlich für die Entwicklung des neuen Stadtteils, der 1918 nur 1.500 Einwohner zählte. In jener Zeit entstanden große Kiesgruben auf den abgeziegelten Grundstücken, deren Lehmvorräte erschöpft waren.

Erst Ende der 1920er Jahre entdeckten die Stadtplaner das Entwicklungspotenzial Ramersdorfs. Noch während der Weimarer Republik entstand auf der grünen Wiese die Großwohnanlage Neuramersdorf. In der NS-Zeit kam die Mustersiedlung hinzu. Die Einwohnerzahl schnellte zu Beginn des Zweiten Weltkriegs auf über 8.500 hoch. Dennoch blieb das Viertel zunächst hauptsächlich eine Schlafstadt mit viel Grün, die Großindustrie kam erst nach dem Zweiten Weltkrieg, um in den ehemaligen Kiesgruben ihre Betriebsstätten zu errichten. Allen voran der Siemens-Konzern, der entlang der Bahngleise an der Grenze zu Giesing große Fabrikationshallen und Wohnanlagen für Betriebsangehörige erbaute. 1950 zog die Motoren- und Motorradfabrik Zündapp nach Ramersdorf. Auch die Herrenbekleidungsfabrik Konen, der Optikkonzern Steinheil, der Oldenbourg-Verlag, die Eisengießerei Kustermann, die Sauerkrautfabrik Durach, eine Kaffeerösterei sowie zahlreiche größere und kleinere Unternehmen machten aus dem Viertel innerhalb weniger Jahre einen bedeutenden Industriestandort und zogen verstärkten Wohnungsbau nach sich. Damit die vielen Neuramersdorfer sich auch sportlich betätigen beziehungsweise die Seele baumeln lassen konnten, eröffnete 1955 das Michaelibad, mit seinen 66.000 m^2 und den fünf Schwimmbecken das größte Freizeitbad Münchens.

Noch immer ist ein Teil der alten dörflichen Struktur erhalten. Leider stehen die historische Gaststätte »Alter Wirt« und die einst bedeutende Wallfahrtskirche Maria Ramersdorf heute ziemlich verloren eingekeilt zwischen der mehrspurig ausgebauten Rosenheimer Straße und dem Mittleren Ring.

16

16 • RAMERSDORF PERLACH

Wallfahrtskirche Maria Ramersdorf

Abseits der breiten Ausfallstraßen kann man ein beschauliches Ramersdorf entdecken (li. in der Mustersiedlung Ramersdorf).

Kustermannpark

Makler gelten bekanntlich als erfindungsreich, daher wird der Kustermannpark gerne als Teil Haidhausens oder Giesings ausgegeben, weil Ramersdorf in den Ohren potenzieller Interessenten nicht so prickelnd klingt. Die Wohnanlage hat ihren Namen tatsächlich von dem bekannten Eisenwarengeschäft in der Münchner Innenstadt. 1849 übernahm Max Kustermann von seinem Vater Franz Seraph das Geschäft. Unter Max Kustermann florierte die Firma, neue Geschäftszweige wurden erschlossen. Kustermann gründete Fabrikationsbetriebe, eine Stahlbauabteilung, eine Eisengießerei, eine Stahlhandelsabteilung und einen Brennstoff-Großhandel. Den Stahlbau und die Erzgießerei siedelte Kustermann mit direkter Gleisverbindung zum Ostbahnhof an der Rosenheimer Straße in Ramersdorf an. Eine der ersten Dampfmaschinen Münchens lieferte die Energie für die Gießerei, die Friedhofskreuze, Treppen, gußeiserne Säulen, Öfen etc. produzierte. Auf dem riesigen Gelände erbaute die Familie Kustermann außerdem ihre Wohnhäuser, Pferdeställe und später Garagen. Mitte der 1970er Jahre löste Kustermann seine Betriebe in Ramersdorf auf, ab 1983 begann der Bau der Wohnsiedlung Kustermannpark. Seit 2007 ist die australische Investmentgesellschaft Babcock & Brown Eigentümerin der Siedlung.

Mustersiedlung Ramersdorf

Die Pläne lagen längst in der Schublade. Unmittelbar nach der Machtübernahme durch die Nationalsozialisten initiierte Wohnungsreferent Guido Harbers die Umsetzung seiner Idee einer »Mustersiedlung«, die 1934 im Rahmen der »Deutschen Siedlungsausstellung« den nationalsozialistischen Wohnungsbaugedanken widerspiegeln sollte. Harber hatte die Siedlung nach dem Grundprinzip der Gartenstadt lange vor Beginn der NS-Diktatur geplant und konnte nun das Projekt in kürzester Zeit zwischen Stephanskirchener, Chiemgau, Hohenaschauer und Herrenchiemseestraße umsetzen. Richtfest feierte man am 20. April 1934, dem »Geburtstag des Führers«. Bald standen die 192 Häuser in 34 unterschiedlichen Bautypen mit Gärten bezugsfertig in den hakenkreuzbeflaggten Straßen, die damals nach den Toten des Hitler-Putsches benannt worden waren. Harbers NS-Mustersiedlung kam aber nicht besonders gut an. Die ausführenden Architekten (u. a. Friedrich Haindl, Sep und Franz Ruf, Max Dellefant, Theo Pabst, Johanna Loev und Karl Delisle) setzten zwar mehr oder weniger – meist weniger – den gewünschten Heimatstil um, verwendeten aber viel zu viele Elemente der Moderne, um die Siedlung propagandistisch ausschlachten zu können. Auch die für den einfachen »Volksgenossen« viel zu großzügigen Grundrisse zwischen 56 und 129 m^2 sowie die gehobene Ausstattung wurden kritisiert. Nach Ende der Siedlungssausstellung konnten solvente Kunden die Häuser kaufen. 1935 bekam Ramersdorf mit der in der Siedlung errichteten Gustav-Adolf-Kirche seine erste protestantische Kirche.

Neuramersdorf

Münchens erste Großsiedlung des sozialen Wohnungsbaus – nicht mehr und nicht weniger war geplant. Die Architekten Oscar Delisle, Bernhard Ingwersen und Richard Berndl entwarfen die Anlage zwischen 1928 bis 1930 im Auftrag der Gemeinnützigen Wohnfürsorge AG (Gewofag). In zwei Jahren entstand die Siedlung südöstlich des Ostbahnhofs, an der Rosenheimer, Anzinger und Wollanistraße sowie der Bad-Schachener und Aschheimer Straße. Ursprünglich sollten 3.500 Wohnungen gebaut werden, doch die große Weltwirtschaftskrise beendete auch dieses Projekt vorzeitig. Nur 1.343 Wohneinheiten, 49 Geschäfte und vier Gaststätten wurden tatsächlich realisiert. Den Bezugsberechtigten konnten vier Wohnungsgrößen von 50 bis 100 m² mit unterschiedlichen Ausstattungen zugewiesen werden, die meisten Wohnungen waren klein und ohne Bad. Wie bei den anderen Großsiedlungen aus jener Zeit schirmen viergeschossige Blöcke entlang der Hauptstraßen das Siedlungsinnere mit den grünen Höfen vom Verkehrslärm ab. Der Siedlungsname »Neuramersdorf« hat sich auf Dauer nicht durchgesetzt, er wird heute kaum noch verwendet.

teils Stadtbezirk 14 • Berg am Laim | teils Stadtbezirk 16 • Ramersdorf-Perlach

Pfalzviertel Pfälzer haben es nicht gegründet, das winzige Wohnviertel aus Ein- und Zweifamilienhäusern zwischen St.-Martin- und Balanstraße sowie den Industrieanlagen an der S-Bahn-Linie. Die Kolonisten, die hier ab 1933 bauten, nannten ihre Siedlung einfach nach dem zentralen Kaiserslauterner Platz »Pfalzviertel«.

PERLACH

Die Kelten waren da. Das ist sicher, denn im Bereich des Neuen Friedhofs finden sich noch heute die Umrisse einer Viereckschanze aus der Zeit um 500 v. Chr. Ob die Kelten blieben und sich später mit den einwandernden Bajuwaren vermischten, bleibt im Dunkel der Geschichte. Vermutlich waren es schließlich Siedler aus Giesing, die sich im 7. Jh. ostwärts wagten und draußen am Bärenwald niederließen. Ihr Gräberfeld wurde bei Bauarbeiten zwischen Ottobrunner, Weddigen- und Schmiedbauerstraße entdeckt. Seitdem war Perlach dauerhaft besiedelt. Eine Urkunde bringt dann die erste schriftliche Kunde von Perlach. Da überließen der Giesinger Priester Icho und sein Neffe Kerolt dem Freisinger Bischof einen Hof in »Peralohc«. Das genaue Jahr dieser Urkunde ist ungewiss, vermutlich stammt sie von 790, sicher ist nur der genaue Tag, nämlich der 14. Juli. Eindeutig datierbar ist hingegen der zweite Hinweis auf Perlach aus dem Jahr 831, als eine edle Dame namens Oata ihr Anwesen samt den Leibeigenen dem Freisinger Hochstift schenkte. Weitere Schenkungen in den

Erstnennung vermutlich am 14. Juli 790 als »Peralohc«
Namensbedeutung Bärenwald von pera/bero/pero/ber = Bär/Eber [mit Bär ist wahrscheinlich der Saubär, also das männliche Wildschwein gemeint] und »lohe« = lichter Wald; seit 02. Februar 1972 unterscheidet man in Perlach und Neuperlach
Gemeindebildung 1818, mit Fasangarten
Eingemeindung 01. Januar 1930
Lage alter Ortskern um die Pfarrkirche St. Michael, Pfanzeltplatz

Perlacher Ortskern

Historische Bezirke
Ramersdorf
- Kustermannpark
- Mustersiedlung Ramersdorf
- Neuramersdorf
- Pfalzviertel

Perlach
- Fasangarten
- Neuperlach
- Perlachseck
- Perlachsoed
- Perlachswart
- Siedlung am Hochwald
- Waldperlach

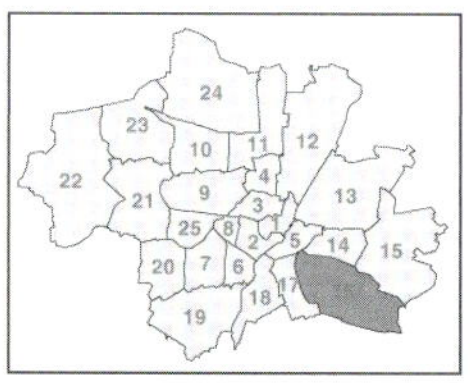

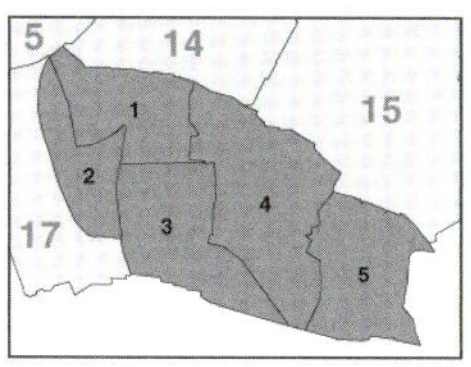

Offizielle Bezirksteile
1 Ramersdorf
2 Balanstraße-West
3 Altperlach
4 Neuperlach
5 Waldperlach

16

folgenden Jahrhunderten zeigen, dass der Perlacher Grund vor allem den Bischöfen von Freising sowie den Klöstern Tegernsee und Schäftlarn gehörte. Natürlich brauchte ein Ort in geistlicher Hand auch eine Kirche. Um das Jahr 1020 ist St. Michael erstmals erwähnt. Das romanische Gotteshaus wurde aber 1728 abgerissen und durch den heute noch erhaltenen barocken Neubau ersetzt. Nur zwei gotische Heiligenfiguren überlebten die Barockisierung.

Schon früh gab es zwei Perlachs, ein Oberdorf und ein Unterdorf. Das ältere Unterdorf kuschelte sich wie ein Haufen um die Michaelskirche am Pfanzeltplatz, die geordnet nebeneinander aufgereihten Höfe des Oberdorfs erstreckten sich entlang des Hachingerbachs nach Süden. Mit der Gründung Münchens änderten sich die Besitzverhältnisse im Ort grundlegend. In Perlach kreuzten sich große Handelsstraßen, die für den lukrativen Salzhandel wichtig waren. Die bayrischen Herzöge trachteten daher danach, Perlach schnellstmöglich unter ihre Kontrolle zu bringen, was ihnen im 13. Jh. schließlich gelang. Reiche Münchner Bürger kauften sich nun Land und Höfe im Ort. Um 1500 herum zählte Perlach rund 70 Anwesen und hatte für die umliegenden Dörfer eine entscheidende Bedeutung. Denn hier saß der Amtmann des Landgerichts Wolfratshausen. Hatten Truderinger, Giesinger, Bogenhauser oder Riemer Behördengänge zu erledigen oder einen Gerichtsprozess vor sich, mussten sie sich auf den mitunter beschwerlichen, stundenlangen Weg nach Perlach machen.

Die Kurfürsten sorgten schließlich dafür, dass in Perlach verschiedene kleinere Gerichtsorte entstanden. Sie vergaben Edelsitze und Hofmarken mit niederer Gerichtsbarkeit an privilegierte Höflinge. Zunächst überließ Kurfürst Max Emanuel einer gewissen Dorothea Loferer, Kammerfrau seiner Schwester, zwei Anwesen in Perlach und gab ihr gleich die Gerichtsbarkeit obendrein. Die Loferer nannte ihren Edelsitz Perlachsort. Doch schon ihr Sohn konnte den Besitz nicht halten. Nach mehreren Besitzerwechseln kam Perlachsort wieder an den Kurfürsten, der es umgehend weiter veräußerte. Nun diente das Schloss mehreren reichen Münchner Patriziern als Kapitalanlage, bis schließlich der Hofbankier Jakob von Hirsch auf Gereuth die Hofmark 1812 erwarb. Perlachsort verlor seine Bedeutung, denn die Gerichtsbarkeit wurde aufgehoben, das Anwesen hieß fortan Jagdschlössl. Heute steht hier das (inzwischen privatisierte) Kreiskrankenhaus an der Schmidbauerstraße 44.

Neben Perlachsort entstanden auch die Edelsitze Perlachsoed, Perlachswart und Perlachseck. Sie erlebten häufige Besitzerwechsel, denn sie dienten Hofbeamten als Steigbügel, um als Hofmarksherren in den Landadel aufzusteigen und endlich wer zu sein. Sich einen Adelstitel kaufen, ist also kein Phänomen unserer yellowpress-süchtigen Zeiten. Die Reformen unter Minister Montgelas machten der Hofmarkherrlichkeit ein Ende. Bauern konnten nun ihren Grund und Boden selbst erwerben und eigenverantwortlich bewirtschaften. Die Reformen brachten es auch mit sich, dass man nicht mehr katholisch sein musste, um sich in Kurbayern niederlassen zu können. 1817 kauften sich die ersten Protestanten in Perlach ein, schon zwei Jahre später lebten 100 »Falschgläubige« im Ort, was hauptsächlich den katholischen Pfarrer auf die Palme bringt, während die alteingesessenen Perlacher sich schnell mit den Neulingen verheiraten und verschwägern. Bis sie allerdings eine eigene Kirche bekamen, dauerte es Jahrzehnte, denn König Ludwig I. sah sich als Verteidiger der wahren Katholizität und verhinderte evangelische Kirchenbauten, so gut er konnte. Erst 1847 begannen die Bauarbeiten zur evangelischen St. Peter-Kirche, die heute die älteste erhaltene protestantische Kirche im Stadtgebiet Münchens ist.

In jener Zeit begann Perlach kräftig zu wachsen, von 644 Einwohnern im Jahr 1840 auf 1.225 im Jahr 1890. Kurz vor dem Ersten Weltkrieg ersuchte die Gemeinde Perlach mit ihren nun 2.400 Bewohnern erstmals die Stadt München um Eingemeindung. München lehnte ab. Die Ursache für Perlachs sprunghaft gewachsene Bevölkerung: Viele Arbeiter aus den Ziegeleien und Fabriken der Nachbarorte wohnten in Perlach oder den neuen Siedlungen Fasangarten, Michaeliburg und Waldperlach. Dem Wandel vom Bauerndorf zur Arbeiterhochburg verdankte Per-

lachs Geschichte dann ihr düsterstes Kapitel: Während der brutalen Wirren der Räterepublik im Frühjahr 1919, die ganz München in ein Schlachtfeld verwandelten, wurden zwölf Perlacher Männer ohne Vorwarnung vom rechtsgerichteten Freikorps Lützow verhaftet und zum Hofbräukeller in Haidhausen verschleppt. Was man ihnen vorwarf, wurde nie geklärt, offenbar waren sie von anderen Perlachern denunziert worden. Einige der Männer waren Sozialdemokraten, das schien auszureichen. Ohne Gerichtsverhandlung wurden die Zwölf erschossen und anschließend vom Exekutionskommando ausgeraubt. Die Männer hinterließen zehn Frauen und 46 Kinder. Die Justiz, schon damals auf dem rechten Auge blind, stellte die Täter nie vor Gericht.

Ein Jahr nach der Tragödie bat Perlach erneut um Eingemeindung. Wieder lehnte München ab. Erst 1930 endete die kommunale Selbständigkeit, das Dorf wurde Teil Münchens. Auch nach dem Zweiten Weltkrieg, den Perlach relativ unbeschadet überstand, blieb die dörfliche Struktur in großen Teilen weiter erhalten. Viele Bauernhöfe und stolze 77 Gärtnereien prägten das Ortsbild. Bis dann 1961 die Planungen für eine gigantische neue Trabantenstadt begannen. Die großen unbebauten Ackerflächen und Wiesen der Perlacher Bauern schienen dafür ideal. 1967 rollten die ersten Bagger, um die »Entlastungsstadt« Neuperlach für 55.000 Einwohner aus dem Boden zu stampfen. Seitdem setzen viele Münchner das beschauliche Perlach irrtümlich mit Neuperlach gleich. Es gibt heute zwar keine Bauern mehr und aus den einst zahlreichen Großgärtnereien wurden einige noch größere Gartencenter, doch Perlach hat bis heute rings um den Pfanzeltplatz seinen alten ländlichen Charme behalten.

Fasangarten

siehe Stadtbezirk 17 • Obergiesing-Fasangarten

Neuperlach

Römische Legionäre und germanische Kämpfer prallen aufeinander, Schwerter und Helme blitzen in der Sonne. Bald ist der Boden getränkt vom Blut der Gefallenen – die letzte Entscheidungsschlacht zwischen Römern, die sich aus Bayern zurückziehen, und den Bajuwaren tobt. So berichtet es zumindest der bayrische Geschichtsschreiber Aventin in seiner Chronik. Austragungsort der Schlacht: die Perlacher Haid.

St. Michael in Perlach

Kontrastprogramm: Perlach und Neuperlach

Woher Aventin die Informationen hatte, sei dahingestellt, fest steht, dass diese Schlacht nie stattgefunden hat. Die Perlacher Haid hingegen gab es tatsächlich, eine karge Heidelandschaft, die nur an ihren Rändern besiedelt war.

Erst nach dem Zweiten Weltkrieg geriet das Gebiet ins Visier der Stadtplaner. München benötigte dringend neuen Wohnraum, der Stadtrat beschloss den Bau von »Entlastungsstädten«, wofür die Perlacher Haid ideal schien. Der junge Berliner Architekt Bernt Lauter gewann den ausgeschriebenen Wettbewerb. Sein Entwurf sah einen gewaltigen Ring aus bis zu 18-geschossigen Wohnblöcken für insgesamt 80.000 Einwohner vor. Bis zur Grundsteinlegung 1967 wurde der Plan jedoch so oft modifiziert, dass sich Bernt Lauter schließlich von dem Projekt distanzierte. Schon ein Jahr später konnten die ersten Wohnungen in Neuperlach-Nord bezogen werden und Ende 1971 hatte das neue Stadtviertel bereits 18.000 Einwohner. Unter der Federführung der Neuen Heimat Bayern gingen die Bauarbeiten zügig weiter. Zur deutlichen Unterscheidung von Altperlach und Waldperlach beschloss der Stadtrat 1972, die neue Siedlung Neuperlach zu nennen. Im gleichen Jahr nahm das Klinikum Neuperlach seine Arbeit auf. Ende 1976 waren 14.300 Wohneinheiten fertig und die Trabantenstadt wuchs auf 38.000 Einwohner. Ein Jahr später begannen die Arbeiten am ökumenischen Kirchenzentrum in Neuperlach-Mitte. 1980 erfolgte der Spatenstich zum ersten Bauabschnitt von Neuperlach-Süd.

Schloss Perlachsoed

Neuperlach ist heute mit seinen rund 55.000 Einwohnern die größte westdeutsche Satellitenstadt. Spätestens seit die Komiker Erkan Maria Moosleitner und Stefan Lust als unterbelichtete Blödelprolls aus Neuperlach und dem Hasenbergl die deutschen Comedy-Bühnen und TV-Schirme eroberten, kennt man Neuperlach bundesweit und die »Kanaksprak« des Duos, eine wilde Mischung aus künstlichem türkischem Akzent, Pseudobayrisch und englischem Slang, ist der Slang einer ganzen Jugendgeneration. Dass sich hinter den beiden in Wahrheit keine Münchner Assos sondern die Schauspieler John Friedmann und Florian Simbeck verbargen, sei nur am Rande erwähnt. Neuperlach genießt noch immer bei vielen Münchnern keinen sonderlich guten Ruf, fast vergleichbar mit dem Hasenbergl. Es leidet unter den Problemen aller aus dem Boden gestampfter Trabantenstädte der Nachkriegszeit. Teile des Viertels sind geprägt von sozialen Problemen, Ghettobildung, einem hohen Migrantenanteil, Jugend- und Drogenkriminalität. Trotz vieler Grünflächen, einem großen Einkaufszentrum und einer hervorragenden Infrastruktur fehlt es dem Viertel an Atmosphäre, so die Kritiker.

Die größte und schönste Grünfläche Perlachs ist übrigens der Ostpark, für den 1969 die Arbeiten im Norden Neuperlachs begannen. Seit 1982 ist der Ostpark mit einer Gesamtfläche von 56 ha die grüne Lunge des Münchner Südostens.

Perlachseck

Landschaftskanzler Karl Anton von Barth erwarb Ende des 18. Jh. das Anwesen des Münchner Bürgermeisters Michael Adam von Bergmann, ließ den Hof abreißen und errichtete sich 1790 sein Schloss, heute Putzbrunner Straße 3. Kurfürst Karl Theodor erhob Perlachseck schließlich zur Hofmark. Zu Perlachseck gehörten ein ganzer und zwei halbe Höfe. Die Besitzer wechselten häufig, die Gerichtsbarkeit ging schnell verloren, ebenso der Name. Aus Perlachseck wurde der Strixner Hof. Prominentester Bewohner von Perlachseck: Der Physiker Carl August von Steinheil, der hier auf dem väterlichen Gutshof seine Jugendjahre verbrachte.

Perlachsoed

Am 12. März 1696 erwarb der Geheimsekretär und spätere Statthalter Johann Sebald Neusönner große Ländereien in Perlach. Knapp ein Jahr später, am 17. Januar 1697, verlieh Kurfürst Max Emanuel Perlachsoed das Privileg, gefreiter Adelssitz und Hofmark mit niederer Gerichtsbarkeit zu sein. Flugs begann Neusönner mit dem Bau eines repräsentativen Schlosses. 1727 wurde Perlachsoed, nach seinem Erbauer auch Neusönner Schloss genannt, erweitert. Seine Zeit als Hofmark endete 1806, als ein Bierbrauer aus Markt Schwaben das Schloss erwarb. Von den Stallungen und Wirtschaftsgebäuden, die einst das Schloss umgaben, steht heute nur noch das Gesindehaus. Schloss Perlachsoed an der Fasangartenstraße 3 wurde 2008/09 saniert, es ist in Privatbesitz und kann nicht besichtigt werden.

Perlachswart

Gräfin Anna Maria von Hörwarth kaufte 1748 einen ganzen und einen halben Hof in Perlach und bat Kurfürst Max III. Joseph, das Anwesen zur Hofmark zu erhe-

ben. Der Kurfürst kam dem Ansuchen nach. Die Gräfin konnte sich allerdings nicht lange an dem Gut erfreuen, sie starb ein Jahr später. Der Erbe, ihr Bruder Maximilian Graf von Preysing, verpasste dem Schlösschen den Namen Perlachswart. Die Endung »-wart« sollte wohl auf Hörwarth anspielen. 1817 verkauften die Preysings das Schloss an die Familien Riedel und Disque, die aus der Pfalz stammten und Protestanten waren. Perlachswart wurde zum Ausgangspunkt der Perlacher Protestanten-Ansiedlung. Der Gutshof an der Ottobrunner Straße 142/144 steht heute nicht mehr, er wurde 1967 abgebrochen.

Siedlung am Hochwald

Bei der Suche nach neuen Siedlungsgebieten für Kleinhausbauten des nationalsozialistischen Wohnungsbauprogramms rückte auch das Gebiet am Perlacher Wald zwischen Balan-, Lauensteinstraße und Bahnlinie ins Blickfeld. Innerhalb von zwei Jahren entstand ab 1935 ein kleines Quartier aus Ein- und Zweifamilienhäusern mit Gärten zur Selbstversorgung. Von den ursprünglich winzigen Siedlungshäusern sind heute nur noch wenige erhalten.

Waldperlach

Mitten im tiefen Wald findet man Ruhe und Entspannung – besonders wenn man zuvor den anstrengenden Militärdienst absolviert hat. So dachten die Verantwortlichen und richteten 1911 ein »Waldheim« für ehemalige Angehörige des kgl. Infanterie-Leibregiments ein. Schnell setzte sich der Name »Leiberheim« durch und ebenso schnell begannen die Erholungssuchenden, den umliegenden Wald für ihre Wochenendhäuschen zu roden. Der findige Bauunternehmer Matthias Grundler parzellierte den Wald und bewarb die Gegend als idealen Standort für eine neue Gartenstadt. Aus Wochenendhäusern wurden schnell feste Wohnsitze. 1917 lebten 27 Kolonisten dauerhaft in der Siedlung. Nur drei Jahre später, als die »Freie Interessenvereinigung Wald-Perlach« gegründet wurde, wohnten bereits 100 Familien im Wald. Die Siedlergemeinschaft beantragte bei der Gemeinde Perlach den Namen Wald-Perlach, was Perlach rundweg ablehnte, da man keine besondere Beziehung zwischen dem Dorf und der Kolonie sah. Inzwischen war ein Wasserturm zur Versorgung mit dem kostbaren Nass erbaut worden. Erst 1928 bekam Waldperlach offiziell seinen Namen.

Bei der Eingemeindung Perlachs nach München im Jahr 1930 zählte Waldperlach bereits 175 Häuser mit rund 700 Einwohnern. 1944 wurde die Idylle der Gartenstadt empfindlich gestört, als man 175 Behelfsheime für Ausgebombte an der Salzmannstraße errichtete. Die erbärmlichen Baracken nannte der Volksmund nach dem Leiter der Deutschen Arbeiterfront Robert Ley verächtlich »Ley'sche Hundehütten«. Die Baracken verschwanden wenige Jahre nach Kriegsende. Es entwickelte sich ein eigenes Gartenstadt-Viertel mit Kirchen, Kindergärten und allen nötigen Infrastruktureinrichtungen, das im Süden nahtlos in die Gartenstadt Neubiberg übergeht. Der alte Wasserturm wurde 1980 zum Kirchturm der evangelischen Jubilate-Kirche umgebaut. Mittlerweile leben über 8.000 Menschen hier. Langsam verliert Wald-

Ramersdorf-Perlach in Zahlen
Einwohner 104.737
Fläche 1.988,11 ha
Ärzte 116
Volksschulen 17
Realschulen 4
Gymnasien 2
Theater 2
Tourismusbetriebe 11

perlach aber seine Weitläufigkeit, da die einzelstehenden Villen inmitten der großen Gärten abgerissen und durch Mehrfamilienhäuser ersetzt werden. Das alte »Leiberheim« zählt heute noch zu den beliebtesten Biergärten Münchens.

Zuletzt geriet Waldperlach 2011 in die Schlagzeilen der Weltpresse, weil hier jahrelang der im Februar 2011 angeblich getötete Saif al-Arab Gaddafi, Sohn des libyschen Diktators Muammar al-Gaddafi, mit seiner Entourage in einer Luxusvilla lebte.

Zum Selbst-Erkunden:

Und sonst:

1. Altperlacher Ortskern, *mit zahlreichen alten Bauernhöfen*
2. Forschungsbrauerei, *Unterhachinger Str. 76*
3. Leiberheim, *Biergarten, Nixenweg 9*
4. Michaelibad, *Heinrich-Wieland-Str. 24*
5. Mustersiedlung Ramersdorf
6. Neuer Südfriedhof, *Hochäckerstr. 90*
7. Ostpark
8. PEP, *Einkaufszentrum, Ollenhauerstr. 6*
9. Schloss Perlachseck, *Putzbrunner Str. 3*
10. Schloss Perlachsoed, *Fasangartenstr. 3*

Museen:

1. MVG Museum, *Ständlerstr. 20*

Gotteshäuser (Auswahl):

1. Heiliger Märtyrerkönig Jovan Vladimir *(serb.-orth.), Putzbrunner Str. 49*
2. St. Michael *(kath.), Pfanzeltplatz 1*
3. St. Peter *(ev.), älteste erhaltene evang. Kirche im Münchner Stadtgebiet, Sebastian-Bauer-Str. 21 (Abb.)*
4. Wallfahrtskirche Maria Ramersdorf *(kath.), Aribonenstr. 9*

GIESING (Ober- und Untergiesing)

Giesing genoss noch vor wenigen Jahren einen denkbar schlechten Ruf und der hatte Tradition. Schon 1879 schrieb nämlich das Münchner Fremdenblatt: »Giesing hat eine Gemeinschaft mit allen orientalischen Städten, nämlich: man soll sie von Weitem anschauen, aber nicht hineingehen.« Wer sich dennoch hineinwagte, fand sich in einem einfachen Arbeiterviertel mit schmutzigen Fassaden wieder, ein Aschenputtel jenseits der Isar, das Münchner großräumig mieden. Dabei hatte Giesing eine stolze Tradition als eines der größten Dörfer im Münchner Umland und es ist viel älter als die Stadt, die es erst zur Vorstadt und dann zum Stadtteil machte. Am 14. Juli 790 schenkten der Priester Ihcho und sein Neffe Kerolt »ihr eigenes Erbgut an die Freisinger Kirche, die sie besitzen an dem Ort Kyesinga, und zwar vollständig«. Diese Schenkung ist die erste schriftliche Erwähnung Giesings. Das Dorf muss damals schon eine beachtliche Größe gehabt haben, wie die 303 bajuwarischen Reihengräber mit ihren reichhaltigen Grabbeigaben aus der Zeit zwischen 580 und 730 belegen, die man an der Ecke Tegernseer Land-/Ichostraße fand.

Erstnennung 14. Juli 790 als »Kyesinga«
Namensbedeutung Siedlung des Kyeso/Kyso; noch im 19. Jh. wurde der Name allerdings von den Geißen (Ziegen) abgeleitet
Gemeindebildung 1818 (Ober-)Giesing, mit den Ortsteilen Birkenleiten, Falkenau, Harlaching, Hellabrunn, Lohe, Menterschwaige, Papiermühle, Pilgersheim, Siebenbrunn, Stadelheim, Soyerhof, Warthof; Untergiesing war seit 1814 Teil der Vorstadt Au
Eingemeindung 01. Oktober 1854 mit Verleihung des Titels »Vorstadt Giesing«
Lage alter Ortskern auf dem Giesinger Berg zwischen Pfarrkirche Heilig-Kreuz und evangelischer Martin-Luther-Kirche

Auf Giesinger Grund lag auch die älteste Mühle Münchens, die Schrafnagel- oder Bäckermühle. Der Auermühlbach, der früher gerechterweise zum größten Teil Giesinger Mühlbach hieß, da er seine längste Strecke durch Giesing fließt, betrieb vermutlich schon im 7. Jh. die Räder der Bäckermühle am Candidplatz. 957 schenkte ein Edler namens Wolftregil diese Mühle dem Freisinger Hochstift. Nach einigen Besitzerwechseln überließ ein Edelmann von Ast die Mühle samt dem »Lehen im Dorf auf dem Berge« (also Giesing) dem Kloster Schäftlarn. Die Mühle unterstand wie das benachbarte Dorf Lohe der Pfarrei Bogenhausen und dem Landgericht Wolfratshausen. Nach der Säkularisation kam die Mühle in privatwirtschaftliche Hände und wurde zur Kunstmühle umgebaut. 1894 übernahm sie die Münchner Bäckerinnung. Bis 1972 wurde hier noch Mehl gemahlen, dann stellte man den Betrieb ein und riss Münchens älteste Mühle ab. Auf dem Gelände entstand ein großer Bürokomplex, in dessen Schatten versteckt das kleine Kraftwerk Bäckermühle heute noch an die historische Bedeutung des Ortes erinnert.

Über die mittelalterliche Geschichte Giesings ist wenig bekannt. Im 12. und 13. Jh. finden sich Hinweise auf einen Edelsitz derer »von Giesingen«, der in Untergiesing gelegen haben muss. Den Edelsitz kaufte 1403 Herzog Ludwig der Gebartete von Ingolstadt, der mit seinen Münchner Verwandten einen erbitterten Krieg um die Herrschaft in Bayern austrug. Ludwig wollte von Untergiesing aus seine Fehde mit den Vettern austragen – und unterlag, die Münchner siegten und übernahmen Untergiesing. Aus dem Rittersitz wurde später Marquartskreuth *(siehe Stadtbezirk 5 • Haidhausen-Au)*.

Das Bauerndorf Giesing geriet schnell immer mehr unter den Einfluss der dicht besiedelten Au. Den kleinen Weiler Untergiesing nördlich der Heilig-Kreuz-Kirche sah man sowieso als Teil der Au an. So bekam die Au auch die erste Schule der Gegend und die Giesinger mussten von 1560 bis ins Jahr 1800 ihre Kinder hinunter in die Au schicken. Gleichwohl blieb die Kirche Heilig-Kreuz oben am Berg, eine Filialkirche von Bogenhausen, zunächst das seelsorgerische Zentrum für beide Orte. Das änderte sich erst, als Kurfürst Maximilian I. die Au und Giesing von der Pfarrei Bogenhausen trennte und die Pfarrei Au gründete. Nun unterstand Heiligkreuz der Auer St.-Borromäus-Kirche. Wenn es aber galt, die Toten zu bestatten, kamen die Auer hinauf zum Friedhof der Giesinger Kirche. Der musste ständig erweitert werden, bis die Au und Untergiesing 1817 endlich einen eigenen Friedhof hinter dem Nockherbergbiergarten bekamen. Ab 1876 mussten dann alle Giesinger ihre Toten auf dem Auer Friedhof beerdigen, aus dem der heutige Ostfriedhof hervorging.

Giesings Ansehen bekam schon sehr früh einen gewaltigen Knacks – weniger durch die erbärmlichen Herbergen in der Lohe, sondern durch das »Narrenhaus«, das 1692 am Kolumbusplatz eröffnete. Ursprünglich war es ein Krankenhaus für Hofbedienstete mit ansteckenden Krankheiten. Ende des 18. Jh. suchte man nach besseren Unterbringungsmöglichkeiten für die »Tollsinnigen«, die man bisher in Gefängnissen weggesperrt hatte. So baute man 1802 das Hofkrankenhaus zum kurfürstlichen Irrenhaus um. Im Volksmund wurde »Giesing« damit gleichbedeutend für Klapsmühle, so wie heute »Haar«. Das änderte sich auch nicht, als die ständig überfüllte Irrenanstalt 1859 schloss. Das Gebäude wurde dann wieder als Krankenhaus genutzt und schließlich abgerissen. 1897 eröffnete in einem Neubau die Kolumbusschule, die im Krieg zerstört wurde. Auf dem Gelände steht heute ein Wohnhaus mit Kindergarten.

Der Wandel des alten Giesing vom Bauerndorf zur Vorstadt vollzog sich kurz nach der Gemeindebildung 1818. Seit Jahrhunderten hatte das Dorf ziemlich konstant aus etwas mehr als 20 Höfen bestanden (1574: 21 Höfe, 1812: 24). Nun war Giesing sprunghaft gewachsen, von rund 700 Bewohnern im alten Dorfkern auf über 2.200 Einwohner, die vor allem in den Quartieren unten am Berg lebten. Die verschiedenen Ortsteile ober- und unterhalb des Hangs – oben Giesing, Soyerhof, Warthof, Stadelheim, Harlaching, Menterschwaige; unten Lohe, Falkenau, Birkenleiten, Pilgersheim, Hellabrunn und Siebenbrunn – waren nur über eine extrem steile, gefährliche Straße mit Haarnadelkurve mit dem Zentrum Altgiesing verbunden. Durch den Bau der Wittelsba-

17 • OBERGIESING FASANGARTEN

Heiligkreuz am Giesinger Berg

Ostfriedhof

Schule in der Amerikanischen Siedlung

Historische Bezirke
Giesing

- Amerikanische Siedlung
- Fasangarten
- Feldmüllersiedlung
- Lerchenheim
- Obergiesing
- Siedlung am Perlacher Forst
- Stockwerksiedlung Walchenseeplatz
- Stadelheim
- Warthof

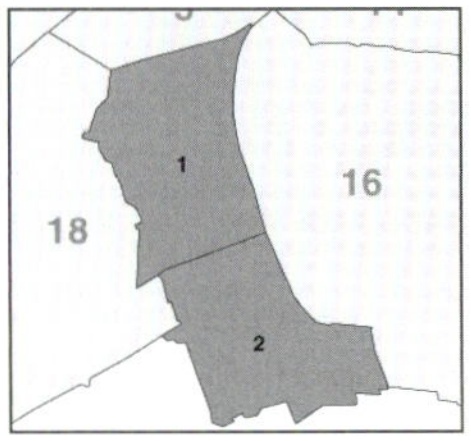

Offizielle Bezirksteile
1 Obergiesing
2 Südgiesing

17

cherbrücke war Giesing nun mit der Isarvorstadt verbunden. Die ersten Ansätze zum verkehrsgerechten Ausbau des Giesinger Bergs gab es schon im frühen 19. Jh, die erste große Regulierung erfolgte 1861, dann eine umfangreichere 1892, in deren Zug auch die alte Pfarrkirche dem Verkehrsweg geopfert wurde. Erst als die Steigung von ursprünglich 12 % auf 4 % abgemildert war, konnte der Giesinger Berg gefahrenlos befahren werden. Ab 1896 fuhr sogar die Straßenbahn den Giesinger Berg hinauf. 1934 kam dann das endgültige Aus für den historischen Ortskern: Der Giesinger Berg wurde direkt mit der Grünwalder Straße verbunden. Für die mehrspurige Ausfallstraße riss man im Dorfkern des alten Giesing die Bauernhöfe weg. Heute steht an der verkehrsumtosten Kreuzung zwischen Heiligkreuzkirche und Martin-Luther-Kirche nur noch der Hauserbauernhof, Silberhornstraße 2, seit 1812 im Besitz der Familie Knoll, Giesings letzter Bauernhof, der 1954 den landwirtschaftlichen Betrieb einstellte.

Mit der Eingemeindung von Giesing, Haidhausen und der Au im Jahr 1854 wuchs München auf über 100.000 Einwohner. Giesing selbst explodierte geradezu: Im Jahr 1900 lebten hier schon 25.218 Menschen, vor allem in den neuen Siedlungsgebieten zwischen Ostfriedhof und Wirtstraße sowie im neuen Untergiesing zwischen Humboldtstraße und Candidplatz. Wegen des Bevölkerungsanstiegs wurde es Zeit, eine neue, große Kirche zu bauen. Direkt neben dem alten Dorfkirchlein entstand die 1886 geweihte, neugotische Heilig-Kreuz-Kirche. Kurz danach setzte der Wohnungsbau im großen Stil ein. Zunächst entstanden schlichte zweigeschossige Vorstadthäuser, dann mehrstöckige Mietshäuser im Stil des Historismus für die Arbeiter, die vor allem in der Untergiesinger Lederfabrik, der Maschinenschlosserei, bei den Mühlen oder in der Stadtgärtnerei beschäftigt waren. Sie gründeten Giesings Ruf als Arbeiterviertel. Um die Jahrhundertwende hatte Giesing die billigsten Mieten Münchens und zählte neben der Schwanthalerhöhe zu den ärmsten Bezirken.

Als Arbeiterhochburg geriet Giesing unmittelbar in den Strudel der Revolution von 1918 und der Räterepublik. Nicht nur, dass Bayerns erster Ministerpräsident Kurt Eisner kurzzeitig wegen revolutionärer Umtriebe in Stadelheim einsaß und nach seiner Ermordung unter gewaltiger Anteilnahme auf dem Ostfriedhof beerdigt wurde, Giesing selbst war heiß umkämpft. Am alten Giesinger Wegkreuz an der Tela-Post richteten die rechtsgerichteten Freikorps unter den »Roten« ein Massaker an. 61 Anhänger der Räteregierung wurden hier standrechtlich erschossen. Eine Gedenksäule erinnert heute an die Toten. Giesing blieb rot, eine Hochburg der Kommunisten und Sozialdemokraten, sehr zum Unbill der aufkommenden Nationalsozialisten, die vor der Machtübernahme nicht nur einmal vom Mob durch die Straßen geprügelt wurden.

In den späten 1920er Jahren begannen dann die gemeinnützigen Wohnungsbaugesellschaften mit dem Errichten großer Mietsblöcke, so zum Beispiel zwischen Tegernseer Landstraße und Giesinger Bahnhof oder auf dem mittlerweile stillgelegten Gelände der Lederfabrik an der Pilgersheimerstraße. In jenen Jahren siedelte sich auch ein weiterer großer Arbeitgeber in Giesing an: die Agfa Camerawerke, deren ehemaliges Betriebsgelände ab 2010 mit Wohn- und Gewerbeeinheiten sowie einem neuen Hochhaus neu bebaut wurde.

Nach dem Zweiten Weltkrieg erlebte Giesing eine neue große Bauphase, die größtenteils wieder in den Händen der Wohnungsbaugesellschaften lag. So errichtete die Neue Heimat zwischen 1953 und 1958 zwischen Giesinger Bahnhof und Stadelheim ein komplett neues Giesing mit 71 mehrstöckigen Gebäuden, Postamt, Stadtbücherei, Kindergarten, Schule und Gaststätte. Am Rand des Perlacher Forsts entstand die Amerikanische Siedlung für die Angehörigen der US-Streitkräfte, die zunächst in beschlagnahmten Häusern in Harlaching untergebracht waren – die Amerikaner brachten Giesing übrigens auch Deutschlands erstes McDonald's Restaurant. Rings um den Wettersteinplatz bildete sich durch die verstärkte Bebauung in den 1960er Jahren ein zweites Giesinger Zentrum. In Untergiesing siedelte sich nach dem Krieg der Leuchtmittelhersteller Osram an, nicht zu-

Münchenstift am St. Martins-Platz

Altes Forsthaus im Fasangarten

letzt deshalb wuchs die Bebauung beiderseits der Schönstraße bis hinunter nach Hellabrunn.

Einige Teile Giesings erlebten in den letzten Jahren einen enormen Aufschwung als attraktive Wohngegend. In Obergiesing ist besonders das erhaltene Altbauviertel zwischen Ostfriedhof und U-Bahn Silberhornstraße renoviert – nicht selten luxussaniert – worden und zieht junge Gutverdiener an. Untergiesing, vor allem rings um den Kolumbusplatz, mausert sich nicht zuletzt wegen der Isarnähe zu einem neuen In-Viertel.

Ein wichtiger Identifikationsfaktor Giesings ist der Fußball – schließlich ist auch der »Kaiser« Franz Beckenbauer ein Giesinger, der seine ersten Erfolge beim SC 1906 am Martinsplatz feierte. Vor allem aber gehören die Sechzger, die Löwen vom TSV 1860 München, zum Viertel. Schräg gegenüber des Wettersteinplatzes thront das Sechzgerstadion, das zwischen 1911 und 1926 gebaut wurde. Von 1963 bis 1972 fanden im Sechzgerstadion die Bundesliga- und Europapokalspiele der Löwen, aber auch des FC Bayern München statt. Allgemein gelten nur die Löwen bei ihren Fans als Giesinger, wobei sie ursprünglich mitten aus dem Glockenbachviertel stammen. Der TSV 1860 hatte noch bis 1987 seine Hauptgeschäftsstelle in der Auenstraße. Ab 1899 trainierten die Löwen auf der Schyrenwiese in Untergiesing, wechselten dann auf eine Wiese am Alpenplatz, bevor sie an die Grünwalder Straße zogen. Gleich ums Eck, in der Säbener Straße und damit offiziell in Neuharlaching, ist seit 1945 der FC Bayern München ansässig. Bombenschäden vertrieben damals die Bayern aus ihrer Schwabinger Heimat. Sie fanden ein neues Trainingsgelände auf dem Areal des Sportvereins der bayerischen Hypotheken- und Wechselbank von 1926.

Amerikanische Siedlung

Ihren Wohnraumbedarf deckte die US-Besatzungsmacht nach dem Zweiten Weltkrieg meist durch Beschlagnahmungen. So zäunte die Army fast ganz Harlaching ein, weil es als Wohngebiet für Angehörige der Streitkräfte beschlagnahmt wurde. Um endlich vernünftige Unterkünfte für US-Soldaten und ihre Familien zu schaffen, wurde zwischen 1953 und 1956 die amerikanische Siedlung am Perlacher Forst nahe der McGraw-Kaserne errichtet. Bauherrin und Grundstückseignerin war die Bundesrepublik Deutschland, die für das Projekt einen Quadratkilometer Wald abholzen ließ. Damit sich die ca. 8.000 unterzubringenden Amerikaner nicht allzu fremd fühlten, baute man die Siedlung zwischen Tegernseer Landstraße, Fasangarten- und Lincolnstraße und der Bahnlinie im amerikanischen Stil mit mehreren Wohnblocks, Einzel- und Doppelhäusern, breiten Straßen, ausgedehnten Parkplätzen, amerikanischen Lebensmittelläden, einer Tankstelle, einer Schule und einem US-Kino. Zuletzt eröffnete 1957 auch ein modernes US-Hospital, sodass das bis dahin von der US-Armee beschlagnahmte Schwabinger Krankenhaus wieder freigegeben werden konnte. Die komplette Abschottung der in München stationierten GIs verhinderte jedoch den Kontakt zur deutschen Nachbarschaft. Abhilfe schuf das 1956 erstmals veranstaltete, schnell äußerst beliebte deutsch-amerikanische »Little Oktoberfest«. Nach dem Abzug der US-Truppen führten private Unternehmer das Volksfest bis zum Jahr 2005 fort. Der Abzug der Army führte auch zu neuer Nutzung der Siedlung. Münchner Familien zogen ein, die ehemalige amerikanische Schule ist heute das Schulzentrum Perlacher Forst mit Grund-, Haupt- und Berufsschule (Cincinnatistraße 63). An die amerikanische Zeit erinnert die denkmalgeschützte Cafeteria im Schulkomplex. Das ehemalige US-Hospital wird heute vom Bundespatentgericht genutzt.
siehe auch Harlaching

Fasangarten

Der Fasangarten war, wie die anderen Fasanerien in München, eine Zuchtstation für Fasane, die dann bei Jagdgesellschaften von den Landesfürsten und ihren Gästen geschossen wurden. Der Fasangarten gehörte einst zu Perlach und entstand mit Sicherheit vor 1723, als er das erste Mal schriftlich erwähnt wird. In diesem Jahr starb der Fasanmeister Josef Kolbinger auf der Fasanerie Perlach. 1805 lohnte sich der Aufzucht-

Detail vom Münchenstift (li.); leider schon Geschichte: das alternative Kulturprojekt Puerto Giesing; die Giesinger Stadtbibliothek (o. r.); in der Feldmüllersiedlung sind noch Kleinbauten erhalten (u.)

Blick in die Untere Grasstraße (li.); der historische Teil von Stadelheim steht unter Denkmalschutz (Mi.); moderne Architektur am Tegernseer Platz (re.)

betrieb nicht mehr und wurde eingestellt. Im Gebäude lebten 1831 acht Einwohner, einige Jahre später diente die Fasanerie als königliches Forstamt. Ab 1928 entstand rings um das Forstamt eine zunächst wilde, später legalisierte Siedlung aus Einfamilienhäusern. Fasangarten wurde gemeinsam mit Perlach am 1. Oktober 1937 nach München eingemeindet. Der Stadtteil gehörte historisch nie zu Giesing, um seine Eigenständigkeit zu betonen, beschloss der Stadtrat 2009, den Stadtbezirk 17 in Obergiesing-Fasangarten umzubenennen.

Feldmüllersiedlung

Tagelöhner passten nicht ins alte Bauerndorf Giesing. Die sollten mal schön ihre billigen Herbergen unten in der Lohe bauen. Doch Theres Feldmüller plagten Geldsorgen. Die Wirtstochter aus Amerang hatte sich von ihrem Mann getrennt und mit dem Erbe ihres Vaters eine Landwirtschaft in Giesing gekauft, wo sie eine kleine Milchwirtschaft betrieb. Immer, wenn sie Geld brauchte, verkaufte sie Parzellen ihres Grundstücks hinter der Pfarrkirche Heilig-Kreuz, zwischen Icho-, Gietl- und Tegernseer Landstraße, an Tagelöhner und Handwerker. Zwischen 1840 und 1846 entstand so außerhalb des Giesinger Ortskerns die Feldmüllersiedlung mit ihren charakteristischen kleinen Häuschen und winzigen Gärten. Das Kleinsthausensemble ist zum Großteil bis heute erhalten und gilt als städtebaulich und sozialgeschichtlich über Münchens Grenzen hinaus bedeutend, weil es einen Einblick in die Wohnsituation Armer-Leute-Gebiete des 19. Jh. gibt. Die Feldmüllersiedlung unterscheidet sich von den wild gebauten Herbergssiedlungen in der Lohe, der Au und in Haidhausen dadurch, dass die Straßen planmäßig angelegt wurden. Die Siedlung wurde Mitte der 2000er Jahre umfassend saniert.

Obergiesing-Fasangarten in Zahlen
Einwohner 49.030
Fläche 571,63 ha
Ärzte 71
Volksschulen 7
Gymnasien 1
Kinos 1
Tourismusbetriebe 6

Lerchenheim

1778 erwarb die Gräfin Seissel d'Aix einen Anteil des alten Lerchenhofes in Obergiesing, der zwischen Ichostraße und Tegernseer Landstraße stand. Kurfürst Karl Theodor gewährte der Adelsdame die Gerechtigkeit für einen Edelsitz und zugleich das Recht, den Sitz Lerchenheim zu nennen. Der Adelssitz kam 1812 an eine Freifrau von Simmet, die vier Jahre später die Äcker und Wälder an Joseph von Utzschneider verkaufte. Utzschneider verleibte den Besitz seinem Gut Wartberg ein. Der Lerchenhof selbst kam an die Familie Rieger, die das Anwesen 1892 an die Stadt München verkaufte. Heute steht hier die Ichoschule.

OBERGIESING

mehr: siehe Giesing, S. 186

Das historische Obergiesing ist nicht ganz identisch mit dem heutigen. Die Unterscheidung nach »oben« und »unten« richtete sich damals nämlich nach dem Lauf der Isar. Also lag Untergiesing am unteren Lauf, Obergiesing am oberen Lauf des Flusses. Beide Giesing befanden sich aber auf der Anhöhe. Heute versteht man unter Obergiesing den kompletten Stadtteil auf der Anhöhe. Das alte Untergiesing kam 1814 zur Vorstadt Au. Das Gebiet des neuen Untergiesings zwischen Albanistraße und Hellabrunn ist historisch gesehen Obergiesing.

Siedlung am Perlacher Forst

Nahe am Perlacher Forst entstand ab 1932 beiderseits der Holtzendorffstraße die Reichskleinsiedlung am Perlacher Forst, eine Sozialbaumaßnahme für Arbeitslose. Größtenteils in Eigenarbeit wurden 96 sehr einfache Einfamilienhäuser mit 800 m^2 Gartenanteil zur Selbstversorgung erbaut. Ab November 1938 wurde die Siedlung noch erweitert.

Stadelheim

Bei Stadelheim denkt heute jeder sofort an das Gefängnis. Der Namensgeber, Joseph Stadler, hatte allerdings nur Landwirtschaft im Sinn, als er 1838 das Land von dem Haidhauser Privatier Joseph Sayler kaufte und einen Gutshof errichtete. Nach Stadlers Tod 1841 wechselten die Besitzer häufig. 1877 wurde ein Teil des Grunds entlang der Eisenbahnstrecke nach Deisenhofen an Gärtnereien verkauft. Die letzte Besitzerin von Gut Stadelheim, Christine Schreider, verkaufte das Anwesen 1889 an die Stadt München. Teile des historischen Stadelheims bilden heute den Friedhof am Perlacher Forst. Mit dem restlichen

Gelände hatte München etwas anderes vor. Weil die Innenstadtgefängnisse Anger, Baaderstraße und Lilienberg überbelegt und sowieso in desaströsem Zustand waren, reiften ab 1892 die Pläne für ein neues Zentralgefängnis. Als Bauplatz wählte man das Gut Stadelheim, weit vor den Toren der Stadt. 1894 eröffnete der Nordbau für 465 Gefangene. Sieben Jahre später entstand der Südbau. In dem Gefängnis fanden ab 1901 auch Hinrichtungen statt. Zu den prominentesten Opfern der Stadelheimer Henker gehörten die Mitglieder der Widerstandsbewegung Weiße Rose, die im benachbarten Friedhof am Perlacher Forst bestattet sind. Heute hat Stadelheim, das offiziell Justizvollzugsanstalt München heißt, eine Kapazität von 1.379 Haftplätzen.

Stockwerksiedlung Walchenseeplatz

Rund um den bereits existierenden Walchenseeplatz in Giesing plante die Gewofag eine neue Großsiedlung mit insgesamt 1.170 Wohnungen. Im Rahmen eines Arbeitsbeschaffungsprogramms für Architekten entwarfen mehrere Architekten (Fritz Landauer, Hans Atzenbeck, Max Schoen, Joseph Dürr, Hans Grünzweig und Fritz Männche) unter der Leitung von Carl Jaeger die einzelnen Häuser. Tatsächlich realisiert wurden zwischen 1927 und 1930 dann nur 870 Wohnungen mit 50 bis 100 m^2 Grundfläche sowie 25 Ladenlokale und eine Gaststätte. Langgestreckte, viergeschossige Wohnblöcke begrenzen die Siedlung zur Deisenhofener Straße im Norden und zur Perlacher Straße im Süden. Die Gebäude im Siedlungsinneren sind nach West und Ost ausgerichtet und ebenfalls vierstöckig. Fast alle Wohnungen verfügten über Bad, WC und Ofenheizung. Nur die kleinsten Wohnungen blieben badlos. Für deren Mieter gab es eine eigene Badeanstalt und eine mittlerweile abgerissene gemeinsame Waschküche.

Warthof

An der Stadelheimer Straße, zwischen Tegernseer Landstraße und Warthofstraße befand sich einst ein Rastplatz für Fuhrleute. 1823 erwarb Bürgermeister Joseph von Utzschneider das Gelände, verleibte es seinen umfangreichen Besitzungen in Giesing ein und erbaute ein Ökonomiegebäude. Utzschneider besaß schon den 1574 gegründeten Michelbauernhof, auf dem er die erste Zuckerfabrik Bayerns errichtete, und Lerchenheim. Vom Michelbauernhof aus verwaltete ein Ökonomieführer die Ländereien, die vom Giesinger Berg bis nach Stadelheim reichten. Nachdem Utzschneider bei einem Kutschenunfall am Giesinger Berg ums Leben kam, übernahm der Fabrikant Ludwig Knorr 1842 die Ökonomie. 1858 wurde ein Eduard Herzner Eigentümer von Gut Warthof. Er verkaufte es an das Ehepaar Joseph und Julia Spengel, die die landwirtschaftlichen Flächen parzellierten und als Baugrund weiterveräußerten. Den Hof vermachten die Spengels dem Evangelischen Waisenhausverein München, der dort ein Waisenhaus einrichtete. 1936 machte die NS-Verwaltung das Gelände zum Teil der Reichszeugmeisterei, aus der nach dem Zweiten Weltkrieg die McCraw-Kaserne hervorging.

Zum Selbst-Erkunden:

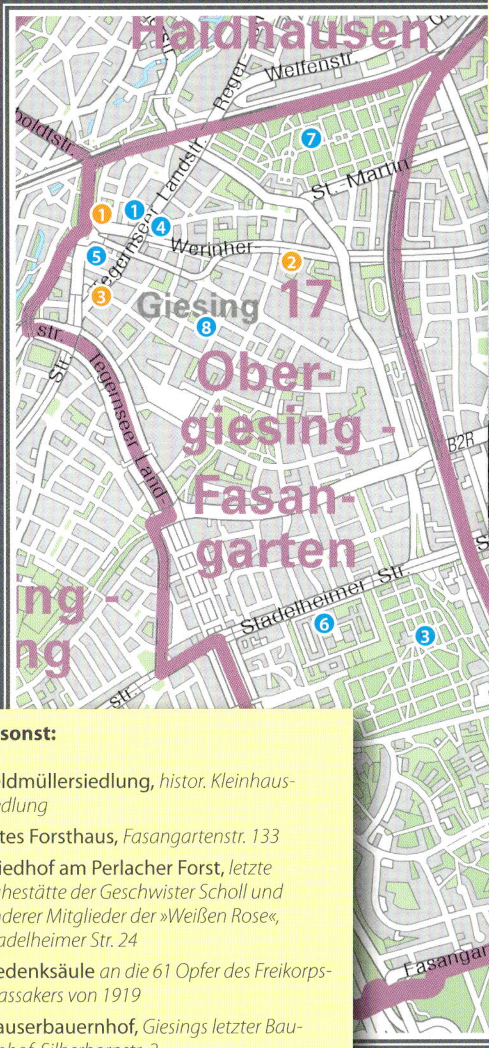

Gotteshäuser (Auswahl):

1. Heilig-Kreuz-Kirche *(kath.), Ichostr. 1*
2. Maria Königin des Friedens *(kath.), Werinherstr. 50 (Abb.)*
3. Martin-Luther-Kirche *(ev.), Martin-Luther-Str. 4*

Und sonst:

1. Feldmüllersiedlung, *histor. Kleinhaussiedlung*
2. Altes Forsthaus, *Fasangartenstr. 133*
3. Friedhof am Perlacher Forst, *letzte Ruhestätte der Geschwister Scholl und anderer Mitglieder der »Weißen Rose«, Stadelheimer Str. 24*
4. Gedenksäule *an die 61 Opfer des Freikorpsmassakers von 1919*
5. Hauserbauernhof, *Giesings letzter Bauernhof, Silberhornstr. 2*
6. JVA Stadelheim
7. Ostfriedhof
8. Stockwerksiedlung Walchenseeplatz

UNTERGIESING *siehe Giesing, S. 186 und Au, S. 56*

Gemeindebildung 1818, mit der Vorstadt Au (seit 1814 Teil der Vorstadt Au)
Eingemeindung 01. Oktober 1854

Das historische Unter-(oder Nieder-)giesing ist nicht identisch mit dem heutigen. Die Einordnung nach »oben« und »unten« richtete sich früher nach dem Lauf der Isar. Das alte Untergiesing lag einst am unteren Lauf der Isar, aber ebenso wie Obergiesing auf der Anhöhe, nämlich oben am Nockherberg zwischen Alpenplatz und Ruhestraße, direkt neben dem Nockherbergbiergarten. Untergiesing wurde schon früh der Vorstadt Au zugeschlagen und ist heute als Hochau bekannt. (Ober-)Giesing war all das, was man jetzt in Ober- und Untergiesing unterteilt. Heute versteht man unter Untergiesing die ehemalige Auenlandschaft unterhalb des Giesinger Bergs südlich der Humboldtstraße, und unter Obergiesing den Stadtteil oben auf der Anhöhe hinter der Giesinger Kirche. Alle Teile des modernen Untergiesings, die im Folgenden besprochen werden, sowie Harlaching sind also historisch gesehen Teile Obergiesings.

Birkenau

Die Gegend zwischen dem Dorf Lohe und der Isar war ein denkbar unattraktiver Bauplatz. Hier standen Birken auf den feuchten Wiesen, Hochwasser bedrohte das Gebiet bei jeder Schneeschmelze. Die Giesinger Bauern nutzten das Land nur als Viehweiden. Doch München wuchs und ständig wurde neuer Wohnraum benötigt. Das brachte den Eigentümer der Birkenleiten, Wolfgang Windsberger, auf die Idee, ab 1840 die nördlichen Teile seines Besitzes als Bauland anzubieten. Die Regierung legte am 24. Juli 1840 die Richtlinien für die Bebauung der »Kolonie Birkenau« fest. In fünf Jahren Bauzeit entstand eine einheitliche Kleinhaussiedlung mit eingeschossigen Bauten, jeweils drei Fenstern zur Straße und einem kleinen Gartenanteil. Viele der Häuser sind mittlerweile abgerissen worden und größeren Mietshäusern gewichen, doch findet man zwischen Sommer-, Unterer und Oberer Weidenstraße und entlang der Birkenau noch einige kleine, mittlerweile sanierte und unter Denkmalschutz stehende Häuschen.

18

Birkenleiten

Kernstück von Birkenleiten, was birkenbestandener Abhang bedeutet, war das Schlösschen Winkelsberg, das sich Truchsess Johann Ignaz von Winkelsperg 1734 an dieser Stelle errichtete. Eine Gräfin zu Oettingen und Wallerstein überließ 1745 den »nächst hinter der Au gelegenen freyen Edelmanns-Sizes Bürkenleuthen« dem kurfürstlichen Kellermeister Adrian La Fabrique. La Fabrique expandierte schnell und fasste bald Winkelsberg, Birkenleiten, das Aumeisterhaus, Teile des Lerchenhofs und Teile Siebenbrunns zur Hofmark Birkenleiten zusammen.

Mitte des 19. Jh. entstand in den Stallgebäuden neben dem Schloss die Baumwollspinnerei des Garnfabrikanten Caspar Borst. Ab 1875 nutzten die Brüder Karl und Franz Ungerer das Gelände für ihre »Maschinenbaugesellschaft München«, in der u. a. komplette Eisenbahnwerkstätten produziert wurden. Die Ungerers errichteten sich neben der Fabrik repräsentative Villen im historischen Stil. Die Werkzeugmaschinenfabrik spezialisierte sich später auf Einrichtungen für Brauereien, ging aber 1906 Konkurs. Vier Jahre danach bezogen die Eisengießerei Zellerer und die Motorenfabrik Baumann die verwaisten Anlagen. Auch die Eisengießerei, die während des Ersten Weltkriegs für die Rüstungsindustrie arbeitete, und die Firma Baumann hatten kein Glück mit dem Standort. Bei Kriegsende waren sie pleite. Schon damals formierte sich Protest gegen die Industrieanlage mit ihren Tag und Nacht qualmenden Schloten in der landschaftlich reizvollen Gegend, doch die Proteste verhallten ungehört. Ab 1923 nutzte die Metallätzerei Demmel den Standort. Erst 1957 kam das Aus für die Fabrik, sie wurde zum Ausbau des Mittleren Rings abgerissen. Auf den nun parzellierten und weiterverkauften Grundstücken des einstigen Adelsitzes Birkenleiten entstanden in den 1950er Jahren Wohnhäuser. 1969 kaufte der katholisch-orthodoxe Templerorden eine der Villen (Birkenleiten 35) und baute sie zu seinem Kloster mit dem markanten Zwiebelturm aus. Ganz in der Nähe befindet sich an der Schönstraße die Bischofskirche Maria Schutz und St. Andreas der ukrainisch-katholischen Kirche.

Lohe

Der Berghang unterhalb der Giesinger Kirche bot sich nicht zur landwirtschaftlichen Nutzung an. Es war wertloses Land, auf dem vermutlich schon im 15. Jh. die ersten Siedler ihre bescheidenen Hütten errichteten. Die Siedler waren Arbeiter und Tagelöhner, die sich das teure Münchner Bürgerrecht nicht kaufen konnten, also vor der Stadt eine Unterkunft brauchten. Am 1. April 1693 wurde das Dörflein Lohe (»Lohe« ist ein lichter

18 • UNTERGIESING HARLACHING

Fast wie Venedig: am Auermühlbach in der Mondstraße

Wald) erstmals erwähnt. Die meisten Häuser waren, wie in der Au und in Haidhausen, sogenannte Herbergen, in denen jede Wohnung Eigentum des jeweiligen Bewohners war. Über die Jahrhunderte wucherte die Herbergssiedlung zwischen Giesinger Berg und Mühlbach nach Norden und Süden. Die Häuser standen dicht an dicht bis zur alten Bäckermühle am Candidplatz. Die hygienischen Verhältnisse in den meist völlig überbelegten, nicht selten baufälligen Herbergen spotteten jeder Beschreibung. Fahrendes Volk, Deserteure, Dirnen und Gesindel schlüpften hier gerne unter, die Kriminalität erreichte solche Ausmaße, dass die Lohe 1713 dem Gericht in der Au unterstellt wurde, weil der Wolfratshauser Amtmann den Verhältnissen nicht mehr gewachsen war. München plante 1724 kurzfristig, die Lohe gemeinsam mit der Au einzugemeinden, ließ es dann aber doch bleiben. Die Lohe kam 1809 mit Birkenleiten, Untergiesing und Falkenau zur mittlerweile zur Stadt erhobenen Au. Lohe und Falkenau protestierten erfolgreich gegen den Zusammenschluss – man verwies u. a. auf den zu weiten Schulweg für die Kinder in die Au – und wurden 1814 der Gemeinde (Ober-)Giesing zugeschlagen. Nach der Eingemeindung 1854 wollte die Stadt den untragbaren Verhältnissen in den Herbergsvierteln einen Riegel vorschieben und verbot 1900 den Neubau von Herbergen. München kaufte sukzessive die alten Häuser auf und riss sie ab.

Viele Bewohner der Lohe fanden Arbeit in der Giesinger Lederfabrik, die der Hoffinanzier Ignaz Mayer 1808 zwischen Loh- und Pilgersheimerstraße errichtete. Die Lederfabrik, die sich auf die Produktion feinen Lackleders spezialisierte, florierte unter Mayers Schwiegersohn, dem Bankier Simon von Eichthal, und wurde einer der größten Arbeitgeber Münchens. Jährlich verarbeitete man rund 60.000 Rinder- und 15.000 Schweinehäute. Die bestialischen Ausdünstungen der Gerberei verschärften allerdings zusätzlich die Wohnsituation in der Lohe. Hatte der Erste Weltkrieg noch für volle Auftragsbücher gesorgt, ging es in den 1920er Jahren stetig bergab. 1923 kaufte der Berliner Lederproduzent Adler und Oppenheimer die Fabrik und schloss sieben Jahre später das Münchner Werk. Das Gelände wurde an die Münchner Siedlungs GmbH verkauft, die dort eine Großsiedlung mit mehreren Mietblöcken errichtete.

Das Ende der Lohe, die mit ihren Herbergen erheblich dichter besiedelt und damit einwohnerstärker war als das Bauerndorf Giesing, kam mit den zahlreichen Regulierungen des extrem steilen Giesinger Bergs. Einst gab es mitten am Berg zwischen den Herbergshäusern eine steile Linkskurve, die immer wieder zu schweren Unfällen führte. Bereits Mitte des 19. Jh. kam es zu ersten Ausbaumaßnahmen, für die man Herbergen abriss. Mit der Eingemeindung der Lohe als Teil der Gemeinde Giesing nach München und dem Bau der Wittelsbacherbrücke 1876 stieg das Verkehrsaufkommen am Giesinger Berg rasant an. Er galt als gefährlichste Straße Münchens, eine endgültige Regulierung wurde unumgänglich. Die Stadt kaufte 54 Häuser auf und riss sie ab.

Historische Bezirke
Giesing
- Birkenau
- Birkenleiten
- Lohe
- Papiermühle
- Pilgersheim
- Soyerhof
- Untergiesing
- Winkelsberg

Harlaching
- Alte-Kämpfer-Siedlung
- Frontkämpfersiedlung
- Harthausen
- Hellabrunn
- Isarhöhe
- Kolbsiedlung
- Menterschwaige
- Neuharlaching
- Rank-Siedlung
- Siebenbrunn

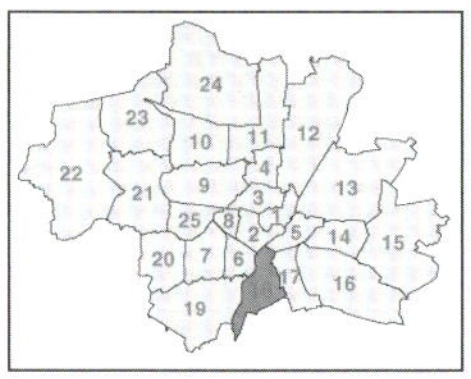

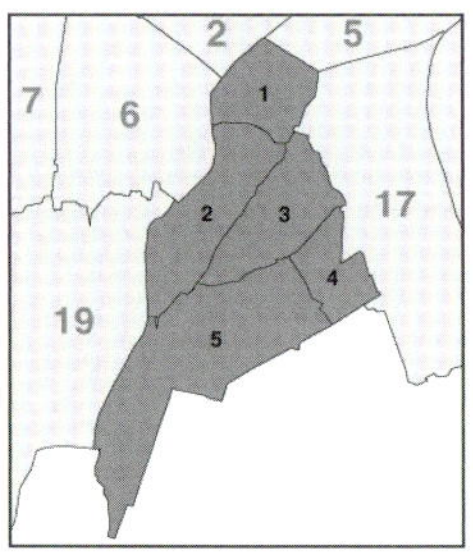

Offizielle Bezirksteile
1 Untergiesing
2 Siebenbrunn
3 Giesing
4 Neuharlaching
5 Harlaching

18

Templerkonvent

Ukrainisch-katholische Bischofskirche St. Andreas

Auch die alte kleine Pfarrkirche am Berg musste den Straßenbauarbeiten weichen. 1892 konnte die erheblich verbreiterte und deutlich weniger steile Straße dem Verkehr übergeben werden. 1934 wurde die Straße noch einmal verbreitert.

Von der alten Siedlung in der Lohe blieben bis heute nur noch wenige Häuschen erhalten, darunter das romantisch anmutende »Klein-Venedig« am Mühlbach an der Mondstraße und ein paar Anwesen an der Loh- und der Kupferhammerstraße.

Papiermühle

Papier war in früheren Zeiten kostbares Gut und wer eine Papiermühle betrieb, machte wirtschaftlich nichts verkehrt – dachte sich auch Baron Max Christoph von Mayr, der Besitzer des Harlachinger Schlosses. Warum der alten, 1347 im Auer Kegelhof gegründeten Schrenkmühle den Markt allein überlassen? Baron von Mayr sah sich nahe seiner Schlossanlage nach einem geeigneten Grundstück um und wurde in den Birkenleiten am Auermühlbach fündig. Dort baute er 1701 seine Mühle. Das Gebäude brannte 1811 ab. Sieben Jahre später wurde die Papiermühle Teil der Gemeinde (Ober-)Giesing. 1828 verkaufte Markus von Mayr die Mühle an Michael Brandmiller, der die Mühle bereits seit Jahren gepachtet hatte. Brandmillers Witwe überließ die Mühle später ihrem zweiten Mann, Anton Buchner. Schließlich erwarb Carl Jakob Kraemer aus Bad Cannstadt 1863 das Anwesen für 87.000 Gulden und baute es zu einer Getreidemühle um. Kraemer ließ sich nicht lumpen und setzte auf modernste Technik. Die Mühle wurde als erste Münchner Mühle mit einem turbinenbetriebenen Getreidemahlwerk ausgestattet und durfte sich daher »Kunstmühle« nennen. Im Zweiten Weltkrieg machten zwei gezielte Bombenangriffe das Anwesen dem Erdboden gleich. Das heute noch erhaltene Gebäude an der Birkenleiten 41 wurde 1949 errichtet. Der markante, 36 m hohe Siloturm mit seinen acht Stockwerken entstand 1960. Die Familie Kraemer betrieb die Mühle bis 2007, dann lohnte sich der Mahlbetrieb nicht mehr. Seit 2010 wird die Krämermühle, eines der letzten erhaltenen Zeugnisse der frühindustriellen Anfänge Giesings, zu Wohnungen und Gewerbeflächen umgebaut.

Pilgersheim

Hofbankier Franz Anton von Pilgram errichtete sich um 1780 ein Schlösschen in den Auen zwischen Giesinger Berg und Isar, nahe der Ortschaft Lohe. Kurfürst Karl Theodor erhob das Anwesen am 15. November 1784 zum Adelssitz unter dem Namen »Pilgramsheim«. Pilgersheim, an das heute nur noch ein Straßenname erinnert, ging später als Ortsteil in (Ober-)Giesing auf.

Soyerhof

Der Landwirt Sebastian Soyer, der einer alten Giesinger Bauernfamilie entstammte, die schon 18. Jh. hier ansässig war, errichtete 1826 seinen Hof an der Ecke der heutigen Kastanien-/Soyerhofstraße. Im Jahr 1856 wurde die Bezeichnung Soyerhof in das amtliche Straßenverzeichnis aufgenommen, ob-

St. Franziskus in Untergiesing

Reste der Kleinhaussiedlung Birkenau

Kurz nach dem Fototermin fiel dieses alte Birkenauer Kutscherhäuschen der Abrissbirne zum Opfer.

wohl der Gutshof nur aus einem Gebäude mit drei Bewohnern bestand. Pius Mächler aus Steinhausen, seit 1885 Eigentümer des Anwesens, ließ ab 1896 die ersten Grundstücke parzellieren und verkaufte sie als Baugrund. Der Soyerhof selbst wurde weitergereicht wie ein Wanderpokal, er wechselte 17 Mal den Besitzer zwischen 1847 und 1883. In den 1930ern bebaute die Gewofag das restliche Gelände mit einer Großsiedlung.

Winkelsberg Kurfürst Karl Albrecht zeigte sich großzügig gegenüber seinen Hofbediensteten und beschenkte sie mit Grundstücken ober- und unterhalb der Papiermühle (der späteren Kraemermühle) in den Isarauen von Giesing. Einer der Glücklichen: der Truchsess Johann Ignaz von Winkelsperg, der am 6. Januar 1734 den Erbrechtsbrief für ein Stück Land erhielt. Er errichtete sich ein kleines Schloss, an dem er sich aber nicht lange erfreute. Das Schloss wurde schon wenige Jahre später vom Hofkellerinspektor Adrian La Fabrique übernommen und mit Birkenleiten vereinigt.

HARLACHING

Fünf Spiralen, ein Ring und ein Bügel, alles aus Bronze, sind die ältesten Belege für eine Siedlung in Harlaching. Sie stammen aus Hockergräbern, die man in der Nähe des Tiroler Platzes entdeckte. Harlaching kann demnach schon auf eine Geschichte zurückblicken, die um 1.800 v. Chr. begann. Und der Ort schien schon früh eine wohlhabende Klientel angezogen zu haben. In einem römischen Grab aus dem 4. Jh., das Bauarbeiter 1910 beim Verlegen einer neuen Wasserleitung entdeckten, fanden sich kostbare Geschmeide aus Gold und Perlen. Um das Jahr 600, so vermutet man, muss dann die Sippe eines germanischen Clanchefs namens Hadaleih den Ort übernommen haben. Die erste schriftliche Erwähnung Harlachings als Eigentum des Klosters Tegernsee gibt es allerdings erst im 12. Jh. In dieser Zeit, genauer im Jahr 1163, berichtet auch eine Urkunde erstmals über eine kleine Kirche am Harlachinger Berg. Einer romantischen, alten, Sage nach wurde das Kirchlein von einem reichen Adeligen aus Buße gestiftet. Der Mann habe sich in eine schöne Münchner Jüdin verliebt und mit ihr auf seinem Landsitz in Thalkirchen gelebt. Doch nach wenigen Monaten habe der Patrizier sich eine neue Gespielin gesucht, woraufhin sich das jüdische Mädchen verzweifelt in der Isar ertränkt haben soll. Als Sühne habe der Adelige daraufhin das Kirchlein errichtet. Die Seele der Selbstmörderin soll noch heute nachts als zartes blaues Licht die Kirche umgeistern und späte Spaziergänger erschrecken. Die im Dreißigjährigen Krieg von den Schweden geplünderte, stark beschädigte und anschließend wieder aufgebaute Kirche, ist der Heiligen Anna geweiht.

Um 1290 standen in Harlaching neben der Kirche fünf kleine Halb- und Viertelhöfe sowie eine Mühle. Lange blieb der Ort ein beschauliches Dorf und ein beliebtes Ausflugsziel für Städter. 1527 erwarb Herzog Wilhelm IV. das Klostergut Harlaching, um daraus einen Jagdsitz zu machen. Selbst Kaiser Karl V. weilte hier als Gast bei einer großartigen Treibjagd. 1660 überließen die Wittelsbacher die Güter Harlaching, Harthausen und Geiselgasteig dem geheimen Rat Max Kurz von Valley.

Vierzig Jahre später ließ der neue Besitzer von Harlaching, Kriegskanzleidirektor Max Christoph von Mayr, neben der Kirche St. Anna ein prächtiges Schloss samt Lustgarten erbauen. Dieses Schloss nach Plänen von Henrico Zucchalli mit der aufwändigen Gartenanlage am Isarhang, die Matthias Diesel entwarf, soll beinahe Versailles in den Schatten gestellt haben – so schwärmten zumindest Zeitgenossen. In Wahrheit wird es sich um einen durchaus repräsentativen, aber keineswegs überprächtigen Herrensitz gehandelt haben. 1793 verkaufte die Familie Mayr das Schloss samt den dazugehörigen Gutshöfen Harlaching, Hellabrunn und Siebenbrunn an den Fürsten von Isenburg, der sich nur kurz daran erfreuen konnte. Ein Brand zerstörte das Schloss

1796, während die Armee des Prinzen Condé dort lagerte. Die Ruine brach man letztlich komplett ab.

Harlaching wurde 1818 gemeinsam mit Geiselgasteig, Harthausen, Hellabrunn, Laufzorn, Siebenbrunn und Wörnbrunn zu einer Gemeinde zusammengefasst. Später kam Harlaching zur Gemeinde Giesing. Die Grenze zwischen dem alten Giesing und dem alten Harlaching verlief zwischen Quirinsplatz und Tiroler Platz.

Die Erbin des Fürsten von Isenburg verkaufte das Gut Harlaching 1857 schließlich an den Hofbankier Joseph von Hirsch, der hier eine florierende Schafzucht betrieb. Nur knapp 50 Einwohner zählte das ganze Gebiet, als die Stadt München es am 1. Oktober 1854 eingemeindete. Die Stadt lehnte aber ab, als ihr Freiherr von Hirsch 1887 seine Ländereien zum Kauf anbot. Schließlich schlug der Bauunternehmer Jakob Heilmann zu und erwarb Gut Harlaching, wo ab dem Jahr 1900 nach Plänen der Architekten Gabriel von Seidl und Max Littmann die Gartenstadt Harlaching entstand, die bis heute ihren grünen Charakter bewahrt hat und zu den exklusivsten Wohnlagen Münchens zählt. Ursprünglich war geplant, eine weitaus größere Gartenstadt in den Perlacher Forst zu bauen. Die Pläne wurden aber nie umgesetzt.

Erstnennung zwischen 1149 und 1155 als »Hadaeichingen«
Namensbedeutung Gut/Ort des Hadaleih; alternativ gibt es die sehr nahe liegende Deutung von »Harlachen«, was Waldlichtung bedeutet, demnach wäre Harlaching ein unechter –ing Ort; da Orte mit –ing-Endung aus der Zeit der bajuwarischen Landnahme stammen, wollte vielleicht ein Chronist Harlaching älter scheinen lassen, als es war
Gemeindebildung 1818, mit Geiselgasteig, Harthausen, Hellabrunn, Laufzorn, Siebenbrunn, Wörnbrunn; später Teil der Gemeinde (Ober-)Giesing
Eingemeindung 01. Oktober 1854
Lage alter Ortskern bei der St.-Anna-Kirche, Harlachinger Berg 30

Am 1. November 1899 eröffnete dann direkt am Rande des Perlacher Forsts das Städtische Sanatorium Harlaching, in dem vor allem Lungenkranke Erholung finden sollten, seine Tore. Auf dem großzügigen Parkgelände wurde von 1959 bis 1965 das städtische Krankenhaus Harlaching gebaut, das zuletzt ab 2007 modernisiert wurde. Am 1. November 1970 konnte die Klinik eine Premiere feiern: Mit der Stationierung des Rettungshubschraubers »Christoph 1« ging der erste Rettungshubschrauber Deutschlands in Dauerbetrieb. Die moderne Klinik ist heute der größte Arbeitgeber im Stadtteil.

1914 entstand ein weiteres Krankenhaus zwischen Grünwalder und Harlachinger Straße, die Orthopädische Klinik: »Auf Giesings luftiger Höhe wurde Donnerstag Vormittag der am Hang der Isar großzügig angelegte Neubau der Landesanstalt für krüppelhafte Kinder in feierlicher Weise in Gegenwart des Königspaares eröffnet«, schrieben die Münchner Neuesten Nachrichten.

Mit der Einweihung der Tramlinie von München nach Grünwald im Jahr 1910 kamen nicht nur mehr Ausflügler ins Isartal zwischen Flaucher und Grünwald, die günstige Verkehrsanbindung sorgte auch für weitere Erschließungen. Im Gegensatz zum schicken Alt-Harlaching besiedelte eine eher einfachere Klientel Neuharlaching, das in den 1920er Jahren nordwestlich des alten

Wallfahrtskirche St. Anna

Typische Wohnformen in Harlaching: Siedlung aus den 1930ern und Gartenstadtvillen

Ortskerns entstand. Hier zog man günstige Eigenheime und gemeinnützige Mehrfamilienhäuser hoch, wie z. B. die Kleinhaussiedlung Harlaching an der Rotbuchenstraße mit ihren charakteristischen »Kaffeemühlenhäusern«. Von der Kleinhaussiedlung ist heute nur noch ein Haus erhalten, die anderen, großzügigen Grundstücke wurden ab den 1970er Jahren dichter mit Mehrfamilienhäusern bebaut.

In den 1930er Jahren entstand die »Alte Kämpfer Siedlung« für die Teilnehmer am Hitlerputsch von 1923 und andere verdiente Parteigenossen der NSDAP. Heute kaum mehr vorstellbar ist, was die US-amerikanischen Behörden ab dem 16. April 1946 machten: Sie zäunten fast ganz Harlaching als Einzugsgebiet der McGraw-Kaserne (an der Tegernseer Landstraße) mit Stacheldraht ein, um hier rund 3.000 Angehörige der Streitkräfte unterzubringen. 894 Häuser wurden geräumt, fast 5.000 Menschen mussten ausziehen. Harlaching konnte nur noch an bewachten Übergängen betreten oder verlassen werden. Das änderte sich erst ab 1953, als man die Amerikanische Siedlung am Perlacher Forst baute. Die letzten Familien konnten 1957 in ihre Häuser zurückkehren. Nach der deutschen Wiedervereinigung und dem Abzug der US-Streitkräfte zogen verschiedene Polizeidienststellen ab 1992 in die Räume der ehemaligen McGraw-Kaserne. Die Amerikanische Siedlung kam auf den freien Wohnungsmarkt. Die Bebauung von Alt- und Neuharlaching verdichtet sich in den letzten Jahren zunehmend. Viele freistehende Häuser in großzügigen Gärten wurden und werden eingerissen und durch Eigentumswohnanlagen ersetzt.

Untergiesing-Harlaching in Zahlen
Einwohner 49.502
Fläche 806,05 ha
Ärzte 103
Volksschulen 4
Gymnasien 2
Tourismusbetriebe 2

18

Alte-Kämpfer-Siedlung

Wie der Name verrät, sollte Mitte der 1930er Jahre den »bewährten Kämpfern der Bewegung«, also den ältesten Weggefährten Adolf Hitlers, zu besonders günstigen Eigenheimen verholfen werden. Wer über genug Eigenkapital verfügte und der SA egal welchen Dienstgrads angehörte, konnte sich bei der gemeinnützigen Wohnungsbaugesellschaft Heimag (Heimstätten Aktiengesellschaft) bewerben. Die Heimag zog dann ab 1935 das auch »SA-Siedlung« und »SA-Dankopfersiedlung« genannte Bauprojekt zwischen Nauplia- und Oberbiberger Straße hoch.

Frontkämpfersiedlung

Die Nationalsozialistische Kriegsopferversorgung (NSKOV) errichtete ab 1934 die Siedlung am Perlacher Forst zwischen Oberbiberger und Mangfallstraße für Schwerkriegsbeschädigte und Frontkämpfer des Ersten Weltkrieges.

Gartenstadt Harlaching *siehe Harlaching*

Harthausen *siehe Menterschwaige*

Hellabrunn

Ursprünglich war Hellabrunn (= heller Brunnen, klares Wasser) Teil des Gutes Harlaching und wechselte mehrfach den Besitzer. Am 20. März 1754 wurde das Gut, das damals dem Hauptzeugamtsverwalter Franz Anton von Paur gehörte, von Harlaching abgetrennt und zum gefreiten Adelssitz erhoben. Die weitere Geschichte Hellabrunns gestaltete sich weniger glamourös. Auf dem Gelände standen lange Jahre nur ein Gutshof und eine vom Auermühlbach betriebene Mühle aus dem 14. Jh. Hellabrunn wurde 1818 Teil der neu gebildeten politischen Gemeinde Harlaching, später von (Ober-)Giesing. Findige Unternehmer wollten Ende des 19. Jh. die Wasserkraft wirtschaftlich nutzen und stellten den Antrag zur Errichtung einer Leimfabrik, was der Stadtrat aber ablehnte. 1899 legte der neue Besitzer Johann Feßler sogar noch nach und plante eine große Nietenfabrik, woraufhin Bauunternehmer Heilmann, der gerade oben am Isarhochufer die luxuriöse Gartenstadt Harlaching hochzog, auf die Barrikaden ging, weil rauchende Schlote nicht zu einer schicken Villenkolonie passten. Die alte Mühle wurde 1902 abgerissen. Nach langem hin und her kaufte die Stadt das Gelände. Zwei Jahre später überließ München das Areal dem »Verein Zoologischer Garten München e. V.« für 60 Jahre zur

Im Tierpark Hellabrunn

kostenlosen Pacht. Die Kosten zur Erschließung des Grundstücks und für die Einrichtung eines Zoos musste der Verein aber selbst bestreiten. 1911 eröffnete der von Emanuel von Seidl entworfene Tierpark seine Pforten. Das Elefantenhaus im byzantinischen Stil ist heute noch das Wahrzeichen des Zoos. Der Erste Weltkrieg und die Inflation machten einen weiteren Ausbau zunichte, 1922 musste der Zoo sogar schließen. Zur Wiedereröffnung 1928 aber überraschte der Tierpark die Besucher mit einem revolutionärem Konzept: Hellabrunn war der erste Geo-Zoo der Welt, in dem Tiere nach geografischer Herkunft geordnet in großzügigen Freianlagen gezeigt wurden. Heute bietet Hellabrunn rund 7.700 Tiere und ist bekannt für die Erhaltungszucht vom Aussterben bedrohter Tierarten sowie für die Rückzucht bereits ausgestorbener Arten wie Tarpan und Heckrind.

Isarhöhe Ende der 1920er Jahre schrieb der Stadtrat einen Wettbewerb zur Bebauung der Anhöhe zwischen Stadtgrenze, Geiselgasteigstraße, der Eisenbahnlinie nach Deisenhofen und der Isar aus. Die Bayerische Eisenbahnerbank AG und die Bayerische Grundstücksverwertungs GmbH bauten zwischen 1927 und 1930 die Mustersiedlung aus eher schlicht gehaltenen Einfamilienhäusern. Von der einstigen Bausubstanz sind nur noch wenige Häuser erhalten. Die Lage zwischen Menterschwaige und Grünwald ließ hier in den letzten Jahrzehnten mehr und mehr Villen entstehen.

Kolbsiedlung Namensgeber der Siedlung zwischen Peißenberg-, Schellenberg-, Bad-Wiessee- und Säbener Straße ist die Firma J. Kolb & Co., die das Gelände zwischen 1928 bis 1936 mit viergeschossigen Wohnblöcken bebaute.

Menterschwaige *(früher Harthausen)* Eine bischöfliche Urkunde vom 10. Oktober 1198 über die Weihe der Kirche St. Dionysii und St. Margareth zu Harthausen ist der älteste Hinweis auf die kleine Siedlung zwischen Harlaching und Geiselgasteig. Alle anderen Daten wie 814 oder 1012, die immer noch gerne kolportiert werden, um Harthausen/Menterschwaige noch älter zu machen, sind von Historikern längst als Fälschungen enttarnt. Das Gut Harthausen, das ab dem 13. Jh. dem Kloster Schäftlarn gehörte, und ein paar dazugehörende Häuser lagen in einer Rodung mitten im Wald. Im 14. Jh. kam das Anwesen in Besitz der Wittelsbacher, die den Hof zu einem ihrer Jagdsitze ausbauten. 1660 hatten die bayerischen Regenten genug von Harthausen und veräußerten das Anwesen gemeinsam mit Harlaching und Geiselgasteig an den Geheimen Rat Max Kurz von Valley. Valley ließ in Harthausen Pferdeställe bauen, in denen die ausgedienten Rösser des Königshofs ihr Gnadenbrot bekamen.

1760 erwarb der Hofbankier Nockher das Gut Harthausen, das er in Nockherschwaige umbenannte und einen Gasthof einrichtete. Während der Säkularisation riss der damalige Besitzer der Schwaige, ein Schweizer namens David Edvard, die kleine Kirche ein und verkaufte die Ausstattung an einen Antiquitätenhändler. Im Jahr 1807 kaufte dann Johann Peter Gaigl, der das Menterbräu in der Rosenstraße 12 betrieb, den einstmals königlichen Jagdsitz, der seitdem Menterschwaige heißt. Unter Gaigl begann die heute noch existierende Ausflugswirtschaft zu florieren, deren Gebäude unter Denkmalschutz stehen. Auch Ludwig I. soll als Kronprinz häufig hier zu Gast gewesen sein, Münchner Künstler feierten rauschende Feste. Ludwig I. nutzte ein Nebengebäude der Menterschwaige sogar angeblich, um sich heimlich mit seiner Geliebten Lola Montez zu treffen, nachdem diese 1848 vor dem wütenden Mob aus München fliehen musste. Briefwechsel aus der Zeit belegen aber, dass das nur eine Legende ist. Lola Montez floh zum Gasthof Großhesselohe und kehrte noch in derselben Nacht als Bäuerin verkleidet nach München zurück.

Ebenso wie die Geschichte mit dem Liebesnest von Ludwig und Lola immer noch als wahr kolportiert wird, ist in vielen populären Chroniken eine ganz andere Geschichte von Harthausen und der Menterschwaige zu lesen. Da wird dann berichtet, die Menterschwaige sei bereits 1012 urkundlich erwähnt – was

Gutshof Menterschwaige mit »Lola-Montez«-Haus

schwer möglich ist, wenn der Menterbräu das Anwesen erst 1807 so nannte. Auch von königlichen Schlössern, marodierenden Schweden während des Dreißigjährigen Kriegs und dem Lustschloss des Grafen Maximilian von Kurz liest man da. Hier wird allerdings die Geschichte Harthausens munter mit der Harlachings und anderer Gutshöfe durcheinandergewürfelt. Schloss Harlaching gehörte nämlich einst dem Grafen von Kurz. Die wahre Geschichte der Menterschwaige ist ein bisschen weniger spektakulär, was dem Reiz der Gegend keinen Abbruch tut.

Das Gelände rings um den alten Gutshof wurde 1896 der Stadt München zum Kauf angeboten, was diese ablehnte. Also schlug die Baufirma Heilmann & Littmann zu und entwickelte eine Villenkolonie mit streng geometrischen Straßenzügen. Die Werbung versprach damals: »Herrliche Aussicht, gesunde Luft, angenehme, ruhige Lage, 560 m über dem Meere. Städtische Wasserleitung vorhanden.« Die Villenkolonie Menterschwaige ist bis heute eine exklusive Wohnlage.

Neuharlaching

1927 schrieb die Gewofag München einen Wettbewerb zur Bebauung eines Freigeländes nahe dem Perlacher Forst zwischen Nauplia-, Soyerhof- und Rotbuchenstraße mit Ein- und Mehrfamilienhäusern aus. Geplant waren 2.000 Wohneinheiten für die unterschiedlichsten Bedürfnisse, von der einfachen Mietskaserne bis zum vergleichsweise komfortablen freistehenden Einfamilienhaus, dazu 33 Geschäfte und zwei Gaststätten. Doch die Folgen der Wirtschaftskrise Ende der 1920er Jahre durchkreuzten die Pläne. So entstanden bis 1930 nur 865 Wohnungen unter den Architekten Florian Lechner, Fritz Norkauer, Eugen Dreisch und Wilhelm Scherer. Entlang der Hauptstraßen zog man lange Häuserblöcke hoch, die die im Sieldungsinneren liegenden kleineren Häuser mit ihren großzügigen Grünanlagen vom Lärm abschirmten. Ende der 1970er Jahre wurden die meisten Einfamilienhäuser entlang der nördlichen Rotbuchstraße abgerissen und durch Mehrfamilienhäuser ersetzt.

Rank-Siedlung

Gegenüber der Orthopädischen Klinik Harlaching erbaute die namensgebende Baufirma Gebrüder Rank & Co mbH ab 1936 zwischen Grünwalder und Säbener Straße, Meraner und Grödener Straße eine Siedlung mit Ein- und Zweifamilienhäusern inmitten großzügiger Gärten. Im Zuge der immer dichteren Neubebauung entstanden auch in dieser Siedlung in den vergangenen Jahrzehnten größere Mehrfamilienhäuser.

Siebenbrunn

Obristjägermeister Baron von Preysing bat 1732 Kurfürst Karl Albrecht um einen »öden Platz« in der Obergiesinger Au, um Heu für seine Dienstpferde zu gewinnen. Der Kurfürst schenkte dem Baron ein Gelände südlich der Birkenleiten. Das Grundstück wechselte in den Folgejahren mehrfach den Besitzer. Ein Giesinger Metzger errichtete dort eine Ausflugswirtschaft, die er an den Kurfürstlichen Leibarzt Joseph von Berger verkaufte. Am 10. Dezember 1750 wurde das Gehöft zum adeligen Sitz namens »Sibenbrun« erhoben. Die Bezeichnung soll von sieben Quellen herrühren, die vom Isarhochufer herabrieselten. 1818 wurde Siebenbrunn erst Teil der Gemeinde Harlaching, dann von (Ober-)Giesing. Doch schon im 19. Jh. nutzten die Fabrikanten Schmalz und Fehr den Edelsitz für sehr profane Dinge: Sie errichteten darin eine Schuhfabrik. Ab 1903 wurde das Anwesen wieder zur Gaststätte umgebaut. Das im Krieg schwer beschädigte und anschließend renovierte Gasthaus ist bis heute in Betrieb. Der Name Siebenbrunn bezeichnet heute die Gemarkung, zu der auch der Tierpark Hellabrunn zählt.

Versteckt am Isarhang liegt die Marienklause.

Zum Selbst-Erkunden:

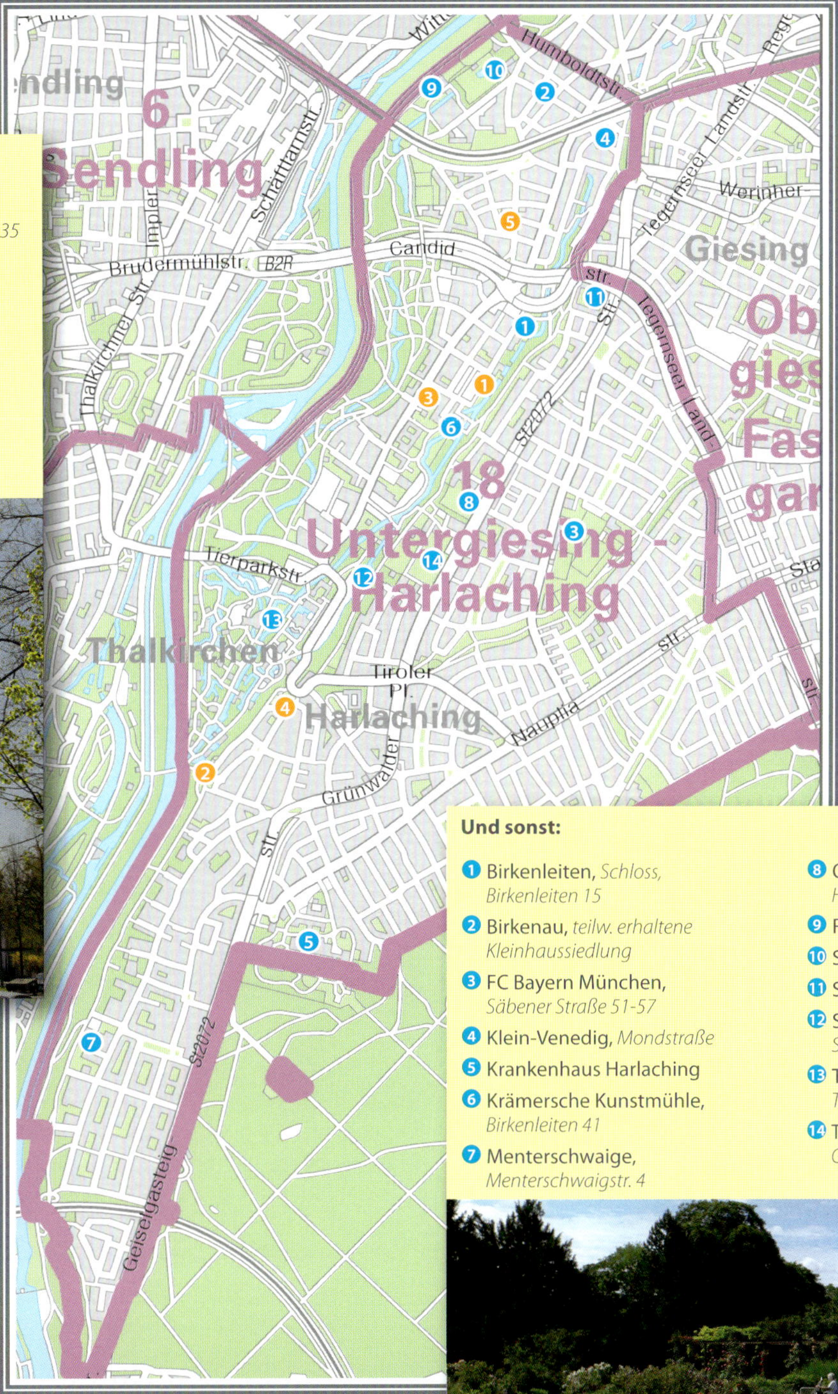

Gotteshäuser (Auswahl):

1. Archiconvent der Templer *(oriental.-orth.-kath.), Birkenleiten 35*
2. Marienklause, *Kapelle, Schlichtweg 15*
3. St. Andreas – Maria Schutz *(ukrain.-kath.), Bischofskirche, Schönstr. 55*
4. St. Anna *(kath.), Wallfahrtskirche, Harlachinger Berg 30*
5. St. Franziskus *(kath.), Hans-Mielich-Str. 14*

Maria Immaculata

Und sonst:

1. Birkenleiten, *Schloss, Birkenleiten 15*
2. Birkenau, *teilw. erhaltene Kleinhaussiedlung*
3. FC Bayern München, *Säbener Straße 51-57*
4. Klein-Venedig, *Mondstraße*
5. Krankenhaus Harlaching
6. Krämersche Kunstmühle, *Birkenleiten 41*
7. Menterschwaige, *Menterschwaigstr. 4*
8. Orthopädische Klinik, *Harlachinger Str. 51*
9. Rosengarten, *Sachsenstr. 9 (Abb.)*
10. Schyrenbad, *Claude-Lorrain-Str. 24*
11. Sechzger Stadion
12. Siebenbrunn, *ehem. Schloss, Siebenbrunner Str. 5*
13. Tierpark Hellabrunn, *Tierparkstraße*
14. TSV 1860 München, *Grünwalder Str. 114*

THALKIRCHEN

Wer wann wie Thalkirchen gründete, liegt im tiefen Dunkel der Geschichte. Plötzlich war sie da, die Marienkirche im T(h)al. 1268 wurde sie erstmals erwähnt, sie muss aber erheblich älter sein, da sie die Pfarrkirche von allen drei Sendlings war. Vermutlich haben Mönche des Klosters Schäftlarn sie gegründet, denn Schäftlarn besaß mehrere Güter in Sendling. Der zuständige Pfarrer, der Maria Thalkirchen und die Filialen St. Margaret in Untersendling sowie St. Achaz in Mittersendling betreute, lebte allerdings nicht in Thalkirchen sondern in Mittersendling. Seinen Aufstieg zum bedeutenden Wallfahrtszentrum erlebte Thalkirchen ab 1460. Kurz zuvor hatte Herzog Albrecht III. der Kirche einen angeblich originalen Splitter vom Kreuze Christi aus Jerusalem gestiftet. Die Pilger kamen in Scharen, darunter auch der spätere Kurfürst Maximilian I. Später geriet der Kreuzpartikel zugunsten des Gnadenbilds der Muttergottes etwas ins Hintertreffen. Besonders die Flößer, die vom Oberland mit ihren Waren auf der wilden Isar nach München ritten, erflehten Schutz bei der Maria von Thalkirchen. Papst Pius VI. gewährte Thalkirchen im Jahr 1780 sogar das Privileg, während des Frauendreißigers (15. August bis 14. September) vollkommenen Ablass zu gewinnen – eine Tradition, die bis heute gepflegt wird. Seit 1990 gibt es an jedem ersten Sonntag im September im Fünfjahresrhythmus auch wieder eine Flößerwallfahrt.

Erstnennung 1268
Namensbedeutung Kirche im Tal
Gemeindebildung 1818 mit Obersendling
Eingemeindung 01. Januar 1900
Lage alter Ortskern an der Kirche St. Maria Thalkirchen, Fraunbergplatz 1

Im Großen und Ganzen ist die Geschichte des Orts Thalkirchen identisch mit der Geschichte (Ober-)Sendlings. Selbst frühe Urkunden unterscheiden kaum zwischen den Orten, nennen Thalkirchen »alias Sendling« oder fügen zur Erklärung ein »dicta Sendling« (»genannt Sendling«) hinzu. Dabei unterstanden die Kirche und die wenigen Bauten beiderseits der Fraunbergstraße, die sich an die Hangkante kuschelten, dem Landgericht Wolfratshausen, anders als Obersendling, das zum Landgericht Starnberg zählte. Der zuständige Amtmann saß in Perlach.

Für die Thalkirchner blieb das Leben über Jahrhunderte beinahe unverändert. Große Gastwirtschaften verdienten gut an den Wallfahrern. Einen größeren Einschnitt brachte die Anlage des (Alten) Israelitischen Friedhofs an der Thalkirchner Straße (*gehört heute zu Stadtbezirk 6 • Sendling*). König Max I. Joseph gestattete den Juden, die sich erst seit Ende des 18. Jh. wieder in München ansiedeln durften, auf Thalkirchner Grund einen Begräbnisplatz zu errichten. Der Friedhof wurde mehrfach erweitert, bis man ihn 1907 schloss, weil seine Kapazitäten mit rund 8.000 Gräbern erreicht waren. Der Neue Israelische Friedhof eröffnete in Freimann. Während der Nazizeit wurden etliche Grabsteine als Baumaterial verwendet. Heute ist der Friedhof nicht öffentlich zugänglich, da viele Grabsteine einsturzgefährdet sind.

Wassersportparadies Thalkirchen

19 · THALKIRCHEN OBERSENDLING FORSTENRIED FÜRSTENRIED SOLLN

Wallfahrtskirche Maria Thalkirchen

Hinterbrühler See

Den zweiten großen Einschnitt in die beschauliche Ruhe erlebte Thalkirchen mit dem Bau der Zentrallände. München, im 19. Jh. der größte Floßhafen Europas, musste dringend Ersatz für die beiden völlig überlasteten Innenstadtländen schaffen. Die untere Lände zwischen Museumsinsel und Lehel sowie die obere Lände am Westermühlbach im Glockenbachviertel sollten durch eine zentrale Lände in Thalkirchen ersetzt werden. Also schluckte München kurzerhand die Gemeinde Thalkirchen samt Ortsteil Obersendling im Jahr 1890 und eröffnete neun Jahre später die Zentrallände. Sie war mit der Eröffnung bereits überflüssig, denn der Warentransport verlagerte sich zunehmend auf die kostengünstigere Eisenbahn. 1864 kamen noch 11.145 Flöße nach München, im Jahr 1900 nicht einmal die Hälfte. 1904 fuhr schließlich das letzte Linienfloß nach Wien. Heute landen nur noch Ausflugsflöße aus Wolfratshausen an der Zentrallände. Da sich an der Floßlände eine stehende Welle bildet, ist Thalkirchen neben der Welle am Eisbach mittlerweile Münchens zweites Mekka für River-Surfer aus aller Welt, die hier sogar jährlich internationale Meisterschaften austragen. Auch bei anderen Wassersportlern, wie den Kajakfahrern, ist das Gebiet beliebt.

Hinterbrühl

Am Anfang stand eine Gastwirtschaft namens »Die Hinterbrühl«, die 1904 von Ludwig Kuchenbauer erworben wurde. Unter Brühl/Priel verstand man eine mit Buschwerk bewachsene Wiese. Da sich das Wirtshaus direkt an einer Gefällschleuse der Isar befand und man vom Biergarten aus die Flöße beim Tanz über die Wellen beobachten konnte, fand Hinterbrühl regen Zulauf. Die Isartalbahn karrte Ausflügler nach Thalkirchen, die sich an der Schönheit der Natur und der Süffigkeit des Bieres erfreuten. Das Innenministerium genehmigte 1907 den Namen als Ortsnamen. Ein Jahr später schuf man den Hinterbrühler See, auf dem im Winter Schlittschuhläufer ihre Runden drehen konnten. Der See wurde in den 1960ern Richtung Norden erweitert.

Maria Einsiedel

Als der berühmte Barockmaler Cosmas Damian Asam von einem äußerst lukrativen Arbeitsaufenthalt aus der Schweiz nach München zurückkehrte, suchte er eine Möglichkeit, sein Geld in eine attraktive Immobilie zu investieren. Asam hatte im Schweizer Wallfahrtsort Maria Einsiedeln die Kirche mit Fresken ausgemalt. 1724 erwarb er von Adrian von Kray dessen seit 1687 existierenden Landsitz im Süden Münchens und nannte ihn in Erinnerung an seine Schweizer Zeit »Asamisch Maria Einsiedl Dall«. Er ließ das Anwesen zum repräsentativen Künstlersitz ausbauen und einen streng geometrischen Garten anlegen. Ein Jahr später errichtete sein Bruder Egid Quirin Asam eine kleine, 1731 geweihte Kapelle nördlich des Wohnhauses, die bis zur Säkularisation bestand. Nach Asams Tod 1739 wechselte das Schlösschen mehrfach den Besitzer. 1818 wurde Maria Einsiedel Teil der Gemeinde Thalkirchen und diente ab 1838 als beliebte Ausflugswirtschaft. Das im Zweiten Weltkrieg schwer zerstörte Anwesen wurde 1957 von dem Architekten Erwin Schleich gekauft und aufwändig renoviert. Anfang der 1990er Jahre erwarb Augustiner Bräu Maria Einsiedel und ließ die alte Wirtshaustradition wieder aufleben.

Beliebt bei Münchnern ist auch das Naturbad Maria Einsiedel, das seit 1890 existiert und berühmt ist für seine ausgezeichnete Wasserqualität. Auf fast 400 m Länge fließt der Isarkanal durch das Bad, das völlig auf Chlor und chemische Zusätze verzichtet, weil Mikroorganismen die Reinigung übernehmen. Der abgetrennte FFK-Bereich ist der älteste seiner Art in einem öffentlichen Bad.

Bei Maria Einsiedel richtete die Stadt München 1899 die zentrale Floßlände ein und schloss gleichzeitig die beiden Länden in der Innenstadt, die zeitweise den größten Floßhafen Europas bildeten. Direkt an der Zentrallände befindet sich seit 1956 das größte »Hotel« Münchens, ein rund 40.000 m^2 großer Campingplatz.

Prinz-Ludwigs-Höhe

Eine Gastwirtschaft namens »Waldrestauration Prinz Ludwigshöhe« bildete die Keimzelle der Siedlung. Nach ihr wurde erst eine 1893 eingerichtete Haltestelle der Isartalbahn benannt, dann die Waldvillenkolonie, die der Bauunternehmer Jakob Heilmann ab 1895 errichtete. Bei dem Ludwig, der hier namentlich verewigt wurde, handelte e sich um Prinz Ludwig, Sohn von Prinzregent Luitpold und später Bayerns letzter König Ludwig III. Heilmann plante eine luxuriöse Heimstatt »für Künstler und Gelehrte, für Beamte und Kaufleute, für Rentner und Pensionisten, für Fremde, welche sich dauernd in München niederlassen wollen«, wie es im Werbeprospekt hieß. »Herren Collegen, welche sich selbstthätig am Ausbau der Colonie betheiligen wollen finden das größtmögliche Entgegenkommen«, schrieb Heilmann weiter. Die Kolonie wurde am 1. Januar 1900 eingemeindet. Wie viele Villengegenden in München leidet auch die Prinz-Ludwigs-Höhe seit der Nachkriegszeit an der verdichteten Bauweise, Einzelhäuser mit großen Gärten mussten modernen Mehrfamilienhäusern weichen.

OBERSENDLING *siehe Sendling, S. 72*

Siemenssiedlung

Der Elektrokonzern Siemens beauftragte Anfang der 1950er Jahre den Kölner Architekten Emil Freymuth mit der Planung einer Wohnsiedlung zwischen Boschetsrieder-, Halske-, Zielstatt- und Ramsauerstraße für Mitarbeiter der Siemenswerke in Obersendling. Freymuth entwarf nicht mehr und nicht weniger als Süddeutschlands erste Wohnsiedlung mit Hochhäusern. Als einziges Projekt zur Siedlungsgestaltung der jungen bundesdeutschen Republik wurden die Planungen auf der Weltausstellung 1958 der Weltöffentlichkeit vorgestellt. Zwei markante 17-stöckige »Sternhäuser« mit ihren drei von einem Mittelteil sternenförmig abzweigenden Gebäudeflügeln sind die Wahrzeichen der 1952 bis 1955 errichteten Siedlung. Bei ihrer Fertigstellung waren die Häuser mit ihren 51 m die höchsten Häuser Münchens. Neben den Sternhäusern wurden unterschiedlichste Gebäudetypen realisiert, darunter auch Reihenhäuser, viegeschossige Wohnblocks und ein zwölfgeschossiges Wohnhaus in Scheibenform. Insgesamt umfasst die Siemenssiedlung 13 Gebäude mit 528 Wohnungen. Für die damalige Zeit neu und luxuriös war die Ausstattung mit Müllschluckern und Gegensprechanlagen, und dass alle Wohnungen Balkon oder Loggia haben. Alle Grundrisse sind so konzipiert, dass die Wohnräume nach Süden oder Westen, die Schlafräume nach Osten oder Norden liegen. Weil die Anlage als Parkstadt realisiert wurde, ist sie frei von Durchgangsverkehr. Zur verkehrsreichen Boschetsrieder Straße hin begrenzt eine Ladenzeile die Siedlung. 2007 wurde die Siemenssiedlung um ein drittes Sternhaus nach Plänen von Otto Steidle & Partner ergänzt. Nach dreijährigen, umfangreichen Sanierungsarbeiten an dem denkmalgeschützten Ensemble wurde die Siemenssiedlung mit dem Deutschen Bauherrenpreis und dem Sonderpreis Denkmalschutz im Wohnungsbau 2009 ausgezeichnet.

Südseite

Südseite klingt nach Sonne, Wärme, Erfolg. Wer möchte das nicht? Südseite ist der Name für das Neubauprojekt in Obersendling, den sich der Hauptinvestor ausgedacht hat. Auf längst ungenutzten Siemens-Parkplätzen, die an der Baierbrunner Straße vor sich hingammeln, entsteht ab Frühjahr 2011 ein komplettes neues Stadtviertel nach einem Konzept des Schweizer Architekturbüros Diener & Diener. Hubert Haupt Immobilien Holding kaufte das rund 20 ha große Areal 2008. Fünf 16-geschossige, 50 m hohe Hochhäuser werden das Projekt optisch dominieren – und sind heftig umstritten. Die knapp 1.000 Wohnungen errichten die Bauträger Terrafinanz/Baywobau, Klaus Wohnbau sowie Pandion nach jeweils eigenen Plänen. Damit die Siedlung trotzdem eine gewisse Einheit bildet, dient die Farbe Weiß als einigendes Element. Neben den Wohnungen sind Büroeinheiten, Sport- und Wellnesseinrichtungen sowie ein Nahversorgungszentrum namens Viva Südseite mit Geschäften, Cafés und Restaurants geplant. Die Innere Mission plant an der Siemensallee ein Pflegeheim mit 200 Plätzen für alte und demente Menschen sowie eine Pflegeakademie. Im Norden der Südseite werden mehrere Einrichtungen für Kinder gebaut: Grundschule, Kindergarten und Kindertagesstätte. Außerdem entsteht ein Studentenwohnheim. Die ersten Bewohner der Südseite sollen Ende 2012 einziehen können.

FORSTENRIED

Einem Streit verdanken wir die erste Erwähnung der Ortschaft Forstenried. Das Kloster Polling beschwerte sich 1166 bei Kaiser Friedrich Barbarossa, dass das Gut, das seit alters her dem Kloster als Lehen gehörte, in fremde Hände gelangt sei und forderte es zurück. Der Kaiser wies daraufhin den bayrischen Herzog Heinrich den Löwen an, »Vorstersriet« von dem fremden Lehensherr, über dessen Identität nichts bekannt ist, zu übernehmen und dem Kloster Polling zurückzugeben. Drei Jahre später konnte Polling wieder über sein Gut verfügen.

Historische Bezirke

Thalkirchen
- Hinterbrühl
- Maria Einsiedel
- Prinz-Ludwigs-Höhe

Obersendling
- Siemenssiedlung
- Südseite

Forstenried
- Kreuzhof
- Maxhof
- Neu-Forstenried
- Unterdill

Fürstenried
- Poschetsried

Solln
- Parkstadt Solln
- Warnberg

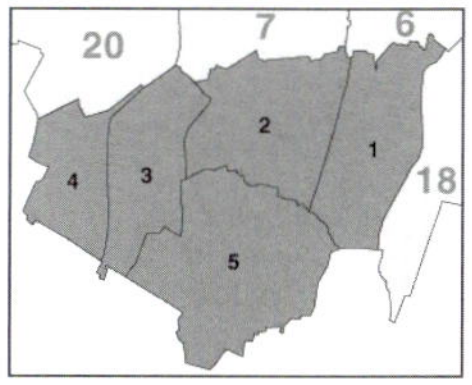

Offizielle Bezirksteile
1 Thalkirchen
2 Obersendling
3 Forstenried
4 Fürstenried-West
5 Solln

Der alte Ortskern von Forstenried mit dem historischen Forsthaus und der Kirche Heilig Kreuz.

Wann Forstenried, diese Rodung im Baierbrunner Forst, der seit dem 18. Jh. Forstenrieder Park genannt wird, gegründet wurde, lässt sich nicht genau festlegen. Es war wohl im 8. Jh. Bis auf ein einziges Hügelgrab bei Fürstenried gibt es keinerlei Hinweise, dass die Gegend bereits in der Vorzeit besiedelt war. Wie der Name nahelegt, diente Forstenried einem Förster oder Waldaufseher als zentrale Behausung mitten in seinem Arbeitsbereich. Zum Gut Forstenried gehörte eine St. Bartholomäus-Kapelle, die 1194 zur Pfarrei erhoben wurde, im selben Jahr, als Polling das benachbarte Poschetsried (bzw. »Parschalchesriet«, heute Fürstenried) dem Kloster Rottenbuch überließ. Kurze Zeit später musste das berühmte Forstenrieder Kreuz entstanden sein, eine der bedeutendsten romanischen Plastiken Südbayerns, die original erhalten sind. Der Gekreuzigte ist ein wenig schmalbrüstig, hat abstehende Ohren und Ochsenaugen, ist aber quasi lebensgroß mit seiner Länge von 1,79 m und der Spannweite von 1,66 m. Der Legende nach wurde das Kreuz im Kloster Seeon vom Bruder Albanus geschnitzt und stand lange in der Burgkapelle Andechs, wo es wundertätig wirkte, weil es die Dornenkrone Christi auf dem Haupt trug. Auf einem Transport von Erling nach Andechs seien die Zugochsen mitten in Forstenried stehen geblieben und hätten sich nicht mehr weiterbewegt. Das nahm man als Zeichen, dass der Herrgott Forstenried als neuen Standort für das Kruzifix auserkoren hatte. Umgehend wurde aus dem Dorf ein beliebter Wallfahrtsort. Auch zahlreiche Münchner nahmen den rund zweistündigen Fußweg über Sendling auf sich, um vor dem Forstenrieder Kreuz zu beten. Stiftungen reicher Münchner Bürger sorgten dafür, dass das Dorf eine enge Bindung an die Stadt bekam. Dennoch gehörte dem Kloster Polling bis zur Säkularisation 1803, als es zwangsaufgelöst wurde, rund die Hälfte an Grund und Boden.

Die Wallfahrtskirche, die 1672 durch Kaspar Zuccali im barocken Stil aus- und umgebaut wurde, blieb jahrhundertelang der wichtigste Wirtschaftsfaktor für den Ort. Zwar führten auch Handelswege nach Starnberg und Weilheim durch Forstenried, doch die meisten Fuhrleute nahmen lieber die Straße über Neuried, die besser ausgebaut und für schwerere Transporte geeigneter war. Die Landwirtschaft brachte keine bedeutenden Erträge wegen der vergleichsweise niedrigen Bodenqualität der Gegend. Forstenried blieb ein typisches Straßendorf mit recht konstanter Einwohnerzahl. 1726 lebten rund 160 Menschen im

Erstnennung zwischen 15. März und 31. Mai 1166 als »Vorstersriet«
Namensbedeutung aus Forst = Wald und »ried« = Rodung
Gemeindebildung 1818 mit Fürstenried, Maxhof, Ober- und Unterdilljäger
Eingemeindung 01. Januar 1912
Lage alter Ortskern an der Pfarrkirche Heilig Kreuz, Forstenrieder Allee 180 a

19

Dorf, knapp hundert Jahre später, im Jahr 1809, waren es mit 174 nur unbedeutend mehr.

Als im Jahr 1818 die politischen Gemeinden gebildet wurden, wuchs der Ort dank der neuen Ortsteile wie Fürstenried, Unterdill und Maxhof. Mussten die Dorfkinder zunächst zur Schule nach Fürstenried, errichtete der Gastwirt Markus Obermeier 1824 auf eigene Kosten ein erstes Schulzimmer in seinem Forstenrieder Wirtshaus. 1860 bekam die Gemeinde endlich ihr erstes Schulhaus. Prominentester Schüler war wohl der in Oberammergau geborene Schriftsteller Ludwig Thoma, dessen Vater Max Thoma als königlicher Oberförster nach Forstenried gekommen war.

Mit dem benachbarten Solln verband Forstenried eine Art Hassliebe. Solln war schon immer die bessere Gegend, Forstenried ein armes Walddorf. Es gab in Forstenried die Tradition, dass ein Vater sein Neugeborenes in Richtung Solln hochhob und sagte: »Schaug nüber, da kriegst amoi Arbat.«

Bei der Eingemeindung nach München 1912 hatte Forstenried 800 Einwohner. Wie bei den anderen Dörfern, die Teil der Großstadt wurden, verlor die Landwirtschaft zunehmend an Bedeutung. Die Münchner entdeckten Forstenried als Wohngegend. 1933 lebten bereits 1.826 Menschen hier. Der ganz große Zuzug setzte aber nach dem Zweiten Weltkrieg ein, als die Großsiedlungen Fürstenried-West, Fürstenried-Ost und Neu-Forstenried entstanden.

Der im Süden anschließende Forstenrieder Park liegt zum Großteil außerhalb der Stadtgrenze Münchens und bietet mit seinem rund 2.000 ha großen Wildpark ein geschütztes Rückzugsgebiet für viele Wildtiere wie Füchse, Dachse, Kaninchen, Rot-, Dam- und Schwarzwild – wenn sie nicht gerade durch die zahllosen Jogger, Nordic-Walker und Radler aufgeschreckt werden. Er war einst eines der beliebtesten Jagdgebiete der Wittelsbacher.

Kreuzhof

An der Kreuzung von Forstenrieder Landstraße, Fürstenrieder/Boschetsrieder Straße und Forstenrieder Allee stand einst das Gasthaus »Zum Kreuzhof«, das ein Forstenrieder Gastwirt 1875 erbaut hatte. Zu dem Hof gehörte eine kleine Landwirtschaft. Ab 1907 verkauften die Betreiber der Gastwirtschaft ihr Gelände parzellenweise an Kolonisten. 1920 erwarb die Genossenschaft »Kleinhaus-Siedlung Eigenheim Kreuzhof« alles noch nicht bebaute Land und errichtete die Siedlung Kreuzhof. Das alte Anwesen stand noch bis 1963 und wurde dann für den Bau der Straßenkreuzung »Kreuzhof« abgebrochen

Maxhof

Auf der Forstenrieder Viehweide, die den schönen Namen »Blumbesuch« trug, ließ Kurfürst Max Emanuel 1717 eine Fasanerie errichten, die aber nur kurz genutzt wurde. Das Gebäude verfiel, bis es der Parkmeister Max Anton Jägerhuber 1797 erwarb. Jägerhuber riss das Fasanenhaus ab und baute sich einen Landsitz mit Park, den er 1804 nach sich selbst »Maxhof« nannte. 1818 wurde der Maxhof Teil der Gemeinde Forstenried und erlebte in den folgenden hundert Jahren mehrere Besitzerwechsel. 1916 kaufte schließlich die Terraingesellschaft Gartenstadt Forstenried GmbH das Anwesen und begann mit dem Bau von Ein- und Mehrfamilienhäusern.

Neu-Forstenried

Neu-Forstenried war ursprünglich als »Fürstenried III« geplant, als dritter Bauabschnitt der Fürstenrieder Großwohnanlage nach Fürstenried-Ost und Fürstenried-West. Der zuständige Bezirksausschuss wünschte aber einen deutlicheren Bezug zu Forstenried, also beschloss der Stadtrat 1964 den Namen Neu-Forstenried. Die Bauarbeiten begannen 1965. In drei Jahren entstanden 2.204 Wohnheinheiten, darunter 87 Eigenheime, dazu ein Altersheim, eine Grundschule, eine Kirche, ein Ladenzentrum, ein Supermarkt sowie Parkhäuser.

Unterdill

Mit Dill ist hier nicht das Gartenkraut gemeint, sondern ein Zaun um einen Forst. Das erste Haus für den Dillwärter wurde um 1720 erbaut. Vermutlich im Jahr 1834 errichtete man das spätere Försterhaus »Jäger am Thüll«, in dessen Umgebung sich die ersten Siedler niederließen. Mitte des 19. Jh. bildeten vier Häuser den Weiler Unterdill.

FÜRSTENRIED

Den dichten Forstenrieder Wald wählte sich im 11. Jh. ein Barschalke als neue Heimat. Er rodete ein Stück Wald und errichtete eine kleine Siedlung. Ein Barschalke war kein Leibeigener, sondern ein freier Bauer (von »baar«/»baro« = frei und »Schalk« = Knecht/Diener), der allerdings zu Abgaben verpflichtet war. Barschalken bildeten im Mittelalter quasi die bäuerliche Aristokratie. Der Fürstenrieder Barschalke unterstand dem Stift Polling. Vermutlich legte er die Rodung sogar im Auftrag des Klosters an und schuf so die »Parschalchesriet« genannte Straßenstation auf dem Weg von Freising nach Süden. 1194 übernahm das Kloster Rottenbuch den Weiler Poschetsried, der im klösterlichen Immobilienverzeichnis nun »Forstarenrieth« genannt wird. Der bayerische Herzog Albrecht IV. kaufte die Siedlung 1498. Nur rund einhundert Jahre später überließ der Herrscher die Siedlung der Adelsfamilie Hörwarth. Die Hörwarths hatten aber wenig Interesse an der kleinen Landwirtschaft, sie begannen 1687 den Forstenrieder Wald zu einem jagdtauglichen Park umzugestalten und bauten sich schließlich ein schmuckes Jagdschloss in Poschetsried. Im Jahr 1715 tauschten die Hörwarths Poschetsried gegen ein anderes Gut mit Kurfürst Maximilian Emanuel.

Erstnennung 1716
Namensbedeutung vom Erbauer des Schlosses, Kurfürst Max Emanuel, und »ried« = Rodung (des Forstenrieder Waldes); zuvor Poschetsried
Gemeindebildung 1818, Teil der Gemeinde Forstenried
Eingemeindung 01. Januar 1912

Der Kurfürst hatte große Pläne mit dem Anwesen, das in dem damals »Hirsch-Jagdpark« genannten Areal stand. Er beauftragte seinen Hofbaumeister Joseph Effner mit dem Bau eines repräsentativen Lust- und Jagdschlosses nach Vorbild des Schlosses Bouchefort bei Brüssel. Die Bauarbeiten dauerten von 1715 bis 1717, doch schon wenige Jahre später wütete ein Brand und zerstörte Teile von Schloss Fürstenried. 1727 freute sich der neue Kurfürst Karl Albrecht so sehr über die Geburt seines Sohnes Maximilian III., dass er das Schloss seiner Gemahlin Maria Amalie von Österreich als Kindbettgeschenk überließ. Einige Jahre später errichtete Karl Albrecht im Park vier, nach ihren Farben benannte Jagdhäuser, das gelbe, blaue, rote und das grüne Haus. Im Jahr 1777, nach dem Tod von Maximilian III., zog sich dessen Gattin, Kurfürstin Maria Anna von Sachsen, nach Fürstenried zurück, wo sie 20 Jahre später starb. Im darauf folgenden Jahr richteten die Trappistinnen kurzzeitig ein Kloster im Schloss ein, ab 1800 verfügte das Militär über Fürstenried. Fünf Jahre später eröffnete in einem Nebengebäude die Forstenrieder Schule. Als Napoleon I. Bayern zum Königreich erhob, veranstaltete man ihm zu Ehren eine große Parforcejagd im Forstenrieder Park.

Das Militär blieb die folgenden Jahrzehnte weiter präsent, nutzte das Gebäude zum Beispiel während des Deutsch-Französischen Krieges (1870/71) als Lazarett. Danach baute man das Schloss um, damit es wieder einem Wittelsbacher als Wohnsitz

Schloss Fürstenried

dienen konnte: 1883 brachte man den psychisch schwerkranken Prinz Otto in Fürstenried unter. König Ludwig II. besuchte seinen Bruder öfters in der Nacht. Otto blieb auch nach dem Tod Ludwigs II. in Fürstenried, wo er 1886 offiziell zum König proklamiert wurde. Die Regierungsgeschäfte für den »schwermütigen« Otto III. übernahm sein Onkel, Prinzregent Luitpold. 1912 fiel Luitpolds Sohn Ludwig die Aufgabe des Prinzregenten zu. Ludwig ließ die Verfassung ändern und sich selbst als Ludwig III. zum König ausrufen. Otto III. blieb aber »König ehrenhalber«. Bayern hatte also bis Ottos Tod im Jahr 1916 zwei Könige: einen in der Münchner Residenz und einen in Schloss Fürstenried.

Nach dem Ersten Weltkrieg nutzte man das Schloss erneut als Militärlazarett. Auf die Armee folgte die Kirche: 1925 eröffnete Kardinal Faulhaber das Exerzitienhaus Fürstenried des Bistums München und Freising. Vier Jahre später erwarb die Erzdiözese das Schlossareal und richtete im Mittelpavillon die sogenannte Taborkapelle ein. Mit einer dreijährigen Unterbrechung im Zweiten Weltkrieg, als erneut ein Lazarett im Schloss untergebracht war, befand sich hier bis 1957 das Erzbischöfliche Spätberufenenseminar St. Matthias. Auch die Theologische Fakultät der LMU und des Priesterseminars Gregorianum nutzten in den Nachkriegsjahren einige Räume der Anlage. Prominentester Fürstenrieder Student aus jenen Jahren: Josef Ratzinger, der spätere Papst Benedikt XVI.

Anfang der 1970er Jahre wurde das Schloss renoviert und modernisiert. Es dient bis heute als Exerzitienhaus, schulpastorales Zentrum und als Tagungsstätte. Die einstige Allee, die vom Schloss aus direkt auf die Frauenkirche zu nach München führte, ist heute Teil der Forst-Kasten-Allee und der Autobahn A 95.

Den weiterhin landwirtschaftlich genutzten Gutshof Fürstenried neben dem Schloss, zu dem 166 ha Ackerland und 119 ha Wald gehörten, erwarb der Baron Pech-Peccoz im Jahr 1849 vom König. Die Erben des Barons verkauften das Gut 1911 an die Stadt München. Dieses Land konnte die Stadt nach dem Zweiten Weltkrieg bestens gebrauchen. Aufgrund der großen Wohnungsnot in den Nachkriegsjahren, beschloss der Stadtrat 1958 innerhalb von nur drei Jahren 10.000 Wohnungen mit »Demonstrativbaumaßnahmen« aus dem Boden zu stampfen. Ein Jahr später standen die beiden Siedlungsgebiete fest: das Hasenbergl im Norden und Fürstenried im Süden. Für das Projekt »Großsiedlung Fürstenried« waren zwei Bauabschnitte geplant.

Fürstenried-Ost, Fürstenried-West Um schnellstmöglich das Großbauprojekt Fürstenried zu realisieren, verzichtete man auf einen Architekturwettbewerb. Im Frühjahr 1960 begannen die Bauarbeiten und schon im Herbst konnten die ersten Wohnungen in Fürstenried-Ost bezogen werden. Im folgenden Jahr entstanden östlich des Schlosses 1.750 Miet- und 703 Eigentumswohnungen, 203 Eigenheime, eine Stadtbücherei, ein Hort, zwei Kindergärten, eine Kirche sowie ein Ladenzentrum.

Unmittelbar nach Ende der Arbeiten am Ostteil begann man mit Fürstenried-West. Bis 1963 zog man 1.822 Miet- und 365 Eigentumswohungen, 342 Eigenheime, ein Schulzentrum, zwei Kindergärten, ein Jugendfreizeitheim, eine Bezirkssportanlage und zwei Kirchen hoch. Der Name »Großsiedlung Fürstenried« war 1964 dann vom Tisch, der Stadtrat beschloss die Siedlungen »Fürstenried-Ost« und »Fürstenried-West« zu nennen. Hinzu kam 1965/66 noch der Bauabschnitt »Fürstenried III«, dessen Name in »Neu-Forstenried« geändert wurde. In einem vierten Bauabschnitt entstanden Anfang der 1970er Jahre im westlichen Teil von Fürstenried-West noch einmal rund 2.500 Wohnungen.

Poschetsried *siehe Fürstenried*

Das Sollner Zentrum mit der Kirche St. Johann Baptist (linke Seite) und der alten Sollner Kirche (diese Seite).

SOLLN

Drei Buben spielten Anfang der 1970er Jahre in einer Baugrube. Dabei entdeckten sie etwas, das sie zunächst für eine Kokosnuss hielten und hauten darauf herum – was da zersplitterte, war jedoch keine Kokosnuss, sondern ein Menschenschädel. Die Burschen hatten zufällig die »Urmutter von Solln« entdeckt, die Überreste einer Frau aus dem 17. Jh. v. Chr. Kurze Zeit später fand man daneben das frühbronzezeitliche Grab eines Mannes. Wie das benachbarte Sendling kann also auch Solln auf eine sehr lange Siedlungsgeschichte zurückblicken.

Erstmals schriftlich erwähnt wird »Solon« allerdings erst 1005 in einer Urkunde des Klosters Benediktbeuren. Rund 80 Jahre später taucht der Ort erneut auf, als Trumut de Solon dem Stift Freising seine Magd Perhita schenkt. Der Ortsadel der Herren de Soln oder Solen hielt sich bis ins 14. Jh. Mitte des 15. Jh. wurde in Solln ein Dorfgericht etabliert, kurz danach kam der Ort zum Landgericht Starnberg. In jener Zeit zählte man 22 Anwesen, die sich um die 1315 erstmals erwähnte Kirche Johann Baptist auf dem Lehmhügel gruppierten. Zumindest die alte Kirche entging im Dreißigjährigen Krieg der Zerstörung durch die Schweden, die nutzten das Gotteshaus nämlich als Pferdestall. Nach Abzug der Schweden standen in Solln noch elf Anwesen, der Rest war abgebrannt oder baufällig. Der Ort war da schon kein reines Bauerndorf mehr, es gab zwei Schmiede, einen Wagner, einen Schuster, einen Schneider, einen Weber und andere Handwerker.

1680 legte sich der neue Hofmarkbesitzer Baron Pfetten mit der Kirche an, denn er wollte seine Macht als Gerichtsherr auf die kirchlichen Güter ausdehnen – und gewann. Die Kirche schäumte. Letztlich geriet das Dorf auch in die blutigen Wirren der Sendlinger Mordweihnacht. Die Oberländer Bauern versammelten sich an Weihnachten 1705 in einem Wäldchen bei Solln, um gegen München zu ziehen. Hier kam es zu einem ersten Gefecht mit den kaiserlichen Truppen.

Erstnennung 1005 als »Solon«
Namensbedeutung von »sole/sule« = Wildlache; also der Ort, an dem sich das Wild suhlt
Gemeindebildung 1818, mit Warnberg
Eingemeindung 01. Dezember 1938
Lage alter Ortskern um die St.-Johann-Baptist-Kirche, Herterichstraße 54

In den folgenden Jahrzehnten versank Solln in Armut. Die Bauern litten unter Missernten, Unwetter und hohen Steuern. Ihren Teil trugen dazu bei die Grafen von Zech, die neuen Hofmarksherren, die auch in Sendling eine Hofmark hielten. Sie ließen sogar das Militär einmarschieren, um von den hungernden Bauern Abgaben zu pressen. Die Zeit der Hofmarken endete für Solln mit der Gemeindebildung 1818. Zwei Jahre später begann man den einzigen Bodenschatz der Gegend auszubeuten: Lehm. Die Zeiten änderten sich, das Ackerland warf zu wenig Ertrag ab, die Ziegeleien waren profitabler. Der Bauboom in München machte Sollner Ziegel zum Verkaufsschlager, aus ihnen entstand u. a. die Basilika St. Bonifaz. Solln wuchs in alle Richtungen, denn Arbeitskräfte aus Italien wanderten zu, auch Glasbläser aus dem Bayerischen Wald und Bierbrauer aus München entdeckten Solln als Lebens- und Arbeitsraum. Der Bau der Isartalbahn brachte weitere Arbeiter – und Ausflügler. Besonders der Iberl-

Schloss Warnberg

Wirt zog die Münchner Prominenz an, darunter viele Maler und Bildhauer wie den »Kohlrabi-Apostel« Karl Wilhelm Diefenbach, der die Vorzüge der Freikörperkultur, des Vegetarismus und der Polygamie lehrte und ausübte. Und warum nicht gleich da wohnen, wo man die Sommerfrische genoss?

Die Sollner Bauern gaben nach und nach die Landwirtschaft auf, da sie mit der Umwandlung ihrer Äcker in Bauland viel mehr Geld verdienen konnten. Ab 1896 begann die Erschließung der ersten Sollner Villenviertel. Zunächst entstand die Prinz-Ludwigs-Höhe zwischen Isarhang und Wolfratshauser Straße, dann kam die Wilhelmshöhe am Nordteil der Sollner Straße. Solln entwickelte sich zum mondänen Villenvorort. Die Gemeinde leistete sich 1927 ein eigenes Rathaus und legte 1936 den großzügigen neuen Sollner Waldfriedhof an. Zwei Jahre später war es dann mit der Eigenständigkeit vorbei. Solln wurde mit seinen 4.700 Einwohnern nach München zwangseingemeindet.

Nach schweren Kriegszerstörungen erholte sich Solln rasch und wuchs in den 1960ern rasant Richtung Forstenried durch die Erbauung der Parkstadt Solln. Die Nähe zum romantischen Isartal macht Solln nach wie vor zum sehr begehrten Wohnviertel. Der alte Dorfkern blieb in großen Teilen erhalten und steht heute unter Ensembleschutz. Findige Investoren rücken freilich den alten Villenkolonien zu Leibe und zerstören durch bauliche Nachverdichtung mit Mehrfamilienhäusern den ursprünglichen Charakter Sollns.

Thalkirchen-Obersendling-Forstenried-Fürstenried-Solln in Zahlen
Einwohner 83.584
Fläche 1.776,74 ha
Ärzte 145
Volksschulen 13
Realschulen 2
Gymnasien 2
Kinos 2
Tourismusbetriebe 17

Parkstadt Solln

Die Sollner waren »not amused«! Ausgerechnet neben ihren prächtigen Villen sollte eine neue moderne Trabentenstadt entstehen. Doch der Protest nutzte nichts. 1965 begannen die Bauarbeiten zur Parkstadt auf den weiten Feldern zwischen Solln und Forstenried. In nur zwei Jahren wurden über 2.000 Wohnungen nach den Plänen des Architekten Ernst Maria Lang hochgezogen. Ein Gürtel von Einfamilienhäusern schafft eine optische Verbindung zum alten Solln, dahinter folgen mehrgeschossige Blöcke, ein großes Ladenzentrum und sogar Hochhäuser wie das DEBA-Hochhaus mit seinen 20 Stockwerken. Zwei Hochhäuser, die die Parkstadt Richtung Forstenried abschließen, hatten es dann selbst den Sollnern angetan, denn sie verpassten ihnen die liebevollen Spitznamen »Max und Moritz«. Die Stadt prämierte »Max und Moritz« 1968 sogar für besondere Leistung auf dem Gebiet des Wohnungsbaus. Um den Namen »Parkstadt Solln« gab es lange Gerangel, denn der Stadtrat befürchtete Verwechslungen mit der Parkstadt Bogenhausen und nannte das Gebiet offiziell Neu-Solln. Ein Name, der sich nie durchsetzte.

Warnberg

Er ist Münchens höchste Erhebung: 580,06 m über NN ragt der Warnberg hervor. Auf dem Hügel hatte man zu Zeiten, als es wichtig war, mögliche Feinde rechtzeitig zu sehen, die Umgebung gut im Blick. Vermutlich ließ sich deshalb ein Mann namens Warin hier nieder und gründete eine kleine Siedlung. Die kam in den Besitz des Bischofs von Freising, der Warnberg 1187 dem Kloster Schäftlarn überließ. Der kleine Weiler bestand aus drei Huben (halben Höfen). 1308 erhoben die Herzöge Rudolf I. und Ludwig IV. das Gut Warnberg zum Edelsitz, den einer ihrer Nachfahren, Wilhelm V., im Jahr 1594 den Jesuiten schenkte. Die Jesuiten bauten das Gut zum Herrensitz aus und nutzten es zur Sommerfrische. Vom Keller Warnbergs führte schon in früheren Jahrhunderten ein unterirdischer Fluchtweg zum Baldehügel, den die Bewohner 1632 sicher nutzten, um sich vor den plündernden Schweden in Sicherheit zu bringen. 1667 errichteten die Jesuiten ein neues Herrenhaus, bis sie 1773 vertrieben wurden und Graf Georg von Zech das Anwesen übernahm. Zwischenzeitlich lebte die Freifrau Elisabeth Schenk von Castell auf dem Gut. Sie war die Geliebte des Kurfürsten Karl Theodor und schenkte ihm die Tochter Walburga Eleonore. Karl Theodor legitimierte das Mädchen und hob es 1790 in den Adelstand unter dem Namen von Warnberg. Er schenkte seiner Tochter die Güter Solln, Warnberg und Königswiesen. Das Mädchen verstarb jedoch jung und ihre Erbin, Mutter Elisabeth, verstand es in kürzester Zeit Warnberg (und andere Güter) gnadenlos herunterzuwirtschaften. Der Kurfürst verfügte schließlich, dass Warnberg an die Grafen von Zech zurückgegeben wurde.

Auch die lehmreichen Gründe von Warnberg wurden zu Beginn des 19. Jh. fleißig zur Ziegelproduktion genutzt. 1886 erwarb Präses Josef Weis das Gut von dem Ehepaar Barth, um hier seine Marienanstalt aufzubauen, in der weibliche Dienstboten eine Ausbildung und einen Alterssitz erhalten sollten. Die Marienanstalt wurde 1898 aus- und umgebaut. Nach schwerer Zerstörung im Zweiten Weltkrieg baute die Kirche das Gut wieder auf. Inzwischen befinden sich in der einstigen Mädchenschule die Hans-Hofer-Realschule und ein Kindergarten.

Zum Selbst-Erkunden:

Gotteshäuser (Auswahl):

1. Alte Sollner Kirche *(kath.), Herterichstr. 54*
2. Heilig-Kreuz *(kath.), mit romanischem Kruzifix, Forstenrieder Allee 180 a*
3. Maria Thalkirchen *(kath.), Fraunbergplatz 5*
4. St. Johann Baptist *(kath.), Grünbauerstr. 6 (Abb.)*

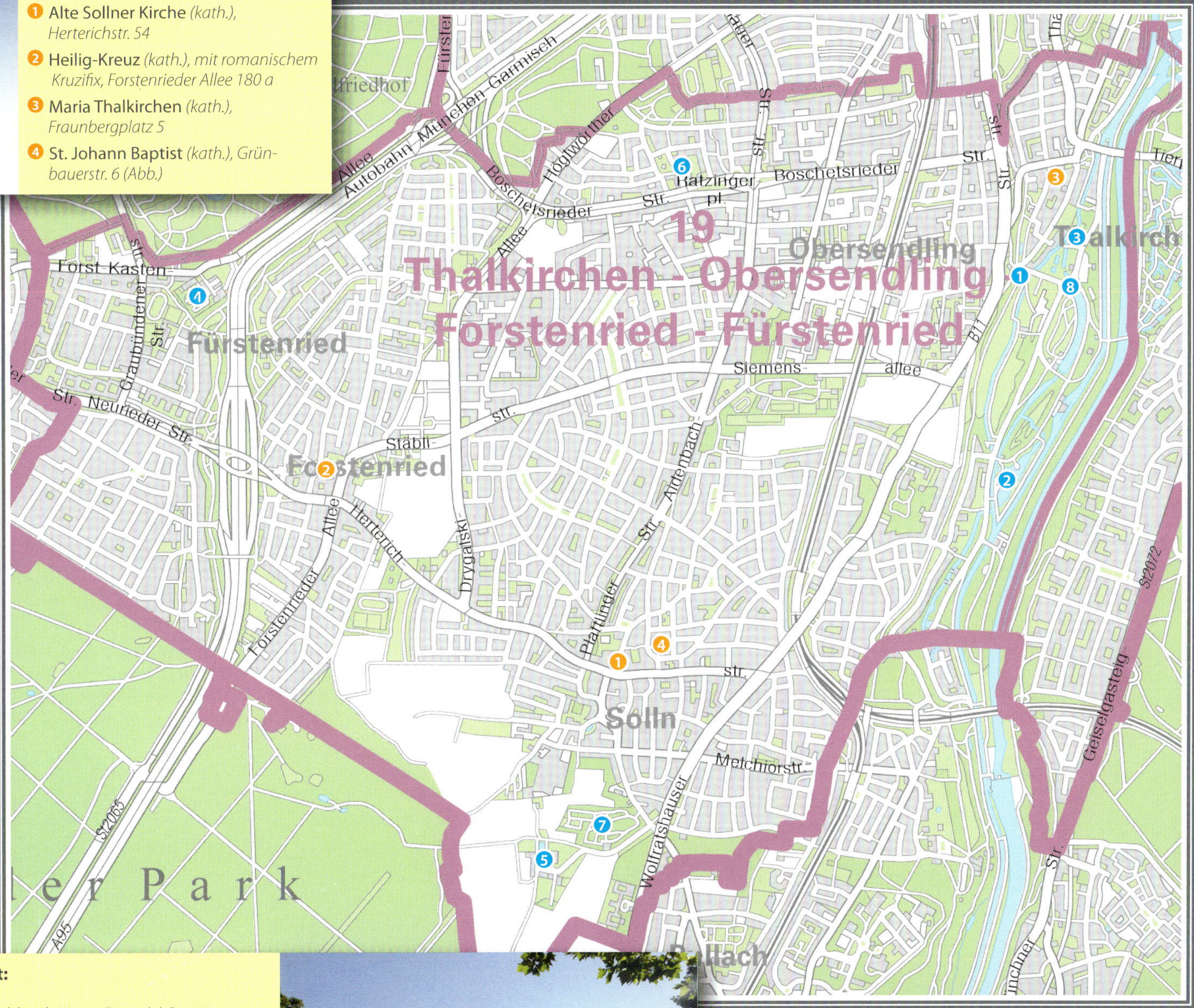

Und sonst:

1. Asam Schlössl, *Maria-Einsiedel-Str. 45*
2. Hinterbühler See
3. Maria-Einsiedel-Bad, *Zentralländstr. 28*
4. Schloss Fürstenried, *Forst-Kasten-Allee 103*
5. Schloss Warnberg, *Warnbergstraße*
6. Siemenssiedlung
7. Waldfriedhof Solln, *Warnbergstr. 2*
8. Zentralände

Alte Schule an der Boschetsriederstraße

HADERN (Groß-/Kleinhadern)

Weideten hier die Riesen der Urzeit? Bei Bauarbeiten fand man einen Mammutkiefer und einen Mammutzahn. Das wars dann aber schon mit vorgeschichtlichen Spuren. Menschliche Siedlungsreste gab die Erde bisher nicht frei. Es müssen wohl Kolonisten aus Gräfelfing gewesen sein, die dann im 9. Jh. den kleinen Weiler mitten im Wald gegründet haben. Durch einen Gutshof, den eine Edelfrau namens Imia dem Kloster Ebersberg schenkte, wurde »Haderun« erstmals zwischen 1048 und 1085 erwähnt. Mitte des 12. Jh. überließ Helmbertus von Nuwenburch dem Kloster Benediktbeuren seine Haderner Ländereien. Benediktbeuren konnte in den folgenden Jahrhunderten seinen Besitz im Ort vermehren. Auch die Klöster Schäftlarn, Indersdorf, Dietramszell und Beuerberg verfügten durch großzügige Schenkungen über das Land, das die Bauern abgabenpflichtig zu bestellen hatten. Schon damals unterschied man Groß- und Kleinhadern, beziehungsweise »Obern Hädern« und »Nidern Hädern«, was wie bei den anderen Doppeldörfern der Gegend daran lag, dass die Ortskerne ursprünglich an unterschiedliche Lehensherren gebunden waren. Großhadern hauptsächlich an Benediktbeuren, Kleinhadern vorwiegend an Schäftlarn. Über die Jahrhunderte veränderte sich die Größe der beiden Hadern praktisch kaum. Großhadern verfügte 1441 über drei ganze Höfe, zwei Huben und acht Lehen, für Kleinhadern sind 1538 drei Höfe, zwei Huben und fünf Sölden nachgewiesen. 1813 zählte man in Großhadern 129 und in Kleinhadern 61 Seelen, kaum mehr als in den Jahrhunderten davor.

Großhadern verfügte bis 1425 über ein eigenes Ortsgericht, dann kam es mit einem einzigen Kleinhaderner Hof zur Hofmark Planegg. Der Rest von Kleinhadern unterstand dem Landgericht Starnberg. Wer es sich leisten konnte, seinen Kindern Schulbildung angedeihen zu lassen, musste die Kleinen auf den weiten Weg zur Hofmarkschule nach Planegg schicken, was eine Stunde Fußmarsch bedeutete. Ob Haderns berühmtester Sohn wohl auch diesen langen Schulweg absolvierte? Joseph Bschor jedenfalls war ein Sohn des Haderner Spitzwegbauern, der in München das Brauerhandwerk lernte und 1793 die Brauerstochter Therese Hacker ehelichte. Hacker und Bschor? Richtig, Joseph Bschor gründete die heute weltbekannte Pschorrbrauerei.

Erst 1881 bekam Hadern eine eigene Schule. Seelsorgerisch wurde das Dorf von Gräfelfing betreut, die 1256 erstmals erwähnte Kirche Großhaderns war eine Filiale der Gräfelfinger Pfarrei. Die alte Kirche wich im 15. Jh. einem gotischen Neubau, der heutigen St. Peter-Kirche, die im 18. Jh. dem Zeitgeschmack entsprechend im Stil des Barock um- und ausgebaut wurde. Kleinhadern musste sich mit einer kleinen Kapelle begnügen.

Obwohl die beiden Hadern ab 1812 eine Gemeinde bildeten, behielt Kleinhadern bis ins Jahr 1900 einen eigenen Ortsvorsteher. Das Leben blieb lange weiter dörflich geprägt. Einen massiven Einschnitt erlebte Großhadern mit der Planung des Waldfriedhofs. Für dessen Bau mussten die Bauern nicht nur große Flächen ihres Besitzes an die Stadt München abtreten, München gemeindete das Waldfriedhofsgelände schon 1905 ein. Anfang des 20. Jh. zogen verstärkt Städter in das ländliche Idyll, eine erste Villenkolonie entstand und die Einwohnerzahl stieg sprunghaft auf 643. 1933 lebten schon 3.252 Menschen hier und Anfang der 1960er Jahre rund 22.000. Denn auf den ehemals landwirtschaftlich genutzten Flächen entstanden nach dem Krieg bis in die 80er Jahre hinein große Wohnsiedlungen wie die Blumenau oder Neuhadern.

Mit den letzten großen Siedlungen begannen auch die Planungen für ein neues Großprojekt: das Klinikum Großhadern. Die Universitätskliniken in der Innenstadt am Sendlinger Tor konnten durch schwere Kriegsschäden kaum ihren Aufgaben nachkommen. Parallel zum Wiederaufbau der Innenstadtkliniken forcierte man den Neubau eines beliebig erweiterbaren Klinikkomplexes auf der grünen Wiese außerhalb des Stadtkerns. Nach einem Ideenwettbewerb, den 1954 die Architektengemeinschaft Godehard Schwethelm und Walter Schlempp gewonnen hatte, begannen 1966 die Bauarbeiten auf einem 70 ha großen Grundstück in Großhadern. 367 Mio. € kostete das Prestigeobjekt, das nach zehn Jahren Bauzeit abgeschlossen werden konnte. Das Hauptgebäude, das 60 m hohe und 205 m lange Bettenhaus aus Stahlbeton, empfinden viele allerdings eher als Fabrik, denn als Krankenhaus. Die Medizinstudenten nennen es »Toaster«. Kaum eröffnet, folgten umgehend zahlreiche Erweiterungsbauten. 1999 fusionierten die Innenstadtkliniken und Großhadern zum Klinikum der Universität München, das mittlerweile fast 10.000 Mitarbeiter beschäftigt. 2008 war Baubeginn von Europas größtem zusammenhängendem OP-Zentrum. Heute decken 44 Kliniken, Abteilungen und Institute das gesamte Spektrum medizinischer Versorgung ab. Großhadern ist nach der Charité in Berlin das zweitgrößte Krankenhaus Deutschlands mit Maximalversorgung. Durch das Klinikum ist in Großhadern ein Universitätsviertel mit mehreren Studentenwohnheimen entstanden. Der alte Dorfkern blieb aber im Wesentlichen erhalten und steht unter Ensembleschutz.

Erstnennung zwischen 1048 und 1085 als »ad Harderun«
Namensbedeutung bei den Leuten am Wald/den Waldleuten (»hart« = Wald, Weidewald, Gemeindeweide für das Dorf)
Gemeindebildung 1818, mit Kleinhadern
Eingemeindung 01. April 1938
Lage alter Ortskern um die Kirche St. Petrus, Heiglhofstraße 10

Blumenau

Die Erschließung des Neubaugebiets im Norden Haderns begann im Spätherbst 1963. Es entstanden neben einigen Einfamilienhäusern vor allem große Wohnanlagen rund um die 1970 geweihte Pfarrkirche Erscheinung des Herrn. Ob-

St. Canisius

- Blumenau
- Großhadern
- Holzapfelkreuth
- Kleinhadern
- Kurparksiedlung Neufriedenheim
- Neuhadern
- Waldfriedhofviertel

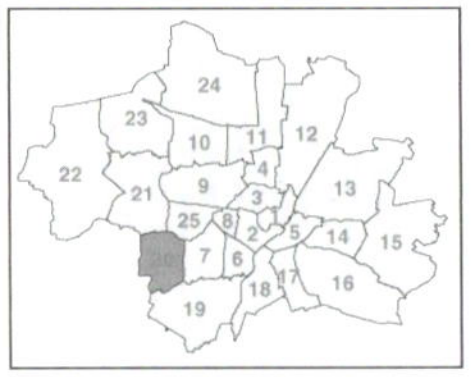

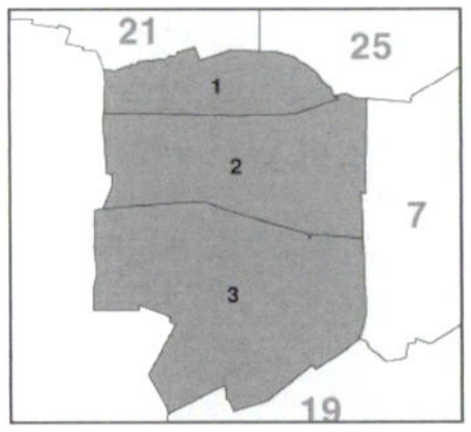

Offizielle Bezirksteile
1 Blumenau
2 Neuhadern
3 Großhadern

Hadern in Zahlen
Einwohner 46.851
Fläche 922,46 ha
Ärzte 55
Volksschulen 8
Gymnasien 1
Tourismusbetriebe 3

20

wohl »Blumenau« so klingt, ist es kein alter Flurname. Die Bewohner nannten ihr neues Viertel so, weil die meisten Straßen Blumennamen enthielten: Silberdistel-, Veilchen-, Primel- oder auch Krokusstraße. Die Bezeichnung wurde am 14. Juli 1964 vom Stadtrat abgesegnet. Zum offiziellen Unterbezirk Blumenau zählt heute nicht nur die Siedlung, sondern auch der historische Ort Kleinhadern.

Holzapfelkreuth

Einen Gutshof in Kreuth (= Rodung) gab es bereits seit 1844. Als Josef Holzapfel, Sohn des einstigen Revierförsters, 1858 das Anwesen erwarb, setzte er vor das Kreuth einfach seinen Familiennamen. Wenige Jahre später wurde der Hof zur Waldwirtschaft umgebaut. 1898 bot die »Realitätenbesitzerin« Therese Bischetsrieder der Stadt das Terrain zum Kauf an. Die Stadt konnte den Preis aber nicht zahlen, also erwarb die Immobiliengesellschaft Heilmann das Land und verkaufte umgehend einen Teil davon an die Stadt für den geplanten Waldfriedhof. Auf dem restlichen Gelände entlang der Waldfriedhofstraße plante Heilmann eine neue Siedlung. Plakate mit einprägsamen Slogans wie »Eigener Herd ist Goldes wert« warben für Siedler. 1911 begann der Verkauf der parzellierten Grundstücke. Einer der Großinvestoren war der Architekt Franz Böttge, der bereits die »Kleinhaus-Kolonie Süd-West« in Großhadern erbaut hatte. Die Reihenhaussiedlung, die Böttge in Holzapfelkreuth errichtete, ist zum Teil noch erhalten und steht nicht unter Denkmalschutz. Längst wird Holzapfelkreuth mit dem Waldfriedhofviertel gleichgesetzt und an die einst beliebte Ausflugswirtschaft erinnern heute nur noch eine Straße und vor allem die U-Bahnstation. Holzapfelkreuth und damit der Waldfriedhof gehörten historisch zu Sendling, sind heute aber Teil des Stadtbezirks Hadern.

Kurparksiedlung Neufriedenheim

Die ersten Einfamilienhäuser der Kurparksiedlung Neufriedenheim südlich der Ammersee-Autobahn und westlich der Fürstenrieder Straße konnten im Mai 1936 bezogen werden. Ihren Namen verdankt die Siedlung der Kurparkstraße in Kleinhadern.

Der »Toaster«, Klinikum Großhadern

Waldfriedhof

Im alten Ortskern von Hadern

Neuhadern *(siehe auch Hadern)* Neuhadern ist ein reines Wohngebiet, das in den 1970er Jahren zwischen Groß- und Kleinhadern entstand. Der Stadtrat beschloss am 1. Februar 1978 den Namen.

Waldfriedhofviertel Namensgeber für das Wohngebiet zwischen Großhadern und Fürstenried, das im 20. Jh. entstand, ist der Waldfriedhof, der auf dem Gelände des einstigen Guts Holzapfelkreuth entstand. Stadtbaurat Hans Grässel verwirklichte ab 1905 mit dem Waldfriedhof ein völlig neues, revolutionäres Konzept, indem er auf die bislang übliche strenge geometrische Form verzichtete und hainartige Grabfelder inmitten einer Parklandschaft anlegen ließ. Im gleichen Jahr gemeindete München das Friedhofsgelände ein, während Großhadern selbst erst 1938 zu München kam. Mitte der 1960er Jahre erweiterte der Gartenarchitekt Hans Römer den Friedhof um den neuen Teil mit 24.000 Gräbern. Teile des Waldfriedhofs bilden heute eine der größten Kriegsgräberstätten Deutschlands. Ein weiteres Novum: 1955 wurde hier das erste islamische Grabfeld Deutschlands geschaffen. Der ebenfalls im Waldfriedhof beheimatete Neue Jüdische Friedhof wird von der liberalen jüdischen Gemeinde Beth Shalom verwaltet. 1990 errichtete die Max-Planck-Gesellschaft für die Opfer von nationalsozialistischen Euthanasieverbrechen ein Mahnmal, in dem die Gehirne von fast 3.000 Opfern der Kaiser-Wilhelm-Gesellschaft für Hirnforschung aus Berlin-Buch und Brandenburg-Görden bestattet sind. Heute besitzt der Waldfriedhof 59.000 Grabplätze auf einer Fläche von 170 ha.
teils Stadtbezirk 20 • Hadern | teils Stadtbezirk 7 • Sendling-Westpark

Zum Selbst-Erkunden:

Gotteshäuser (Auswahl):

1. Erscheinung des Herrn *(kath.), Terofalstr. 66*
2. St. Canisius *(kath.), Canisiusplatz 1*
3. St. Ignatius *(kath.), Guardinistr. 83 (Abb.)*
4. St. Peter *(kath.), Heiglhofstr. 10*

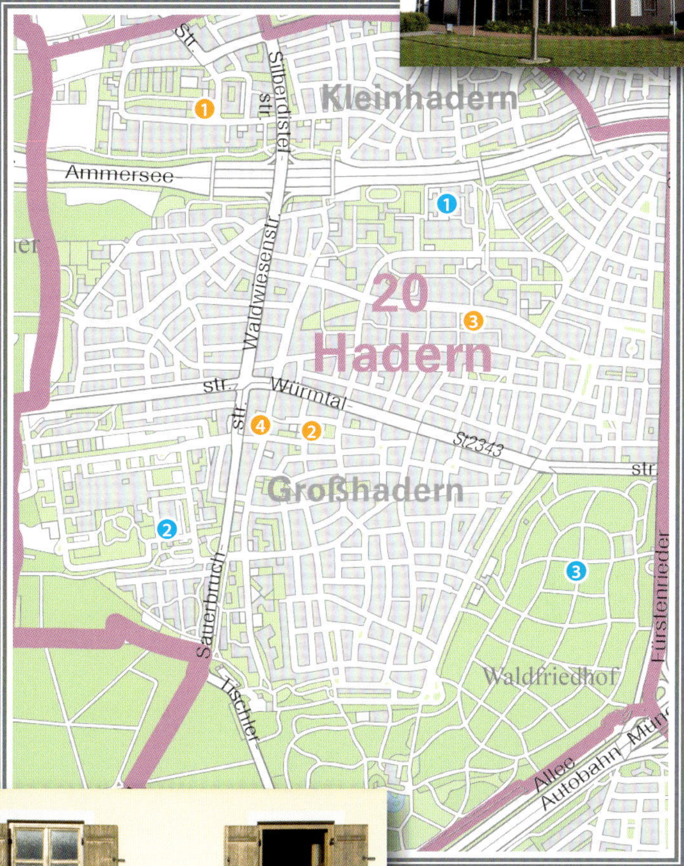

Und sonst:

1. Augustinum München-Neufriedenheim, *Stiftsbogen 74*
2. Klinikum Großhadern
3. Waldfriedhof, *1. Waldfriedhof Deutschlands, Fürstenrieder Str. 288*

PASING

Nächster Halt: München-Pasing« Verwundert schauen viele Reisende auf, man hat doch eben erst den Hauptbahnhof verlassen. Dass Intercitys in Pasing einen Stopp einlegen, ist nur eine der Besonderheiten des Münchner Stadtteils, der einmal eine eigene Stadt war. Doch zurück zu den Anfängen. Das Flüsschen Würm, das aus dem Starnberger See Richtung Norden fließt, begünstigte die Besiedlung des Pasinger Raums schon in der Spätsteinzeit, also um 2000 v. Chr. Ein Hockergrab der Glockenbecherkultur ist der älteste Hinweis auf Menschen in Pasing. Auch Funde aus der Bronzezeit, vor allem rund 20 Hügelgräber mit Grabbeigaben südlich der Pasinger Waldkolonie, belegen, dass das Gebiet ein beliebtes Siedlungsgebiet über die Jahrtausende blieb. Die Kelten hingegen bevorzugten offenbar eher das nähere Umland, sie hinterließen ihre Spuren in Aubing, Langwied, Untermenzing und Obermenzing. Ob sich Römer niederließen, ist nicht bekannt. Sicher ist aber, dass sie durch Pasing kamen, denn die Römerstraße von Augsburg nach Salzburg führte durch den Ort. Als die Bajuwaren im 5. und 6. Jh. von Böhmen aus Bayern besiedelten, ließen sie sich auch in Pasing nieder, wie Gräberfunde an der Planeggerstraße 14 oder der Josef-Retzer-Straße 11 zeigten. Wer dann der Mann namens Paso war, der dem Ort seinen Namen gab, ist unbekannt, jedenfalls findet sich der erste schriftliche Hinweis auf das Dorf »Pasingas« am 29. Juni 763. Damals schenkte der adelige Grundherr Reginperht dem Freisinger Bischof zahlreiche Güter, darunter auch Pasing.

Erstnennung 29. Juni 763 als »villa Pasingas«
Namensbedeutung Hof des Paso
Gemeindebildung 1818
Stadterhebung 01. Januar 1905
Eingemeindung 01. April 1938
Lage alter Ortskern um die Kirche Mariä Geburt, Am Klostergarten 9

Die Freisinger Bischöfe als größte Grundbesitzer ließen im 11. Jh. den Herrenhof ihrer Verwalter zur Burg mit Wassergraben ausbauen; die Verwalter, fortan Ministeriale genannt, stiegen zum Ortsadel auf, waren die Edlen »de Paesing«. 1185 schenkte Pfalzgraf Friedrich von Wittelsbach einen Hof und eine Mühle in Pasing dem Kloster Schäftlarn. Pasing wechselte über die Jahrhunderte mehrfach die Gerichtszugehörigkeit. Unterstand es zunächst der Grafschaft Andechs, kam es erst zu Schäftlarn, dann zu Weilheim und letztlich hatte bis 1893 das Landgericht Starnberg die Gerichtsbarkeit über ganz Pasing. Dann erst übernahm München.

Die Gründung der Stadt München bedeutete für Pasing einen wichtigen Einschnitt. Fortan führte die Salzstraße nicht mehr im Norden durch das Gfild, sondern durch Pasing. Der Ort wuchs mit den durchziehenden Handelskarawanen. Auch die reichen Münchner Patrizierfamilien interessierten sich zunehmend für den Ort und kauften sich ein. 1381 bekam der Münchner Bürger Heinrich Püttrich das Lehen in Pasing übertragen – aus dem Stadtadeligen wurde ein Landadeliger mit eigener Burg. Wenige Jahre später rückte das Pasinger Schloss in den Mittelpunkt einer blutigen landespolitischen Auseinandersetzung. Da in Bayern damals üblicherweise mehrere Verwandte gemeinsam als Herzöge regierten, kam es immer wieder zu Streit. 1398 trafen sich in Pasing vier Herzöge zu Verhandlungen über die Machtverteilung. Das Ergebnis: Krieg. 1403 ging bereits halb Pasing in Flammen auf und 1422 ließ Ludwig von Bayern-Ingolstadt seine Truppen dann den ganzen Ort samt der Kirche abbrennen. Für den Wiederaufbau ihrer zerstörten Höfe mussten die leibeigenen Bauern danach selbst sorgen.

Im Schloss Pasing zogen im 16. Jh. mehrere Besitzer ein und aus. Erst erwarb der herzogliche Landhofmeister Christian von Schwarzenberg 1528 die Burg, schon fünf Jahre später folgte Hans Reitmor, der bereits die Tafernwirtschaft, die Mühle und einige Höfe sein eigen nannte, und 1589 wurde der Hofkammerpräsident Christoph Neuburger Herr über Pasing. Neuburger bekam sieben Jahre später auch das Hofmarkprivileg verliehen. Mit einer Hofmark war die niedere Gerichtsbarkeit verbunden, der Hofmarkherr urteilte also über alle Delikte, auf die nicht die Todesstrafe stand. Zudem übte er die Polizeigewalt aus und trieb Steuern ein.

Wie für alle anderen Ortschaften in der Umgebung brachte der Dreißigjährige Krieg auch für Pasing Hunger, Not, Seuchen und Tod. Pasing wurde geplündert und schwer zerstört. Nach den Schweden wüteten die Pest und marodierende Landsknechte. Für die gebeutelten Pasinger ging es nur langsam wieder aufwärts. Im Dezember 1686 zog ein neuer Grundherr im Schloss ein: der ursprünglich aus Köln stammende Geheime Rat Anton von Berchem. Berchem galt als einer der reichsten Männer des Landes. Ihm gehörten unter anderem Höfe in Allach, Pipping und Menzing, die Blutenburg und die Hofmark in Freiham. Pasing florierte, 1752 zählte man schon 67 Häuser im Ort.

Die Berchems konnten sich bis 1792 als Herren in Pasing halten, dann suchte Kurfürst Karl Theodor dringend nach einer Möglichkeit, seine Geliebte Elisabeth Schenk von Castell samt Töchterchen Walburga ehrbar zu machen. Also verheiratete er Elisabeth kurzerhand mit dem Reichsgrafen von Betschart und gab ihr den Edelsitz Pasing (später auch noch Laim). Die Reichsgräfin von Betschart, später verheiratete Chamisso, hatte große Pläne, sie wollte eine Seidenraupenzucht und eine Steingutmanufaktur in Laim sowie eine Brauerei in Pasing einrichten. Die Pläne scheiterten. Pasing fiel nach nur fünf Jahren zurück an die Berchems, bis der völlig verschuldete Nepomuk von Berchem im Jahr 1814 das Schloss an König Max I. Joseph verkaufte, der es seinem zweitgeborenen Sohn Karl überließ. Prinz Karl riss das marode Schloss auf der Würminsel ab. Der alte Kreuzgewölbekeller auf der Insel im Garten des Instituts der Englischen Fräulein ist der

21 • PASING OBERMENZING

Schloss Blutenburg

Am Pasinger Marienplatz

Pasinger Bahnhof

Historische Bezirke
Pasing
- Gymnasiumskolonie
- Hindenburgsiedlung
- Villenkolonie Pasing I + II
- Waldkolonie Pasing

Obermenzing
- Am Durchblick
- Blutenburg
- Neulangwied
- Neulustheim
- Pipping

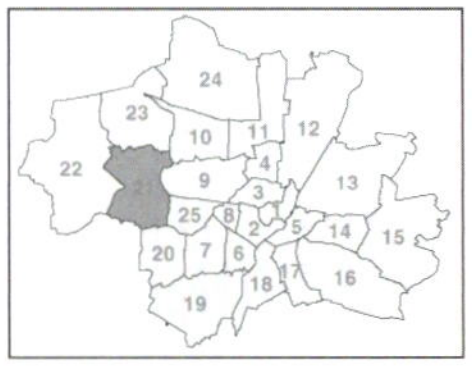

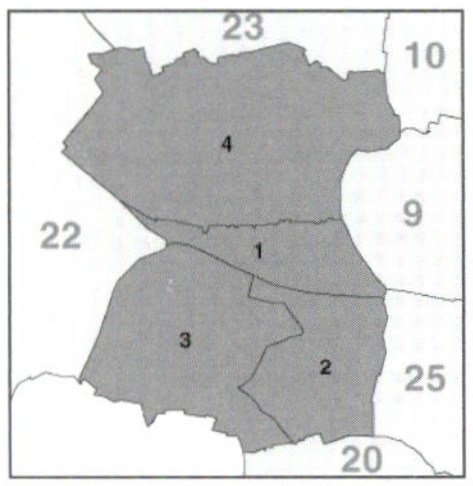

Offizielle Bezirksteile
1 Neupasing
2 Am Westbad
3 Pasing
4 Obermenzing

21

letzte noch existierende Überrest des alten Schlosses und somit das älteste Bauwerk Pasings. Karl ließ westlich der Planegger Straße drei Bauernhöfe einreißen und baute einen kleinen Landsitz im klassizistischen Stil, den er aber schon 1834 wieder verkaufte. Der Papierfabrikant Carl von Beck zog ein und errichtete in der Nähe Pasings ersten Industriebetrieb: eine Papierfabrik. Dieser Betrieb war 1849 beteiligt an einem denkwürdigen Ereignis: Das hier handgeschöpfte Papier wurde zum Druck der ältesten Briefmarke Deutschlands, des »Schwarzen Einsers«, verwendet. Die Pasinger Papierfabrik, die zuletzt Technocell Dekor GmbH hieß, blieb bis 1995 in Betrieb und stellte dann die Produktion ein. Das Wohnschloss des Fabrikanten nannten die Pasinger später die »Gatterburg«, nach dem Erben Franz von Gatterburg, der es zweigeschossig ausbauen ließ. 1923 kaufte der Passionistenorden die Gatterburg und errichtete auf dem Gelände ein Kloster samt Internat.

In der Zeit, als Pasing eine eigenständige politische Gemeinde wurde, gehörte es zu den größten und prosperierendsten Ortschaften in der Region. Die dörfliche Struktur wandelte sich. Bauernhäuser mussten weichen, Pasing bekam ein Postamt, ein Kaufhaus und Schulen. Pasings älteste Kirche, Mariä Schmerzen, wurde zwar schon 1315 das erste Mal schriftlich erwähnt, blieb aber über Jahrhunderte eine Filialkirche von Aubing. Das änderte sich 1881, als Pasing zum Pfarrdorf aufstieg. Als Dank stiftete die Gemeinde die Mariensäule auf dem Pasinger Marienplatz.

1812 hatte man nur 319 Einwohner gezählt, 1860 waren es bereits 705 und 1895 über 4.100. Großen Anteil am Bevölkerungszuwachs und der wirtschaftlichen Entwicklung hatte die Bahn. Pasing lag an der Bahnlinie München-Augsburg und bekam 1840 seinen eigenen Bahnhof – zwei windige Bretterbuden. 1873 errichtete man dann das heute denkmalgeschützte Bahnhofsgebäude. Pasing wurde zum wichtigen Umsteigebahnhof für die Region und zum beliebten Ausflugsziel für die Städter. An Sonntagen verkehrten ab 1905 die Vorortzüge im 7,5 Minutentakt, um die Menschenmassen von München ins Grüne und wieder zurück zu bringen. Neben den Ausflüglern brachte die Bahn zahlreiche Industriebetriebe wie die bereits erwähnte Papierfabrik. In Pasing produzierten zum Beispiel die Brennerei Riemerschmid, die Haushaltsmaschinenfabrik Ritterwerke, auf deren Gelände heute das Kulturzentrum Pasinger Fabrik steht, oder die Chemische Fabrik Weyl, auf deren ehemaligen Produktionsstätten 1984 eigentlich Eigentumswohnungen entstehen sollten, bis sich herausstellte, dass der Boden völlig verseucht ist. Weltweit bekannt ist heute eine Erfindung der Pasinger Dr. Ing. Funck Kunststoff- und Maschinentechnik. Funck entwickelte 1952 mit dem Arzt Dr. Klaus Maertens eine neue Luftpolstersohle für besonderen Tragekomfort und produzierte »Dr. Maertens«-Schuhe. 1960 verkaufte man die Lizenz nach England, aus »Dr. Maertens« wurde »Doc Martens«, und aus robusten Pasinger Arbeitsschuhen für Soldaten und Polizisten wurden Kulttreter für Generationen von Rockern, Punks, Wavern und Goths.

Der Zuzug von immer mehr Fabrikarbeitern ließ die Einwohnerzahlen hochschnellen. Die neuen, exklusiven Villenkolonien Pasing I und Pasing II lockten zudem wohlhabende Städter an. 1904 zählte man 7.090 Seelen. In diesem Jahr stellte der Gemeinderat den Antrag, zur mittelbaren Stadt erhoben zu werden, weil man die Eingemeindung nach München fürchtete. Eine mittelbare Stadt unterstand im Gegensatz zu einer freien Reichsstadt der Landeshoheit, Pasing gehörte daher auch nach der Stadterhebung durch Prinzregent Luitpold zum 1. Januar 1905 weiterhin zum Landgericht München. Immerhin bekam die Stadt ihr eigenes Wappen: ein silberner Zinnenturm auf einer grünen, von einem silbernen Fluss umfluteten Insel vor rotem Grund.

Mit dem Wachstum verbesserte sich zwar der Anschluss an München – ab 1908 verband die Tram den Pasinger Marienplatz mit dem Stachus –, gleichzeitig verschärfte sich aber der Wohnungsmangel dramatisch. Baugenossenschaften wie die der Eisenbahner oder die Baugenossenschaft für Kleinwohnungsbau schufen Abhilfe und errichteten Wohnblöcke mit günstigen Mieten. Die Eisenbahnergenossenschaft besitzt heute noch in Pasing 238 Wohnungen in 29 Häusern.

1919 war Pasing mit 11.014 Einwohnern größte mittelbare Stadt Oberbayerns. In den schwierigen Jahren der Nachkriegszeit sah sich Pasing angesichts leerer Kassen gezwungen, an der Würmbrücke eine Zollstation zu errichten und Gebühren zu kassieren. Und in Zeiten des Währungsverfalls führte die Stadt sogar zweimal (1918 und 1921–1923) ein eigenes Geld ein, das Pasinger Notgeld, mit dem man innerhalb der Gemeinde zahlen konnte. Die Weltwirtschaftskrise Ende der 1920er Jahre brachte mit sich, dass fast ein Drittel der Pasinger arbeitslos wurden und von der Sozialfürsorge leben mussten. Gerade bei den Unzufriedenen konnten daher die Nazis Stimmen fangen. Bei den Wahlen 1933 erhielt die NSDAP in Pasing die meisten Stimmen.

Zu Hitlers größenwahnsinnigen Plänen, München als »Hauptstadt der Bewegung« auszubauen, zählte auch massiver Gebietsgewinn. München sollte eine der größten und bevölkerungsreichsten Städte des Reichs werden. Also wurde in den 1930ern alles eingemeindet, was nur ging. 1938 musste Pasings Oberbürgermeister Dr. Alois Wunder den Eingemeindungsvertrag unterzeichnen. Aus der Stadt wurde ein Stadtteil. Immerhin gelang es den Pasingern, einige Sonderwünsche durchzusetzen. So behielt Pasing als einzige Münchner Eingemeindung eine eigene Bezirksverwaltungsstelle und auch die Fernzüge halten weiterhin hier. Seit 1991 ist Pasing übrigens »IC-Systembahnhof«, er gehört damit also zu den Großbahnhöfen, in denen Schnellzüge halten.

Nach Ende des Zweiten Weltkriegs sahen die Eingemeindungsgegner ihre Stunde gekommen, sie gründeten eine Bürgerinitiative und stellten den Antrag auf umgehende Ausgemeindung. Begründet werden sollte das durch Vertragsverletzungen

Himmelfahrtskirche

Kirche Mariä Geburt

seitens der Stadt München. Die Überprüfung brachte aber das Gegenteil zutage, München hatte sich geradezu vorbildlich an die Vereinbarungen gehalten.

Pasing stieg in den Nachkriegsjahren wieder zum beliebten Wohnviertel mit hervorragender Infrastruktur auf, über 40.000 Menschen leben mittlerweile hier. Jüngstes Highlight war im März 2011 die Eröffnung der Pasing Arcaden am Bahnhof, ein großes Wohn- und Einkaufszentrum. Der alte Ortskern hat noch seinen kleinstädtischen Charakter behalten. Die Pasinger haben einen eigenen Marienplatz mit Mariensäule und einen Viktualienmarkt – also alles, was die große Stadt nebenan auch zu bieten hat. Probleme bereitet vor allem die permanente Verkehrsüberlastung an der Landsberger Straße. Eine Fußgängerzone soll zumindest den Bereich um den Bahnhof beruhigen. Die zunehmend dichtere Bebauung führte mittlerweile dazu, dass die Villenkolonien teilweise ihren Charakter als Gartenstädte verloren, weil man Einzelhäuser durch Mehrfamilienhäuser ersetzte. Um das verbleibende Grün zu retten, beschloss man 1994 die Einrichtung des »Landschaftsparks Pasing-Laim-Blumenau-Hadern«, eine durchgehende Freifläche, die zum Teil immer noch landwirtschaftlich, zum Teil von Kleingartenanlagen genutzt wird und nun als Naherholungsgebiet dient. Pasing gilt heute auch als »Schulstadt«, weil hier überdurchschnittlich viele Bildungseinrichtungen, vor allem Gymnasien und Hochschulen, angesiedelt sind.

Gymnasiumskolonie

Bereits in der Planungsphase zur Eröffnung des Progymnasiums (heute Karlsgymnasium) und der Lehrerbildungsanstalt (heute Teil der Hochschule München) 1910 sah sich Pasing vor der Aufgabe, Wohnungen für Lehrer zur Verfügung zu stellen. Die Stadt beauftragte August Exter an der Otilo- und Paul-Hösch-Straße die Gymnasiumskolonie ähnlich den Villenkolonien zu errichten. Die Verantwortlichen irrten sich aber, was die Einkünfte von Lehrern betraf. Kaum jemand konnte sich die geplanten Einfamilienhäuser leisten. Also schwenkte man in der Planung um und erstellte einfachere Reihenhäuser. Auch die fanden so wenige Abnehmer, dass letztlich nur zehn Häuser der Kolonie gebaut wurden.

Hindenburgsiedlung

An der Bäcker-, Apfelkammer-, Mühlhaissen-, Bauschneider- und Perlschneiderstraße errichtete die Gagfah (Gemeinnützige AG für Angestellten-Heimstätten) in den Jahren 1932 bis 1936 eine Siedlung, die nach dem Reichspräsidenten Paul von Hindenburg benannt wurde.

Villenkolonie Pasing I + II

Der Pasinger Architekt und Unternehmer August Exter kaufte billiges Bauland von einem Gastwirt außerhalb der Stadt Pasing zwischen den Bahnanlagen im Süden, dem Nymphenburger Kanal im Westen und Norden sowie der Offenbachstraße im Osten. Gelände, das strenggenommen zu Obermenzing und Pipping gehörte. Exter parzellierte das Gebiet mit rechtwinkligen Straßen und Grundstücken zwischen 600 und 1.200 m² und vermarktete die Siedlung 1892 nach dem gerade modern gewordenen Gartenstadtgedanken per Katalog. Die gut betuchte Mittelschicht, an die sich Exter wandte, konnte sich im Katalog »schlüsselfertige Musterhäuser« aussuchen und dabei je nach Geschmack die Außengestaltung festlegen. Es gab neobarocke, mittelalterliche und ländliche Stilformen. Exter setzte in der Werbung auch ganz modern auf den Gesundheitsaspekt. Der Werbeprospekt versprach: »Die weichen Würmbäder in der unmittelbaren Umgebung Münchens können längere Zeit im Jahr benutzt werden. All jene, welche vom Besitz eines eigenen Hauses auf dem Lande Stärkung des Körpers erwarten, werden diesem Umstand großes Gewicht beilegen müssen.« Der Andrang war enorm.

Wegen des großen Erfolgs baute Exter 1897 westlich anschließend an die rund 100 Häuser der »Villenkolonie Neu-Pasing I« seine »Villenkolonie Neu-Pasing II«. Die Würm trennt beide Kolonien. Pasing II war erheblich größer konzipiert. 650 Einfamilienhäuser in 52 verschiedenen Variationen für 4.000 Einwohner entstanden, geplant waren zudem zwei Kirchen, doch nur die

Himmelfahrtskirche von Carl Hocheder wurde 1903 tatsächlich gebaut. Die Kolonie zog vor allem Kreative an, allein 23 Kunstmaler, drei Kammersänger, vier Komponisten, sechs Schriftsteller sowie ein Zauberkünstler kauften sich in Pasing II ein. August Exters Villenkolonien waren wegweisend, doch sie sind selbst Fachleuten kaum bekannt, dabei gelten sie als die ersten geglückten kommerziellen Umsetzungen der Gartenstadtidee in Deutschland. Sie entstanden zehn Jahre vor der offiziell als erste deutsche Gartenstadt geltenden Hellerau, die Richard Riemerschmid in einem Dresdener Vorort erbaute.

Waldkolonie Pasing Den Boom der Villenkolonien wollte sich Architekt Louis Ende nicht entgehen lassen und gründete ab 1894 zwischen Maria-Eich-Straße und Am Stadtpark die Waldkolonie. Da sie verkehrstechnisch ungünstig lag und nicht ausreichend beworben wurde, blieb der erhoffte Zustrom von Kaufinteressenten aber aus. Erst in den späten 1930er Jahren entwickelte sich die Waldkolonie »als ein von Baulustigen geschätztes Siedlungsgebiet«, wie die Münchner Neuesten Nachrichten am 6. Juni 1938 schrieben.

OBERMENZING

Zwei spendenfreudige Brüder sorgten für die erste schriftliche Erwähnung von Menzing: Am 6. November 817 übergaben die Edelmänner Cotescalch und Deotpald ihren Besitz zu Menzing dem Kloster Wessobrunn. Ob es sich dabei um Ober- oder Untermenzing handelte, ob damals überhaupt schon zwei Menzing existierten, ist unklar. Fest steht jedenfalls, dass das Gebiet an der Würm schon früh besiedelt war, wie ein bronzezeitliches Hockergrab zeigte, das man bei Straßenbauarbeiten an der Longinusstraße entdeckte. Fünf Grabhügel aus der Zeit um 1500 v. Chr. im Bereich der Gerlichstraße sind weitere Belege für frühgeschichtliche Siedler. Zentrum des kleinen Orts könnte schon damals die Biegung der Würm gewesen sein, in der später die Blutenburg errichtet wurde.

Verschiedene Edelleute »de Mencingin« sind in den folgenden Jahrhunderten meist als großzügige Schenker von Gütern an Klöster nachweisbar. Aber erst 1315 gibt es einen Hinweis auf zwei Menzing. In diesem Jahr wird die kleine (Obermenzinger) Kirche

OBERMENZING
Erstnennung 817 als »Mezingia«; 1315 als »Duo Mentzing«; 1325 als »Obermenzing«
Namensbedeutung Siedlung des Manzo
Gemeindebildung 1818, mit Blutenburg und Pipping
Eingemeindung 01. Dezember 1938
Lage alter Ortskern um die St.-Georgs-Kirche, Dorfstraße 37 a, und entlang der Pippinger Straße

PIPPING
Erstnennung 24. Februar 1325 als »Pipingen«
Namensbedeutung Siedlung des Pippin
Gemeindebildung 1818, Teil der Gemeinde Obermenzing
Eingemeindung 01. Dezember 1938
Lage alter Ortskern an der Kirche St. Wolfgang, Pippinger Straße 49 a

St. Georg in Obermenzing

An Schloss Blutenburg (o.) führte 1945 der Todesmarsch der KZ-Häftlinge aus Dachau vorbei. Ein Denkmal des Bildhauers Hubertus von Pilgrim erinnert daran (gegenüberliegende Seite u.).

St. Georg in »Duo Menzing« als Filialkirche von Aubing erwähnt. Ein »Obermenzing« findet sich konkret erstmals zehn Jahre später in einer Urkunde, als der Münchner Bürger Otto Teufelhart vom Kloster Wessobrunn für 32 Pfund Münchner Pfennige Güter in Pipping und Moosach erhielt. Diese Urkunde ist gleichzeitig der erste Nachweis des winzigen Weilers Pipping. Das Kloster Wessobrunn besaß im 14. Jh. in Obermenzing zahlreiche Höfe sowie die Mühle und in Pipping zwei Höfe.

Wann die Blutenburg errichtet wurde, ist nicht ganz geklärt. Eine erste steinerne Wehranlage stand vermutlich schon im 12. Jh. an der Würm. Damit hatten die bayerischen Herzöge stets einen engen Bezug zu Obermenzing. Herzog Albrecht III. ließ nicht nur die Blutenburg renovieren und ausbauen, er erwarb auch 1441 vom Kloster Wessobrunn 17 von insgesamt 23 Anwesen in Obermenzing und erhob ein Jahr später Obermenzing zur Hofmark. Im »Salbuch über das Schloß Menzing« von 1486 ist nachzulesen, dass die Orte Ober- und Untermenzing, Pipping »unnd was zu pasing her dißhalb der strasse gegen menntzing gelegen ist«, also der nördliche Teil Pasings, zur Hofmark Menzing zählten. Der Hofmarksherr residierte in der Blutenburg. Die Herzöge zeigten sich den Menzingern großzügig. Albrechts Sohn Sigismund zog sich nach seiner Abdankung komplett auf sein Lieblingsschloss Blutenburg zurück und ließ 1488 eine neue Kapelle im Schloss bauen – ein bis heute erhaltenes spätgotisches Kleinod, das einzigartig in München ist. Sigismund stiftete auch St. Wolfgang in Pipping (1480) und die Martinskirche in Untermenzing (1492). Nach Sigismunds Tod erklärte Herzog Albrecht IV. der Weise Menzing im Jahr 1508 zum herzoglichen Reservat für die niedere Jagd und Blutenburg diente den Münchner Fürsten fortan als Jagdschloss.

Menzing schien, wie neueste Forschungen ergeben haben, im Gegensatz zu vielen Nachbargemeinden von den Zerstörungen des Dreißigjährigen Kriegs verschont geblieben zu sein. Bei den umfangreichen Renovierungsarbeiten am Schloss in den 1980er Jahren fanden sich jedenfalls keinerlei Brandspuren. Anfang des 16. Jh. erhielt Herzog Wilhelm V. nach seiner Abdankung Menzing als Ausstattung. Später wurde Kurfürstin Henriette Adelaide Hofmarksherrin über Menzing. Nach ihrem Tod 1676 verkaufte der Herzog die Hofmark an den schwerreichen Münchner Geheimen Rat Anton von Berchem, der die Blutenburg renovierte und umbaute. Berchem verfügte über gewaltige Ländereien, zu seinem Besitz zählte auch Pasing, und er übernahm 1687 zudem die drei Güter in Pipping, die bislang dem Kloster Wessobrunn gehört hatten. Seine Erben konnten das Vermögen nicht zusammenhalten und mussten 1702 die Hofmark an den Kurfürsten zurückgeben.

Für die Bauern, denen der Grund, den sie bearbeiteten, nicht gehörte, änderte sich in den Jahrhunderten wenig. Einschnitte bedeuteten der Bau des Nymphenburg-Biederstein-Kanals von Pasing über Pipping und Nymphenburg zum Schwabinger Bach und die Ausdehnung des Nymphenburger Schlossparks. Die Obermenzinger und Pippinger Bauern mussten dafür große Acker- und Wiesenflächen abtreten, wofür sie nie entschädigt wurden.

Gemeinsam mit Pipping und Blutenburg wurde Obermenzing 1818 zu einer politischen Gemeinde mit Selbstverwaltung. Fünf Jahre zuvor hatte eine Volkszählung ergeben: In Obermenzing lebten 189 Menschen, in Blutenburg 10 und in Pipping 29, also insgesamt 228. Noch blieb es beschaulich in dem weiterhin sehr ländlich geprägtem Ort. Daran änderte selbst die Bahnstrecke München-Lochhausen nichts, die ab 1839 übers Obermenzinger Land führt. 1875 hatte das Dorf 315 Einwohner – und außerdem 80 Pferde, 300 Rinder, 30 Schweine und zwei Ziegen. Weder Obermenzing noch Pipping verfügten über eine eigene Schule, die Kinder mussten nach Pasing oder Allach laufen. Erst 1902 eröffnete endlich die Schule an der Pippinger Straße (heute ein Kindergarten), da es um die Jahrhundertwende eine regelrechte Bevölkerungsexplosion gegeben hatte, die Einwohnerzahl war im Jahr 1900 auf 1.042 hochgeschnellt. Einer der Hauptgründe: Die neuen Villenkolonien Pasing I und Pasing II, die eigentlich auf Pippinger Grund liegen. Aber auch die Würmkorrektur und die Eröffnung der Eisenbahnhaltestelle 1907 förderten die Entwick-

Pasing-Obermenzing in Zahlen

Einwohner 66.244
Fläche 1.648,93 ha
Ärzte 176
Volksschulen 8
Realschulen 2
Gymnasien 5
Tourismusbetriebe 25

Impressionen aus Obermenzing; in der Mitte die Kirche Leiden Christi.

lung der Gemeinde. Neue Siedlungen entstanden wie die Postbeamten- und Wohnkolonie Mittlerer Verkehrsbeamten (1909), die Siedlung Blutenburg (1918) und die Soziale Eigenheim-Siedlung Neulustheim (1919). Zum Ende des Ersten Weltkriegs lebten bereits 2.591 Menschen hier. Die Einwohnerzahl verdoppelte sich bis 1930 erneut. Gewaltige Verkehrsprobleme brachte die Eröffnung der Autobahn nach Stuttgart im Dezember 1938, seitdem rauscht der Durchgangsverkehr durch die Verdistraße. Der Dezember 1938 brachte auch das Ende der Selbständigkeit, der Ort wurde gemeinsam mit Untermenzing, Allach, Ludwigsfeld und Solln von München zwangseingemeindet.

Obermenzing blieb nach dem Krieg, was es seit Anfang des 20. Jh. war: ein Villenbezirk und damit eine äußerst begehrte Wohnlage. Der alte Ortskern mit der Kirche St. Georg, dem fast 600 Jahre alten »Alten Wirt«, dem uralten Weichandhof, dem 300 Jahre alten Zehentstadel und der Mühle von 1397 gibt heute noch einen kleinen Endruck, wie Obermenzing einmal ausgesehen hat. Auch Pipping konnte sein historisches Zentrum im Wesentlichen bis in unsere Tage erhalten und hat nach Ansicht der Denkmalpfleger den am besten erhaltenen historischen Dorfkern aller Münchner Dörfer. Obermenzing beherbergt seit 1945 übrigens Münchens einziges russisch-orthodoxes Kloster. Das Kloster des Heiligen Hiob von Potschajewa ist der Sitz des orthodoxen Erzbischofs von Berlin, Deutschland, Kopenhagen und England. Last but not least eröffnete im März 2008 Münchens erster Haustierfriedhof in Obermenzing am Breiten Weg.

Am Durchblick

Einst gab es wirklich den Durchblick, nämlich bevor die Siedlung Am Durchblick mit 600 Einfamilienhäusern gebaut wurde. Den Durchblick hatte man vom Schloss Nymphenburg aus über unbebautes Gelände bis hin zur Blutenburg. Die Südhausbau GmbH stellte ab 1957 ihre Siedlung just mitten in diesen Durchblick parallel zur Frauendorferstraße.

Blutenburg

Ein Herrenhaus mit vier Wehrtürmen und einer den Heiligen Andreas und Georg geweihten Kapelle umgeben von einem Wassergraben – so muss die uralte Wehranlage aus dem 12. Jh. einst ausgesehen haben. Erst mit Erbprinz Albrecht, dem späteren Herzog Albrecht III., gab es verlässliche Zeugnisse über die Geschichte der Blutenburg. Albrecht verliebte sich 1428 unsterblich in die Augsburger Baderstochter Agnes Bernauer und machte sie zu seiner Dauergeliebten. Da der Hof in München ob der ungeziemlichen Verbindung tobte und Herzog Ernst die sofortige Trennung forderte, konnte das Paar nicht in die Residenzstadt ziehen. Als gemeinsames Liebesnest ließ Albrecht die Blutenburg aus- und umbauen. Die zahlreichen Aufenthalte Albrechts auf der Burg sind bestens dokumentiert. 1433 sorgte der Erbprinz dafür, dass Agnes Bernauer in Untermenzing zwei Gutshöfe erwerben konnte, damit sie auch offiziell allen Grund hatte, sich in der Nähe aufzuhalten. Das zarte Liebesglück hielt nur bis 1435, als Herzog Ernst die Bernauerin in Straubing verhaften und in der Donau ertränken ließ. Albrecht, der zunächst erwog, gegen seinen Vater in den Krieg zu ziehen, wurde vom Kaiser zur Vernunft gerufen und fügte sich letztlich in eine standesgemäße Ehe. Albrechts Sohn Sigismund verzichtete im Jahr 1467 auf die gemeinsame Regentschaft zugunsten seines Bruders Albrecht IV. und zog sich auf die Blutenburg zurück. Dort stiftete er die heute noch erhaltene spätgotische Schlosskapelle.

Erstnennung 14. März 1432 als »Pludenburg«
Namensbedeutung letztlich ist die Namensherkunft nicht geklärt; »bluot« oder »bluet« kann man mit Blüte übersetzen (also Blütenburg), aber auch mit Blut; falsch ist die immer noch verbreitete Geschichte, dass Blutenburg erstmals 1425 als »Blyutenburg« erwähnt wurde, damit war das ungarische Plintenburg (heute: Visegrad) gemeint
Gemeindebildung 1818, Teil der Gemeinde Obermenzing

Erstaunlich ist, dass Schloss Blutenburg im Dreißigjährigen Krieg nicht von den Schweden zerstört wurde, auch wenn sich diese Legende bis heute hält. 1676 kaufte der Münchner An-

St. Wolfgang in Pipping

ton von Berchem die Hofmark Menzing und damit das Schloss. Berchem musste enorme finanzielle Mittel in die Renovierung der heruntergekommenen Anlage stecken. Berchems Erben konnten die Hofmark nicht halten und gaben sie 1702 an Kurfürst Max II. Emanuel zurück, der sie seiner Gattin Therese Kunigunde übertrug. Nach Therese Kunigundes Tod verfiel die Burg langsam. Ab 1827 verpachtete man sie als Staatsgut an Privatleute, die dort eine Gastwirtschaft und sogar ein öffentliches Bad unterhielten. Einmal noch richteten sich aller Augen auf die Blutenburg, als Lola Montez, die Geliebte Ludwigs I., auf der Flucht vor dem wütenden Münchner Mob 1848 eine Nacht hier verbrachte.

1866 pachtete das Institut der Englischen Fräulein das Schloss. 1957 übernahmen es die Schwestern des Dritten Ordens vom Nymphenburger Krankenhaus und richteten ein Altersheim ein, das bis 1976 bestand. Danach musste ein vernünftiges Nutzungskonzept für die Blutenburg entwickelt werden, an dem federführend der »Verein der Freunde Schloss Blutenburg« arbeitete. Umfangreiche Renovierungsarbeiten standen an. Seit 1983 dient die Blutenburg nun der Internationalen Jugendbibliothek, der größten der Welt, als Sitz.

Die Siedlung Blutenburg südlich der Bergsonstraße entstand ab 1918 zunächst als Heimgartenanlage, die sukzessive mit Einfamilienhäusern bebaut und dann Teil der Pasinger Villenkolonie II wurde. 1924 fand man an der Gerlichstraße bei Bauarbeiten vorzeitliche Urnen- und Hügelgräber.

Neulangwied

Das Neubaugebiet nördlich der Bahnlinie und südlich des Obermenzinger Friedhofs, zwischen Bergsonstraße und Alter Allee, erhielt vom Stadtrat im Februar 1966 den Namen Neulangwied.

Neulustheim

Die Idee zum Namen der Siedlung gab Lustheim am Ende des Schleißheimer Schlossparks. Da das Neubaugebiet am Ende des Nymphenburger Schlossparks lag, fanden die Siedler Neulustheim den passenden Namen für ihr Projekt. Am 14. Januar 1919 gründete sich die »Soziale Eigenheim-Siedlung Neulustheim GmbH«, die 1921 von der Krongutsverwaltung das Gelände zwischen der Menzinger Straße, der Lechelstraße und der Bahnlinie nach Landshut in Erbpacht erhielt, um Eigenheime zu errichten. Der Grund zählte einst zur herzoglichen Fasanerie. 1923 begannen die Bauarbeiten, die letzten Häuser entstanden 1967.

PIPPING

siehe Obermenzing

Zum Selbst-Erkunden:

Gotteshäuser (Auswahl):

1. Himmelfahrtskirche *(ev.), Marschnerstr. 2 (Abb.)*
2. Leiden Christi *(kath.), Passionistenstr. 12*
3. Maria Schutz *(kath.), Bäckerstr. 21*
4. Mariä Geburt *(kath.), Am Klostergarten 9*
5. St. Georg *(kath.), Dorfstr. 37 a*
6. St. Wolfgang *(kath.), Pippinger Str. 49 a*

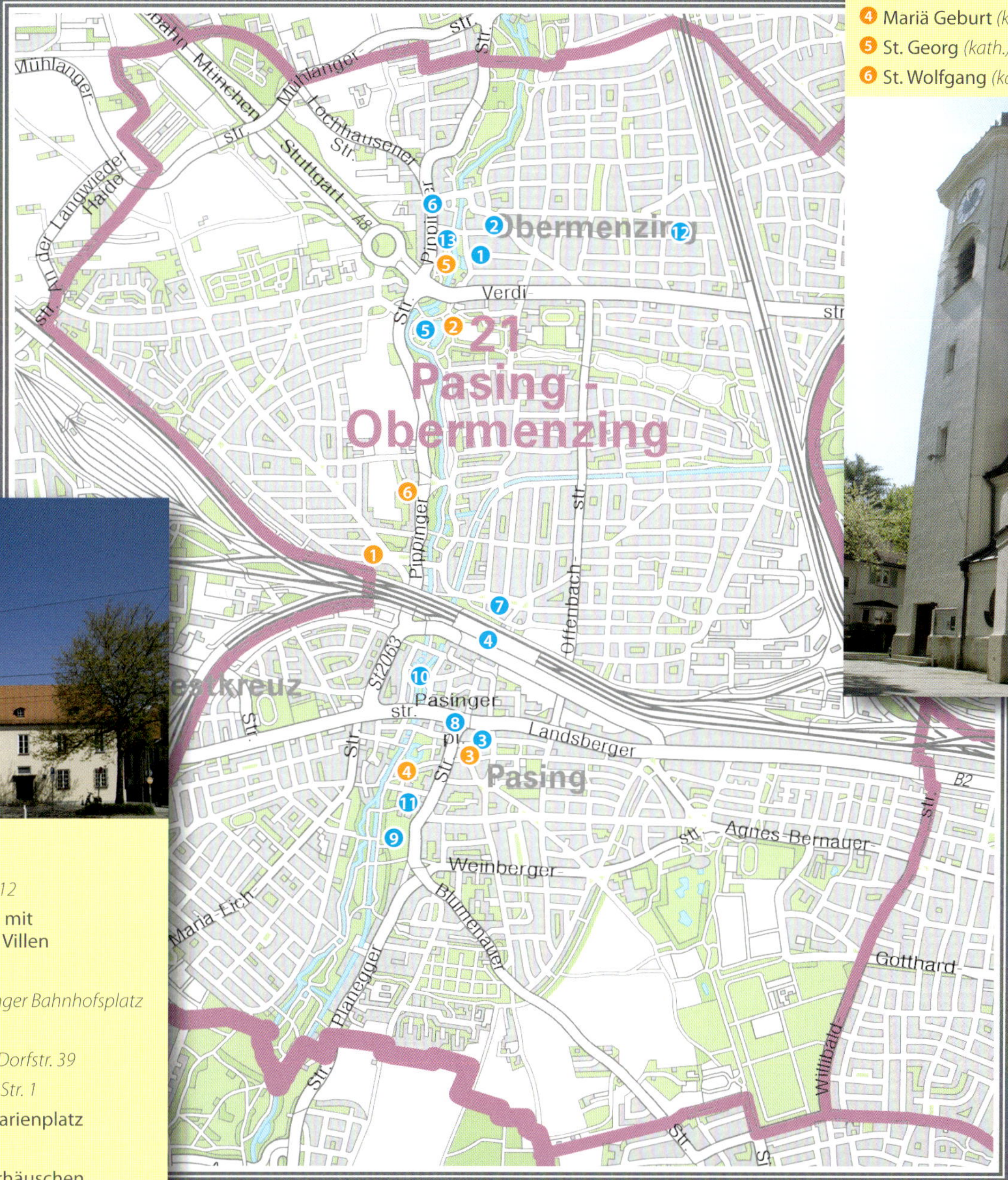

Und sonst:

1. Alte Mühle, *Zehentstadelweg 12*
2. Alter Ortskern Obermenzing mit zahlreichen alten Höfen und Villen
3. Alter Stadtkern Pasing
4. Alter Pasinger Bahnhof, *Pasinger Bahnhofsplatz*
5. Blutenburg, *Seldweg 15*
6. Gasthof Alter Wirt, *von 1589, Dorfstr. 39*
7. Pasinger Fabrik, *August-Exter-Str. 1*
8. Pasinger Mariensäule und Marienplatz
9. Pasinger Stadtpark
10. Schleusen- bzw. Kanalwärterhäuschen, *Manzingerweg*
11. Schloss Gatterburg, *Engelbertstr. 23*
12. Weichandhof, *von 1755, Betzenweg 8*
13. Zehentstadel, *von 1687, Zehentstadelweg 6*

AUBING

Kiesbagger buddelten sich rund 1 km nordöstlich der Aubinger Kirche durch das Gelände, um Kies für die Gleisanlagen des neuen Hauptbahnhofs bei Laim zu gewinnen. Doch dann stockten die Arbeiten, zum Entsetzen der Baggerführer fanden sich menschliche Knochen zwischen den Steinen. Archäologen beruhigten die Männer und bestätigten, dass die Bagger eine Sensation freigelegt hatten: Eines der größten bayrischen Gräberfelder aus der Zeit zwischen dem 5. und 7. Jh. Vor und nach dem Zweiten Weltkrieg wurden insgesamt 862 Gräber, zum Teil mit reichen Beigaben, an der Bergsonstraße freigelegt. Sie zeigen, dass Aubing bereits in spätrömischer beziehungsweise frühbajuwarischer Zeit besiedelt war. Eine Keltenschanze in der südlichen Aubinger Lohe belegt, dass schon die Kelten in der Umgebung heimisch waren. Der Siedlungsort auf der Schotterebene war gut gewählt, römische Handelsstraßen führten vorbei und die nahe Würm bot ausreichend Wasser. Rund 200 Menschen lebten vor der Jahrtausendwende bereits hier.

Was sich in Aubing vor 1010 zugetragen hat und wem der Ort gehörte, ist unbekannt. Am 16. April 1010 jedenfalls beurkundet König Heinrich II., dass »Ubingen« mit sieben weiteren Orten dem Kloster Polling als Lehen zurückgegeben werden sollte. Offenbar befand sich Aubing ursprünglich schon einmal im Besitz des Klosters und war dann in fremde Hände geraten. Tatsächlich scheint diese Rückgabe nie erfolgt zu sein, denn Polling beschwerte sich darüber 1136 bei Papst Innozenz II. Aubing blieb offenbar in herzoglichem Besitz, der Zehent aber kam dem Kloster Polling zu. Schon kurze Zeit später findet sich das Adelsgeschlecht derer von Aubing, herzogliche Lehensträger, denen die Verwaltung vor Ort unterstand. Als Schutz vor Überfällen bauten sich die Aubinger um das Jahr 1100 herum auf dem Teufelsberg eine Fluchtburg, deren Tuffsteinfundamente man im 19. Jh. einem Aubinger Maurermeister zur »Ausbeutung der Steine« gegen eine geringe Gebühr überließ. Der Graben ist heute noch erhalten.

Erstnennung 16. April 1010 als »Ubingen«
Namensbedeutung Siedlung des Ubo
Gemeindebildung: 1818, mit Freiham und Moosschwaige
Eingemeindung: 01. April 1942
Lage: alter Ortskern um die Pfarrkirche St. Quirin, Ubostraße 6

Kurz nach Fertigstellung der Burg erfolgte neben einer kleinen, hölzernen Dorfkirche die Grundsteinlegung zu einer romanischen Steinkirche, deren Turm heute noch steht. Die restliche Kirche wurde, wie große Teile Aubings, 1422 im Bairischen Krieg von Herzog Ludwig dem Gebarteten zerstört. Ihre neue Kirche weihten die Aubinger 1489 dem Heiligen Quirin. St. Quirin galt als eine der wohlhabendsten Pfarreien des Dachauer Landgerichts, zu ihr gehörten auch die Filialen Pasing, Allach, Ober- und Untermenzing sowie Laim. Weil sie dem Pfarrer reiche Pfründe einbrachte, war die Stelle heiß begehrt. Um Streit zu vermeiden, besetzten Herzog und Bischof abwechselnd den Posten mit ihren Günstlingen.

22

St. Quirin

22 · AUBING
LOCHHAUSEN
LANGWIED

Aubing besteht nicht nur aus großen Neubauvierteln mit gesichtslosen Wohnblöcken, sondern hat seinen alten Kern bewahrt.

19 Höfe zählte man Anfang des 13. Jh., gegen Ende des Jahrhunderts waren es schon 29. Damit gehörte Aubing zu den größten Dörfern im Herzogtum Bayern. Der Ort florierte wegen der fruchtbaren Böden. Es war daher ein großzügiges Geschenk, das Kaiser Ludwig der Bayer 1330 dem von ihm neu gegründeten Kloster Ettal machte, als er den Benediktinerbrüdern »tota villa in Awbingen« (das ganze Dorf Aubing) und Lochhausen überließ. Fortan stand Aubing bis zur Säkularisation 1803 unter der Grund- und Rechtherrschaft Ettals, den Zehent mussten die Bauern allerdings weiterhin an Polling entrichten. Andere Grundherren waren Heiliggeist und St. Peter in München sowie wohlhabende Münchner Bürger, darunter der berühmte Hofkapellmeister Orlando di Lasso. Mit den Benediktinern als Herren hatten die Aubinger Glück gehabt, denn die geistlichen Brüder regierten erheblich milder als der Adel. Kloster Ettal unterstützte sein Dorf finanziell bei Missernten und vertrieb keinen Bauern bei Zahlungsschwierigkeiten vom Hof. Ettal bekam 1476 auch die Hofmark von Aubing zugesprochen, damit hatte das Kloster die niedere Gerichtsbarkeit im Ort. Der zuständige Amtmann saß in Maisach. Die hohe Gerichtsbarkeit, also alle Verfahren, an deren Ende die Todesstrafe stehen konnte, blieben beim Landgericht Dachau.

Natürlich blieb auch Aubing nicht von den marodierenden Truppen des Dreißigjährigen Kriegs verschont. Viele Bauern flüchteten in die Stadt München. Rund die Hälfte der 80 Anwesen wurden 1632 von den Schweden niedergebrannt – und über Jahrhunderte zum Teil nicht wieder aufgebaut. Bis ins 19. Jh. blieben zwischen den Höfen im Ortskern große Flächen brach, obwohl die Grundherren Siedler aus anderen Gegenden anwarben, den verwüsteten Ort neu zu beleben.

Aubing bekam dank der Benediktiner schon sehr früh, vermutlich im 15. Jh., eine Schule, ab 1669 konnten die Dorfburschen bei den Mesnern in den Unterricht gehen. Ein Aubinger Schüler machte im 16. Jh. sogar als Geistesgröße Karriere: Georgius Theander, geboren als Georg Gotzmann, studierte in Wien und wurde Professor der Theologie und Vizedirektor der Universität Ingolstadt.

Mit der Säkularisation änderten sich die Besitzverhältnisse. Der ehemalige Klosterbesitz fiel dem Staat zu. 758 Menschen wohnten damals in Aubing. Einen kleinen Einblick in die hygienischen und materiellen Lebensumstände jener Zeit im größten Dorf westlich von München bringt eine Statistik der Jahre zwischen 1801 und 1810: In den zehn Jahren kamen in Aubing 980 Kinder zur Welt – doch davon verstarben 612 Kinder an Blattern, Keuchhusten oder fehlender Geburtshilfe.

Im Jahr 1818 wurde Aubing mit Freiham und Moosschwaige zu einem Ort zusammengefasst. Das einfache Leben der Bauern und Handwerker änderte sich wenig. Armut und Hunger kannte man in Aubing kaum. »Jedermann hat seine ordentliche nahrhafte Kost und hinlängliche Kleidung«, wie der Hygieneprofessor Max Pettenkofer Mitte des 19. Jh. über seinen Besuch im Dorf berichtete. Erst die Eisenbahn, die 1839 über Pasing bis nach Lochhausen fuhr, brachte zunehmend Ausflügler in den Osten Münchens und veränderte auch die Bedeutung der Orte. Aubing, mit seinen 609 Einwohnern weiterhin das größte Dorf im Westen, wurde langsam von Pasing überholt. Als dann 1873 die Bahnstrecke München–Buchloe eröffnet wurde, geriet Aubing in den Fokus der Immobilienspekulanten. Ein riesiges Siedlungsgebiet nördlich der Bahnlinie sollte entstehen, die Pläne blieben allerdings dann doch in der Schublade.

Wohnstraße mit dem Aubinger Wasserturm

Als Reichsrat Hugo von Maffei 1887 das benachbarte Gut Freiham erwarb, begann schließlich tatsächlich der Bauboom in Aubing. Bei Freiham ließ der Bayerische Landtag 1901 die V. Centralwerkstätte der kgl. bayer. Staatsbahn errichten (bis 1997 als Ausbesserungswerk in Betrieb), die Geburtsstunde der Siedlung Neuaubing. Kurz zuvor hatte die Chemische Fabrik Dr. Bloch ihre Werktore geöffnet, die bis 1978 in Aubing produzierte. Ziegeleien entstanden und die Compagnie Internationale des Wagon-Lits et des Grands Express Européens ließ ab 1913 Schlafwagen bauen, deren Nachfolger DSG das Werk erst 1999 stilllegte. Teile des Betriebsgeländes übernahmen 1934 der Flugzeugbauer Dornier, der bis zu 2.800 Angestellte beschäftigte.

Aubing verwandelte sich vom Bauerndorf zum Industrie- und Siedlungsstandort. Die Gemeinde sah sich mit den damit verbundenen Infrastrukturmaßnahmen völlig überfordert. Aubing war arm, neue Straßen, Kirchen und Schulen mussten gebaut werden, da immer mehr Arbeiterwohnungen beiderseits der Bahnstrecke entstanden. Der Gemeinderat wusste keinen anderen Ausweg aus der finanziellen Misere, als 1914 beim benachbarten Pasing einen Eingemeindungsantrag zu stellen. Pasing lehnte ab, da Aubing am Rande des Bankrotts entlangschlitterte.

In den 1920er und 1930er Jahren brachten zwei Aubinger dem Ort einen zweifelhaften Ruhm ein. Zum einen begann Franz Tausend seine Betrügereien, indem er vorgaukelte, er sei Alchemist und könne Gold machen, womit er von habgierigen Anlegern Millionen scheffelte und für sich verprasste. Zum anderen zog der Eisenbahnarbeiter Johann Eichhorn jahrelang durch das Umland seines Heimatdorfes, wo er unzählige Frauen vergewaltigte und mehrere schier unvorstellbar grausame Sexualmorde beging.

Immer mehr Arbeitersiedlungen wuchsen in die Höhe. Vor allem der wichtigste Arbeitgeber, die Eisenbahn, errichtete an der Papinstraße und an der Limesstraße neue Mietblöcke. 1937 entstanden die Kleinhaussiedlung der Bayerischen Siedlungs- und Landesbank, die Reichsbahnarbeitersiedlung und ein Jahr später die Dorniersiedlung der Heimbau Bayern. 1939 lebten bereits 9.443 Menschen in Aubing.

St. Lukas

Die Bahnwerkstätten und die Industriebetriebe Aubings produzierten während des Zweiten Weltkriegs weiter – hauptsächlich dank der Zwangsarbeiter, die in einem der sieben Aubinger Barackenlager hausen mussten. An der Ehrenbürgstraße 9 ist heute noch eines der letzten Zwangsarbeiterlagergelände Münchens erhalten, das zur Gedenkstätte ausgebaut werden soll.

1942 endete für Aubing, das sich traditionell immer eher Richtung Dachau und Maisach orientiert hatte, die Selbständigkeit. Der Ort wurde nach München zwangseingemeindet. Die Amerikaner boten Aubing nach dem Zweiten Weltkrieg zwar eine Ausgemeindung und die politische Eigenständigkeit an, doch in der Nachkriegszeit hatte man andere Sorgen. Die Aubinger beklagten, dass München die Ausgemeindung so lange massiv blockiert hätte, bis die Pläne schließlich aufgegeben wurden.

Die Bombenangriffe, die vor allem der Reichsbahn, dem Umspannwerk und dem Dornier-Flugzeugwerk gegolten hatten, hatten Aubing schwer getroffen. In den Zeiten des Wirtschaftswunders setzte erneut verstärkte Bautätigkeit ein. Die Großsiedlungen Neuaubing-West und Am Westkreuz entstanden, große Betriebsflächen der Deutschen Bahn und andere aufgelassene

22

Gewerbegebiete wurden bis 1981 mit Eigenheimen und Mietwohnungen bebaut. Innerhalb weniger Jahrzehnte hatte sich die Einwohnerzahl fast verdreifacht, von 11.305 im Jahr 1950 auf 30.181 im Jahr 1987. Mit dem Ausbau von Freiham zu einem neuen Stadtviertel wird der Bezirk in den kommenden Jahren einen gewaltigen Bevölkerungszuwachs erleben.

Am Westkreuz

Es war einmal ein einsamer Bauernhof allein auf weiter Flur … Lange ists her. Wo einst der Kreuzhof an der Kreuzung Aubinger und Ravensburger Straße in Neuaubing stand, zog die Südhausbau GmbH Mitte der 1960er Jahre eine Neubausiedlung hoch. Die ersten der insgesamt 3.500 Wohnungen für rund 12.000 Menschen waren schon 1966 bezugsfertig, die offizielle Einweihung erfolgte am 12. Juni 1969. Markantes Kennzeichen der Siedlung wurde der 55 m hohe »Ramses« mit seinen 343 Wohnungen, der wie die ganze Siedlung von den Architekten v. Werz und Ottow entworfen wurde. Den Namen »Am Westkreuz« erfand der Bauträger, weil damals die Planung bestand, dass sich zwei große Schnellverkehrsstraßen hier im Westen Münchens kreuzen sollten, die Bodensee- und die Gotthardstraße. Die namensgebende Straßenkreuzung wurde nie realisiert.

Aubing-Ost

Mit der zunehmenden Industrialisierung Aubings und dem damit verbundenen Bevölkerungswachstum entstanden rings um den alten Ortskern zahlreiche neue Siedlungen. 1912 gründete sich die Freie Siedlervereinigung Aubing-Ost (heute Siedlergemeinschaft Aubing-Ost), um die freie Fläche zwischen den beiden Bahnlinien nach Augsburg und Buchloe zu besiedeln. 1933 standen bereits 50 Häuser.

Brunham

Der Ort Brunham existiert schon lange nicht mehr, er ist nur noch als Straßenname präsent. Brunham (= Brunnenheim) lag einst zwischen Lochham und Pasing und wurde wahrscheinlich in der Schlacht bei Alling 1422 erstmals verwüstet. Danach vollendeten die Schweden 1632 das Zerstörungswerk und radierten Brunham endgültig von den Landkarten.

Dornier-/Ludwig-Siebert-Siedlung/ Wohnsiedlung Neuaubing

siehe Siedlung am Gößweinsteinplatz

Freiham

Ein komplett neues Stadtviertel entsteht im Osten der Stadt rings um das Gut Freiham. Rund 20.000 Menschen sollen hier eine neue Heimat finden, wo spätestens seit dem 12. Jh. nur ein einsames Gehöft mit ein paar kleinen Nebengebäuden stand.

Dass Freiham zu den am längsten besiedelten Gegenden Aubings zählt, zeigte sich Mitte der 1990er Jahre, als im Neubaugebiet ein Grab aus der Zeit zwischen 2900 und 2300 v. Chr. entdeckt wurde. Einst gehörte das Gut dem Kloster Polling, danach der Kirche von Beuerberg, wie ein gewisser Arnoldus de Friham in einer Urkunde aus dem Jahr 1261 bestätigt. 1420 kaufte das Münchner Bürgergeschlecht der Barth und Pütterich das Gut Freiham. Die Pütterichs veräußerten es 1554 an die Patrizierfamilie Ligsalz. Kurfürst Ferdinand Maria, der nächste Eigentümer, überließ die Hofmark Freiham »zu ewiglichem Eigen« dem Freiherrn von Berchem. Doch 1676 forderte der Kurfürst die Hofmark plötzlich zurück. Berchem konnte oder wollte seinem Herrn die Bitte nicht abschlagen und übergab Freiham dem Kurfürsten, der es umgehend seinem Lieblingsmusiker, dem »Musicus et Chelistas« Achilles von Herrmannsreuth, übereignete. Der Kammermusiker wusste zu leben und errichtete 1680 anstelle des Herrenhauses ein heute noch erhaltenes Schloss. Achilles' einzige Tochter und Erbin Adelheid Franziska trat dem Ridlerkloster der Terzianerinnen bei, wodurch Freiham an das Stift kam.

Das Kloster verkaufte das Gut 1760 an den Minister Wiguläus von Kreittmayr, der es zwanzig Jahre später an Hofkammerrat Anton von Spitzel veräußerte. Schon fünf Jahre danach kaufte es Johann Nepomuk von Yrsch. Ursprünglich verhandelte Yrsch im Auftrag des Staates, da hier eine Schafzucht entstehen sollte. Doch da dem Staat der Kaufpreis zu horrend erschien, behielt Yrsch das Gut Freiham für sich selbst und drängte den Kurfürsten, es zur Hofmark zu erheben. Der Kurfürst gewährte dies 1790. Die Erben des Grafen konnten den Besitz vergrößern und erreichten sogar, dass eine Haltestelle an der Bahnlinie Pasing-Herrsching eingerichtet wurde. Carl Theodor von Yrsch ließ im Jahr 1866 das Schloss in seine heutige, neugotische Form umbauen und verkaufte einundzwanzig Jahre später das Gut an den Lokomotivenfabrikanten Hugo von Maffei für 460.000 Reichsmark. Gut Freiham und seine Schlossanlage wurden 2008 an die US-amerikanische Firma Forever Living Products verkauft, die darin ihre Deutschlandzentrale einrichtete. Beliebt bei Ausflüglern ist bis heute die Schlosswirtschaft mit ihrem Biergarten.

Erstnennung 1136 als »villa Frihaim«
Namensbedeutung freies Heim
Gemeindebildung: 1818, Teil der Gemeinde Aubing
Eingemeindung: 01. April 1942

Schon in den 1960ern geriet Freiham in den Fokus der Stadtplaner als möglicher Standort für eine »Entlastungsstadt«, man entschied sich dann aber doch für Neuperlach. Bis 1975 hatte Freiham eine eigene S-Bahnstation, die aber wegen der geringen Auslastung stillgelegt wurde. Die Planungen, Freiham als Stadterweiterungsgebiet zu nutzen, gerieten aber nicht in Vergessenheit. Der Zweckverband Freiham kaufte große Flächen auf, um Bauspekulanten einen Riegel vorzuschieben. Mehrere städtebauliche und landschaftsplanerische Wettbewerbe wurden für das rund 350 ha große Areal ausgeschrieben und schließlich ab Anfang der 2000er Jahre schrittweise umgesetzt. Südlich der Bodenseestraße entsteht das hauptsächlich als Gewerbegebiet vorgesehene Freiham-Süd, wo am 18. April 2007 der erste Einkaufsmarkt er-

Historische Bezirke
Aubing
- Am Westkreuz
- Aubing-Ost
- Brunham
- Freiham
- Moosschwaige
- Neuaubing
- Siedlung am Gößweinsteinplatz

Lochhausen
Langwied
- Am Erlbach
- Birkenried
- Freiland
- Müllerstadel

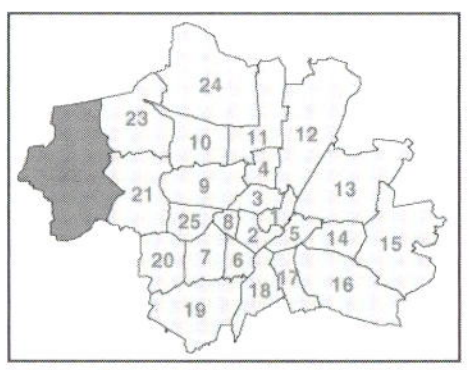

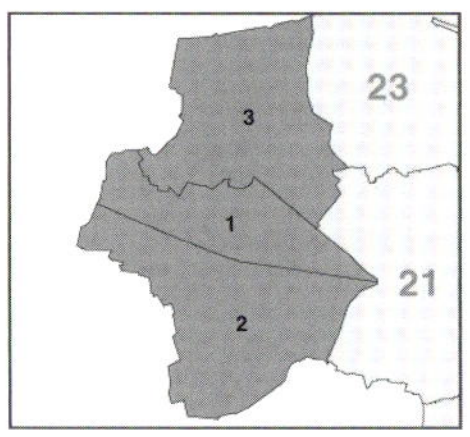

Offizielle Bezirksteile
1 Aubing
2 Aubing-Süd
3 Lochhausen

Gut Freiham mit der Heiligkreuzkirche und die Siedlung am Gößweinsteinplatz mit dem Uhrenturm (v. l.)

öffnete. Hier wird auch das Stadtteilzentrum errichtet. Freiham-Nord, das Areal nördlich der Bodenseestraße, ist als reines Wohngebiet mit allen notwendigen Infrastruktureinrichtungen wie Kindergärten, Schulen und Kirchen geplant. Spätestens 2013 bekommt Freiham wieder eine S-Bahnstation an der Linie S8, auch über eine Verlängerung der Tramlinie 19 von Pasing sowie die Verlängerung der U5 vom Laimer Platz aus wird nachgedacht. Ab 2014 soll mit dem Wohnungsbau begonnen werden. Insgesamt hat die Stadt München dreißig Jahre für die Fertigstellung von Freiham eingeplant.

Moosschwaige

Unmittelbar an der Südwestgrenze Münchens befindet sich eines der letzten alten, einsam gelegenen Einzelgehöfte Münchens: die Moosschwaige. Nur eine Allee führt zu dem einzigen Anwesen südlich der Aubinger Lohe und westlich des Autobahnrings der A99. Die Moosschwaige wurde 1808 als »Mos Schweige« (= Viehhof im Moor) erstmals mit diesem Namen erwähnt, ist jedoch erheblich älter. Sie gehörte zum Gut Freiham und wurde 1599 erstmals genannt, als ihr Besitzer, der Münchner Bürger Georg Lindauer, der Kirche zu Lochhausen Teile seines Guts überließ. Die Schwaige ist ein klassischer Vierseithof aus dem 19. Jh. und steht als Gebäudeensemble unter Denkmalschutz, das Wohngebäude und die zum Hof gehörende kleine Kapelle sind auch als Einzelbaudenkmäler geschützt. An der Moosschwaige entspringt der Erlbach, der durch eine Kette ehemaliger Fischteiche fließt, die mittlerweile ein geschütztes Biotop sind. Die Stadt München kaufte 2004 die land- und forstwirtschaftlichen Flächen des Gutes – aber nicht die Gebäude – von der Erbengemeinschaft von Maffei und wies sie als ökologische Ausgleichsflächen aus, um eine Bebauung zu verhindern.

Neuaubing

Die Eisenbahn trug wesentlich dazu bei, dass östlich von Aubing ein neuer Ortsteil entstand. 1901 beschloss der Bayerische Landtag, die V. Centralwerkstätte der kgl. bayer. Staatsbahn rund 2 km vom alten Ortskern entfernt anzusiedeln. Einen Teil des Grunds stellte der Eigentümer von Gut Freiham, Hugo von Maffei, zur Verfügung. Um das Werk ans Verkehrsnetz anzuschließen, eröffnete 1905 der Bahnhof Neuaubing. In unmittelbarer Nähe entstanden an der Papinstraße Werkswohnungen für die Arbeiter und Angestellten. Im Laufe des 20. Jh. und der immer dichteren Bebauung der Freiflächen wuchs Neuaubing, das 1915 offiziell diesen Namen erhielt, immer weiter in Richtung des alten Aubinger Ortskerns. Die Siedlungen Neuaubing-West und Am Westkreuz wurden für rund 22.000 Einwohner geplant und zwischen 1965 und 1981 gemeinsam errichtet.

Siedlung am Gößweinsteinplatz

Die Siedlung rings um den Gößweinsteinplatz in Neuaubing hieß ursprünglich Ludwig-Siebert-Siedlung zu Ehren des damaligen nationalsozialistischen Ministerpräsidenten. Weil dort fast ausschließlich Mitarbeiter der benachbarten Dornierwerke lebten, nannte man sie auch Dorniersiedlung. Architekt Franz Ruf entwarf die Anlage mit ihren geschwungenen Straßenläufen 1938/39 im Auftrag der Heimbau-Bayern. Von den ursprünglich über 800 geplanten Wohnungen wurden nur 406 im südlichen Bauabschnitt verwirklicht. Der Zweite Weltkrieg verhinderte den Weiterbau im Norden. Siedlungspolitisch sollte der quadratische Gößweinsteinplatz mehr als nur ein neues Dorfzentrum sein. Zwar waren Läden, eine Gaststätte und ein Uhrenturm geplant, der Platz sollte jedoch auch als Aufmarsch- und Apellgelände dienen. Die Architektur ist bewusst schlicht gehalten, die Häusertypen reichen vom Einfamilienhaus bis zum Geschosswohnungsbau. Die Siedlung steht heute unter Ensembleschutz.

LOCHHAUSEN

Schon in Lochhausen gewesen?«, fragte sich *tout* München im August 1839. Wer die Frage verneinte, galt als völlig out und versuchte das Versäumte so schnell wie möglich nachzuholen. Auf zum funkelnagelneuen Münchner Bahnhof (eigentlich nur ein kleiner Bretterverschlag auf dem Marsfeld), eine Fahrkarte für die neueste technische Sensation (die Eisenbahn) gekauft und ab nach Lochhausen! Denn dort endete die zweite Bahnstrecke Deutschlands. Der Lochhauser Wirt Carl Boshart rieb sich begeistert die Hände, denn die Bahn spuckte täglich Massen von Münchnern aus, Münchner, die Hunger und Durst nach der »langen« Fahrt hatten. Und dann noch die vielen Bahnarbeiter, die in Lochhausen logierten! Erst als ein Jahr später die Verlängerung der Strecke nach Augsburg fertig war, endete der Boom in dem kleinen Dorf östlich von München und es versank wieder weitgehend in seinen Dornröschenschlaf, den es schon seit Jahrtausenden schlief.

Das Gebiet ist seit Urzeiten besiedelt, wie Waffenfunde aus der Zeit um 1500 v. Chr. am Südende der Aubinger Lohe und an der Lochhauser Straße, Keltenschanzen bei Langwied und in der Aubinger Lohe sowie Reste römischer Steinhäuser beweisen. Beim Pflügen legte ein Knecht im Jahr 1908 sogar einen Schatz mit 1.700 römischen Münzen frei. Die sogenannte Aubinger Lohe ist übrigens eigentlich der Lochhauser Hügel, ein Lehmhügel, der zu Lochhausen gehört.

Ob und wann die Bajuwaren nach Lochhausen kamen, ist nicht bekannt. Vermutlich wird sich ein Teil der Sippe Ubos, dem Gründer Aubings, hier niedergelassen haben. Erstmals urkundlich erwähnt wird Lochhausen um 950, als der Edelmann Engilhart mit Bischof Lantpert von Freising Besitzungen tauscht, darunter »Lohhusa« mit 19 Bewohnern und drei Höfen. Knapp hundert Jahre später herrschte das mächtige Adelsgeschlecht derer von Lochhausen, das den Grafen von Scheyern (den Vorgängern der Wittelsbacher) an Reichtum angeblich in nichts nachstand, über die Region. Die Herren von Lochhausen verdienten vermutlich gut am Salzhandel, denn die Salzstraße führte durch ihren Ort. Freilich waren sie nicht ganz so mächtig wie die Grafen von Scheyern, die Lochhausener unterstanden dem Grafen von Dießen-Andechs. Gotebold II. von Lochhausen schloss sich 1189 gar dem Dritten Kreuzzug unter Kaiser Friedrich Barbarossa nach Jerusalem an – und kehrte vermutlich nicht zurück, denn mit ihm starb das Geschlecht derer von Lochhausen aus. Auch der Ort, an dem die Edlen einst ihre Burg hatten, ist heute unbekannt. Bekannt ist hingegen, dass um 1170 bereits eine St.-Michaels-Kirche in Lochhausen stand, sie verfügte über einen 1172 geweihten »altare portatile«, also einen tragbaren Altar.

Um das Jahr 1269 taucht erstmals der Weiler Langwied östlich von Lochhausen urkundlich auf. Der Ort wuchs schnell und hatte bald mehr Höfe als Lochhausen, im Jahr 1500 zählte Langwied schon 18 Anwesen (Lochhausen nur 8) und stand doch weiter im Schatten des Nachbarn und dessen Michaelskirche.

Der herzogliche Küchenmeister Engelmar muss den Münchner Herzog dermaßen mit Gaumenfreuden verwöhnt haben, dass der Herzog 1317 seinem Chefkoch Lochhausen als Lehen überließ. Mit Engelmar I. Kuchenmeister von Lochhausen begann die

22

Herrschaft des Geschlechts der Kuchenmeisters, doch sie brachte Lochhausen-Langwied keine neue Blütezeit. Im Gegenteil, der Besitz zerfiel, langsam kamen immer mehr Höfe an verschiedene Klöster, darunter Ettal, Altomünster sowie das Münchner Angerkloster, oder an Kirchen wie St. Peter in München, St. Michael in Lochhausen und St. Quirin in Aubing. So überließ beispielsweise Kaiser Ludwig der Bayer drei Lochhauser Höfe und das gesamte Dorf Aubing seiner Klostergründung Ettal. Langwied und Lochhausen blieben bis Anfang des 19. Jh. »freystiftig« – Freistiftrecht bedeutete, dass einem Bauern jährlich seine Pacht gekündigt werden konnte.

LOCHHAUSEN
Erstnennung zwischen 948 und 955 als »Lohhusa«
Namensbedeutung Häuser am/im Wald (loh = Wald, Auwald)
Gemeindebildung 1818, Teil der Gemeinde Langwied
Eingemeindung 01. April 1942
Lage alter Ortskern um die Pfarrkirche St. Michael, Schussenrieder Straße 6

LANGWIED
Erstnennung 1269/71 als »Lanquat«
Namensbedeutung wird im Allgemeinen immer noch als »am langen Wald« (von althd. »witu« = Holz, Wald) gedeutet; die alten Schreibweisen »Lanquat« und »Lancwate« zeigen aber, dass es sich in Wahrheit um einen »langen Weg zum Durchwaten des Baches« (von »Wät, Wett« = Pferdeschwemme, Lache) handelte
Gemeindebildung 1818, mit Lochhausen und Gröbenzell
Eingemeindung 01. April 1942
Lage alter Ortskern am Waidachanger

Juristisch unterstanden die beiden Orte dem Landgericht Dachau, seelsorgerisch gehörte Langwied zum Teil zur Kirche St. Michael und zum Teil zur Pfarrei St. Quirin von Aubing. Weil Langwied die größere Ortschaft war, wurde Lochhausen gemeinsam mit der winzigen Einöde Gröbenzell, der Moosschwaige und Gut Freiham 1818 der Gemeinde Langwied zugeordnet. Doch es sollte noch bis 1884 dauern, bis die beiden Hauptorte durch eine neue, direkte Straße verbunden wurden, denn die alte Straße führte zu einem Drittel durch den flachen Bach (dies auch ein Hinweis auf die Namensherkunft von Langwied, also langes Durchwaten).

Mitte des 19. Jh. begann Lochhausen, seine reichen Lehmvorkommen auszubeuten, schließlich hatten schon die Römer zum Bau ihrer Siedlung Lochhauser Lehm zu Ziegeln gebrannt. Überall im Münchner Osten entstanden von Bogenhausen bis Berg am Laim große Ziegeleien, doch hier im Westen besannen sich die wenigsten Dörfer auf den Bodenschatz, der unter den Äckern ruhte. Selbst Laim, das den Lehm als Namen trägt, setzte nicht auf die Ziegelindustrie. Ab 1830 entstand die erste Ziegelei, aus der Anfang des 20. Jh. die Portland-Cement-Werke Heidelberg-Mannheim hervorgingen. Insgesamt drei Ziegeleien produzierten schließlich in Lochhausen – hatte der Ort doch als allererster direkten Bahnanschluss an München! Rund 300 bis 400 italienische Gastarbeiter kamen für die Saison und schufteten 19 Stunden am Tag, denn die Schicht dauerte von 3 Uhr früh bis 22 Uhr. Lochhausen wuchs. Im Jahr 1895 überholte es innerhalb von sechs Monaten Langwied: Im Juli hatte Lochhausen noch 118 Einwohner, Langwied 145, im Dezember stand es dann 166 zu 141. Zwölf Jahre später war Lochhausen doppelt so groß wie Langwied. Als weitere Einnahmequelle nutzten die beiden Orte den Wildreichtum ihrer umliegenden Wälder, sie verkauften die Jagdrechte an den Münchner Hof. Um wichtige Bau- und Infrastrukturmaßnahmen wie ein Feuerwehrhaus, eine neue Ortsstraße, Reparatur der Turmuhr und die neue Friedhofsmauer finanzieren zu können, zeigte sich die Gemeinde erfinderisch. Sie führte einen Bieraufschlag ein.

Lochhausen und Langwied lagen zu weit ab vom Schuss, um für die Münchner als Wohngebiet interessant zu sein. Die Dörfer blieben auch bis Mitte des 20. Jh. weiterhin stark landwirtschaftlich geprägt. 1925 zählte man 602 Einwohner (weniger als 1907) sowie 366 Rinder, 216 Schafe und 1.085 Hühner. 1942 schluckte München die Gemeinde. Erst nach dem Zweiten Weltkrieg begann zaghaft die Bebauung mit neuen Siedlungen, oft entstanden diese ohne Genehmigung.

1968 verlor Lochhausen einen seiner wichtigsten Arbeitgeber: Die Süddeutschen-Ziegel-Werke, letzte der drei Ziegeleien und Tochtergesellschaft der Heidelberger-Zement-Werke, stellte wegen Unrentabilität den Betrieb ein. Sowohl Lochhausen als auch Langwied verfügen noch über ihre historischen, mittlerweile unter Ensembleschutz stehenden Ortskerne. Langwied ist

Lochhauser Ortskern mit St. Michael

Wildromantische Siedlungen: Freiland und Birkenried

den meisten Münchner Wasserratten heute dank seiner Seenplatte ein fester Begriff. In ehemaligen Kiesgruben direkt an der A8 nach Stuttgart entstand im Jahr 2000 ein 120 ha großes Naherholungsgebiet mit dem Langwieder See, dem Lußsee und dem Birkensee.

LANGWIED siehe Lochhausen

Am Erlbach

Aus einer wilden Hüttensiedlung wurde ein Dauerzustand: Am Erlbach, westlich des Langwieder Sees, nahe der Grenze zu Gröbenzell, errichteten Ende 1968/69 Siedler auf rund 40 Parzellen ohne Genehmigung ihre Häuschen, teils in massiver Bauweise. Die Häuschen dienten bald nicht nur als Wochenendunterkunft, sondern als Wohnhäuser.

Birkenried

Der Name verrät den Ursprung: Hier stand einst ein Birkenwäldchen, das gerodet wurde. Obwohl schon 1947 die Birkenrieder Straße benannt wurde, begann die Besiedlung des kleinen Weilers am Langwieder See erst um 1959.

Freiland

Freiland steht für freies (Siedlungs-)Land und hat sich als Name für einen kleinen, ab 1959 dünn besiedelten Weiler an der Scharinenbachstraße, zwischen der Stadtgrenze bei Gröbenzell und der Eschenreider Straße, eingebürgert.

Gröbenzell

Moment mal! Gröbenzell? Gröbenzell ein Stadtteil Münchens? Nein, ist es nicht mehr. Aber Gröbenzell ist eine Besonderheit, denn es gehörte einst zehn Jahre lang zu München. Es wurde am 1. April 1942 zwangseingemeindet und am 1. August 1952 wieder ausgemeindet. Der Ort ist benannt nach dem Gröbenbach, an dem sich eine Zollstelle befand. Schon 1570 unterhielt der Herzog ein Haus »am Gröben«, das zur Ortschaft Lochhausen gehörte, in dem der Gröbenhüter den Bach beaufsichtigte. Im Jahr 1633 findet sich dann der erste schriftliche Hinweis auf einen Zollner auf dem Gröben oder Gröbenzollner. Gröbenzell bildete ab 1818 gemeinsam mit Langwied und Lochhausen eine Gemeinde.

Müllerstadel

Kurfürst Maximilian II., der gerade mit einer Jagdgesellschaft bei Allach weilte, überkam plötzlich der Wunsch, sich harter körperlicher Arbeit hinzugeben. Er ließ Schaufeln kommen, fing an, einen Hügel aufzuschichten und wies seine erlesene Jagdgesellschaft an, es ihm gleich zu tun. Schließlich stand ein stattlicher Hügel im Moos, auf dem der Kurfürst ein Kruzifix postierte. Das Kruzifix erfreute sich bald großer Beliebtheit bei der Landbevölkerung und im nahen München, da es als wundertätig galt. Den Hügel nannten die Menschen wegen seines Erbauers Adelsberg. Noch unter Max II. entstand über dem Kreuz eine Kapelle. Im 18. Jh. bildete sich sogar die Magdalenenbruderschaft, die sich um den Unterhalt und die Instandhaltung der Heiligkreuzkapelle kümmern sollte. Die Magdalenenbrüder kamen ihrer Verpflichtung offenbar nicht gewissenhaft nach, denn die Heiligkreuzkapelle war gegen Ende des 18. Jh. bereits ausgeplündert und wurde dann abgerissen. Die Steine verwendeten die Allacher und Ludwigsfelder zum Bau ihrer Häuser. Am Gelände der einstigen Kapelle vorbei baute man 1859 mitten durch die Mooswiesen eine neue Straße von Langwied nach Norden Richtung Gröbenried. An der Straße errichtete vermutlich der Müller von Langwied, daher der Name Müllerstadel, 1882 ein Gutshaus mit westlich angebautem Stadel. Heute ist hier an der Müllerstadelstraße (östlich der Langwieder Seenplatte) eine kleine Siedlung mitten in den Mooswiesen.

Aubing-Lochhausen-Langwied in Zahlen
Einwohner 38.863
Fläche 3.416,01 ha
Ärzte 39
Volksschulen 7
Tourismusbetriebe 8

22

Zum Selbst-Erkunden:

Und sonst:

1. Aubinger Wasserturm, *Limesstr. 20 k*
2. Gut Moosschwaige, *Moosschwaige 1*
3. Langwieder Seenplatte mit Langwieder See, Lußsee, Birkensee, *Kreuzkapellenstraße*
4. Ortskern Aubing *mit histor. Höfen*
5. Ortskern Langwied *mit histor. Höfen*
6. Ortskern Lochhausen *mit histor. Höfen*
7. Ramses, *Radolfzeller Str. 7*
8. Gut Freiham, *Freihamer Allee 31*
9. Siedlung am Gössweinsteinplatz
10. Zwangsarbeiterlager Neuaubing, *Ehrenbürgstr. 9*

Gotteshäuser (Auswahl):

1. Heilig Kreuz *(kath.), Freihamer Allee 24*
2. St. Michael *(kath.), Schussenrieder Str. 6*
3. St. Quirin *(kath.), aus dem 13. Jh., Ubostr. 6*

St. Konrad von Parzham

ALLACH

Einem Mord verdankt Allach seine erste urkundliche Erwähnung. Weil sein Sohn und Erbe von Räubern getötet wurde, vermachte ein gewisser Onolphus 774 seinen Besitz in »Ahaloh« dem Bischof Arbeo von Freising. Allach zählt zu den ältesten selbständigen Gemeinden Bayerns und dürfte auf die Zeit der bajuwarischen Landnahme im 6./7. Jh. zurückgehen, als sich die Sippe des Menzo, Gründer von Menzing, aufteilte und die Orte Allach und Untermenzing gründete. Das Dorf muss schon damals bedeutend gewesen sein, denn Pippin der Kurze, seit 751 fränkischer Herrscher, besaß hier einen Königshof. Es gab eine Mühle und schon für Anfang des 8. Jh. ist eine Kirche belegt, aller Wahrscheinlichkeit nach ein Vorgängerbau der heutigen Kirche St. Peter und Paul.

Allach war ein typisches Straßendorf. Die Höfe lagen entlang der parallel zur Würm verlaufenden Hauptstraße. Da die Würm damals noch ein fischreiches Gewässer war, lebten im Ort auch viele Fischer. Den wildreichen Allacher Forst nutzten die Landesherren über Jahrhunderte als Jagdrevier. Dabei sorgten die Wildzäune, die quer durch die Äcker und Wiesen verliefen, für Ärger bei den Bauern, zudem durften sie ihr Vieh nicht zum Weiden ins Hofjagdgebiet treiben. Sehr zum Missmut der Allacher und Untermenzinger trugen auch die fürstlichen Kanalprojekte im 17. und 18. Jh. bei, die sich aus der Würm speisten und die Schlösser Schleißheim, Nymphenburg mit der Münchner Residenz verbinden sollten. Der Wasserverlust sorgte dafür, dass die Allacher und Untermenzinger Mühlen nicht mehr vernünftig arbeiten konnten.

Erstnennung 30. März 774 als »Ahaloh«
Namensbedeutung Wald am Wasser (von aha = Wasser und loh = Wald)
Gemeindebildung 1818
Eingemeindung 01. Dezember 1938
Lage alter Ortskern um die Kirche St. Peter und Paul, Eversbuschstraße

Das alte Allach bestand eigentlich aus zwei Orten, die beide eine eigene Kirche besaßen. Das alte Dorf lag nördlich bei der Kirche St. Peter und Paul, der jüngere Ortsteil St. Johann, benannt nach der gleichnamigen Kirche, lag südlich. Die Kirchen unterstanden als Filialen der Pfarrei Aubing. Bereits die erste urkundliche Erwähnung bezeichnet Allach als einen landgerichtlichen Ort; diesen Status behielt das Dorf jahrhundertelang, mit Ausnahme der Jahre 1678 bis 1702. Denn 1678 wurde Allach samt Sankt Johann der Hofmark Menzing zugeschlagen. Der neue Grundherr hieß Anton von Berchem, ein schwerreicher Mann, dem bereits mehrere Hofmarken gehörten. Berchem ließ vor allem das dünn besiedelte St. Johann ausbauen. Er stellte in einer Art sozialem Wohnungsbauprogramm eine Siedlung für Handwerker auf die grüne Wiese. Schon 1702, zwei Jahre nach dem Tode Antons von Berchem, fiel die Hofmark wieder an den bayerischen Kurfürsten zurück. Der Kurfürst gliederte Allach aus der Hofmark aus und gab dem Dorf damit erneut den Status eines landgerichtlichen Ortes des Landgerichts Dachau. Nur die

St. Peter und Paul in Allach

23 • ALLACH UNTERMENZING

Noch ist Allach in großen Teilen ländlich geprägt.

Historische Bezirke
Allach
- Gerberau
- Hartmannshofen

Untermenzing
- Angerlohsiedlung
- Beersiedlung
- Flaksiedlung

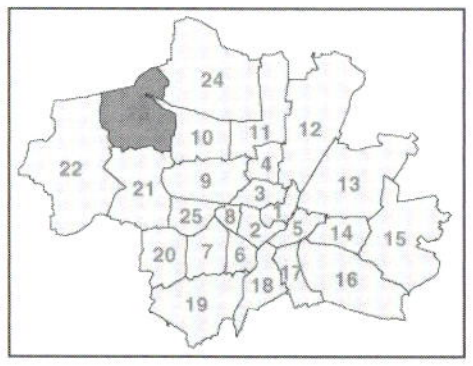

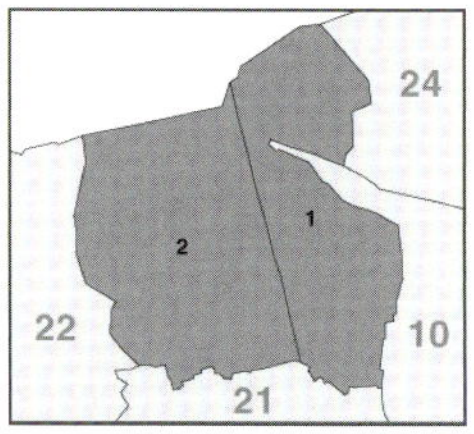

Offizielle Bezirksteile
1 Industriebezirk
2 Untermenzing – Allach

23

Neusiedler in St. Johann kamen zwischenzeitlich zum Landgericht Pasing.

Eigentlich war Allach politisch immer an die Stadt Dachau angebunden und nicht an München. Das änderte sich 1803, als das Landgericht München neu errichtet und Allach dem Bezirk München angegliedert wurde. Als 1812 das erste Steuerkataster angelegt wurde, betrug die Zahl der Allacher Anwesen genau 61. Eine selbständige Gemeinde im modernen Sinn wurde Allach 1818.

Einen gewaltigen Entwicklungsschub erhielt die weiterhin bäuerlich geprägte Gemeinde vom Bau der Eisenbahnlinie München-Ingolstadt – heute Teil der Schnellstrecke Nürnberg–Ingolstadt–München. Nach der Eröffnung der Strecke 1867 entstanden entlang der Bahntrasse östlich des Dorfkernes große Industrie- und Gewerbegebiete. Das Dampfsägewerk Kirsch, die Diamalt-Fabrik, die Firmen Krauss-Maffei und Junkers richteten hier ihre Betriebstätten ein. Weil es Arbeit gab, zogen immer mehr Menschen in den Ort, vor allem St. Johann bot noch reichlich freies Bauland. Allach hatte laut Statistik 457 Einwohner im Jahr 1880, nur 58 Einwohner mehr als 1840. 1900 lebten aber schon 863 Menschen hier. Im Jahr 1925 waren es bereits 2.142 und bei der auf Befehl von ganz oben erzwungenen Eingemeindung 1938 belief sich die Einwohnerzahl auf rund 4.600. Trotz der industriellen Entwicklung in der Gemeinde konnte Allach bis heute seine dörfliche Struktur im Ortskern mit einigen alten Bauernhöfen und Vorstadtvillen aus dem 19. Jh. größtenteils bewahren. Das Allacher Schloss, im Volksmund »Neuschwanstein im Dachauer Moos« genannt, ließ sich Lorenz Hauser, der legendäre Millionenbauer von Neuhausen, in den Jahren 1899/1900 von Max Knörnschild auf einem 50.000 m² großen Grundstück erbauen. Das Schloss, das tatsächlich an Neuschwanstein erinnert, gehört heute der Firma MAN und ist nicht öffentlich zugänglich.

Zu den dunklen Seiten der Allacher Geschichte zählen die Zwangsarbeiterlager, allen voran das Außenlager Allach, eine Außenstelle des Konzentrationslagers Dachau, das sich vom 22. Februar 1943 bis April 1945 an Stelle der heutigen Siedlung Ludwigsfeld *(siehe Stadtbezirk 24 • Feldmoching-Hasenbergl)* befand. Nach einem vierwöchigen Kurzlehrgang mussten KZ-Häftlinge als Bohrer, Fräser, Drechsler und Schlosser hauptsächlich für das BMW-Werk II arbeiten. Das Lager bestand aus ca. 22 Holzbaracken und war auf 3.500 bis 5.000 Häftlinge ausgelegt, teilweise mussten sich jedoch bis zu 20.000 Menschen den wenigen Raum teilen. 50 Zwangsarbeiter wurden hier ermordet. In unmittelbarer Nähe befanden sich noch vier Zwangsarbeiterlager der Firma Krauss-Maffei sowie vier weitere BMW-Lager. Auch in der Allacher Porzellanmanufaktur mussten die gefangenen Arbeitssklaven schuften. Die Porzellanmanufaktur, gegründet von Franz Nagy und 1939 von der SS zwangsenteignet, galt als Lieblingskind Himmlers. Hier produzierte man zum »Schutz der deutschen Seele« neben Geschirr und lieblichen Tierfiguren auch den schier unglaublichsten Nazikitsch, wie trommelnde Hitlerjungen oder SS-Reiter zu Pferde, die zu Dumpingpreisen auf den Markt geschmissen wurden.

Die US-Armee befreite 10.000 Häftlinge im April 1945, aus dem Außenlager Allach wurde ein Flüchtlingslager. 1955 riss man das Lager ab, und der neue Eigentümer, die Firma MAN, nutzte das Gelände als Parkplatz. Aus einem Teil des Nachkriegslagers

entwickelte sich die Siedlung Ludwigsfeld, die heute zu Feldmoching gehört. Allach ist nach wie vor stark industriell geprägt und das auch noch in rekordverdächtigem Maß: Mit fast 200 ha weist Allach heute die höchste Industrie- und Gewerbeflächenballung im Stadtgebiet München auf. Mehr als Dreiviertel der rund 25.000 Arbeitsplätze im Stadtbezirk 23 stellen die Firmen MAN, MTU und Krauss-Maffei bereit.

Gerberau

Die Firma BMW errichtete ab 1938 im nördlichen Teil des Allacher Forst ihr Flugzeugmotorenwerk und stellte in unmittelbarer Nachbarschaft gleich Wohnraum für die Beschäftigten zur Verfügung. Westlich des Werks erbaute man eine Werksiedlung mit eigener Infrastruktur. Da die Siedlung der Gemeinde Karlsfeld erheblich näher war als der Stadt München, hieß die Siedlung BMW-Siedlung Karlsfeld. Im Oktober 1948 bekam die Siedlung sogar eine eigene Volksschule, die 1963/65 einer Verbandsvolksschule der Landeshauptstadt München mit der Gemeinde Karlsfeld weichen musste. Nachdem die MAN-Werke die Siedlung von BMW übernommen hatten, benannte man sie 1957 zu Ehren von Heinrich Gerber (1832–1912) in »Gerberau« um. Gerber, Brückenbaudirektor und Erbauer der früheren Halle des Münchner Hauptbahnhofs, war MAN-Aufsichtsrat und der Gründer des MAN-Stammwerkes Gustavsburg gewesen. Im selben Jahr taufte die Stadt die Haupterschließungsstraße offiziell ebenfalls »Gerberau«. Ein Kuriosum ist auch der S-Bahnhof Karlsfeld: Wer hier aussteigt, ist nicht in Karlsfeld, sondern mitten in Allach, in der Gerberau.

Hartmannshofen

siehe Stadtbezirk 10 • Moosach

UNTERMENZING

Zwei spendenfreudige Brüder sorgten für die erste urkundliche Erwähnung von Menzing: Am 6. November 817 überschrieben die Edelmänner Cotescalch und Deotpald ihren Besitz in Menzing dem Kloster Wessobrunn. Ob es sich dabei um Ober- oder Untermenzing handelte, ob damals überhaupt schon zwei Menzing existierten, ist unklar. Fest steht jedenfalls, dass das Gebiet an der Würm schon im 18. Jh. v. Chr. besiedelt war, wie ein bronzezeitliches Hockergrab zeigte, das 1910 bei Straßenbauarbeiten an der Longinusstraße entdeckt wurde. Fünf Grabhügel aus der Zeit um 1500 v. Chr. im Bereich der Gerlichstraße sind weitere Belege für frühgeschichtliche Siedler. Von zwei Menzing ist erstmals 1350 die Rede. Untermenzing tauchte erst 1402 als eigener Ort auf, als Herzog Ernst von Bayern-München den Besitz des Klosters Wessobrunn übernahm. Kronprinz Albrecht finanzierte seiner am herzoglichen Hof verhassten Geliebten, der Augsburger Baderstochter Agnes Bernauer, im Jahr 1433 den Kauf von zwei Höfen in Untermenzing. Ein geschickter Schachzug, denn als Grundherrin hatte die Bernauerin nun allen Grund, sich in der Nähe der zum Liebesnest ausgebauten Blutenburg aufzuhalten. Albrecht erhielt über die Anwesen das volle Lehensrecht. Wenig später fasste der Her-

Die Untermenzinger St. Martin-Kirche

zog Ober- und Untermenzing zur Hofmark Menzing zusammen. Es folgten Jahrzehnte des Wachstums, 1517 zählte Untermenzing bereits 31 Anwesen.

Und dann kam der Dreißigjährige Krieg. Die Schweden fielen 1632 über das Dorf her und verwüsteten es, 16 Höfe gingen in Flammen auf. Anschließend wütete die Pest und löschte zwei Drittel der Bevölkerung aus. Die Wiederaufbauarbeit zog sich über Jahrzehnte hin. Kurfürst Ferdinand Maria schenkte die Hofmark Menzing 1663 seiner Gemahlin Henriette Adelaide. Sechs Wochen nach deren Tod erwarb Anton von Berchem die Hofmark, dem nun mit Pasing, den Menzings und Allach die wichtigsten Orte im Würmtal gehörten. Unter Berchems Herrschaft jedoch erholte sich Untermenzing noch nicht von den enormen Verlusten der Kriegs- und Pestjahre. Erst 1760, der Ort gehörte längst wieder dem Kurfürsten, gab es wieder 34 Anwesen, etwas mehr als über 250 Jahre zuvor. Obwohl schon 1818 die politischen Gemeinden gegründet wurden und Untermenzing eine eigene Gemeinde war, blieb die Hofmark Menzing bis 1827 bestehen.

Im Gegensatz zu Allach schwappte die Industrialisierungswelle weitgehend an Untermenzing vorbei. Keine Großkonzerne wie Krauss, sondern viele kleinere Handwerksbetriebe siedelten sich an. Gemeinsam mit Allach wurde Untermenzing 1938 gegen den Willen des Gemeinderats nach München zwangseingemeindet. 4.800 Untermenzinger waren fortan Neumünchner. Das Viertel konnte seinen dörflichen Charakter im Kern bis in die 1950er Jahre hinein behalten. Erst dann begann der Abriss alter Höfe im großen Stil. Untermenzing breitete sich in alle Richtungen aus, wuchs langsam immer mehr mit Allach zusammen und ist heute eine beliebte, da recht grüne Wohngegend. Der teilweise erhaltene alte Dorfkern verlor 2011 seinen Ensembleschutz, weil schon zu viele moderne Bausün-

Erstnennung 817 als »Mezingia«; 1315 als »Duo Mentzing«; 1402 als »Untermenzing«
Namensbedeutung Siedlung des Manzo
Gemeindebildung 1818
Eingemeindung 01. Dezember 1938
Lage alter Ortskern um die Pfarrkirche St. Martin, Eversbuschstraße 11

Die Inselmühle

Allach-Untermenzing in Zahlen
Einwohner 29.161
Fläche 1.537,77 ha
Ärzte 24
Volksschulen 4
Realschulen 1
Gymnasien 1
Tourismusbetriebe 5

den dem Landesamt für Denkmalschutz ein Dorn im Auge waren.
siehe auch Obermenzing

Angerlohsiedlung

Der Flurname für das lichte Waldgebiet zwischen Allach und Untermenzing, auf der sich die Siedlung befindet, war schon immer Angerlohe (Anger = Gras-, Weideland und Lohe = lichter Wald). Ganz in der Nähe befand sich der »Churfürstliche Hirschjagd Parque«, in dem Bayerns Herrscher aufwändige Jagden veranstalteten. Hier baute die Firma Krauss-Maffei zwischen Rueß- und Manzostraße für ihre Angestellten eine Werksiedlung mit 500 Wohnungen. Richtfest feierte man bereits im November 1952, die Bauarbeiten dauerten aber bis 1972.

Beersiedlung

Namensgeber der Einfamilienhaussiedlung südlich der Angerlohe war der Bauunternehmer Korbinian Beer, der die Anlage 1937 erbaute. Die Häuser dekorierte er mit Märchenmotiven als Halbreliefs, von denen einige bis heute erhalten sind. Die Beersiedlung war das letzte Siedlungsprojekt vor der Eingemeindung.

Flaksiedlung

Das Gelände südlich der Angerlohe, das die Wehrmacht im Zweiten Weltkrieg zum Aufstellen der Flugabwehrraketen (Flak) nutzte, kaufte 1955 die Bauland GmbH. Zwei Jahre später begannen die Bauarbeiten nach den Plänen des Architekten und Karikaturisten Ernst Maria Lang. Lang setzte dabei auf verschiedene Haustypen, die sich in der Siedlung dennoch zu einem harmonischen Gesamtbild zusammenfügten. Trotz zahlreicher Aus- und Umbauten in der Vergangenheit ist die Grundstruktur der Flaksiedlung noch erkennbar.

Zum Selbst-Erkunden:

Gotteshäuser (Auswahl):

1. St. Martin *(kath.), Eversbuschstr. 9*
2. St. Peter und Paul *(kath.), Eversbuschstr. 195*

Epiphaniaskirche

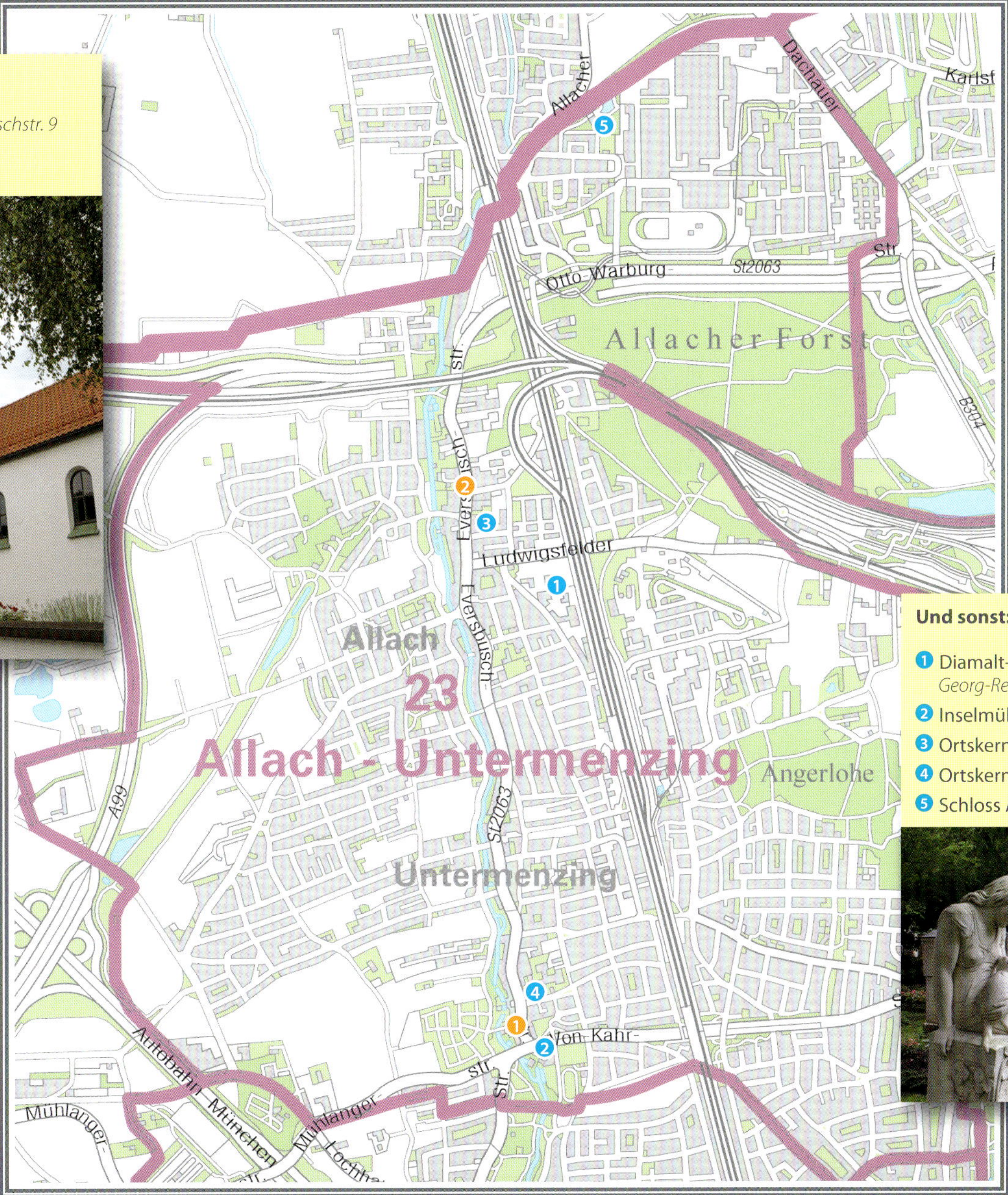

Und sonst:

1. Diamalt-Werk, *ehem. Fabrikanlage, Georg-Reismüller-Str. 32, 34, 36*
2. Inselmühle, *Von-Kahr-Str. 87*
3. Ortskern Allach *mit histor. Höfen*
4. Ortskern Untermenzing *mit histor. Höfen*
5. Schloss Allach, *Vogelloh 48 a (nicht öffentlich)*

FELDMOCHING

Beim U-Bahnbau kommt so manches ans Tageslicht – zum Beispiel ein 10 Mio. Jahre alter Fund: An der Ecke Fisch-/Bernhardstraße stieß man bei den Tunnelarbeiten auf ein Kieferfragment eines Urelefanten der Gattung Gomphotherium. Ob die Urzeitriesen tatsächlich hier lebten, oder eiszeitliche Verschiebungen die Knochen nach Feldmoching brachten, ist nicht geklärt. Wo also möglicherweise schon Urzeitriesen weideten, entstand dann während der Bronzezeit eine kleine Siedlung. Darauf lassen zumindest die rund 30 Hügelgräber mit Beigaben aus Keramik schließen, die man 1908 bei Bauarbeiten für eine Garten- und Wohnanlage in der Fasanerie entdeckte. Auch die Kelten hinterließen ihre Spuren. Durch Luftbilder konnte zwischen Feldmoching und Hasenbergl-Nord eine sogenannte Keltenschanze, ein Heiligtum innerhalb einer Wehranlage, nachgewiesen werden, die heute durch das Autobahndreieck angeschnitten wird. Nach den Kelten kamen die Römer, die zumindest eine Straße quer durch Feldmoching hinterließen: Die Fernstraße zwischen den Provinzhauptstädten Augusta Vindelicorum (Augsburg) nach Ovilava (Wels), auf der man noch heute fahren kann, denn es ist die Schneeglöckchenstraße. Die alte Römerstraße diente noch bis zur Gründung des Marktes München als wichtige Salzstraße. Eine solch verkehrsgünstige Lage auf dem ebenen, leicht zu verteidigenden und durch keinerlei Hochwasser bedrohten Gfild – so heißt die trockene Heidelandschaft zwischen Feldmoching und der Isar – konnten sich die Bajuwaren bei ihrer Landnahme um 480 nicht entgehen lassen. Sie bauten ihre Hütten in Feldmoching, obwohl die Böden nicht sonderlich fruchtbar waren, aber immerhin gab es mit dem Flüsschen Moosach (heute Reigersbach-Feldmochinger Mühlbach) genügend Wasser. Rund 50 Einwohner muss Feldmoching im 6. Jh. gehabt haben, wie zahlreiche Gräberfelder, die beim Aushub des Fasaneriesees und bei weiteren Bauarbeiten im alten Dorfkern entdeckt wurden, belegen. Dann übergaben zwischen 790 und 803 ein Edelmann namens Job und seine Gattin Helmpirich ihren Besitz in »Feldmohinga« samt Kirchlein an den Bischof von Freising, womit der Ort erstmal schriftliche Erwähnung fand. Aus dem kleinen Kirchlein ging St. Peter und Paul hervor. Romanische Reste einer uralten Kirche finden sich heute noch im Kirchturm. Die mit prächtigen gotischen Fresken ausgestattete Kirche aus dem 13./14. Jh. wurde leider im 19. Jh. abgerissen und durch einen Neubau ersetzt.

Erstnennung zwischen 790 und 803 als »Feldmohinga«
Namensbedeutung Felder des Mocho
Gemeindebildung 1818
Eingemeindung 01. April 1938
Lage alter Ortskern um die Pfarrkirche St. Peter und Paul, Feldmochinger Straße 403

Feldmoching stieg schnell zum größten und wichtigsten Ort auf dem Gfild auf. Nicht nur Freising unterhielt hier mehrere Höfe und eine Mühle, auch die Klöster Scheyern, Schäftlarn, Weihenstephan, Neustift und Tegernsee besaßen im Dorf einträgliche Höfe. Später kamen auch Münchner Klöster hinzu. Mit Eberhard de Veltmochingen tauchte 1119 das Adelsgeschlecht auf, das für einige Jahrhunderte eine wichtige Rolle in der Gegend spielte. Mitte des 13. Jh. zählte Feldmoching zum Landgericht Dachau und wurde Sitz des »Amtes auf'm Gfild«, was dem Ort zu enormer Bedeutung für den weiteren Umkreis verhalf. Der Feldmochinger Amtmann war zuständig für Allach, Langwied, Lochhausen, Aubing, die beiden Menzing, Pipping, Pasing, Laim, Unter- und Mittersendling, Schwabing, Freimann, Lappen, Moosach, Hartmannshofen, Kemnaten (heute Nymphenburg), Neuhausen, Gern und Milbertshofen – um hier nur die späteren Stadtteile Münchens aufzuzählen. Der Amtmannsposten war heiß begehrt, er konnte während seiner Dienstzeit einen Hof, den späteren »Zieglerhof« an der Lerchenauer Str. 311, nutzen und war von Steuern und Abgaben befreit.

Herzog Wilhelm V. ließ 1596 die Gerichtsbarkeit neu ordnen, gliederte Feldmoching der neu gegründeten Hofmark Schleißheim ein und verlegte den Sitz des Amtmanns von Feldmoching nach Neuhausen, dennoch hielt sich weiterhin lange der Name »Veldmochinger Amt«. Den nun nicht mehr benötigten Hof des Amtmanns verkaufte man 1603 an den Bauern Hans Angermaier. Seitdem ist die Geschichte des uralten Zieglerhofs mit allen Besitzerwechseln lückenlos dokumentiert. Der landwirtschaftliche Betrieb wurde erst 1991 eingestellt. Ebenfalls gut dokumentiert ist der Zehetmaier-Hof, den Herzog Wilhelm V. 1597 erwarb. Er ist seit 1819 im Besitz der Familie Zech.

Das 17. Jh. brachte für Feldmoching zwar auch eine Schule (1615), aber vor allem mehrere Katastrophen: Erst brannte 1616 nach einem heißen, trockenen Sommer in einer einzigen Nacht der halbe Ort nieder, dann kamen die Schweden im Dreißigjährigen Krieg. Nachdem die Münchner dem Schwedenkönig Gustav II. Adolf gegen die Zusicherung, dass die Stadt nicht geplündert wurde, kampflos die Tore geöffnet hatten, hielten sich die Soldaten an den umliegenden Gemeinden schadlos, mordeten, vergewaltigten und plünderten. Feldmoching kam vergleichsweise glimpflich davon. Es wurde im Gegensatz zum benachbarten Moosach nicht dem Erdboden gleich gemacht. Doch 184 Mordopfer mussten beerdigt werden, nachdem die Schweden 1632 abgezogen waren. Unmittelbar danach wütete der Schwarze Tod im Dorf, die Pest raffte viele Kriegsüberlebende dahin. Mehrere glutheiße Sommer und eiskalte Winter in Folge brachten eine Hungersnot.

Erst ab 1637 ging es langsam wieder aufwärts, die Grundherren konnten neue Bauern in den verwüsteten Höfen ansiedeln. Aber dann kehrten die Schweden zurück, nun gemeinsam mit den Franzosen. Während den Moosacher Bauern die Flucht nach München und auf die andere Isarseite genehmigt wurde,

24 • FELDMOCHING HASENBERGL

mussten die Feldmochinger sich in den umliegenden Wälder verstecken, wo sie in dürftigen Nothütten den Ausgang der letzten Schlacht des Dreißigjährigen Kriegs abwarteten, die ausgerechnet vor ihrer Haustür stattfand. Da die Generäle Carl Gustav Wrangel und Henri de Turenne mit Begeisterung die herzoglichen Reviere auf dem Gfild zur Jagd nutzten, merkten sie nicht, dass sich am Morgen des 6. Oktober 1648 Münchner Truppen unter Johann von Werth von Schleißheim her näherten. Die Schlacht währte kurz, Schweden und Franzosen flohen ins Dachauer Moor, viele ertranken. Zuletzt konnte Johann von Werth 120 gefangene Offiziere und 700 Soldaten im Triumph nach München führen.

Der Krieg war endlich vorbei, doch die Feldmochinger Bauern kehrten in Ruinen zurück und hatten kein Großvieh mehr. Die Männer mussten sich selbst in die Pflüge einspannen, um die Felder zu bestellen. Permanenten Ärger brachten in den folgenden Jahrzehnten die Jagdreviere des Herzogs. Das Wild verursachte enorme Schäden auf den Feldern, trotz der Schutzzäune, die die Bauern auf eigene Kosten zu errichten und zu erhalten hatten. So hatte man beispielsweise 1759 das Jagdrevier für Kaninchen, den Küniglberg (Hasenbergl), zwar eingezäunt, dennoch fraßen sich die Tiere auf den Feldern satt. In dieser Zeit zählte man im Dorf rund 80 Anwesen. Die Feldmochinger gingen auf die Barrikaden: Sie verweigerten dem Kurfürsten mehrmals die Steuerabgaben, weil sie die Entschädigungszahlungen für die Wildschäden für lächerlich gering hielten. Für München war klar, dass die Feldmochinger ein renitentes Pack waren und aus »purer Bosheit«, so berichtet ein Chronist, handelten. Im November 1773 quartierte man schließlich Soldaten in den Höfen ein, die so lange bleiben sollten, bis die Bauern ihre Steuern gezahlt hatten. Die Bauern gaben nicht nach. Es roch nach Revolution. Kurfürst Maximilian III. Joseph wurde langsam stutzig, warum der Konflikt weiter eskalierte und seine Beamten ihn nicht lösen konnten. Er schaltete sich selbst ein. Sechs Bauern durften nun direkt in München verhandeln – und kehrten siegreich zurück. Der Kurfürst zeigte Verständnis und übernahm die Kosten für ordentliche Wildzäune.

Auch nach der Gemeindebildung 1818 blieb Feldmoching arm, noch standen viele einfache Holzbauten aus der Zeit nach dem Dreißigjährigen Krieg. Gerade mal 450 Menschen lebten hier. Langsam brachte die verstärkte Entwässerung des Moors bescheidenen Wohlstand. Man gewann nicht nur neues Ackerland, man konnte auch das Torf stechen und den aufblühenden Industrieunternehmen in München als Brennmaterial verkaufen. Im Winter karrten die Feldmochinger zusätzlich Eisblöcke aus den Torfgruben zu den großen Münchner Brauereien. Vermutlich wegen des regen Güterverkehrs kam die Eisenbahn recht früh nach Feldmoching, 1858 eröffnete der Bahnhof. Wirklich große Einschnitte brachte die Bahn aber erst 1939. Dann begannen die Bauarbeiten zum Rangierbahnhof zwischen Feldmoching und Moosach. Siedlungen wurden abgerissen, Wälder geholzt und Millionen von Kubikmeter Kies aufgeschüttet. Dem Kiesaushub verdankt Feldmoching heute allerdings hohen Freizeitwert, denn die Dreiseenplatte mit dem Feldmochinger See, dem Fasaneriesee und dem Lerchenauer See entstand. Die große Kiesfläche für den Rangierbahnhof bot den alliierten Bombern im Zweiten Weltkrieg jedoch eine hervorragende Orientierungshilfe. Nach dem Krieg ruhten die Bauarbeiten weiter, auch wegen langjähriger Rechtsstreitigkeiten. Erst 1991 konnte der damals modernste Rangierbahnhof Europas mit dem größten computergesteuerten Stellwerk Europas in Betrieb genommen werden, der nun die alten Rangierbahnhöfe München-Ost und Laim ersetzte. Mit der Neugliederung der Stadtbezirke kam der Rangierbahnhof 1992 komplett zu Moosach.

Feldmoching, das wegen der neuen Siedlungsgebiete wie Harthof und Eggarten ab 1900 stetig wuchs, hatte nach dem Ersten Weltkrieg, der Revolution und der Weltwirtschaftskrise 1932 einen traurigen Rekord zu vermelden: die prozentual höchste Arbeitslosenzahl Bayerns. Vermutlich deshalb war im Dorf vor allem die Kommunistische Partei besonders aktiv und erfolgreich. Damit war es kurz darauf vorbei, als Hitler an die Macht kam. Viele Feldmochinger KPD- und SPD-Mitglieder sowie Gewerkschafter wurden ins KZ Dachau eingeliefert. Der neue NDSAP-Gemeinderat trieb Feldmoching direkt in den Bankrott. Die Stadt München, die schon 1917 das erste Mal die Eingemeindungsfühler ausgestreckt hatte, konnte sich dann 1938 Feldmoching einverleiben, was einen gewaltigen Gebietszuwachs bedeutete, denn das Dorf war die flächenmäßig größte Gemeinde, die je zu München kam. Rund 7.000 Einwohner zählte der neue Stadtbezirk.

In Feldmoching standen während des Zweiten Weltkriegs mehrere Kriegsgefangenen- und Arbeitslager. Besonders grauenhaft jedoch waren die Zustände im KZ-Außenlager Ludwigsfeld (auch Außenlager Allach genannt) auf dem Gebiet der heutigen Siedlung Ludwigsfeld, wo tausende Arbeitssklaven, die vor allem bei BMW in Allach schuften mussten, ein erbärmliches Dasein fristeten, und viele elendig krepierten. Nach dem Einmarsch der Amerikaner mussten Feldmochinger Bauern mit ihren Fuhrwerken die Leichenberge zu dem Massengrab auf den Feldmochinger Friedhof karren.

Heimatvertriebene und Flüchtlinge zogen nun in Scharen ins Viertel. Die Einwohnerzahl verdoppelte sich fast von 10.836 im Jahr 1950 auf 20.736 im Jahr 1956. Neue, meist wilde Siedlungen ent-

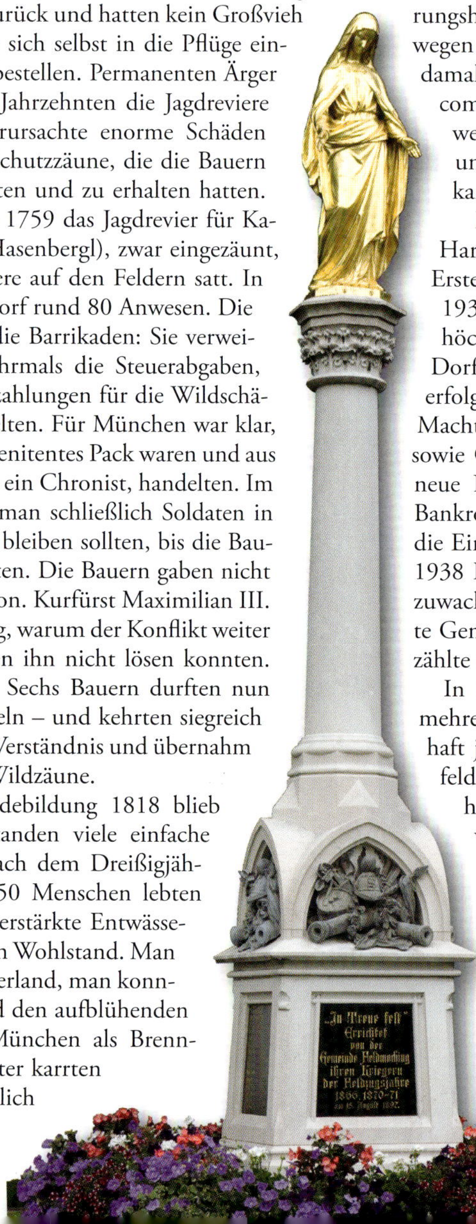

Die Feldmochinger Mariensäule

Historische Bezirke Feldmoching
- Am Burgfrieden
- Fasanerie-Nord
- Feldmochinger Anger
- Frauenholz
- Grashofsiedlung
- Kaiserhölzlsiedlung
- Harthof
- Hasenbergl
- Kolonie Eggarten
- Lerchenau
- Ludwigsfeld
- Nordlichtsiedlung
- Nordhaide
- Oberwiesenfeld
- Schwarzhölzlsiedlung
- Siedlung am Lerchenauer See
- Siedlung Feldmoching
- Sommerweidesiedlung
- Untermühle

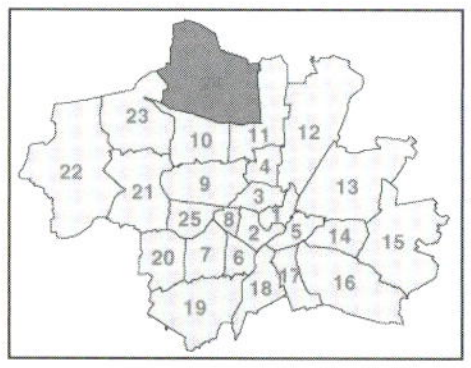

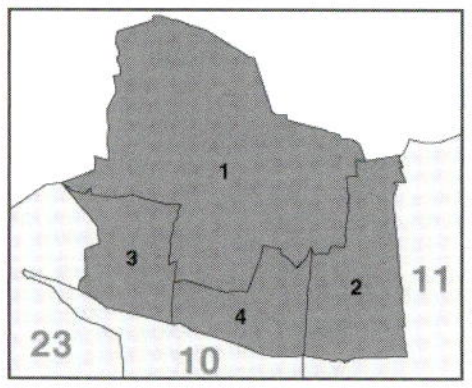

Offizielle Bezirksteile
1 Feldmoching
2 Hasenbergl – Lerchenau Ost
3 Ludwigsfeld
4 Lerchenau West

24

Das alte Feldmoching mit der Kirche St. Peter und Paul

standen, alte wuchsen. Neben der Bahn mit dem Großprojekt Rangierbahnhof im Süden und dem Kraftverkehr mit dem Autobahndreieck München-Feldmoching im Norden sorgte lange ein drittes Verkehrsmittel für Ärger: das Flugzeug. Durch die nahen Flugplätze Schleißheim und Oberwiesenfeld standen die Feldmochinger unter permanenter Lärmbelästigung. Das endete erst, als die US-Truppen ihren Flughafen nach Augsburg verlegten und das Oberwiesenfeld 1968 für den Flugverkehr komplett gesperrt wurde.

Trotz aller Veränderungen überdauerte der alte, dörflich geprägte Ortskern Feldmochings in großen Teilen bis heute. Er steht unter Ensembleschutz, auch wenn viele der alten Höfe mittlerweile kaputtrenoviert wurden. Größere geplante oder bereits realisierte Siedlungsprojekte wie die »Josef-Frankl-Höfe« an der Westseite des Bahnhofs, an der Paul-Preuß-Straße und der Bergwachtstraße lassen Feldmoching weiter wachsen. Der Ort ist aber nach wie vor stark landwirtschaftlich geprägt, er ist Münchens Stadtbezirk mit den größten landwirtschaftlichen Nutzflächen und den meisten landwirtschaftlichen Betrieben, was ihm auch den Beinamen »Größtes Bauerndorf mit U-Bahnanschluss« eingebracht hat. Die Verbundenheit zur Landwirtschaft äußert sich heute noch im traditionsreichen Rosstag, jährlich am ersten Sonntag nach der Wiesn, einer vielbesuchten Pferdeschau.

Am Burgfrieden

In der nach dem Krieg herrschenden Wohnungsnot entstanden viele wilde Siedlungen rings um München, so auch an der Stadtgrenze bei Karlsfeld nördlich des Würmkanals. Die Siedlung lag zunächst in unerschlossenem Gebiet, erst 1955 wurde die Straße, an der sie lag, »Am Burgfrieden« benannt. Ein Selbsthilfeverein für die rund 40 Einwohner gründete sich 1963. Vier Jahre später beschloss der Stadtrat zunächst den Abbruch der 13 Häuser der Siedlung, verschob die Durchführung aber. Doch 1976 erklärte sich die Nachbargemeinde Karlsfeld bereit, die Siedlung mit Wasser und Kanalisation zu versorgen, also hob der Stadtrat den Absiedlungsbeschluss auf. Der Name leitet sich vom mittelalterlichen Burgfrieden ab. Das mittelalterliche München endete nicht an der Stadtmauer. Zur Stadt gehörte auch ein Burgfrieden genanntes Areal rings um die Stadt. Der Münchner Burgfriede wird 1380 erwähnt, kann aber rechtlich bereits für das Jahr 1294 nachgewiesen werden. Seine Umrisse, die im Norden bis vor Karlsfeld reichten, wurden 1460 genau festgelegt und vermerkt.

Fasanerie-Nord

Weil es als schick und mondän galt, Jagd auf Fasane zu machen, aber einfach nicht genügend Fasane in freier Wildbahn lebten, kam die Fasanenzucht in Mode. Herzog Wilhelm V. ließ 1596 nördlich von Moosach den Oberen

Typisch für Feldmoching: Bauernhöfe

Fasangarten anlegen. Die Zuchtgebäude lagen auf dem Gebiet zwischen Bingener Straße, Feldmochinger Straße und den Gleisen des Rangierbahnhofs, nördlich schloss sich Wald an. Wie beliebt die Fasanenzucht auch in den folgenden Jahrhunderten blieb, zeigt die Tatsache, dass zwischen 1768 und 1770 im Oberen Fasangarten 285 Bruthennen zur Zucht dienten. Noch Prinzregent Luitpold nutzte die Fasanerie Moosach mit Begeisterung für seine Jagden. Fasanenmeister Friedrich Sperr hielt den Betrieb sogar über den Ersten Weltkrieg hinaus bis 1919 aufrecht und unterhielt bis 1924 eine florierende Ausflugswirtschaft. In der Umgebung siedelten sich einige Gärtnereien an.

Die Gebäude der Fasanerie verschwanden 1939 unter der Kiesaufschüttung der Deutschen Reichsbahn für den geplanten Verschiebebahnhof München-Nord. Den dazugehörigen Wald nördlich davon holzte man ab.

1897 begann die Geschichte der Kolonie »Fasanerie Moosach« – die trotz des Namens weitgehend auf Feldmochinger Gebiet lag. Die Entwässerung der Moorwiesen zwischen Moosach und Feldmoching führte zu einer regelrechten Siedlungswelle. 1912 standen bereits 43 Häuser. Deren Siedler schlossen sich zur »Freien Vereinigung zur Förderung der Interessen der Fasanerie Moosach« zusammen. Sie wollten vor allem eins: Die Umgemeindung von Feldmoching nach Moosach. Es folgte ein jahrelanges Hickhack mit zahlreichen Anträgen, Beschlüssen und Gegenanträgen. Es sah zunächst gut aus für die Siedler, doch 1913 gemeindete München Moosach ein und die Stadt hatte keinerlei Interesse an der kleinen Siedlung. Die sollte mal schön bei Feldmoching bleiben. Also pochte Feldmoching auf eine Umbenennung, schlug »Neu-Feldmoching« vor. 1921 schließlich entschied man, dass die Siedlung fortan Fasanerie-Nord heißen soll. Schon 18 Jahre später kam das Ende für die Siedlung mit ihren 407 Haushalten, sie wurde für den neuen Verschiebebahnhof komplett abgebrochen. Die heutige Siedlung mit dem gleichen Namen entstand nördlich des Gleiskörpers, so beispielsweise die »Villenkolonie Fasanerie« an der Straße Am Blütenanger Anfang der 1970er Jahre. Vor allem Ende der 1980er Jahre kamen viele neue Wohnanlagen hinzu. Im Jahr 2000 zählte man in der Fasanerie rund 4.000 Einwohner. Und der Ausbau geht weiter. Größere Neubaugebiete machten in den letzten Jahren aus der kleinen Kolonie ein großes Stadtviertel.

Feldmochinger Anger Südlich der Siedlung Feldmoching errichtete die Neue Heimat Bayern ab Ende 1970 rund 780 Wohneinheiten mit einer Hochhausgruppe an der Weitlstraße als Mittelpunkt. Bei den Hochhäusern befindet sich auch ein kleines Ladenzentrum.

Frauenholz *siehe Hasenbergl-Nord*

Grashofsiedlung *(= Siedlung am Regattaweg)* Um 1935 besiedelte eine Gruppe von Leuten, die zum Nebenerwerb etwas Landwirtschaft wie Gemüseanbau und Kleinviehhaltung betrieben, das Gelände zwischen Feldmoching und der Regattaanlage. Die Stadt wollte schon 1967 die Siedlung entfernen lassen, da ein Anschluss an das Wasser- und Kanalnetz nicht wirtschaftlich schien. Zwei Jahre später gründete sich der »Siedlerverein Grashofsiedlung«, um gegen den Beschluss den langen Weg durch die Instanzen anzutreten. Mit dem Bau der Olympia-Regattaanlage geriet die Siedlung vorerst aus der Schusslinie. Als sich Oberschleißheim dann 1973 bereit erklärte, für den Trinkwasser- und Kanalanschluss zu sorgen, hob der Stadtrat den Absiedlungsbeschluss auf. Seitdem wird um die Siedlung weiter gerungen, denn es sind nur notwendige Reparaturarbeiten an den Häusern erlaubt, keine An- oder gar Neubauten.

Harthof Mitten im Weideland der Gemeinde Feldmoching, weit weg vom Ortskern, begannen im 19. Jh. einige Siedler entlang der Straße nach Schleißheim ihre bescheidenen Häuser zu errichten. Ganz in der Nähe befand sich seit 1838 der Pulverturm, das Munitionsdepot der Bayerischen Armee. Weil der alte Pulverturm an der Winzererstraße 1835 von einem Selbstmörder in die Luft gesprengt und die halbe Maxvorstadt dabei zerstört worden war, hatte die Armee das Magazin weit außerhalb in unbesiedeltes Gebiet verlegt. 1890 baute sich der damalige Direktor der Löwenbrauerei Wolf hier mitten im Grünen ein Gut, das er Harthof taufte (von »hart« = Wald oder Waldweidewirtschaft). Die Stadt München erwarb 1927 das Gut Harthof und verpachtete es weiter. Die Pächter des im Krieg stark beschädigten Hofs gaben erst um 1960 die Landwirtschaft endgültig auf. Der Nachfolgebau des Anwesens steht heute noch an der Max-Liebermann-Straße.

Die einst dünnbesiedelte Kolonie rings um das Gut Harthof vergrößerte sich ab 1900 rapide. Die Kolonisten schlossen sich zur »Freien Interessenvereinigung Harthof« zusammen und stellten am 2. Mai 1922 den Antrag beim Feldmochinger Gemeinderat, ihre Siedlung zwischen Dülfer-, Eberwurz- und Rathenaustraße Feldmoching-Harthof zu nennen. Da standen schon 35 Häuser. Der Gemeinderat lehnte den Antrag im August 1922 ab, einen Monat später scheiterte die Interessengemeinschaft auch beim Bezirksamt München.

München hatte bald andere Vorstellungen von der Nutzung des Areals: Man plante ab 1937 den Bau einer großen Volkswohnanlage mit 789 Häusern und 3.542 Wohnungen, die ursprünglich »Nordsiedlung« oder »Siedlungsstadt im Norden« heißen sollte. Volkswohnanlage war die damals übliche Bezeichnung für sozialen Wohnungsbau. In der Planungsphase gemeindete München das Dorf Feldmoching mit der Kolonie Harthof am 1. April 1938 ein. Der Krieg verhinderte, dass die neue Wohnanlage die ursprünglich geplante Dimension erhielt. Doch 1940 konnte die GWG (Gemeinnützige Wohnstätten- und Siedlungsgesellschaft) den ersten Bauabschnitt mit 670 einfach ausgestatteten Wohnungen an die Mieter, vorwiegend in der Rüstungsindustrie Beschäftigte, vergeben. Überhaupt prägte das Militär die Gegend: Seit Mitte der 1930er Jahre rückten immer mehr Kasernenneubauten (Ernst-von-Bergmann-Kaserne, Fürst-Wrede- und Bayern-Kaserne in Neu-Freimann sowie die nicht mehr bestehende Kronprinz-Ruprecht- und Virginia-Kaserne) an die Siedlung Harthof heran.

Ende der 1940er Jahre spitzte sich die Lage auf dem Wohnungsmarkt durch Flüchtlinge, obdachlos gewordene Münchner und Zuzügler immer dramatischer zu. Also beauftragte die Stadt die GWG, den sozialen Wohnungsbau im Harthof weiter voranzutreiben, und zwar nach den alten Plänen von 1937. Zwischen 1952 und 1954 stampfte man im westlichen Harthof die Siedlung Harthof aus dem Boden. Im Bereich der Weyprechtstraße bekam das Neubaugebiet ein Stadtteilzentrum. Am 14. Juli 1965 benannte der Stadtrat den ganzen Stadtteil offiziell Harthof. Leider erwies sich die Bausubstanz als nicht sehr robust. Schon Mitte der 1970er Jahre kam es zu einer großen Sanierungswelle. Besonders hart traf es die sogenannte Marshallplan-Siedlung an der Ostseite der Schleißheimer Straße, zwischen der Weyprecht- und Hugo-Wolf-Straße. Hier hatte die GWG 1951 in Billigstbauweise auf einem drei Hektar großen Grundstück zehn Reihenblocks hochziehen müssen. Pro Wohnung durften nicht mehr als 9.000 Mark ausgegeben werden, andernfalls würden alle Fördermittel sofort gestrichen, so schrieb es der Marshall-Plan, die US-amerikanische Wiederaufbauhilfe, vor. Die Folge: die Häuser mit ihren 243 Wohnungen mussten rund 20 Jahre später abgerissen werden. Die Neubauten mit 308 Wohnungen stehen heute noch. Ein Gutachten ergab 1979, dass sich auch eine Sanierung zahlreicher anderer Wohnblöcke der GWG nicht mehr lohnen würde. 1985 wurde auf dem Nordteil des ehemaligen Virginia-Depots ein Gewerbegebiet errichtet. 2004 erstellte der Stadtrat einen Bebauungsplan für den östlichen Harthof zum Abriss und Neubau von Sozialwohnungen, der sukzessive umgesetzt wird. Und die Neuerschließung im Harthof geht weiter: Auf dem Südende der ehemaligen Panzerwiese entlang der Neuherbergstraße entstand ab 1999 die Siedlung Nordheide.

Fasaneriesee

teils Stadtbezirk 11 • Milbertshofen-Am Hart | teils Stadtbezirk 24 • Feldmoching-Hasenbergl

HASENBERGL

Kaum ein Münchner Stadtteil hat bis heute einen so zweifelhaften Ruhm wie das Hasenbergl. Dabei sind die Wurzeln fürstlich. Der einst rund 8 m hohe Hügel im ansonsten brettebenen Norden Münchens zählte zu den herzoglichen Jagdrevieren. Hier hegten Aufseher die Hasen, deren Jagd zu den herzoglichen Lustbarkeiten zählte. Auf dem Hügel stand eine »Hasenhütte«, das Dienstgebäude des fürstlichen Wildhüters. Einer der ersten Siedler, der sich hier an der Straße zum Schloss Schleißheim niederließ, war Mitte des 19. Jh. der Pferdeschinder, also der Abdecker. 1890 entstand daneben ein Bauernhof mit einem Wirtshaus, das später von der in ganz München mit mehreren Ausflugswirtschaften erfolgreichen Wirtsfamilie Flaucher übernommen wurde. Dazu gesellten sich noch eine Gärtnerei und eine Baumschule. Doch die weitere Umgebung war alles andere als idyllisch. Schon seit 1682 nutzte die Armee das Gebiet für Militärübungen, sehr zum Ärger der Feldmochinger Bauern, in deren Augen die Soldaten keinen Deut besser waren als Diebsgesindel, das man mit Sense und Dreschflegel von den Höfen und den Feldern verjagen musste. Im Gegenzug genossen die Feldmochinger bei den Münchnern das Image von störrischen, boshaften Hinterwäldlern.

Erstnennung 1697 als »Laimpichl« (= Lehmhügel); ab 1753 dann als »Künigelberg«
Namensbedeutung meist heißt es, der Name beziehe sich auf »Königshasen«, die hier lebten, wahrscheinlicher ist aber, das »Künigl« eine Verkürzung von Karnickel ist; ab 1812 »Kaninchenberg«, woraus sich Hasenbergl entwickelte; heute auch scherzhaft »Bunny Hill« genannt

Wohnsilo im Hasenbergl – Futtersilo in Feldmoching

1928 kaufte die Stadt München im Auftrag der Heeresverwaltung große Grundstücke zum Ausbau des Exerzierplatzes Feldmoching auf. Wirtshaus und Gärtnerei ließ man abreißen und 1935 gehörte das ganze Areal der Stadt. Auch die US-Streitkräfte nutzten nach 1945 das Gebiet für Militärübungen und zogen durch das Hasenbergl ihre Schützengräben.

An der Weitlstraße begannen ab 1952 städtische Angestellte und Heimatvertriebene mit dem Bau der Selbsthilfesiedlung Hasenbergl I. Die Grundstücke maßen zwischen 650 und 850 m², im Frühjahr 1954 waren bereits 104 Häuschen bezugsfertig. Im gleichen Jahr genehmigte der Stadtrat weitere 52 Häuser für die Selbsthilfesiedlung Hasenbergl II an der Udalrich- und der Leisewitzstraße.

Aufgrund der weiterhin großen Wohnungsnot beschloss der Stadtrat am 24. April 1959 den Bau einer Großsiedlung mit 5.377 Miet- und 168 Eigentumswohnungen sowie 48 Eigenheimen für 17.400 hauptsächlich einkommensschwache Menschen. Oberbürgermeister Hans-Jochen Vogel legte am 25. Mai 1960 den offiziellen Grundstein, obwohl die Bauarbeiten schon munter im Gang waren. Mit dem Namen »Hasenbergl« konnte sich die Stadt allerdings nicht anfreunden. Das sei zu unmünchnerisch, hieß es unter anderem. Namen wie »Am Schleißheimer Forst«, »Siedlung am Föhrenwald« oder wenigstens »Parksiedlung am Hasenbergl« standen zur Diskussion, setzten sich aber nicht durch. Mehrere Bauträger, darunter federführend die Neue Heimat Bayern, aber auch Südhausbau, GWG und Evangelisches Sieldungswerk in Bayern, errichteten die neue Siedlung. Für die Neue Heimat entwarfen die Architekten Ernst Hürlimann, Ernst-Maria Lang und Matthä Schmölz die Gebäude, die Gestaltung der Außenanlagen übernahm der Gartenarchitekt Alfred Reich, der bereits für die Parkstadt Bogenhausen gearbeitet hatte. Den städtebaulichen Akzent setzten die beiden Kirchen St. Nikolaus und Evangeliumskirche sowie die drei Hochhäuser am Frühlingsanger. Im Juli 1965 wurde die Großsiedlung mit einem mehrtägigen Bürgerfest übergeben. Auf dem immer noch existierenden Hügel mitten im dicht bebauten Gebiet, dem Hasenbergl, befindet sich heute ein kleines Minierholungsgebiet mit einem Kiefernwäldchen.

24

Hasenbergl-Süd Unmittelbar nach Fertigstellung der Siedlung am Hasenbergl begannen die Arbeiten am Hasenbergl-Süd westlich der Ittlingerstraße. Hauptbauträger war hier allein die Neue Heimat Bayern. Für rund 7.000 Einwohner entstanden 1.500 Miet- und 236 Eigentumswohnungen auf einer Gesamtfläche von 54,5 ha. Ein 15-stöckiges Hochhaus mit einem Ladenzentrum und Arztpraxen an der Ecke Weitl-/Rainfarnstraße und dem angrenzenden Pfarrzentrum St. Matthäus ist das Zentrum von Hasenbergl-Süd.

Hasenbergl-Nord *(= Frauenholz)* Keimzelle von Frauenholz war eine 1596 von Herzog Wilhelm V. errichtete Einsiedelei

»Zu unserer lieben Frau«, kurz Frauenklause genannt. Sie stand am Südrand des Korbinianholzes westlich der Schleißheimer Straße und wurde bei der Säkularisation abgerissen. Auf dem Frauenholz-Gelände baute man 1937 Baracken für die Kursteilnehmer der Fliegertechnischen Schule in Schleißheim. Hier waren bei Kriegsende auch kurzfristig Kriegsgefangene untergebracht. Nach dem Krieg übernahm die UN-Flüchtlingsorganisation United Nations Relief and Rehabilitation Administration (UNRRA) die Lagerleitung und brachte in den Baracken Displaced Persons (DPs) unter. Auch ehemalige Zwangsarbeiter, KZ-Häftlinge und russische Soldaten lebten in Frauenholz, das offiziell Lager Schleißheim hieß, bis sie in ihre Heimat zurückgeführt wurden oder auswandern konnten. Weil die meisten Lagerinsassen aus der Sowjetunion oder anderen slawischen Staaten stammten, nannten die Münchner das Lager »Russenlager«. Es genoss einen denkbar schlechten Ruf, zu dem nicht nur Schlägereien und sogar Morde, sondern vor allem der florierende Schwarzmarkt beitrugen. Nach Polizeiangaben war Frauenholz die größte Schwarzhandelszentrale Deutschlands.

Die amerikanischen Behörden übergaben das völlig überfüllte Lager im November 1951 dem bayerischen Staat. Drei Jahre später wurde das »Regierungslager für heimatlose Ausländer«, wie es nun offiziell hieß, aufgelöst. Noch im selben Jahr kaufte die Stadt München das Lager und ließ die Baracken instand setzen oder gleich durch Steinbauten ersetzen, um obdachlose Familien unterzubringen. 712 Haushalte mit rund 4.000 Bewohnern lebten unter teilweise erbärmlichen Umständen im Städtischen Wohnlager Frauenholz, mittlerweile das größte seiner Art in der Bundesrepublik Deutschland. Wer im Frauenholz gelandet war, war ganz unten angekommen und hatte wenige Chancen auf sozialen Aufstieg. So beklagten sich Bewohner schon früh, dass die Adresse sie stigmatisieren würde und sie deshalb keine Arbeit fänden.

Um die Zustände im Lager besser in Griff zu bekommen, gemeindete die Stadt München das Areal, das bislang zu Oberschleißheim gehörte, am 1. Februar 1962 ein. Zwei Jahre später beschloss der Stadtrat, das Lager aufzulösen und mit dem Neubaugebiet Hasenbergl-Nord den dringend benötigten Wohnraum zu schaffen. Der Name Frauenholz sollte ebenso wie die Lagerbaracken offiziell verschwinden. Die Umsiedlung in die neuen Wohnblöcke erfolgte in Abschnitten. Mehrere der danach leerstehenden Baracken fielen einem Feuerteufel zum Opfer. Andere Baracken blieben eine Zeitlang für andere Zwecke erhalten. 1981 wurde schließlich die letzte, die noch als Jugendfreizeitzentrum gedient hatte, abgerissen.

Mit der Entscheidung des Stadtrats, die menschenunwürdigen Zustände im Obdachlosenlager Frauenholz zu beenden, stand man vor dem Problem, für nicht mietfähige Personen preisgünstige Unterkünfte bereitzustellen. 1965 begannen die Bauarbeiten westlich der Stössertraße für Hasenbergl-Nord nach

Plänen des Architekten Josef Jechart. Die Billigstbauweise der ersten zehn Wohnblöcke führte dazu, dass die Gebäude bereits in den 1980er Jahren saniert oder sogar komplett abgerissen und durch Neubauten ersetzt werden mussten. Obwohl die Unterkünfte ursprünglich nur als Übergangslösung für Wohnsitzlose gedacht waren, blieben viele dauerhaft. 1.600 Menschen lebten 1984 in der Obdachlosensiedlung Hasenbergl-Nord. Durch die Einwohnerstruktur und die damit verbundenen Probleme begannen bereits früh soziale Einrichtungen im Viertel aktiv zu werden und sich für eine konsequente Verbesserung der Lebensumstände einzusetzen, so beispielsweise das Gemeinwesensarbeitsprojekt der Caritas und die Interessengemeinschaft Hasenbergl-Nord, die beide schon 1967 ihre Arbeit aufnahmen. Die Caritas gehörte quasi sowieso zum Viertel dazu, denn sie betreute schon ab 1953 das Lager Frauenholz mit der Verteilung von Kleidung und Lebensmitteln. Anfang der 1970er Jahre erweiterte die GWG Hasenbergl-Nord südlich der Wintersteinstraße um Wohnblöcke mit 337 Einheiten, 1994 folgten 190 weitere Wohnungen. Mit dem 1980 eröffneten Arbeiterwohlfahrt-Dorf Hasenbergl an der Stösserstraße bekam das Viertel endlich einen Kultursaal – sowie ein Seniorenheim und ein Tagesheim für Behinderte, Kranke und Senioren.

Hasenbergl-Nordost Auf dem östlichen Teil des ehemaligen Lagers Frauenholz begann die GWG 1968 mit dem Bau von sechs neungeschossigen Häusern und acht viergeschossigen Blöcken zwischen der Fortnerstraße, der Verlängerung der Schleißheimer Straße und dem Hartelholz-Wald. Einen markanten Akzent setzt die Kirche Maria Sieben Schmerzen an der Thelottstraße mit ihrem Pyramidendach.

Innerhalb von nur zehn Jahren seit Baubeginn erlebte das Hasenbergl einen gewaltigen Bevölkerungszuwachs. 1970 lebten bereits 29.105 Menschen hier. Die großen Probleme der Anfangsjahre vor allem in der Infrastruktur – es fehlten hauptsächlich öffentliche Verkehrsmittel, Einkaufsmöglichkeiten und eine ausreichende ärztliche Versorgung – sind mittlerweile behoben. Ende der 1990er Jahre entstanden an der Aschenbrenner- und der Linkstraße neue Ladenzentren. Gezielte kirchliche und öffentliche Projekte wie »Soziale Stadt« und »Lichtblick Hasenbergl« halfen, die Lebensqualität zu steigern. Längst ist das Viertel durch die U-Bahn mit der Innenstadt verbunden. In einem Punkt übernahm das Hasenbergl sogar eine Vorreiterrolle: die Willy-Brandt-Schule war Bayerns erste integrierte Gesamtschule. Und das Hasenbergl wächst weiter: Im Rahmen eines Entwicklungskonzepts der Architektin Christine Scheiblauer entstanden ab 1994 rund 1.000 neue Wohnungen, hauptsächlich auf ehemaligen Garagenhöfen, damit Grünflächen erhalten bleiben.

Kaiserhölzlsiedlung Einige Häuser baute man ganz legal in den 1930ern an der Kaiserhölzlstraße, südwestlich des Feldmochinger Sees. Nach dem Krieg ging es der kleinen Siedlung wie vielen anderen im Stadtgebiet: Aufgrund der Wohnungsnot entstanden zahllose Schwarzbauten. Da die Siedlung aber legal gegründet worden war, verzichtete der Stadtrat darauf, den Abbruch zu fordern. Zur Interessenvertretung gründete sich der »Siedlerverein Kaiserhölzl«. 1974 begann die Stadt damit, zumindest einen Teil der Sieldung zu erschließen und sanieren, die ersten 61 Grundstücke erhielten Wasseranschluss. Einige Jahre später folgten die restlichen 14 Anwesen.

Kolonie Eggarten Es gibt sie noch, die vergessenen Winkel in München, wo ungeteerte Straßen durch wildromantische Gärten mit kleinen Häuschen führen. Auf dem Ödland zwischen Moosach und Feldmoching, ursprünglich Teil der herzoglichen Fasanerie, begann die 1919 gegründete »Siedlergenossenschaft Eggarten« mit der Errichtung einer Kolonie. Das Gebiet wurde bereits am 01. August 1600 als »die Egern« erstmals schriftlich erwähnt. »Egern« leitete sich von »Ödgarten« ab. 62 Häuser entstanden in Eigenleistung bis 1926, in den 1930ern gehörte sogar die kleine hölzerne Behelfskirche St. Thaddäus zur Kolonie. Die Kirche befand sich aber auf dem Baugelände des neuen Rangierbahnhofs und wurde 1939 abgetragen. Die Pläne für einen Kirchenneubau an anderer Stelle blieben unrealisiert. Da Eggarten sowohl auf Moosacher wie auch auf Feldmochinger Grund stand, kam die Kolonie schon 1922 nach München. Feldmoching musste dabei rund 10.000 ha seines Gemeindegebiets abtreten.

Während des Kriegs unterhielt die Deutsche Reichbahn am Eggarten ein Zwangsarbeiterlager für rund 1.000 ausländische Arbeiter. Große Teile der Kolonie fielen den Abrissarbeiten für den geplanten Rangierbahnhof und später den Bombenangriffen der Alliierten zum Opfer. Bei der Neueinteilung der Münchner Stadtbezirke 1996 kam auch der einst Moosacher Teil von Eg-

Typische Wohnanlage im Hasenbergl

garten zum 24. Stadtbezirk Feldmoching-Hasenbergl. Doch die Kolonie ist bedroht. Der Eigentümer, die Frankfurter Immobiliengesellschaft Vivico möchte auf dem Gelände 1.250 neue Wohnungen bauen. Geplant sind Reihen- und Atriumshäuser als »verdichtete Individualwohnformen für Familien«. Erhalten bleiben sollen nur die Straßennamen.

Lerchenau

An der Grenze Feldmochings zu Milbertshofen ließen sich 1901 die ersten Siedler entlang eines kleinen Feldwegs (heute die Lerchenauer Straße) nieder, darunter einige Gärtnereien. Innerhalb von zehn Jahren entstanden zwölf Anwesen, deren Besitzer sich 1910 zur »Interessengemeinschaft Lerchenau« zusammenschlossen. Weil immer mehr Kolonisten zuzogen, musste der angrenzende Wald komplett gerodet werden. Den Namen für die Kolonie genehmigte der Feldmochinger Gemeinderat am 24. April 1915 auf Antrag der »Freien Vereinigung Lerchenau«. Warum der Name gewählt wurde, ist nicht ganz geklärt, vermutlich stand die nahegelegene Gastwirtschaft »Lerchenau« Pate. Zwischen Burgfrieden, Schleißheimer Straße, Heidelerchenstraße und altem Bahngleis wuchs ein neuer Ort heran mit Geschäften und Wirtshäusern. Markanter Akzent war der 1931 gebaute Wasserturm, der schon sieben Jahre später seine Funktion verlor und danach als Wohnhaus diente, bis man ihn 2008 abriss. Wegen der Nähe zu den Industrieanlagen von BMW, Südbremse und anderen Firmen zogen vor allem Arbeiter in die Lerchenau. Darum war die Siedlung vor Hitlers Machtübernahme eine Hochburg der Kommunisten, die bei den Gemeinderatswahlen 1931 auf 42 % der Stimmen kamen. Nach dem Zweiten Weltkrieg bekam auch die Siedlung Lerchenau trotz schwerer Kriegszerstörungen durch die Flüchtlingsströme einen gewaltigen Bevölkerungszuwachs. Hatte die Lerchenau bei der Eingemeindung Feldmochings 1938 noch 1.896 Einwohner, waren es 1950 schon 2.721 und Anfang der 1970er Jahre rund 5.000. Moderne Neubaugebiete wie die Wohnanlage Am Lerchenauer Park lassen die Siedlung immer weiter wachsen.

Ludwigsfeld

Kurfürst Maximilian IV. Joseph plante, die weiten Moore im Münchner Westen urbar zu machen und ließ Kolonisten nördlich von Moosach auf Staatskosten ansiedeln. So entstanden neben Ludwigsfeld auch Augustenfeld und Karlsfeld. Für Ludwigsfeld, benannt nach dem Kronprinzen und späteren König Ludwig I., wurden 14 Siedler angeworben, die die zunächst »Neue Mooscolonie« genannte Kolonie an der Dachauer Landstraße (heute: Auf den Schrederwiesen) aufbauen sollten. Das Baumaterial stellte der Staat, der es selbst äußerst kostengünstig erwarb: Die ersten Ludwigsfelder Häuser wurden aus säkularisiertem Kirchenbesitz erbaut. So verwertete man beispielsweise die Ziegel der abgerissenen Heiligkreuzkapelle von Müllerstadel (Langwied), das Bauholz stammte von den abgebrochenen Franziskaner- und Augustiner-Klöstern in München. Die Grundsteinlegung erfolgte am 16. März 1802. Die Siedler bekamen neben dem Haus einen großen Gemüsegarten, Felder, Wiesen sowie Holz zugeteilt und blieben die ersten zehn Jahre von allen Abgaben befreit. Dafür mussten sie ordentlich schuften, denn es galt die ganze Gegend zu entwässern.

1818 war der Ort groß genug, um eine eigene politische Gemeinde zu bilden. 117 Menschen lebten damals hier. Daran änderte sich lange Jahre nicht viel, 1875 zählte man 133 Einwohner – sowie 50 Pferde, 110 Rinder, 38 Schweine und zwei Ziegen. Wie die Feldmochinger blieben die Ludwigsfelder von der großen Industrialisierungswelle des 19. Jh. komplett verschont. Sie lieferten aber Torf als Brennmaterial zu Münchner Fabriken und im Winter Eisblöcke zu den Brauereien.

Auch 1917, als andere Vororte Münchens längst verstärktem Siedlungsdruck ausgesetzt waren, war die Einwohnerzahl kaum gestiegen: Es gab nur rund 200 Ludwigsfelder. Da hatte sich der Ort aber bereits einen Namen wegen seines Gestüts gemacht. 1890 hatte der Oberst Max von Lutz zehn Anwesen aufgekauft und ein großes Vollblutgestüt samt Herrenhaus mit markantem, neoromanischem Glockenturm errichtet. Spätere Gestütsbesitzer stellten die Zucht von Vollblütern auf Traber um, Ludwigsfeld blieb ein Zentrum des Reitsports. In den 1930er Jahren fanden Reit- und Springturniere statt – und die zähen Verhandlungen über die Eingemeindung zu München. Ludwigsfeld stand im Gegensatz zu anderen Gemeinden, die in der Eingemeindung eine Rettung vor dem finanziellen Bankrott sahen, wirtschaftlich so hervorragend da, dass man seit 1922 keine Steuern und Abgaben mehr erhob. Die Ludwigsfelder wehrten sich lange gegen die Eingemeindung. Vergebens. Im November 1938 schluckte München das Dorf. Ludwigsfeld sollte zum Bezirk Moosach kommen. Ein letztes Mal stellten sich die Bewohner gegen die Stadt, forderten die Zugehörigkeit zu Feldmoching und setzten sie auch durch.

Kapernaumkirche in der Siedlung am Lerchenauer See

Beinahe hätte BMW ein neues Werk in Feldmoching errichtet, da das Gelände aber zu klein war, bekam Allach den Zuschlag. Direkt an der Grenze zu Ludwigsfeld wurden bis 1945 im BMW-Werk II Flugmotoren gebaut. In Ludwigsfeld selbst errichteten die Machthaber östlich der Dachauer Straße ein Außenlager des KZ Dachau, das auch Lager Allach genannt wurde (*siehe auch Feldmoching*), wo Häftlinge unter menschenunwürdigen Umständen hausten und für die deutsche Rüstungsindustrie schufteten. Das Lager Ludwigsfeld diente nach der Befreiung durch die Amerikaner am 30. April 1945 als Auffanglanger für Displaced Persons (DPs), also Menschen, die auf ihre Rückkehr in die Heimat oder Auswanderung in ein anders Land warteten, sowie Flüchtlinge. Bedingt durch den Flüchtlingsstrom verdreifachte sich die Einwohnerzahl Ludwigsfelds von 390 bei Kriegsende auf 1.372 im Jahr 1950. Wohnungen mussten her. Also bebaute man das Gelände des ehemaligen KZ-Außenlagers ab 1952 mit einer neuen Siedlung, in der DPs und Flüchtlinge eine neue Heimat fanden. Knapp zehn Jahre später lebten fast 4.000 Menschen in der Siedlung, im alten Dorf hingegen nur rund 400. Da viele Neu-Ludwigsfelder aus Russland kamen, entstand 1963 nach Plänen von Theodor Henzeler die Erzengel-Michael-Kirche, Achatstraße 14, die erste russisch-orthodoxe Kirche Bayerns nach dem Zweiten Weltkrieg.

Neue Eigentumswohnanlagen und Reihenhäuser ließen die Einwohnerzahl in den letzten Jahren weiter stark ansteigen. Seit 1977 trennt die Autobahn das alte Dorf und die Siedlung. Immerhin hat Ludwigsfeld seitdem eine eigene Autobahnausfahrt, da können Glockenbach oder Haidhausen nicht mithalten. Durch die Nähe zum ehemaligen BMW-Werk, das seit 1959 MAN und MTU gehört, ist die Siedlung Ludwigsfeld heute ein beliebtes Arbeiterwohnviertel, während der historische Dorfkern vor allem durch seine Gärtnereien immer noch teilweise landwirtschaftlich geprägt ist. 2007 erwarb ein Investor die Siedlung Ludwigsfeld von der Bundesvermögensverwaltung, um weitere Eigentumswohnungen und Reihenhäuser zu errichten.

Marshall-Plan-Siedlung *siehe Harthof*

Nordlichtsiedlung *(= Pulverturmsiedlung)*

Auch wenn der Name die Vermutung nahe legt, es handle sich hierbei um eine Ansiedlung von Exil-Hamburgern, bezieht sich der Name doch auf den Norden der Stadt München und das Licht, das diese Siedlung in das Leben ihrer Bewohner bringen soll. Der »Siedlungsbetreuungsverein Nordlicht« wurde 1980 vom evangelischen Prodekanat München-Nord gegründet. Auf städtischem Erbpachtgrund entstand ab Mai 1982 eine Reihenhaussiedlung an der Pulverturmstraße, in der sozial schwache Menschen die Möglichkeit bekommen sollten, Wohneigentum zu erwerben.

Die Wohnsiedlung Pulverturm entstand 1945 aus einem Zwangsarbeiterlager. In den alten Holzbaracken lebten noch bis 1957 Flüchtlinge.

Nordhaide *siehe Stadtbezirk 11 • Milbertshofen-Am Hart*

Oberwiesenfeld
siehe Stadtbezirk 11 • Milbertshofen-Am Hart

Pulverturmsiedlung *siehe Nordlichtsiedlung*

Schwarzhölzlsiedlung

An der Straße von Dachau nach Schleißheim lag einst das Wäldchen »Schwarzhölzl«. Die ersten Häuser an der heutigen Schwarzhölzlstraße nordwestlich von Feldmoching baute man bereits Ende des 19. Jh. Unter den Bauherren befand sich auch der legendäre Radrennfahrer Thaddäus Robl, der seinerzeit ein Sport-Superstar war. Er ließ für seine Mutter eine Villa errichten. Mit der Eingemeindung stoppte die Stadt alle weiteren Bauvorhaben. Nach dem Zweiten Weltkrieg zogen Siedler in Nacht- und Nebelaktionen Schwarzbauten hoch. Es soll sogar vorgekommen sein, dass »am Samstag mit dem Bau begonnen wird und am Sonntag bereits die Räume bezogen sind«, wie es in einer Beschwerde der Anwohner an den Bezirksausschuss 1957 hieß. Zunächst duldete die Stadt den Wildwuchs. 1961 gründete sich der »Siedlerverein Schwarzhölzl«. 1964 beschloss der Stadtrat den Abbruch der Siedlung, und revidierte ihn drei Jahre später wieder. Die 70 Häuser waren fortan legal, wurden saniert und erschlossen, im Laufe der Jahre kamen sogar weitere 40 hinzu.

Siedlung am Lerchenauer See

Es stand einmal ein Eisenbahnerhäusl an der Eisenbahnlinie München-Landshut einsam und allein auf weiter Flur. Das gefiel dem Handwerksburchen Wilhelm Veidt und er kaufte es 1892. Langsam erwarb er in den folgenden Jahren Land dazu und betrieb nebenbei einen kleinen Bauernhof. 1939 musste Veidt große Teile seines Landes abgeben, denn hier wurde nun der Kies für die Aufschüttungen des Verschiebebahnhofs München-Nord ausgebaggert. Danach entstand der Lerchenauer See in der Grube. Veidts Sohn vergrößerte den Hof und betrieb sogar eine einträgliche Pferdezucht, die er aber 1950 in die Nähe von Freising verlagerte. Veidt gründete 1960 die Lerchenauer Wohnbau AG, weil bereits die Bauarbeiten zur Siedlung begonnen hatten. Der Bauträger Neue Heimat Bayern begann 1958 am Nord- und Westufer des Lerchenauer Sees Grundstücke aufzukaufen, um ein rund 60 ha großes Gelände für ein Neubauprojekt zu gewinnen. Rund 2.600 Wohnungen für etwa 10.000 Menschen sollten entstehen. Die Architekten Werz, Ottow und Schnierle planten die Siedlung. Die Bauarbeiten starteten 1963 und sechs Jahre später konnte die Wohnanlage mit den vier Hochhäusern, 16 Bungalows, 156 Reihen- sowie 14 Ketten- und Atriumshäusern

Uhrenturm der Evangeliumskirche

Selbst bei schlechtem Wetter idyllisch: der Lerchenauer See.

eingeweiht werden. Ursprünglich sollte »Siedlung am Lerchenauer See« nur der Arbeitstitel sein, wurde dann aber 1964 per Stadtratsbeschluss zum offiziellen Namen. Neben der Neuen Heimat wurde die Lerchenauer Wohnbau der zweite wichtige Bauträger, sie errichtete das südliche Drittel der neuen Siedlung. 1970 musste sogar der alte Veidt-Hof an der Ecke Lasalle-/Joseph-Seifried-Straße den Baumaschinen weichen. Ein kleines Geschäftsviertel mit Läden für den täglichen Bedarf und die evangelische Kapernaumkirche bilden das Herz der Siedlung.

Siedlung Feldmoching

Ausgangspunkt für die Siedlung war die Gastwirtschaft am Feldmochinger Bahnhof aus den 1860er Jahren. Nahe dem Wirtshaus entstanden schon im 19. Jh. östlich der Bahngleise die ersten Häuser. Der Bauboom begann aber erst nach dem Zweiten Weltkrieg. Vor allem in den 1970er Jahren baute man viele Ein- und Mehrfamilienhäuser zwischen Ratold-, Dülfer- und Weitlstraße. Mitten im Gelände der Siedlung liegt die grüne Oase des Feldmochinger Angers. Auch eine 1972 von der Baugesellschaft Neue Heimat errichtete Hochhausanlage südöstlich des Bahnhofs trägt den Namen Feldmochinger Anger.

Sommerweidesiedlung

Nach dem Zweiten Weltkrieg entstand diese kleine Siedlung an der Hepp- und Würmholzstraße nordwestlich von Feldmoching. Sie verdankte ihren Namen dem Baugrund, da sie auf der gemeinschaftlichen Sommerweide der Feldmochinger Bauern gebaut wurde.

Untermühle

Schon im Mittelalter verfügte Feldmoching über drei Mühlen: Ober-, Mittel- und Untermühle. Die Untermühle war die kleinste, sie tauchte 826 erstmals in einer Urkunde auf, als sie von einem Mann namens Ratkis dem Hochstift Freising überlassen wurde. Später besaßen die Grafen von Wittelsbach die Mühle und schenkten sie um 1130 dem Augustiner-Kloster von Indersdorf. Wegen finanzieller Schwierigkeiten musste das Kloster die Mühle im 17. Jh. zwischenzeitlich an den Münchner Apotheker Pürckinger verkaufen, konnte sie aber einige Jahrzehnte später zurückerwerben. Bis zur Säkularisation blieb die Untermühle Eigentum des Klosters. Danach wurde sie verkauft, die Besitzer wechselten mehrfach. Nach dem Ersten Weltkrieg ließen sich die ersten Siedler auf dem Mühlengelände nieder. Der letzte Müller, Joseph Braun aus Pasing, stellte 1930 den Betrieb ein. Während der Autobahnring der A99 vom Dreieck München-Feldmoching zum Allacher Forst ausgebaut wurde, diente das Gebäude als Baubüro. 1993 wurde die Untermühle gegen die Proteste der Bevölkerung abgerissen, auf ihrem Gelände entstand ein Biotop. Die Siedlung rings um die alte Mühle entwickelte sich nach dem Zweiten Weltkrieg stetig weiter und trägt bis heute den Namen Untermühle.

Feldmoching-Hasenbergl in Zahlen
Einwohner 56.130
Fläche 2.898,60 ha
Ärzte 47
Volksschulen 1
Realschulen 1
Tourismusbetriebe 5

Zum Selbst-Erkunden:

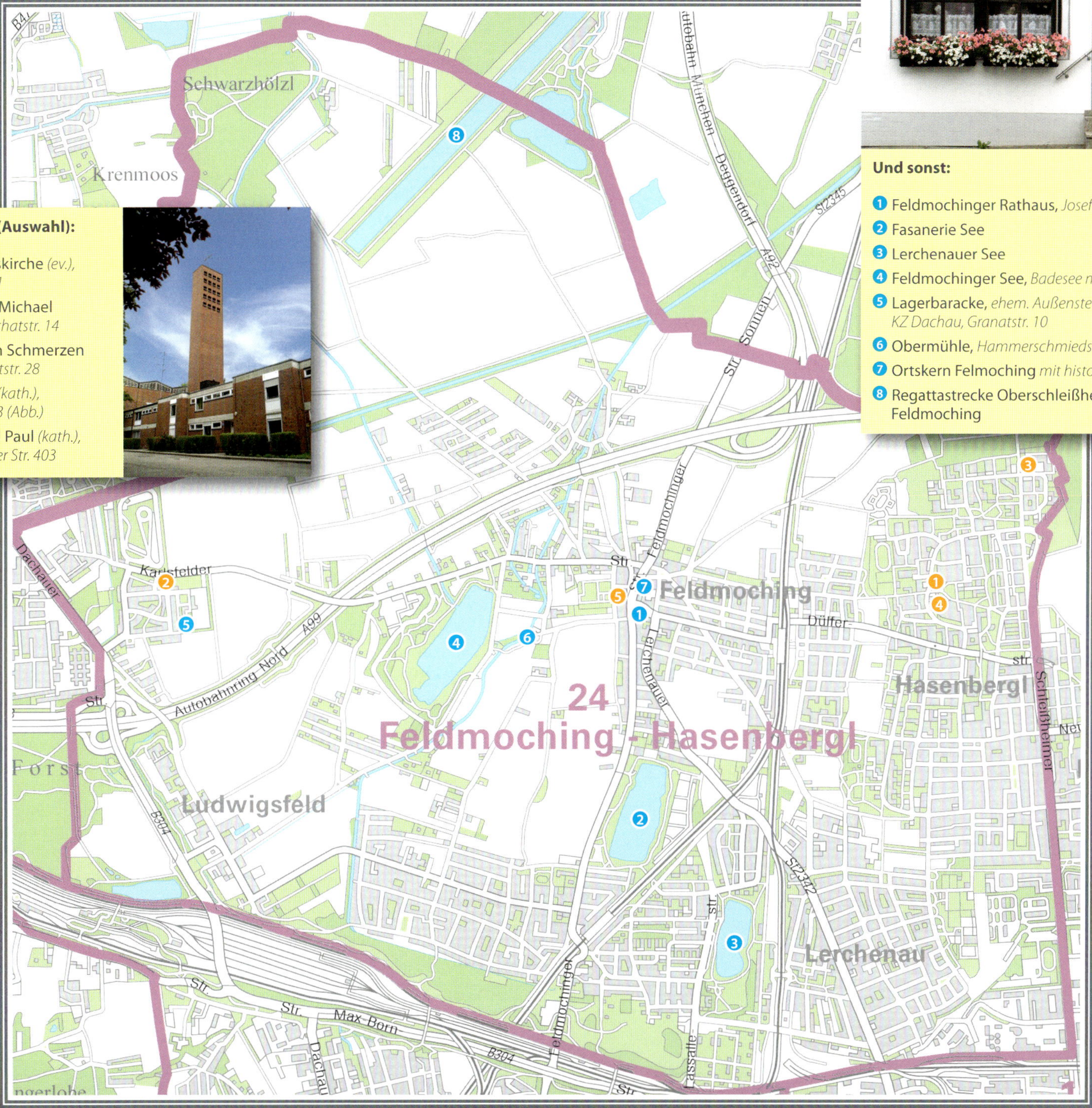

Gotteshäuser (Auswahl):

1. Evangeliumskirche *(ev.), Stanigplatz 11*
2. Hl. Erzengel Michael *(russ.-oth.), Achatstr. 14*
3. Mariä Sieben Schmerzen *(kath.), Thelottstr. 28*
4. St. Nikolaus *(kath.), Stanigplatz 13 (Abb.)*
5. St. Peter und Paul *(kath.), Feldmochinger Str. 403*

Und sonst:

1. Feldmochinger Rathaus, *Josef-Frankl-Str. 55*
2. Fasanerie See
3. Lerchenauer See
4. Feldmochinger See, *Badesee mit FKK-Bereich*
5. Lagerbaracke, *ehem. Außenstelle des KZ Dachau, Granatstr. 10*
6. Obermühle, *Hammerschmiedstr. 34*
7. Ortskern Felmoching *mit histor. Höfen*
8. Regattastrecke Oberschleißheim-Feldmoching

LAIM

Inmitten weitläufiger Wälder dämmerte die winzige Rodung Leima Jahrunderte lang im Dornröschenschlaf. Ein Grundstückstausch zwischen dem unfreien Kirchendiener Mathuni und dem Edelmann Helmpert machte Laim um 1050 erstmals aktenkundig – danach kam nur gelegentlich Kunde aus dem Ort. So 1315, als die Kirche St. Ulrich das erste Mal erwähnt wird, sie blieb bis 1880 eine Filiale von Aubing und wurde erst 1918 eine eigene Pfarrei. Oder auch am 8. Januar 1433, als der Aubinger Pfarrer Heinrich Haydel und die Pröbste von Laim beurkundeten, dass die »ehrsame Jungfrau Agnes die Pernawerin« zwei Höfe in Untermenzig käuflich erworben hatte. Die Bernauerin war die vom Hof gehasste Geliebte des Kronprinzen Albrecht III., der die benachbarte Blutenburg zum Liebesnest ausbauen ließ. Durch die Ländereien hatte die Bernauerin fortan allen Grund, sich offiziell in der Gegend aufzuhalten. Es änderte aber nichts an ihrem späteren Schicksal. Herzog Ernst von Bayern-München ließ Agnes Bernauer in Straubing ermorden. Das Laimer Schlössl gilt bis heute vielen als »Agnes-Bernauer-Schlössl«, doch die Bernauerin hat hier wohl nie gewohnt.

Man weiß ohnehin nur sehr wenig über den Edelsitz Gut Laim. Ende des 15. Jh. bestand Laim aus nur acht Gehöften, von denen die meisten dem Kloster Wessobrunn gehörten. Laim wurde, wie die benachbarten Dörfer auch, 1632 von den Schweden im Dreißigjährigen Krieg verwüstet. 1715 kaufte Kurfürst Max Emanuel den Edelsitz Laim von Joseph Felix von Planck und erhob ihn zur Hofmark mit niederer Gerichtsbarkeit. Er ließ das Anwesen zum Schlösschen für seine französische Geliebte ausbauen. Danach wechselte das Gut mehrfach den Besitzer. Ende des 18. Jh. ging es an Reichsgräfin Elisabeth von Betschart-Schenk, Geliebte des Kurfürsten Karl Theodor und Mutter der gemeinsamen unehelichen Tochter, die neben Laim auch Pasing geschenkt bekommen hatte. Sie versuchte hier eine Seidenmanufaktur zu etablieren – und scheiterte wie die vielen anderen Seidenmanufakturen, die in diesen Jahren in und um München aus dem Boden schossen. 1797 richtete die Reichsgräfin auch eine Steingutmanufaktur neben dem Schloss ein, die sich aber gegen die königliche Porzellanmanufaktur Nymphenburg auf Dauer nicht durchsetzen konnte und 1840 die Produktion einstellte.

Trotz des Namens, der die lehmige Bodenbeschaffenheit verrät, nutzten die Laimer ihre Lehmvorkommen so gut wie nicht, es siedelten sich im Gegensatz zu Berg am Laim auch keine Ziegeleien an. 1803 hatte Laim immer noch gerade mal nur rund 200 Einwohner. Ein paar mehr kamen hinzu, weil der Weiler Friedenheim auf Laimer Boden entstand. Im selben Jahr wurde Laim dem Landgericht München zugeteilt. 1847 kam die Katastrophe: Der alte Ortskern brannte komplett nieder. Vielleicht deshalb wuchs die Gemeinde nicht wesentlich, rund vierzig Jahre später zählte Laim nur 238 Einwohner. Das änderte sich ab 1891 mit der Eröffnung der Nervenheilanstalt Neufriedenheim, als verstärkt Klinikpersonal und Ärzte zuzogen. Eine kleine Villensiedlung entstand rings um den alten Ortskern. Einen noch stärkeren Wachstumsschub erhielt Laim ein Jahr später mit der Eröffnung des neuen Rangierbahnhofs, der den längst am Rande der Kapazitäten arbeitenden Münchner Hauptbahnhof entlastete. Ein Stadterweiterungsbüro sorgte für den konsequenten Ausbau des Dorfes. Schon im Jahr 1900 hatte Laim stattliche 2.612 Einwohner und München schluckte die Gemeinde. Bis 1903 entstand die erste genossenschaftliche Eisenbahnersiedlung mit 450 Wohnungen, weitere Siedlungen folgten.

Im Dezember 1908 eröffnete die Verlängerung der Straßenbahnlinie vom Westend nach Pasing und Laim war noch besser an München angeschlossen. Industrieunternehmen, vor allem aus der Rüstungsindustrie, siedelten sich an. 1933 hatte Laim schon über 10.000 Einwohner. Während der Nazizeit boomte der Siedlungsbau weiter. Denn mit der Eingemeindung Pasings lag Laim nun nicht mehr am Stadtrand. Der Stadtteil war und blieb auch während der Nazizeit eine sozialistisch geprägte Arbeiterhochburg, weshalb die NSDAP trotz aller Wohnungsbauprogramme und verschärfter Propaganda nur schwer Fuß fassen konnte. Gerade in Laim war die Widerstandsbewegung gegen Hitler tief verankert und erfolgreich. So bot beispielsweise das Lebensmittelgeschäft von Margot und Ludwig Linsert in der Fürstenrieder Straße 46 dem Internationalen Sozialistischen Kampfbund eine Basis für Flugblattaktionen gegen die Nazis. Wie die Bevölkerung zu Hitlers gigantomanischem Plan stand, einen riesigen neuen Hauptbahnhof in Laim zu bauen, ist nicht bekannt. Die NS-Bauplanung sah vor, einen gewaltigen Kuppelbau bei der Friedenheimer Brücke als Bahnhof zu errichten, die Gleisstrecke von hier zum alten Hauptbahnhof sollte einem Prachtboulevard weichen.

Erstnennung zwischen 1047 und 1053 als »in loco Leima« (= am/im Ort Leim)
Namensbedeutung von »leim« = Lehm
Gemeindebildung 1818
Eingemeindung 1. Januar 1900
Lage alter Ortskern um die St.-Ulrichs-Kirche, Agnes-Bernauer-Straße 104

Laim wurde in den letzten Kriegsjahren wegen des Rangierbahnhofs und der Industrieanlagen häufig zum Ziel von Bombenangriffen. Nach dem Krieg verstärkte man der Siedlungsbau für dringend benötigten Wohnraum und trieb ihn mit solchem Tempo voran, dass zunächst die Infrastruktur nicht mitkam. Die völlig überlastete Schule an der Fürstenrieder Straße musste tausende von Kindern in den Nachkriegsjahren zeitweise im Dreischichtenbetrieb unterrichten. Ab Mitte der 1950er Jahre bis Anfang der 1970er Jahre wurden endlich mehrere neue Schulen und Kirchen errichtet.

Heute hat Laim vier katholische und eine evangelische Kirche. Zu Laim gehören aber auch sehr weltliche Tempel: Die stark industriell geprägte Gegend entlang der Landsberger Straße westlich der Friedenheimer Brücke ist ein Rotlichtbezirk mit Straßenstrich

St. Ulrich in Laim

und großen Bordellen. Mittlerweile wurde der für die Entwicklung Laims so bedeutende Rangierbahnhof durch eine moderne Anlage in Allach ersetzt und aufgelöst. Zwischen dem Hauptbahnhof, Laim und Pasing bekommen ehemalige Gleisanlagen nun eine neue Nutzung als Wohn- und Arbeitsquartiere. Der Laimer Bahnhof soll hingegen als Umsteigebahnhof weiter ausgebaut werden. Im Jahr 2000 gönnte sich Laim ein neues und doch altes Ortszentrum: Anlässlich der 100-Jahrfeier zur Eingemeindung wurde der Laimer Anger als historischer Kern neu gestaltet.

Historische Bezirke
Laim
- Bauhandwerker-Siedlung
- Eisenbahner-Siedlung
- Heimag-Siedlung
- Neuabessinien
- Südtiroler Blöcke
- Schwedenviertel
- Villenkolonie Laimer Park

Friedenheim
- Agnes-Bernauer-Siedlung
- Alte Heimat
- Neufriedenheim

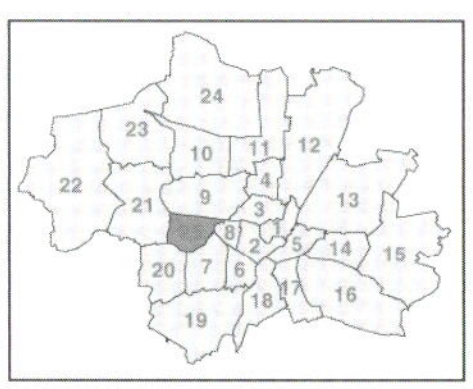

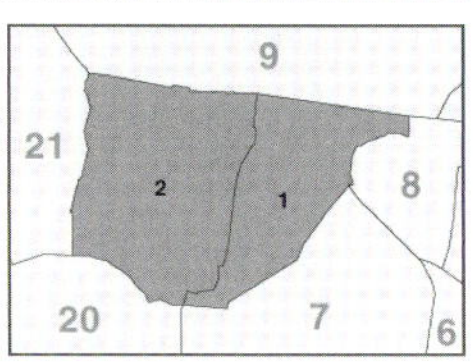

Offizielle Bezirksteile
1 Friedenheim
2 St. Ulrich

25

Bauhandwerkersiedlung

Der Architekt Theodor Fischer leitete ab 1896 das Stadtentwicklungsbüro in Laim, wo er mehrere Siedlungen plante und errichtete. Darunter die Bauhandwerker-Siedlung zwischen Joerg- und Guido-Schneble-Straße, die allerdings nie komplett fertiggestellt wurde, weil der Bauträger, die »Terraingesellschaft Neu-Westend«, in finanzielle Schwierigkeiten geriet. Vier parallele Reihenhauszeilen mit 46 Ein- und zwei Mehrfamilienhäusern werden durch einen Querriegel samt zugehöriger Gastwirtschaft an der Lechfeldstraße abgeschlossen. Theodor Fischer, der selbst im Laimer Schlössl lebte, entwickelte solche Siedlungen speziell für den Mittelstand, denn er sah im Reihenhaus den zeitgemäßen, bezahlbaren Kompromiss zwischen teurem, freistehendem Einzelhaus und billiger, aber ungeliebter Mietskaserne. Den Namen verdankt die ab 1910 entstandene Siedlung den Handwerkergenossenschaften, die für den Ausbau zuständig waren. Die Bauhandwerker bauten die Reihenhäuser ganz nach den individuellen Wünschen der künftigen Bewohner aus. Fischer realisierte noch ein ganz ähnliches Reihenhausprojekt an der Stadtlohner Straße.

Eisenbahnersiedlung

Mit dem Aufstieg Laims zum Eisenbahnknotenpunkt zogen zahlreiche Bahnbeschäftigte ins Viertel – sehr zum Ärger der Laimer, die das »Bahngesindel« nicht im Ort haben wollten. Der »Bau- und Sparverein des bayerischen Eisenbahnerverbandes« realisierte ab 1900 die Siedlung in klassischer Mietskasernen-Bauweise auf Grundstücken der Terraingesellschaft Neu-Westend zwischen Lanz- und Guido-Schneble-Straße. Bis 1903 entstanden so 445 Wohnungen mit Parzellengärtchen zur Eigenversorgung im Innenhof, mehr, als die Eisenbahner überhaupt brauchten. Also nahmen sie kurzerhand Postangestelle in die Genossenschaft auf und Neumieter durften die ersten drei Monate mietfrei »probewohnen«. Die Eisenbahner bauten in den folgenden Jahrzehnten ständig weiter, in den 1980er Jahren verfügten sie schon über fast 1.000 Wohnungen. In unmittelbarer Nachbarschaft, an der Camerloher Straße 71, zeigten die Lokomotivführer, dass sie den besseren sozialen Status innehatten. Ihr ebenfalls 1900 entstandener Lokomotivführerbau bot größere und besser ausgestattete Wohnungen als die Eisenbahner-Siedlung.

Heimag-Siedlung

(= Neuabessinien) Entsprechend der nationalsozialistischen Ideologie wurde besonders in den 1930er Jahren der Bau von neuen Siedlungen mit kleinen Häusern für Familien gefördert. Die 1919 gegründete Heimag (Gemeinnützige Heimstätten-Aktiengesellschaft) erschloss 1936/37 ein ödes Gebiet im Südwesten Laims für eine Einfamilienhauskolonie, die sich an den Mittelstand richtete. Gefördert durch Finanzierungshilfen des Reichs, konnte man ein Haus für 10.000 bis 13.000 Reichsmark erwerben. Da in jenen Jahren der italienisch-äthiopische Abessinien-Krieg noch in aller Munde war, nannte der Volksmund die neue Kolonie wegen der unwirtlichen Gegend »Neuabessinien«. 1940 zählte man rund 300 Haushalte in den Einfamilien-, Doppel- und Reihenhäusern. Die Heimag

Alt trifft Neu in Laim.

vergrößerte in den 1950er Jahren die Siedlung nach Norden und Westen. So wurde auch das Gelände des ehemaligen Zwangsarbeiterlagers an der Aindorferstraße mit Wohnungen bebaut. In den 20 Baracken hatten verschleppte Ukrainer, die für die Münchner Rüstungsindustrie versklavt worden waren, gehaust. Nach dem Krieg diente das Lager bis 1957 als Notunterkunft für Flüchtlinge und Vertriebene.

Neuabessinien *siehe Heimag-Siedlung*

Schwedenviertel Ein bisschen irreführend ist es schon, vom Laimer Schwedenviertel zu sprechen, denn eigentlich ist fast ganz Laim das Schwedenviertel. Mit Schweden hat der Name nur am Rande zu tun: 25 Straßen in Laim sind nach den Münchner Bürgern benannt, die 1632 als Geiseln mit dem Schwedenkönig Gustav Adolf gingen. Die Schweden hatten im Dreißigjährigen Krieg München belagert und die Stadt gegen die immense Summe von 300.000 Gulden vor Plünderung und Brandschatzung verschont. Da die Münchner das komplette Geld nicht sofort aufbringen konnten, mussten die Geiseln mit den Schweden mitgehen. Erst 1635 kehrten 21 von ihnen, vier waren unterwegs verstorben, nach München zurück. Nun erinnern Plätze und Straßen an Georg Agricola, Liberat Hörkher, Joachim Gotthard, Martin Camerloher, Johann Geyersperger und all die anderen.

Südtiroler Blöcke Hitler und Mussolini unterzeichneten im Oktober 1939 ein Abkommen, dem zufolge rund 70.000 Südtiroler ins Deutsche Reich umsiedeln konnten, weil sie mit der Zwangsitalienisierung durch die italienischen Faschisten nicht einverstanden waren. Die »Gemeinnützige Baugesellschaft Bayern« errichtete in Laim von 1939 bis 1943 gegenüber dem ESV-Gelände an der Von-der Pforten-Straße 19 Wohnblöcke mit 114 Wohnungen speziell für Südtiroler Familien.

Villenkolonie Schlosspark Laim Die Terraingesellschaft Neuwestend AG baute ab 1912 nach Plänen des Architekten Hans Brühl die Villenkolonie als in sich geschlossene Reihenhaussiedlung ganz im Stil der Gartenstadtidee.

FRIEDENHEIM

Am Anfang stand nur ein einsames Gehöft östlich von Laim an der Straße zu München. Es ist seit 1803 nachgewiesen. Der Name besagt, was sich der Besitzer wünschte – ein friedvolles Heim. Rings um das Gut entstand langsam eine kleine Siedlung, die aber schon früh in zwei Teile zerrissen war, da die Landsberger Straße mitten hindurch geht: Die Straße trennte die Gemeinden Laim und Neuhausen, also gehörten die Häuser von Friedenheim teils zu beiden Gemeinden. Heute ist Friedenheim ein flächenmäßig großer Bezirk von Laim mit vielen Siedlungsbauten und einem winzigkleinen Altbaukiez an der Straubinger Straße.

Erstnennung 1808 als Friedenheim
Gemeindebildung 1818, als Teil der Gemeinde Neuhausen
Eingemeindung teils 01. Januar 1890 mit Neuhausen, teils 01. Januar 1900 mit Laim

An der Straubinger Straße 28 stand ab 1892 die Erzgießerei Thomas Hauff, die im Ersten Weltkrieg zunächst in der Rüstungsproduktion eine wichtige Rolle spielte, aber schon 1917 geschlossen werden musste. Danach nutze das Gelände die Firma Draht-Ulrich. An der Elsenheimerstraße 37/39 (offizielle Adresse war aber Landsberger Straße 185) befand sich ab 1890 bis 1973 die Mälzerei der Hackerbrauerei. Und an der Straubinger Straße findet man heute noch den letzten Schäffler Münchens, der traditionelle Holzfässer herstellt. Einen gewaltigen Bevölkerungszuwachs erhielt Friedenheim durch die Siedlung Friedenheim und Neufriedenheim.

mehr: siehe Neufriedenheim und Laim

Wohnen in Laim hat viele Gesichter: Da gibt es zum Beispiel die Bauhandwerkersiedlung (li.), schmucke Stadtvillen (o.) und den üblichen gesichtslosen Wohnungsbau.

Impressionen aus Laim mit der Alten Heimat (o. l.), dem Königreichsaal der Zeugen Jehowas (u. l.) und der Elsenheimer Straße (u. r.).

Agnes-Bernauer-Siedlung Der Katholische Begräbnisverein errichtete die 43 Wohnhäuser umfassende Anlage 1935/36 zwischen Agnes-Bernauer-, Aldegreven-, Beham- und Veit-Stoß-Straße für seine Mitglieder. Der am 24. Mai 1871 im Gasthaus »Zur Neuen Welt« als »Christkatholischer Begräbnis-Verein« gegründete Verein hatte ursprünglich nur das Ziel, seinen Mitgliedern ein bezahlbares Begräbnis zu ermöglichen; später kam u. a. auch bezahlbarer Wohnraum hinzu.

Alte Heimat Zurück in die »alte Heimat« – der Name war Programm, denn das Siedlungsprojekt in Laim hatte das Ziel, während des Kriegs evakuierte Münchner zurück in ihre Heimatstadt zu holen. Anlässlich der 800-Jahrfeier Münchens fand 1958 eine große Spendenaktion statt, um damit neuen, dringend benötigten Wohnraum zu schaffen. Stolze 2,6 Mio. D-Mark spendeten die Münchner, zusätzlich gaben der Bund und die Stadt Finanzspritzen, so konnten 505 Wohnungen für Exilmünchner gebaut werden. Schon ein Jahr später war Grundsteinlegung auf einem Gebiet südlich der Zschokkestraße, entlang des Kiem-Pauli-Wegs. Hier errichteten Franz Ruf und Sepp Pogadl das Projekt »Alte Heimat«, das mit den weit auseinander liegenden, meist rechtwinklig angeordneten Häuserzeilen wegweisend für den Bau kommender Trabantensiedlungen der 1960der Jahre wurde. Rund 1.000 Menschen fanden in den Ein- bis Drei-Zimmer-Wohnungen eine neue Heimat. Ein »Spenderbrunnen« als Dank für alle Unterstützer wurde am 19. Juli 1962 eingeweiht. Da die Siedlung speziell für Rückkehrer ausgelegt war, entstand schnell das Problem der Überalterung, denn es lebten praktisch keine jungen Menschen hier. Folgerichtig entstand in der Kiem-Pauli-Weg, der durch die Siedlung führt, dann das Alten- und Servicezentrum Laim.

Neufriedenheim Namensgeber für das neue Stadtviertel war die 1891 erbaute Kuranstalt Neufriedenheim, eine private Nervenheilanstalt an der Fürstenrieder Straße 155, die 1941 aufgelöst wurde. Auf dem Gelände der Kuranstalt entstand nach dem Zweiten Weltkrieg ein großes Schulzentrum mit dem Erasmus-Grasser-Gymnasium, dem Ludwigsgymnasium und der Landestaubstummenanstalt (später: Bayerische Landesschule für Gehörlose, seit 2003: Bayerische Landesschule – Förderzentrum – Förderschwerpunkt Hören) mit einer Grund- und Hauptschule sowie einer Realschule.

Nördlich anschließend an die Nervenheilanstalt zwischen der Ammersee-, Fürstenrieder, Inderstorfer, Käpfl- und Joergstraße zog die GEWOFAG (Gemeinnützige Wohnungsfürsorge A. G.) von 1928 und 1930 eine Großsiedlung nach Plänen von Bruno Biehler hoch, die ebenfalls den Namen Neufriedenheim bekam. Da die Siedlung Teil des sozialen Wohnungsbauprogramms war, gab es staatliche Baudarlehen und städtische Zinszuschüsse für Kaufinteressierte. Zunächst entstanden etwa 400 Wohneinheiten. Die GEWOFAG verließ beim Konzept der Anlage altbewährte Pfade und realisierte keine Hochbauten, sondern setzte ganz bewusst auf dörfliche Atmosphäre mit Ein- und Mehrfamilienhäusern, kleinen Nutzgärten, Kindergarten, Wirtshaus und einer Ladenzeile. Viergeschossige Häuserzeilen entlang der Fürstenrieder Straße schotten die kleineren Bauten im Siedlungskern von dem Verkehrslärm ab. 1934 bekam das heute denkmalgeschützte »Dorf« Neufriedenheim mit der katholischen Kuratiekirche Namen Jesu ein seelsorgerisches Zentrum. Von dem ersten Kirchenbau steht heute allerdings nur noch der Turm, der restliche Neubau stammt von 1971.

Neufriedenheim dehnte sich nach dem Krieg immer weiter Richtung Westen und Südwesten entlang der Ammerseestraße aus. Tief im Südwesten Neufriedenheims, bereits auf Haderner Gebiet, gab es 1962 eine Deutschlandpremiere. Damals eröffnete das Augustinum-Wohnstift, das erste deutsche Wohnstift. Prominentester Bewohner des Heims ist seit 2006 Münchens Alt-Oberbürgermeister Hans-Jochen Vogel mit seiner Frau.

teils Stadtbezirk 25 • Laim | teils Stadtbezirk 7 • Sendling-Westpark | teils Stadtbezirk 20 • Hadern

Laim in Zahlen
Einwohner 51.805
Fläche 528,73 ha
Ärzte 69
Volksschulen 7
Realschulen 2
Kinos 1
Tourismusbetriebe 5

Zum Selbst-Erkunden:

Gotteshäuser (Auswahl):

1. Paul-Gerhard-Kirche *(ev.), Mathunistr. 23, Neubau von Johannes Ludwig 1955 gilt als einer der bedeutendsten Münchner Nachkriegkirchen (Abb.)*
2. St. Ulrich *(kath.), Lutzstr. 30, vermutlich 11. Jh., neugotische Erweiterung im 19. Jh*
3. Zu den heiligen zwölf Aposteln *(kath.), Schrobenhausener Str. 1, Neubau 1952 von Sep Ruf, erster Kirchenneubau Münchens nach 2. WK*

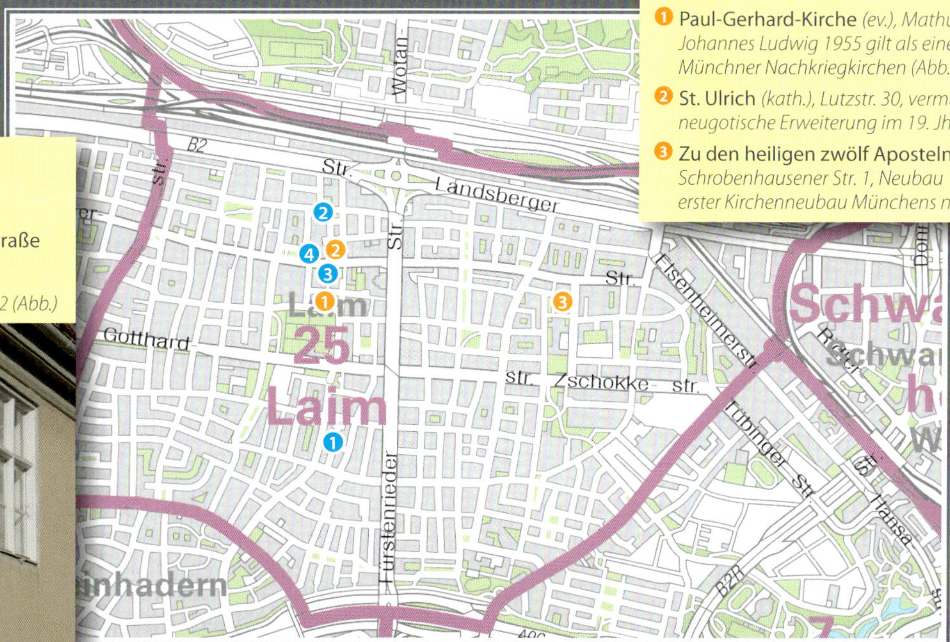

Und sonst:

1. Bauhandwerkersiedlung
2. historische Villen an der Perhamerstraße
3. Laimer Anger, *Agnes-Bernauer-Str. 95*
4. Laimer Schlössl, *Agnes-Bernauer-Str. 112 (Abb.)*

GLOSSAR

Bauernbefreiung

Bauern konnten zwar vom Ertrag ihrer Felder und Ställe durchaus reich werden und auch ihre Höfe innerhalb der Familie vererben, doch das Land, das sie bewirtschafteten, gehörte ihnen in der Regel nicht. Nur die wenigsten Bauern waren freie Männer, die auf eigene Kosten wirtschaften konnten. Die meisten waren Pächter ihrer Höfe und einem Grundherren gegenüber abgabepflichtig oder sie waren Leibeigene. Im Königreich Bayern erfolgte die Aufhebung der Leibeigenschaft 1783. 1808 verbot die neue Verfassung die Leibeigenschaft endgültig. Nun konnten die meisten Bauern das Land, das sie bewirtschafteten, auch käuflich erwerben und nicht nur pachten. In einigen Hofmarken mussten die Bauern aber die Revolution von 1848 abwarten, die das endgültige Ende der adeligen Hofmarkherren bedeutete, um Grund zu kaufen und wahlberechtigt zu sein.

Bauernhöfe

Man unterschied in Bayern folgende Bauernhoftypen:

Ganzer Hof/Paurn/Meier: Die bäuerliche Oberschicht konnte sich das ganze Jahr über Mägde und Knechte leisten.

Hube/Halber Hof: Auch die Huber gehörten zur Oberschicht, die in der Regel Personal beschäftigten, bis die eigenen Kinder endlich arbeitsfähig waren.

Lehen/Viertelhof: Die bäuerliche Mittelschicht, deren Erträge aus der Landwirtschaft meist gerade ausreichte, um eine Familie zu ernähren (wie Sölde).

Sölde/Achtelhof: Die bäuerliche Mittelschicht, deren Erträge aus der Landwirtschaft meist gerade ausreichte, um eine Familie zu ernähren (wie Lehen).

Leersölde/Sechzehntel-/Zweiunddreißigstelhof: Leerhäusler zählten zur absoluten Unterschicht; sie konnten sich nicht vom Ertrag des Hofes ernähren und mussten sich zusätzlich als Tagelöhner oder Handwerker verdingen.

Dreißigjähriger Krieg

Der Dreißigjährige Krieg tobte von 1618 bis 1648 in Europa. Als unversöhnliche Gegner standen sich die Katholische Liga und die Protestantische Union innerhalb des Heiligen Römischen Reiches gegenüber, zugleich trugen die habsburgischen Mächte Österreich und Spanien ihre dynastischen Interessenkonflikte mit Frankreich, den Niederlanden, Dänemark und Schweden aus. 1632 stand Schwedenkönig Gustav II. Adolf mit seinen Truppen vor München auf dem Gasteigberg. Die Stadt ergab sich kampflos, zahlte die immense Summe von 300.000 Reichstalern und stellte zudem Geiseln. Im Gegenzug verzichteten die Schweden auf die Plünderung der Stadt. Dafür hielten sich die Soldaten im Umland schadlos, plünderten, vergewaltigten, mordeten und verwüsteten nahezu alle Dörfer, die heute Stadtteile Münchens sind. Kurz danach kamen spanische Truppen nach München und gleichzeitig wütete die Pest. München und Umgebung wurden regelrecht entvölkert. 1648 fand bei Allach das letzte Gefecht des Dreißigjährigen Kriegs statt.

Gemeindebildung 1818

Unter Minister Maximilian von Montgelas fand Anfang des 19. Jh. eine »Revolution von oben« statt. Bereits 1808 wurden die Gemeindegrenzen genau definiert, sie sollten mit den Steuerdistriktgrenzen übereinstimmen. Man schuf einheitliche Kataster und teilte die Ämter in Steuerdistrikte ein. Mit dem Gemeindeedikt vom 17. Mai 1818 bekamen die Gemeinden in Bayern die endgültige Selbstverwaltung durch einen Gemeindeausschuss, dem Vorgänger der heutigen Gemeinderäte. Städte und größere Märkte fasste man zu Munizipalgemeinden zusammen und teilte sie nach der Einwohnerzahl in drei Klassen ein: Städte 1. Ordnung (z. B. München, Nürnberg, Regensburg), Städte 2. Ordnung (z. B. Amberg, Weiden) und Städte 3. Ordnung (z. B. Pegnitz, Vorstadt Au) oder Märkte (z. B. Neuhaus, Königstein). Daneben gab es Ruralgemeinden (Landgemeinden) mit einem Gemeindevorsteher an der Spitze.

Hofmark

Grundlage für die Einführung der Hofmark im Herzogtum Bayern war die »Ottonische Handfeste« vom 5. Juni 1311. In ihr bewilligten die niederbayrischen Stände dem Herzog Otto III. eine einmalige Steuer, im Gegenzug bekamen sie die niedere Gerichtsbarkeit für ihre Besitzungen. Hofmarkherren waren daher unabhängig vom Landesherrn zuständig für alle einfachen juristischen Angelegenheiten wie Eigentums-, Familien-, Erb- und Gutsrecht, Gesindeordnung und niederes Strafrecht (z. B. Beleidigungen, Raufereien). Über der Hofmark stand das Landgericht, das Todesurteile bei Mord, Raub, Straßenraub oder Vergewaltigung aussprechen durfte. Hofmarken konnten gekauft oder vom Landesherrn verliehen werden, sie konnten kirchliche oder adelige Besitzer haben.

Reiche Hofbeamte und Bürger kauften sich gerne Hofmarken, denn damit konnte man Prestige und Status gewinnen, da man in den Landadel aufstieg. Daher wechselten Hofmarken mitunter häufig die Besitzer. Vieles, was übrigens als »Schloss« bezeichnet wurde, war meist nur ein größerer Bauernhof.

Man unterschied geschlossene und offene Hofmarken. In einer geschlossenen Hofmark unterstanden dem Hofmarksherrn auch alle ansässigen Untertanen fremder Herrn. In einer offenen

Hofmark herrschte der Hofmarksherr nur über die eigenen Gebäude und die Untertanen. Aus den geschlossenen Hofmarken entstanden 1818 sogenannte Patrimonialgerichte. Die Auflösung der Hofmarken unter König Max I. Joseph befreite die Bauern. Eine Ausnahme gab es nur für Hofmarken mit einer bestimmten Größe, doch auch hier endeten alle alten Privilegien der Hofmarkbesitzer mit der Revolution von 1848.

Säkularisation

Die Säkularisation fand in Deutschland 1803 statt. Der Reichsdeputationsausschuss sprach allen Ländern des Heiligen Römischen Reiches Deutscher Nationen, die durch Napoleons militärische Erfolge ihre linksrheinischen Gebiete verloren hatten, als Entschädigung die kirchlichen Reichsstände zu. Staatsreformer Maximilian von Montgelas betrieb in Bayern bereits ein Jahr zuvor die Säkularisation, am 25. Januar 1802 verfügte Kurfürst Max IV. Joseph (der spätere König Max I. Joseph) die Aufhebung fast aller Klöster in Kurbayern sowie der Hochstifte. Besonders betroffen von der Regelung: das Hochstift des Bischofs von Freising, die Bettelorden der Dominikaner, Franziskaner, Kapuziner, Augustiner-Eremiten und Karmeliten. Der Staat übernahm das Vermögen der Klöster. Klosteranlagen wurden entweder abgebrochen oder an Privatleute verkauft. Kirchlicher Besitz in den Dörfern um München herum kam so in privatwirtschaftliche Hände. Erst König Ludwig I. genehmigte 1817 die Neugründung oder Wiederherstellung von Klöstern.

LITERATURAUSWAHL

Allgemeines zu den Münchner Vierteln

Bauer, Reinhard/Piper, Ernst: München. Geschichte einer Stadt. München 1993

Bauer, Richard (Hrsg.): Geschichte der Stadt München. München 1992

Biller, Josef Hugo/Rasp, Hans-Peter: München – Kunst & Kultur – Stadtführer und Handbuch. München 1997

Gribl, Dorle: Villenkolonien in München und Umgebung – Der Einfluss von Jakob Heilmann auf die Stadtentwicklung. München 1999

Lankes, Christian: München als Garnison im 19. Jahrhundert – Die Haupt- und Residenzstadt als Standort der Bayerischen Armee von Kurfürst Max IV. Joseph bis zur Jahrhundertwende. München 1993

Nerdinger, Winfried (Hrsg.): Ort und Erinnerung. Nationalsozialismus in München. Ausstellungskatalog, Salzburg/München 2006

Referat für Stadtplanung und Bauordnung der LH München (Hrsg.): stadt/bau/plan – 850 Jahre Stadtentwicklung München. DVD zur Ausstellung einschließlich der Publikation »München wie geplant. Die Entwicklung der Stadt von 1158 bis 2008«. München 2008

Stahleder, Helmuth: Von Allach bis Zamilapark – Namen und historische Grunddaten zur Geschichte Münchens und seiner eingemeindeten Vororte. München 2001

Walter, Uli: Sozialer Wohnungsbau in München. München 1993

Wanetschek, Margret: Grünanlagen in der Stadtplanung von München 1790–1860. München 2005

Weyerer, Benedikt: München 1919–1933 – Stadtrundgänge zur politischen Geschichte. München 1993

ders.: München 1933–1949 – Stadtrundgänge zur politischen Geschichte. München 1996

ders.: München zu Fuß – 20 Stadtteilrundgänge durch Geschichte und Gegenwart. Hamburg 1988

• http://www.muenchen.de/Rathaus/kult/stadtgeschichte/von_allach_bis_zamilapark/49008/index.html

01 • Altstadt-Lehel

Barten, Elke: Münchner Spaziergänge innerhalb des Altstadtrings. Pfaffenhofen 1987

Bauer, Richard: Marienplatz und Rathaus. München 1997

Baumann-Oelwein, Cornelia: Das Münchner Platzl – Lebensfreude im Quadrat. München 2003

Behringer, Wolfgang: Rundgang durch das mittelalterliche München. München 1987

Burmeister, Enno: Die baugeschichtliche Entwicklung des Alten Hofs in München. München 1999

Edbauer, Matthias: Stachus, Platzl & Co. München 2000

Fünf Höfe & Schäfflerhof München. Berlin 2003

Gallas, Klaus: München. Von der welfischen Gründung Heinrichs des Löwen bis zur Gegenwart – Kunst, Kultur, Geschichte. Köln 1979

Gattinger, Karl: Das alte München – Wandel als Konstante in der Münchner Altstadt. München 2010

Graf, Henriette: Die Residenz in München. München 2002

Grän, Sigfried: München Lehel, Katholische Stadtpfarrkirche St. Anna. Regensburg 2000

Hojer, Gerhard: München-Maximilianstraße und Maximilianstil. München 1974

Hollweck, Ludwig: Was war wann in München – Von der Besiedlung der Münchner Gegend bis 1980 in Stichworten erzählt. München 1982

Huse, Norbert: Kleine Kunstgeschichte Münchens. München 1990 u. 1992

Jäcklin-Volkert, Gabriele: Die Münchener Schrannenhalle. München 2003

Kraus, Christian/Wunderlich, Matthias: Stadtbausteine der Münchner Altstadt 2000. München 2000

Lehmbruch, Hans/Dischinger, Gabriele: Der Sendlinger-Tor-Platz in München – Eine Chronik in Bildern. München 1988

Lehmbruch, Hans: Ein neues München – Stadtplanung und Stadtentwicklung um 1800. Buchendorf 1987

Lill, Tobias/Wucher, Petra: Münchens neue Altstadt – lokal, national, international. München 2009

Liu, Ken: Klosterkirche St. Anna im Lehel. Regensburg 2002

Müller, Barbara: Henker & Huren, Künstler & Kirchen – Streifzug durch die südliche Münchner Altstadt. München 1999

Neumann, Hermann: Die Münchner Residenz. München 2000

Pfab, Hans: Das Lehel – Von der Ludwigs- zur Maximilians-Brücke. In: Club Bavaricum, Jahresband der Führungen 1980/81, S. 132–148. München 1982

Schneider, Gustav: Der Werdegang des ältesten Münchner Stadtkerns – Ein Beitrag zur Baugeschichte des mittelalterlichen Münchens. In: Oberbayerisches Archiv, Band 112, S. 181–188. München 1988

Stadtarchiv München (Hrsg.): Häuserbuch der Stadt München, Band 1: Graggenauer Viertel, Band 2: Kreuzviertel, Band 3: Hackenviertel, Band 4: Angerviertel, Band 5: Register. München 1958–1977

Stahleder, Helmuth: Chronik der Stadt München. Band 1: Herzogs- und Bürgerstadt – Die Jahre 1157–1505. München 1995

ders.: Stadtplanung und Stadtentwicklung Münchens im Mittelalter. In: Oberbayerisches Archiv, Band 119, S. 217–283. München 1995

Stock, Wolfgang Jean/Herwig, Oliver/Moos, Stanislaus von: Münchens neue Altstadt: Schäfflerhof – Fünf Höfe. München 2003

Störmer, Bettina u. Wilhelm: Der Marienplatz. München 1990

Wagner, Ludwig: Das Lehel – Die St.-Anna-Vorstadt der Landeshauptstadt Bayerns. München 1960

ders.: Vom alten Lehel in München. München 1940

Wandinger, Lorenz: Das Lehel – Die älteste Münchner Vorstadt in Geschichte und Gegenwart. München 1994

Wanninger, Karl: Ein Münchner Paradies – Der Viktualienmarkt. Pfaffenhofen 1987

Weidlich, Knuth: Münchens Altstadt – Das Stadtteilbuch. München 1994

Zimmermann, Hannelore: Die Graggenau – ein altes Münchner Stadtviertel. In: Club Bavaricum, Jahresband der Führungen 1978/79, S. 181–195. München 1981

Zuber, Elfie (Hrsg.): Das Angerviertel. München 1991

dies.: Das Graggenauer Viertel. München 1989

dies.: Das Hackenviertel. München 1984

dies.: Das Kreuzviertel. München 1987

dies.: Die Münchner Maximilianstraße – Umfeld, Planung, Bauten, Bewohner. München 1996

02 • Ludwigsvorstadt-Isarvorstadt

Arz, Martin: Die Isarvorstadt – Gärtnerplatz-, Glockenbach- & Schlachthofviertel. Mit Beiträgen von Ann E. Hacker. München 2008

Bauer, Richard/Fenzl, Fritz: 175 Jahre Oktoberfest 1810–1985. München 1985

Baureferat der Landeshauptstadt München (Hrsg.): Isar – Wildfluss in der Stadt. München 2005

Bokovoy, Douglas/Meining, Stefan (Hrsg.): Versagte Heimat – Jüdisches Leben in Münchens Isarvorstadt 1914–1945. München 1994
Dunkel, Franziska/Stramaglia-Faggion, Gabriella: »Für 50 Mark einen Italiener« – Zur Geschichte der Gastarbeiter in München. München 2000
Gebhardt, Heinz: Das Münchner Oktoberfest. München 2000
Ide-Schweikart, Marcella/Hofer, Veronika: Das Glockenbachviertel – Gründerzeit im Fluss. München 2000
Kuisle, Anita: Kraftwerk, Schule, Lazarett – Eine Geschichte des Gärtnerplatzviertels. München 2010
Landeshauptstadt München/Kommunalreferat (Hrsg.): 100 Jahre Schlacht- und Viehhof München 1878–1978. München 1978
Langheiter, Alexander/Lauer, Wolfgang: Der Alte Südfriedhof in München. München 2008
Leischner, Udo: Von der Salzstraße zur Bahntrasse – Der Münchner Hauptbahnhof. München 1999
Leistl, Christof: Fraunhofer – Mit einem Rückblick auf 200 Jahre Geschichte einer alten Münchner Traditionsgaststätte. München 1997
Rädlinger, Christine: Geschichte der Münchner Stadtbäche. München 2004
Röttgen, Steffi: Der Südliche Friedhof in München – Vom Leichenacker zum Campo Santo. In: Die letzte Reise – Sterben, Tod und Trauersitten in Oberbayern, Ausstellungskatalog hrsg. von Sigrid Metken, S. 285–301. München 1984
Schiermeier, Franz/Scheungraber, Florian: Alter Südlicher Friedhof in München – Geschichte und Berühmtheiten. München 2008
Schiermeier, Franz: Münchner Stadtbäche – Reiseführer zu den Lebensadern einer Stadt. München 2010
Toussaint, Angela: Der Münchner Hauptbahnhof – Stationen seiner Geschichte. 2. Aufl. Dachau 1993

03 • Maxvorstadt

Arz, Martin/Schall, Ulrich: Die Maxvorstadt – Die unbekannte Schöne. München 2008
Bauer, Reinhard: Maxvorstadt zwischen Münchens Altstadt und Schwabing – Das Stadtteilbuch. München 1995
Bäumler, Klaus: Denkmal-Moral und Denkmal-Politik in München – Das Wittelsbacher Palais: Ein Beispiel. Hrsg. vom Bezirksausschuss Maxvorstadt. München 2008
Festner, Katharina/Raabe, Christiane: Spaziergänge durch das München berühmter Frauen. Zürich/Hamburg 1996
Gerhart, Nikolaus/Grasskamp, Walter/Matzner, Florian (Hrsg.): 200 Jahre Akademie der Bildenden Künste München. München 2008
Heißerer, Dirk: Wo die Geister wandern – Eine Topographie der Schwabinger Bohème um 1900. München 1993
Heusler, Andreas: Das »Braune Haus« – Wie München zur »Hauptstadt der Bewegung« wurde. München 2008
Hödl, Sepp: Amalienstraße – Von Häusern und Menschen. München 2007
ders.: Schellingstraße – Von Häusern, Menschen und ihren Schicksalen. München 2001
Lauterbach, Iris/Rosefeldt, Julian/Steinle, Piero (Hrsg.): Bürokratie und Kult – Das Parteizentrum am Königsplatz in München. München/Berlin 1995
Nerdinger, Winfried (Hrsg.): Ort und Erinnerung – Nationalsozialismus in München. Ausstellungskatalog, Salzburg/München 2006
Ostendorf, Jutta: Die Richard-Wagner-Straße. München 2007
Schlumberger, Hella: Türkenstraße – Vorstadt und Hinterhof. München 1998
Stankiewitz, Karl: München ’68 – Traumstadt in Bewegung. München 2008
Zuber, Elfie: Der Alte Nördliche Friedhof – Ein Kapitel Münchner Kulturgeschichte. München 1983

04 • Schwabing-West

siehe 12 • Schwabing-Freimann

05 • Au-Haidhausen

Baier, Johann: Armut, Not und Hoffnung am Rande einer Stadt. Haidhausen im Jahrhundert der Cholera-Epidemien. München 1988
Baier, Johann: Festschrift 65 Jahre Katholischer Deutscher Frauenbund München Haidhausen – 150 Jahre Maiandacht in Haidhausen. München 1991
Bauer, Richard/Graf, Eva: Nachbarschaften. Altmünchner Herbergsviertel und ihre Bewohner. München 1984
Bohl, Andreas: Spaziergang durch Haidhauser Straßen mit 25 Fotografien von Annette Fulda. München 1992
Freudenberger, Josef: Aus der Geschichte der Au (München). Die alte Au. München 1927
Freunde der Vorstadt Au e.V.: 150 Jahre Mariahilfkirche München-Au. München 1989
Geschichtswerkstatt Auer Mühlbach: Ausstellung »Ein Rundgang durch die Vergangenheit«. München 2004
dies.: Das Neudeck in der Au. München 2006
Giesing – Au – Haidhausen 1854–1979. Seit 125 Jahren bei München. Alte Dörfer rechts der Isar vor den Toren Münchens. Festschrift, München 1979
Heerde, Walter: Haidhausen. Geschichte einer Münchner Vorstadt. München 1972
Lipowsky, Felix Joseph: Geschichten der Vorstadt Au bei München. München 1816
Mayer-Zaky, Renate: Die Münchner Au. Bamberg 1993
Mitten unter uns. Jüdisches Leben in Au und Haidhausen. Ausstellung (Kurator Michael Kaufmann), Stadtbibliothek Gasteig. München 2004
Rädlinger, Christine: Geschichte der Münchner Stadtbäche. München 2004
Schiermeier, Franz: Münchner Stadtbäche – Reiseführer zu den Lebensadern einer Stadt. München 2010
Wilhelm, Hermann: Haidhausen. Münchner Vorstadt im Lauf der Zeit. München 2004
ders.: In der Münchner Vorstadt Au. Vergessene Lebenswelten des Siebzehnten, Achtzehnten und Neunzehnten Jahrhunderts. München 2003
ders.: Materialien zur Haidhauser Geschichte; diverse Bände
• www.auer-muehlbach.de

06 • Sendling + 07 • Sendling-Westpark

Biereder, Frauke: München Sendling – Die Geschichte eines Stadtteils. München 2011
Caspari, Stefan/Jäger, Annette: Menschen in Sendling. München 1996
Clemens, Wolfgang J. (bearb.): Alt-Sendling und München – Nach der Chronik von Hans Lanzhammer. München 1980
Clemens, Wolfgang J.: Herbergssuche in der Großstadt – Aus der Geschichte der evangelischen Gemeinde in Sendling. München 1987
Danheimer, Hermann/Ulbert, Günther: Die bajuwarischen Reihengräber von Feldmoching und Sendling – Stadt München. Kallmünz 1956
Destouches, Ernst von: Münchner Bürgertreue – Urkundliche Beiträge zur Geschichte der Münchner Mordweihnachten 1705. München 1880
Direktorium der Großmarkthalle und der städtischen Lebensmittelmärkte: Großmarkthalle und Umschlagplatz München. München 1927
Doenges Reinhard: Sendling – Vergangenheit, Gegenwart, Zukunft. München 1908
Dreyer, Alois: Die Sendlinger Mordweihnacht in Geschichte, Sage und Dichtung. München 1906
Gerlich, Regine: Der Westpark – Betrachtung einer Parkanlage unter besonderer Berücksichtigung der Kunstobjekte. In: Club Bavaricum, Jahresband der Führungen 1988/89/90, S. 57–74. München 1991
Huber, Klaus (Hrsg.): Sendling – von der Frühgeschichte bis heute. München 2005
John, Anneliese: Sendling, seine geschichtliche und kulturelle Entwicklung. In: Club Bavaricum, Jahresband der Führungen 1982/83, S. 85–98. München 1984
Kühn, August: Der Bayerische Aufstand 1705 – Sendlinger Mordweihnacht. München 1995
Mooseder, Georg: Sendlinger Bauernhöfe werden Edelsitze. In: Amperland, Jahrgang 29/Heft 3, S. 128–132. Dachau 1993
Peschel, Wolfgang/Sieber, Hannes (Hrsg.): Sendling – 111 Gründe, warum ein Münchner Stadtteil der Nabel Bayerns ist. Freising 1992
Rädinger, Christine/Graf, Eva: Sendling. München 2010

Spindler, Max: Der bayerische Bauernaufstand von 1705/06. München 1956
Stangl, Martin: IGA 83 München – 4. Internationale Gartenbauausstellung in der Bundesrepublik Deutschland, 28.04. bis 09.10.1983. München 1983
Termolen, Rosel: Sendling 1977 – 100 Jahre Eingemeindung. Eine Festschrift von Sendlingern für Sendlinger. München 1977
Weber, Wolf: 1200 Jahre Kirchengeschichte Sendling. München 1998
Wuermeling, Henric L: Die Sendlinger Mordweihnacht 1705 – die erste europäische Revolution. München 1985

08 • Schwanthalerhöhe
Bleek, Stephan: Quartierbildung in der Urbanisierung: Das Münchner Westend 1890–1933. München 1991
Dering, Florian/Weishäupl, Gabriele: Vom Ausstellungspark zum internationalen Messeplatz – München 1904–1984. München 1984
Eberlen, Peter (Hrsg.): Sanierung für oder gegen die Schwanthalerhöhe? Eine Dokumentation zusammengestellt vom Westend-Komitee. München um 1979
Ev. Kindergarten/Ev.-Luth. Kirchengemeinde Auferstehungskirche München-Westend: Das waren Zeiten – 100 Jahre evangelisches München-Westend 1894–1994. München 1994
Hartwig, Heinz: 70 Jahre Entwicklungsgeschichte des Messe- und Ausstellungswesens auf der Münchner Theresienhöhe. München 1974
Kühn, August: Westend-Geschichte – Biographisches aus einem Münchner Arbeiterviertel. München 1972
Kulturladen Westend (Hrsg.): Alte Wirtschaften auf der Schwanthalerhöh', Teil 1–3. München 1984–1986
Kulturladen Westend (Hrsg.): Kleine Postgeschichte des Westends. München 1985
Meier, Friederike/Perouansky, Serge/Stinzing, Jürgen (Hrsg.): Das Westend – Geschichte und Geschichten eines Münchner Stadtteils. München 2005
Müller-Rieger, Monika/Gerstenberg, Günther: Westend – Von der Sendlinger Haid' zum Münchner Stadtteil. München 1995
Pitschi, Andreas: Das Münchner Westend von seinen Anfängen bis zur Gegenwart – Eine ortsgeschichtliche Studie. München 1936
Schmuck, Elisabeth: Widerstand und Verfolgung im Münchner Westend 1933–1945. München 1997
Stintzing, Jürgen: Stadterneuerung im Münchner Westend. (Diplomarbeit) München 1989

09 • Neuhausen-Nymphenburg
100 Jahre Eingemeindung Neuhausen. Festschrift, München 1990
1170–1970 – Neuhausen 800 Jahre. Festschrift, München, 1970
1664–1964 – Nymphenburg 300 Jahre. Festschrift, München, 1964
Angermair, Elisabeth: Das Oberwiesenfeld – Exerzierplatz, Flugfeld, Olympiapark. München 1994
Bauer, Richard (Hrsg): Stadt und Vorstadt, fotografiert von Georg Pettendorfer. München 1990
Bayern, Adalbert Prinz von: Nymphenburg und seine Bewohner. München 1949
Geschichtswerkstatt Neuhausen e.V.: »Griaß de God, Herr Prinzregent!« Neuhausen und Nymphenburg zwischen 1886 und 1914 – Zwei Dörfer werden zu Münchner Stadtteilen. München 2008
dies.: Die Nymphenburger Straße. München 2003
dies.: Hollywood in Neuhausen. Bd. 1, München 1997
dies.: Neuhauser Werkstatt-Nachrichten. versch. Ausgaben 1998–2003
dies.: Nymphenburg – 100 Jahre Münchner Ausflugsort und Vergnügungsviertel. München 2003
dies.: Spuren jüdischen Lebens in Neuhausen. München 1995
dies.: Zum Beispiel Neuhausen 1918–1933. München 1993
Gorbach, Max: Chronik von Neuhausen. München 1955
Grad, Andreas: Aus Neuhausens Vergangenheit. München 1959
Günther, Margot: Neuhausen, Gern, Nymphenburg 100 Jahre bei München. München 1990
Gut, Georg A.: 100 Jahre Wohnanlage Artillerie-, Volkart-, Fueterer-, Hübnerstrasse. München 1993
Heilmann, Jakob: Familienhäuser – Colonie Nymphenburg, Gern und Thalkirchen. München 1894
Herder, Dorothea von/Verein zur Erhaltung Gerns e.V.: 100 Jahre Villenkolonie Gern. München 1992
Horn, Heinrich/Karl, Willibald: Neuhausen – Geschichte und Gegenwart. München 1989
Krafft, Barbara: 250 Jahre Porzellan-Manufaktur Nymphenburg, 1747–1997. München 1997
Lipp, Josef: Die Vorstadt Neuhausen – Ein Beitrag zur Heimatkunde. München 1909
Mooseder, Georg: Dorfgericht und Hofmark Ober- und Unterkemnaten (heute Nymphenburg). In: Amperland, Jahrgang 29/Heft 2, S. 76–79. Dachau 1993
Neuhauser, Nymphenburger Hefte. Div. Ausgaben, München 1997–2000
Schmid, Elmar D.: Nymphenburg. München 2000
Schröther, Franz: S'Geld muaß unter d'Leit – Die Lebensgeschichte von Lorenz Hauser, dem »Millionenbauern« aus München-Neuhausen. München 2002
Schröther, Franz: Von Postämtern, Postkutschen und Postboten – Münchner Postgeschichte(n) aus Neuhausen, Nymphenburg und Gern. München 1996
Seebauer, Ute: Am Kanal der blauen Glocken – Künstlerkolonie und Königsschloss. St. Ottilien 2006
Shau, Thomas: Die Nymphenburger Straße in Geschichte und Gegenwart. München 1995 (Zulassungsarbeit)
Stahleder, Helmuth: Gern. München 2010
ders.: Kirche in der Vorstadt – Die evangelische Christuskirche und der Münchner Stadtbezirk Neuhausen um 1900. München 2001
ders.: Vom Klosterhof zum Villenvorort – Gern und die Eingemeindung von Nymphenburg am 1. Januar 1899. München 1999
Thoma, Hans: Zweihundert Jahre Nymphenburg 1747–1947. München 1954

10 • Moosach
Bauer, Reinhard: Der Westfriedhof (= Neuhauser-Nymphenburger Hefte 22). München 2002
Haerendel, Ulrike: Kommunale Wohnungspolitik im Dritten Reich. Siedlungsideologie, Kleinhausbau und »Wohnraumarisierung« am Beispiel Münchens. München 1999
Heusler, Andreas: Ausländereinsatz. Zwangsarbeit für die Münchner Kriegswirtschaft 1939–1945. München 1996
Laturell, Volker D./Mooseder, Georg: Moosach. Die Entstehungs- und Entwicklungsgeschichte eines Münchner Stadtteils, 3 Bände. München 1980, 1985, 1988
dies.: Moosach. Geschichte und Gegenwart. München 1993
Laturell, Volker D.: Moosach. Das Stadtteilbuch für den 10. Münchner Stadtbezirk mit den Ortsteilen Borstei, Hartmannshofen, Moosach, Nederling und Olympia-Pressestadt. München 2001
Siedlervereinigung Hartmannshofen: 1919–1994. 75 Jahre Siedlervereinigung Hartmannshofen. Geschichte einer Siedlung, ihrer Bewohnerinnen und Bewohner. München 1994
Weschenfelder, Klaus: Die Borstei. Ein konservatives Siedlungsmodell der Zwanziger Jahre. München 1980
• www.pelkovenschloessl.de

11 • Milbertshofen
Angermeier, Josef: 50 Jahre Siedlung am Hart, 1935 – 1985. Jubiläumsveranstaltungen vom 01. mit 07. September 1985 in der Siedlung am Hart. München 1985
Bauer, Reinhard: Die Siedlung am Hart 1935–1995. Eine Geschichte mit Gegenwart zum 60jährigen Jubiläum. Festschrift, München 1995
Bauten der Olympischen Spiele 1972 in München. Teil 1–3, Stuttgart 1969–72
Bleyer, Burkhard: München-Milbertshofen. Was ist los mit unserem Stadtteil? Münchner Diskussi-

onsforum für Entwicklungsfragen/Sammlungsreihe, Heft 13. München 1975
ders.: Verlauf einer Stadtteilkarriere – München-Milbertshofen. Münchner geographische Hefte, Nummer 58. Kallmünz 1988
Brauer, Gernot/Reinartz, Dirk: Milbertshofen – Ein Portrait aus dem Münchner Norden. München 1991
Dombart, Theodor: Milbertshofen – Entwicklungsgeschichte eines Münchner Stadtteils. München 1956
Elze Miriam: Väterchen Timofej – eine Annäherung. München 2004
Freytag, Beate/ Storz, Alexander Franc: Milbertshofen – Die Geschichte des Stadtteils von der Schwaige zur Vorstadt Münchens. München 2003
Gruber, Hans: Die Neue oder sogenannte Kalte Herberge, eine Taverne an der Ingolstädter Landstraße nördlich Münchens – Eine kulturgeschichtliche Studie. Schongau 1956
Harbeke, Carl Heinz (Hrsg.): Bauten für Olympia 72. München 1972
John, Helmut: Die neue Münchner Kleinsiedlung »Am Hart«. München 1936
Kalich, Anneliese: Das Olympische Dorf. In: Club Bavaricum, Jahresband der Führungen 1976/77, S. 200–221. München 1978
Mönnich, Horst: BMW – Eine deutsche Geschichte in Bildern. München 1991
Neumayr, Hans: Kleine Geschichte von Milbertshofen – Ein Beitrag zur bayerischen Ortsgeschichte. München um 1898
Noel, Camillo: Der Münchner Olympiapark. Geschichte – Gegenwart – Daten. München 1982
Pfarrei Sankt Georg: 75 Jahre Sankt Georg München-Milbertshofen, 1912–1987. Eine Kirche feiert Jubiläum. München 1987
Schrenk, Franz: Milbertshofen im Spiegel seiner Straßennamen. München 1995
Zettler, Gertraud: Der Olympiapark. In: Club Bavaricum, Jahresband der Führungen 1988/89/90, S. 173–201. München 1991

12 • Schwabing-Freimann +
04 • Schwabing-West

Bauer, Gernot: Schwabing. Ein Zustand. München 2010
Bauer, Helmut: Schwabing – Kunst und Leben um 1900. München 1998
Bauer, Jakob: Schwabinger Krankenhaus im Wandel – Vom Dorfspital zum Großstadtklinikum 1861–1961. München 1997
Bauer, Reinhard: Schwabing – Das Stadtteilbuch. München 1993
ders.: Schwabing leuchtet – Geschichte, Kultur und Wirtschaft. München 2004
Bayer. Verwaltung der staatlichen Schlösser, Gärten und Seen (Hrsg.): Der Englische Garten in München. München 2002
Bekh, Wolfgang Johannes: Traumstadt Schwabing – Ein Gang durch Jahre und Straßen. Mit Texten von Dirk Heißerer u. a., Dachau 1998
Bellinger, Gerhard J./Regler-Bellinger, Brigitte: Schwabings Ainmillerstrasse und ihre bedeutendsten Anwohner. München 2003
Danielczyk, Hildegard: Freimann und seine Geschichte. München 1971 (Manuskript im Stadtarchiv München)
Dombart, Theodor: Schwabing – Münchens älteste und schönste Tochter. München 1967
Erlöserkirche (Hrsg.): Persönlichkeiten im alten Schwabing. München 2000
Festausschuss für die 1200-Jahrfeier von Schwabing (Hrsg.): 1200 Jahre Schwabing – Geschichte und Geschichten eines berühmten Stadtviertels. München 1982
Festner, Katharina/Raabe, Christiane: Spaziergänge durch das München berühmter Frauen. Zürich/Hamburg 1996
Fürmetz, Gerhard (Hrsg.): »Schwabinger Krawalle« – Protest, Polizei und Öffentlichkeit zu Beginn der 60er Jahre. Essen 2006
Gerstenberg, Günther: An Jackl packst am End vom Stiel – Geschichte und Geschichten um Alltag, Arbeit und Arbeiterbewegung in Schwabing 1890–1933. München 2005
Heißerer, Dirk: Wo die Geister wandern – Eine Topographie der Schwabinger Boheme um 1900. München 1993
Joachimsthaler, Anton: Bundesbahn-Ausbesserungswerk München-Freimann – Geschichte, Menschen, Fahrzeuge 1925–1985. München 1985
Kirchenverwaltung St. Albert (Hrsg.): Heilig Kreuz Fröttmaning. München 1996
Klotz, Alexander Markus/Reitmeir, Karl: Kieferngarten – Vom Schießplatz zur Freimanner Gartensiedlung. München 1999
Lutzenberger, Karin: Alte Heide, Bd. 1: Von der Schafweide zur Arbeitersiedlung. München 2004
Maurer, Marion: Freimann, eine Gemeinde im Schatten der Großstadt. München 1985
Mohr-Villa Freimann e.V (Hrsg.): 75 Jahre Eingemeindung Freimanns nach München. Red. Brigitte Fingerle-Trischler. München 2006
Prévot, René: Kleiner Schwarm für Schwabylon. München 1954
Schwarz, Andreas: 5 Jahre Seidlvilla – Das Haus für Schwabing. München 1996
Seeberger, Kurt/Rambeck, Brigitta: Schwabing – Ein abenteuerlicher Weltteil. München 2000
Studentenwerk München (Hrsg.): 25 Jahre Studentenstadt Freimann. München 1988
Stüber, Angela: Freimann – Vom Industriedorf zum Stadtteil Münchens. München 1991
Wachsmann, Hans-Jochen/Völkner, Wolfgang: 50 Jahre Auensiedlung. München 2002
Wilhelm, Hermann: Die Münchner Bohème – Von der Jahrhundertwende bis zum Ersten Weltkrieg. München 1993

13 • Bogenhausen

Bauer, Gernot: 100 Jahre Prinzregententheater, Festschrift. München 2001
Bäuml-Stosiek, Dagmar/ Betten, Lioba/Steiner, Katharina: Der Friedhof Bogenhausen – Gottesacker für Münchner und Weltbürger. München 2009
Bogner, Willi: Chronik der Selbsthilfesiedlung an der Schichtlstraße München-Daglfing. München 1986
Bühl, Christa: Bogenhausen. In: Club Bavaricum, Jahresband der Führungen 1988/89/90; Teil I: Vom Pfarrdorf zum Nobelwohnort (S. 136–151); Teil II: Von Häusern und ihren Bewohnern (S. 231–246)
Czysz, Wolfgang: Der römische Gutshof in München-Denning und die römerzeitliche Besiedlung der Münchner Schotterebene. Kallmünz 1974
Feldmann, Herbert: 50 Jahre Schule an der Ostpreußenstraße (1937–1987) – 90 Jahre Schulgeschichte Englschalking (1896–1986). München 1987
Gesellschaft für Trambahngeschichte e.V.: Ein Streifzug mit der Trambahn durch Haidhausen, Bogenhausen und Berg am Laim. München 1988
Glaser, Theodor: 30 Jahre Dreieinigkeitskirche München-Bogenhausen. München 1967
Gribl, Dorle: Prominenz in Bogenhausen. München 2008
Herpich, Brigitte/Aschenbeck, Nils: Bürgerhäuser und Villen in München – Bogenhausen, Villa Stuck. München 2008
Hornschuh, Friedrich: Zwölf Jahrhunderte Oberföhringer Geschichte. In: Beiträge zur Münchner Heimatgeschichte und Volkstumskunde, Band 3. München 1939
Karl, Willibald (Hrsg.): Bogenhausen – Vom bäuerlichen Pfarrhof zum noblen Stadtteil. München 1992
ders.: Der Arabellapark – Eine Erfolgsstory. München 1998
ders.: Der Herzogpark – Wandlungen eines Zaubergartens. München 2000
ders.: Die Möhlstraße – Keine Straße wie jede andere. München 1998
ders.: Dörfer auf dem Ziegelland. München 2002
ders.: Das Prinzregentenstadion – eine Münchner Lebenswelt. München 2004
Krack, Roland: Die Parkstadt Bogenhausen in München. München 2006
Krack, Roland (Hrsg.): Vier Dörfer für München – Daglfing, Denning, Englschalking, Johanneskirchen und ihre Eingemeindung nach München 1930. München 2010
Lieb, Norbert: St. Georg in München-Bogenhausen. München 1987
Liere, Manfred: Chronik von Oberföhring. München 1969
Lutz, Fritz: Aus der Vergangenheit des Priel bei München-Bogenhausen. Krailling bei München 1991

ders.: Daglfing, Denning, Englschalking, Johanneskirchen 50 Jahre bei München (1930–1980). München 1982
ders.: Oberföhring. 75-Jahrfeier der Eingemeindung Oberföhrings. München 1988
ders.: Sankt Emmeran bei München-Oberföhring, ein ehemaliges Wallfahrts- und Schuleremitorium. Krailling bei München 1992
Pörnbacher, Karl/von der Mülbe, Wolf-Christian/Brandl, Anton J.: München – St. Georg in Bogenhausen. München 2010
Reißig, Erich: Möhlstraße – Geschichte eines Schwarzmarktes. In: Gehört – gelesen, Jahrgang 33 (S. 4–21). München 1986
Schilling, Johann August: Brunnthal, seine Lage, Quellen und Geschichte mit besonderer Berücksichtigung derselben als Bade- und Kuranstalt ... München 1864
Schmidt-Gesche, Johanna: Von Bubinhausen bis Bogenhausen. Ein Osterspaziergang durch München. München (Bayerischer Rundfunk) 1989
Wilmersdoerffer, Theodor: Beiträge zur Geschichte der Vorstädte Münchens. Band 1: Neuberghausen (Oberbayerisches Archiv für vaterländische Geschichte, Band 58). München 1914
Wojalowski, Leo (Hrsg.): 60 Jahre Trabrennbahn München-Daglfing. München 1962
• www.nordostkultur-muenchen.de

14 • Berg am Laim
700 Jahre Franziskaner in München 1257–1957. In: Bavaria franciscana antiqua, Band 3, S. 171–194. München 1957
Benker, Sigmund: Quis ut deus – 300 Jahre Erzbruderschaft St. Michael Berg am Laim, München 1693–1993. München 1994
ders.: Zur Geschichte und Bedeutung der St. Michaelskirche in Berg am Laim. Zu einem Buch von Robert Stalla. In: Beiträge zur altbayerischen Kirchengeschichte, Band 39, S. 181–198. München 1990
Bezirksausschuss Berg am Laim (Hrsg.): Offizielle Festschrift zur 75-jährigen Eingemeindung Berg am Laim zu München. München 1988
Gesellschaft für Trambahngeschichte e.V.: Ein Streifzug mit der Trambahn durch Haidhausen, Bogenhausen und Berg am Laim. München 1988
Hackenberg, Adolf: Der geheimnisvolle Hachinger Bach. München 1994
Interessen- und Eigenheimervereinigung Berg am Laim: Festschrift zum 75-jährigen Gründungsjubiläum der Interessen- und Eigenheimervereinigung Berg am Laim, 1923–1998. München 1998
Kasberger, Erich: Land und Leute – »Zugvögel, die den Deutschen Konkurrenz machen« – Italienische Ziegeleiarbeiter im Bayern des 19. Jahrhunderts. München (Bayerischer Rundfunk) 1993
Knauer-Nothaft, Christl/Kasberger, Erich: Berg am Laim – Von der Hofmark zum Stadtteil Münchens. München 1987
Loers, Veit: Die Hofkirche Sankt Michael in Berg am Laim. Neues zur Baugeschichte und Bauform. In: Ars bavarica, Band 8, S. 55–85. München 1977
Siedlervereinigung Michaeliburg (Hrsg.): 50 Jahre Siedlervereinigung Michaeliburg im Bayerischen Siedler- und Eigenheimer-Bund e.V. 1919–1969. Ottobrunn 1969
Stalla, Robert: Die kurkölnische Bruderschafts-, Ritterordens- und Hofkirche Sankt Michael in Berg am Laim – Ein Hauptwerk des süddeutschen Rokoko. Weißenhorn 1989
Trost, Ludwig: Geschichte der St.Michaels-Bruderschaft und Kirche in Berg am Laim bei München. München 1893

15 • Trudering-Riem
Arbeitskreis Stadtteilgeschichte im Truderinger Kulturkreis e.V.: Trudering. 70 Jahre Stadtteil von München 1932–2002. München 2002
Bahro, Berno: Der Sport und seine Rolle in der nationalsozialistischen Elitetruppe SS, in: Historical Social Research, Vol. 32 (2007), S. 78–91
Bastl, Werner/Ronfeld, Gerd/Wagner, Peter: »Christi Himmelfahrt« 75 Jahre: 1933–2008. München 2008
Brückl, Josef/Bachmair, Karl: 50 Jahre Trudering bei München 1932–1982. München 1982
Brückl, Josef: 1200 Jahre Trudering (772–1972). Festgabe zur zwölfhundertjährigen Wiederkehr der ersten urkundlichen Erwähnung. München 1972
Festausschuss 1200 Jahre Trudering (Hrsg.): Festschrift 1200 Jahre Trudering. München 1972
Flughafen München GmbH (Hrsg.): 50 Jahre Flughafen München-Riem. München 1989
Heusler, Andreas: Ausländereinsatz. Zwangsarbeit für die Münchner Kriegswirtschaft 1939–1945. München 1996
Holdenrieder, Hilde: Trudering, Michaeliburg, Waldtrudering. Die Geschichte meiner Heimat. München 1956
Kachelmann, Jakob/Obermeier, Claus: Grün in München. Plätze, Parks und Paradiese. München 2005
Karl, Willibald (Hrsg.): Trudering, Waldtrudering, Riem. Münchens ferner Osten. München 2003
Landesfremdenverband München und Südbayern e.V. (Hrsg.): Festschrift. München im Olympia-Sommer 1936. 500 Jahre Münchener Pferderennen. München 1936
Pfarrgemeinde Christi Himmelfahrt (Hrsg.): Festschrift zum 40jährigen Bestehen der Gemeinde Christi Himmelfahrt in München mit einem Abriß über Entstehen und Werden von Waldtrudering. München 1973
Rosendorfer, Herbert: Die Nacht der Amazonen. München 1992
Schalm, Sabine: Überleben durch Arbeit? Außenkommandos und Außenlager des KZ Dachau 1933–1945. München 2009
Trautmann, Franz: Meister Niclas Prugger, der Bauernbub von Trudering. Eine Erzählung aus dem siebzehnten Jahrhundert. Regensburg 1879
Wagner, Peter: 50 Jahre Ansiedlung auf der Schäferwiese. Die Geschichte der Donauschwaben in Auszügen und ihre Ansiedlung in Trudering – auf 19 Tafeln dokumentiert. München 2000

16 • Ramersdorf-Perlach
Baureferat der Landeshauptstadt München (Hrsg.): 30 Jahre Ostpark – Volkspark und Stadtlandschaft für alle. München 2005
Bezirksausschuss Stadtbezirk 16 (Hrsg.): Stadtbezirk 16 – Ramersdorf-Perlach. München 2005
Dorsch, Petra: Eine neue Heimat in Perlach – Das Einleben als Kommunikationsprozess. München 1972
Hackenberg, Adolf/Mooseder, Georg (Hrsg.): Perlach im 20. Jahrhundert. Hrsg. für den Festring Perlach e.V., München 1996
Henn, Ursula: Die Mustersiedlung Ramersdorf in München – Ein Siedlungskonzept zwischen Tradition und Moderne. München 1987
Jost, Axel (Festausschuss Ramersdorf): 125 Jahre Ramersdorf bei München. München 1989
Kasberger, Erich: Unsere Jahre in Ramersdorf und Berg am Laim – Die Siedlung Neu-Ramersdorf und ihre Geschichte. München 2010
Katholisches Pfarramt St. Michael Perlach (Hrsg.): 800 Jahre Pfarrei Sankt Michael Perlach, 250 Jahre Barockkirche. Festschrift zum Jubiläum 1980. München 1980
Mooseder, Georg/Hackenberg, Adolf (Hrsg.): 1200 Jahre Perlach: 790–1990 – Entstehungs- und Entwicklungsgeschichte eines Münchner Stadtteils. 2 Bände. München 1990/1992
Neue Heimat Bayern (Hrsg.): Entlastungsstadt Perlach in München. München 1967
Pfarr- und Wallfahrtskirche Maria Ramersdorf/München. PEDA-Kunstführer 1996
Programmwerkstatt Kulturhaus Ramersdorf-Perlach (Hrsg.): Kunst in Perlach. München 2005
dies.: Verstecktes Kulturgut in Ramersdorf. München 2006
Rädlinger, Christine: Solidität und Solidarität. Geschichte der Gemeinnützigen Wohnungsfürsorge AG 1928–2003. München 2003
Vogel, Hanns: 1864–1964 – Ramersdorf 100 Jahre bei München. Offizielle Festschrift. München-Ottobrunn 1964
• www.neuperlach.info/kulturpfad/index.htm

17 • Obergiesing-Fasangarten
Alt, Karl: Überschreiten von Grenzen. Strafgefängnis München Stadelheim zwischen 1934 und 1945. München 1994
Fachhochschule München, Fachbereich Architektur (Hrsg.): Die historischen Kleinhäuser der Feldmüllersiedlung in München-Obergiesing. München 1979

Furtmayr, Helga: Das frühmittelalterliche Gräberfeld von München-Giesing, Diss. München 1995
Giesing, Au, Haidhausen 1854–1979. Seit 125 Jahren bei München. Alte Dörfer rechts der Isar vor den Toren Münchens. Festschrift. München 1979
Gratz, Fritz: 1900–2000. 100 Jahre Ostfriedhof München, hrsg. von der Städtischen Friedhofverwaltung. München 2000
Greipl, Egon Johannes (Hrsg.): Münchner Lebenswelten im Wandel. Au, Haidhausen und Giesing 1890–1914, Fotografien aus dem Bildarchiv des Bayerischen Landesamtes für Denkmalpflege. München 2008
Guttmann, Thomas (Hrsg.): Giesing. Vom Dorf zum Stadtteil. Beiträge zur Geschichte und Gegenwart Giesings und Harlachings. München 2004
ders.: Unter den Dächern von Giesing. Politik und Alltag 1918–1945. München 1993
ders.: Giesing und die Eisenbahn. München 1998
Haerendel, Ulrike: Kommunale Wohnungspolitik im Dritten Reich. Siedlungsideologie, Kleinhausbau und »Wohnraumarisierung« am Beispiel Münchens. München 1999
Haftmann, Heinz/Karl, Willibald/Scharf, Alfons: Giesing. Bauern, Bach und Berg. Vom dörflichen Leben um 1800. München 2004
Karl, Willibald (Hrsg.): Giesinger Köpfe. 50 Lebensbilder aus zwei Jahrhunderten. München 2008
Katholische Pfarrgemeinde Hl. Kreuz (Hrsg.): 175 Jahre katholische Pfarrgemeinde Hl. Kreuz-Giesing. München 2002
Lutherkirche (Hrsg.): 75 Jahre Lutherkirche. München 2002
Münchener Begräbnisverein e. V. (Hrsg.): Der Ostfriedhof in München – ein Ort mit reicher Geschichte. München 2000
Münchner Gesellschaft für Stadterneuerung mbH: Sanierung der Feldmüllersiedlung in Giesing. München 2006
Schlierf, Werner: »Kiesgruben-Krattler«. Geschichten aus einer schadhaften Zeit. 4. Aufl., München 2004
Stein, Maria: Edelweißstraße 7 in München-Giesing. Meine Wohnung ist meine Heimat. hrsg. von Karin Goetz-Dreher. München 2003
Stuiber, Irene: Hingerichtet in München-Stadelheim. Opfer der nationalsozialistischen Verfolgung auf dem Friedhof am Perlacher Forst. München 2004
Vieregg, Hildegard: Deckname »Betti« – Jugendlicher Widerstand und Opposition gegen die Nationalsozialisten in München. München 1997

18 • Untergiesing-Harlaching
Grad, Andreas: Harlaching vom Miocän bis heute. München 1974
Gribl, Dorle: Harlaching und die Menterschwaige – Vom Edelsitz zur Gartenstadt. München 2004

19 • Thalkirchen-Obersendling-Forstenried-Fürstenried-Solln
Atzenbeck, Aenne: Solln wie es war. Eine Chronik des Dorfes Solln. München 1970
Bachsteffel, Hans: Heimat Forstenried. Erinnerungen an ein Bauerndorf. München 1993
Becker, Hans-Josef: 500 Jahre Wallfahrtskapelle Maria Einsiedel. München 1993
Bogner, Josef: Thalkirchen und Maria Einsiedel. In: Oberbayerisches Archiv, Band 107, S. 235–288. München 1982
Bühl, Christa: Thalkirchen. Seine geschichtliche Entwicklung. In: Club Bavaricum, Jahresband der Führungen 1991/92/93, S. 126–143. München 1994
Eichhof, Hugo: Der König am Kreuze – Die Geschichte des Mirakelkreuzes von München-Forstenried und St. Michael. München/Gröbenzell 1965
Engels, Thomas: 25 Jahre Gymnasium Fürstenried West. Festschrift zum Jubiläum. München 1996
Forstenrieder, Fürstenrieder Hefte, div. Ausgaben. München 1995–1998
Gemeinnützige Wohnstätten- und Siedlungsgesellschaft München (Hrsg.): Zehntausend Wohnungen. München 1965
Gribl, Dorle/Hinz, Thomas: Leben in Thalkirchen – Geschichte eines Münchner Stadtteils, 1900–1990. München 1990
Heilmann, Jakob: Familienhäuser – Colonie Nymphenburg, Gern und Thalkirchen. München 1894
Hoppe, Bernhard: Maria Thalkirchen – Geschichte einer Münchner Pfarrei und Wallfahrtsstätte. München 1991
Klühspies, Karl: Fürstenried-Ost – Zum Standortkonzept 78. München 1979
Kriegelsteiner, Franz Xaver: Forstenried in Vergangenheit und Gegenwart – Ein kulturgeschichtliches Heimatbuch. Schule und Volk in 10 Bänden, ohne Ortsangaben 1930–1936
Losch, Leopold: Ursprung des Wallfahrts-Gotteshauses in Thalkirchen. 1821
Niefenecker, Alex: Maxhof-Chronik. München 1991
Peschel, Wolfgang/Taddonio, Teresa Maria (Hrsg.): Leben in Fürstenried – Geschichte und Gegenwart eines Münchner Stadtteils. München 1992
Sand Hermann: Sollner Ansichten – Das schönste Dorf in München. München 2004
Sand, Hermann/Altmann, Lothar: Solln – Das Stadtviertelbuch. München 1999
Sand, Ingrid/Sand Hermann: Sollner G'schichten. München 2002.
Sollner Hefte, div. Ausgaben. München 1995–2003
Städtebauinstitut Nürnberg (Hrsg.): Großwohnanlage München-Fürstenried, Demonstrationsbauvorhaben. Nürnberg 1965
Thoma, Gertrud (Hrsg.): Forstenried – Acht Jahrhunderte Siedlung und kirchliches Leben im Süden von München. St. Ottilien 1994
Weber, Wolf: Maria Thalkirchen – Aus der Geschichte der Pfarr- und Wallfahrtskirche. München 1998
Werner, Bärbel: Schloß Fürstenried – Seine Geschichte vom Jagdschloß der Wittelsbacher zum Exerzitienhaus. In: Club Bavaricum, Jahresband der Führungen 1986/87, S. 185–198. München 1988

20 • Hadern
Allmacher, Helmut: Haderun, Hedern, Hadern. München 1999
Bogner, Josef: Ein Gang durch den Münchner Waldfriedhof – Kulturspiegel eines Friedhofs. In: Zwiebelturm, Jahrgang 11/Heft 11, S. 265–269. Regensburg 1956
Bogner, Josef: Geschichte des Münchner Waldfriedhofs. In: Oberbayerisches Archiv, Band 104, S. 201–258. München 1979
Bühl, Christa: Großhadern. Von den Pyramiden zur Dorfstraße. In: Club Bavaricum, Jahresband der Führungen 1991/92/93, S.197–215. München 1994
Burger, Engelbert: Hadern – Geschichten und Begebenheiten im frühen Hadern. München 1995
Filser, Josef/Mayer, Fritz: 900 Jahre Hadern. München 1966
Fuchs, Ludwig F.: Grabdenkmäler aus dem Münchner Waldfriedhof. München 1914
Grässel, Hans: Der Waldfriedhof in München. München 1907
Gugger, Otto: 50 Jahre Sankt Canisius – Festschrift zum 50. Jahrestag der Einweihung der Pfarrkirche Sankt Petrus Canisius in München-Großhadern. München 1976
Krieg, Nina A.: »Schon Ordnung ist Schönheit« – Hans Grässels Münchner Friedhofsarchitektur (1894–1929), ein deutsches Modell? München 1990
Mayer, Fritz: Die geschichtliche Entwicklung von Hadern. In: Oberbayerisches Archiv, Band 87. München 1965
Pettinger, Franz: 1 Stund auf München – Althaderner Gschichten. Dachau 1993
Raff, Helene: Der Münchner Waldfriedhof. München 1918
Siedlervereinigung Kleinhadern: 50 Jahre Siedlung Kleinhadern. München 1970
Vogel, Hanns: 900 Jahre Hadern – Offizielle Festschrift. München 1966
Wolf, Georg Jakob: Münchner Waldfriedhof. Augsburg 1928

21 • Pasing-Obermenzing
Adam, Franz: Architekt August Exter – Villen-Kolonien Pasing. München 1993
Bätz, Johann Theodor: Die Straßennamen unseres Münchner Stadtviertels (Pasing-Ost

und Laim) – ihre Geschichte und Bedeutung. München 2001
Bauer, Richard/Bauer, Gerhard: Pasing – Stadt vor der Stadt. München 1996
Baumann, Günther/Heusler, Andreas: Aufwachsen in Pasing. München 1994
Ebert, Helmut/Hasselwander, Thomas (Hrsg.): Pasinger Archiv, versch. Ausgaben. München 1982–2000
Erichsen, Johannes (Hrsg.): Blutenburg – Beiträge zur Geschichte von Schloß und Hofmark Menzing. München 1983
Forster, Josef Martin: Kleine Geschichte von Pasing. München 1895
Geschichtswerkstatt Arbeiten und Leben in Pasing e.V. (Hrsg.): Spuren – Beiträge zur Pasinger Geschichte. München 1989
Gradel, Georg: 50 Jahre Gemeinnützige Wohnungsgenossenschaft München-Pasing. Festschrift. München 1960
Mader, Inge/Nill, Bärbel: Pasing. In: Club Bavaricum, Jahresband der Führungen 1982/83, S. 199–247. München 1984
Mayer-Zaky, Renate/Bauer, Reinhard: Pasing – Das Stadtteilbuch. München 1996
Möllmann, Bernhard: Bilder vom alten Pasing. 2 Bände. München 2002/2004
Nazet, Elmar: Die Wälder der Menzinger Schotterzunge. München 2004
Neumayr, Hans: Geschichte von Pasing. München 1902
Oberhofer, Betty: Pasing, einst eine Stadt an der Würm. München 1980
Prechtl, Johann Baptist: Geschichtliche Nachrichten über die Hofmark Pasing bei München. In: Oberbayerisches Archiv für vaterländische Geschichte, Band 5, S. 116–129. München 1843
Schaehle, Franz: Die Geschichte der Gemeinde Obermenzing. Obermenzing 1927
ders.: Pasing in Geschichte und Gegenwart. Pasing 1921
Scharff, Nicole/Weininger, Roger: Von der Villa zum Reihenhaus – Die Pasinger Gymnasiumskolonie und andere Siedlungsprojekte im Münchner Westen 1900–1920. München 1997
Scharff, Nicole: August Exter und die Villenkolonien in München-Pasing. Tübingen 1994
Siedlung Neulustheim e.V. (Hrsg.): Fünfzig Jahre Siedlung Neulustheim e.V., vormals Soziale Eigenheim-Siedlung Neulustheim in München, Ober- und Untermenzing. München 1969
Thurner, Adolf: Die Sankt Wolfgang Kirche zu Pipping. München 1990
ders.: Die St.-Georg-Kirche zu Obermenzing. München 1993
Vogel, Hanns/Haberland, Fritz: 1200 Jahre Pasing 763–1963. Offizielle Festschrift. München 1963
Vogelsgesang, Wolfgang: Blutenburg – Das Schloß und sein Umfeld in Geschichte und Gegenwart. Wielenbach 1992
ders.: Obermenzing – Geschichte und Geschichten. 2 Bände. München 1990
• www.blutenburg.de
• www.dorfschreiber-obermenzing.de
• www.pasinger-archiv.privat.t-online.de

22 • Aubing-Lochhausen-Langwied

Blaschke, Evi/Claasen, Sieghart: Forschungsprojekt – Alte Dorfkerne und neue Stadtrandsiedlungen – Aubing und Lochhausen/Langwied an der westlichen Stadtgrenze Münchens. Bayreuth 1980
Dannheimer, Hermann: Das bajuwarische Reihengräberfeld von Aubing, Stadt München. In: Staatssammlung München. Monographien der Prähistorischen Staatssammlung München, Band 1. Stuttgart 1998
Feneberg, Josef: Die ettalische Hofmark Aubing. In: Schriftenreihe des Aubinger Archiv e.V. (Hrsg.): Heinrich von Aubing – Aubing in der Zeit der Grund- und Rechtsherrschaft Ettals. S. 41–176. München 2003
Florschütz, Günther: Aubing im Hochmittelalter. In: Amperland, Jahrgang 12/Heft 4, S. 188–191. Dachau 1976
Förderverein 1000 Jahre Urkunde Aubing e. V. (Hrsg.): 1000 Jahre Aubing – Vom mittelalterlichen Dorf zum Teil einer Großstadt. St. Ottilien 2010
Pfarrkirchenstiftung St.Quirin: Aubinger Leben. St. Ottilien 1987
Sattler, Karl: Langwied-Lochhausen in der Vergangenheit und Jetztzeit. München/Kolbermoor 1931
Siedler- und Eigenheimerverein Neuaubing und Umgebung e.V. (Hrsg.): Siedler- und Eigenheimerverein Neuaubing und Umgebung e.V. 1936–1986. München 1986
Stangl, Hans: Aubing anno dazumal. München/Deggendorf 1976
Steinbacher, Josef: Aubing, Pfarrdorf bei München – Wie es entstand, wie es war und wie es ist. St. Ottilien 1914 (Nachdruck 1983)
• http://de.wikipedia.org/wiki/Geschichte_Aubings

23 • Allach-Untermenzing

Amicale des Anciens de Dachau: Allach – »Kommando« de Dachau. Paris 1985
Auer, Alois/Engasser, Gerald: Krauss-Maffei – Lebenslauf einer Münchner Fabrik und ihrer Belegschaft. Kösching 1988
Huber, Gabriele: Die Porzellan-Manufaktur Allach-München GmbH – Eine »Wirtschaftsunternehmung der SS zum ›Schutze der Deutschen Seele‹ «. Marburg 1992 (Dissertation)
Krauss-Maffei AG München (Hrsg.): Krauss-Maffei – 150 Jahre Fortschritt durch Technik, 1838–1988. Fürstenfeldbruck 1989
Rudolph, Ernst: Allach-Untermenzing – Die Geschichte eines Stadtteils. München 1997
Tempel, Karl (Hrsg.): Festschrift anläßlich der Eingemeindung von Obermenzing, Untermenzing, Allach, Ludwigsfeld, Solln am 01. Dezember 1938. München 1938
Vogel, Hanns: 1200 Jahre Allach. Offizielle Festschrift. München 1975

24 • Feldmoching-Hasenbergl

Bauer, Reinhard: Siedlervereinigung Harthof. Festschrift zum 50jährigen Jubiläum. München 2004
Bruder, Christina: Die Münchner Großsiedlung am Hasenbergl: Siedlungsarchitektur, Stadtsoziologie und städtebauliche Leitbilder. Magisterarbeit an der LMU München 2009 (unveröffentlicht)
Eiber, Ludwig: Frauenholz – Lagerleben in der Nachkriegszeit. München 1996
Kennerknecht, Karola: Die Lerchenau von oben – Karten und Luftbilder von 1770 bis 2006. München 2006
Laturell, Volker D.: Feldmoching-Hasenbergl – Das Stadtteilbuch für den 24. Stadtbezirk mit den Ortsteilen Eggarten, Fasanerie, Feldmoching, Harthof, Hasenbergl, Lerchenau, Siedlung am Lerchenauer See und Ludwigsfeld. München 2000
Macek, Ilse: 20 Jahre Hasenbergl – Chronik einer Großsiedlung. In: Münchner Stadtanzeiger 1981, Nr. 8, 10, 12, 14, 16, 18, 20, 22, 24
Ottmann, Peter/Keller, Christoph (Hrsg.): Hasenbergl. Kunst, Architektur, Bauhütte – Eine Dokumentation. Frankfurt a. M. 2004
Projektgruppe »Frauenholz«: Vom Lager Frauenholz zum Stadtteil Hasenbergl-Nord – Dokumentation zu den Jahren 1964–1975. München 1992
Sokola, Rozalija (Hrsg.): 30. April 1945 – Ende und Anfang: Vom KZ-Außenlager Allach zur Siedlung München-Ludwigsfeld. München 2005
Steiner, Otto: Streifzug eines Pfarrers und Zeitgenossen am Hasenbergl. Rothenburg o.d.T. 1987

25 • Laim

Auer, Matthias L.: Laimer Chronik. Eine Entstehungs- und Entwicklungsgeschichte des Stadtteils Laim von den Anfängen bis zur Gegenwart, Bd.1 (keine Forts.). München 1983
Brauer, Gernot: München Laim. Ein Stadtteil in 24 Stunden. München 2010
Burmeister, Enno (Hrsg.): Bauhandwerkersiedlung in München-Laim (Arbeitshefte zur Denkmalpflege Nr. 35). München 1990
Däubel, Gerdi: Ein Spaziergang durch den Ortskern von Alt-Laim. In: Club Bavaricum. Jahresband der Führungen 1984/85, S. 209–236
Geschichte Laims und seiner Schule an der Fürstenrieder Straße 30. München 1958
100 Jahre Schule an der Fürstenrieder Straße 1903–2003. Festschrift. München 2003
Krause, Leo: Münchner Geschoßsiedlungen der 50er Jahre. München 1991

Laim 1980. 80 Jahre Eingemeindung. Eine Festschrift von Laimern für Laimer. München 1980
Mühlbauer, Maximilian: München-Laim. Serie im Laimer Werbespiegel, 3.5. bis 21.6.2000
Nerdinger, Winfried: Theodor Fischer – Architekt und Städtebauer 1862–1938. Ausstellungskatalog. München 1988
Rädlinger, Christine: Solidität und Solidarität – Geschichte der Gemeinnützigen Wohnungsfürsorge AG 1928–2003. München 2003
Seckendorff, Suzane von: Theodor Fischer in Laim. Buch zur Ausstellung im Interim 2003/2004
Sieber, Josef: Bevölkerungsaufbau und Sozialstruktur Münchener Siedlungen. München 1941
Winkler, Norbert (Bearb.): Laimer Lexikon. Hrsg. vom Historischen Verein Laim e.V. München 2003
• www.isk-muenchen.de

BILDNACHWEIS

Fotos:
Marc Schäfer
mit Ausnahme von:
S. 30 u. l + u. r, 34 l., 202 u., 203 u.: Martin Arz
S. 161: Klaus Kaufmann

Stadtkarte S. 280 *sowie alle Stadtteil-Kartenausschnitte auf den Seiten 25, 37, 49, 55, 71, 79, 89, 103, 111, 121, 137, 159, 167, 175, 185, 193, 203, 215, 219, 229, 239, 247, 261, 269:*
Geodaten-Grundlagen: © Landeshauptstadt München – Kommunalreferat – Vermessungsamt, 2011

Aktuelle Karte im Vorsatz und historische Stadtkarte im Rücksatz:
Hirschkäfer Verlag Archiv

Schematische Stadtbezirkkarten:
Maximilian Dörrbecker (Chumwa), Wikipedia Commons

Die Bevölkerungszahlen zu den einzelnen Stadtteilen stammen vom Statistikamt der Stadt München, Stand: 31.12.2010. Die anderen Zahlen stammen aus dem Statistischen Jahrbuch der Stadt München 2009.

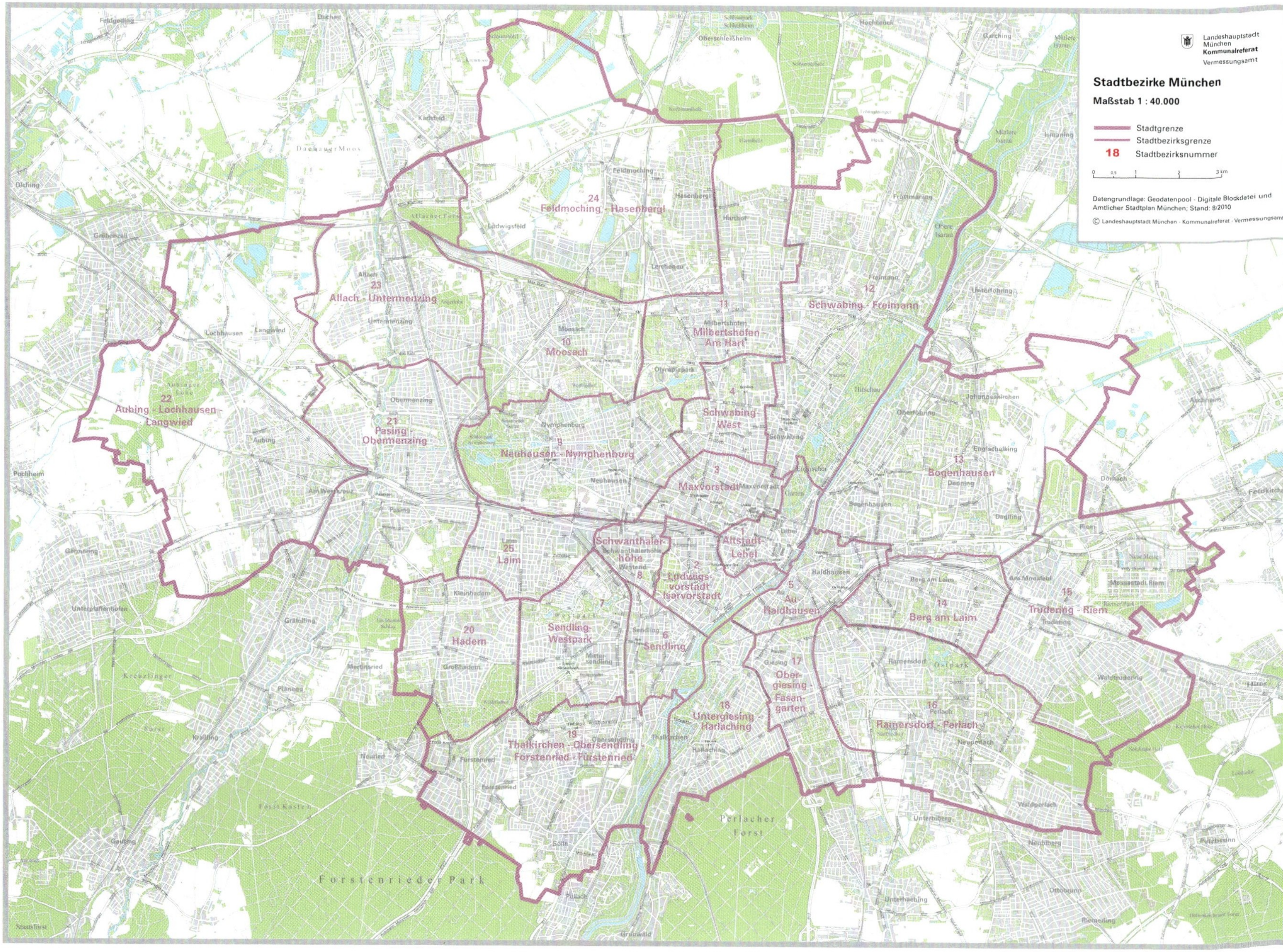
Landeshauptstadt
München
Kommunalreferat
Vermessungsamt
Stadtbezirke München
Maßstab 1 : 40.000
Stadtgrenze
Stadtbezirksgrenze
18 Stadtbezirksnummer
0 0,5 1 2 3 km
Datengrundlage: Geodatenpool · Digitale Blockdatei und Amtlicher Stadtplan München; Stand: 8/2010
© Landeshauptstadt München · Kommunalreferat · Vermessungsamt
1 Altstadt-Lehel
2 Ludwigsvorstadt-Isarvorstadt
3 Maxvorstadt
4 Schwabing-West
5 Au-Haidhausen
6 Sendling
7 Sendling-Westpark
8 Schwanthalerhöhe
9 Neuhausen-Nymphenburg
10 Moosach
11 Milbertshofen-Am Hart
12 Schwabing-Freimann
13 Bogenhausen
14 Berg am Laim
15 Trudering-Riem
16 Ramersdorf-Perlach
17 Obergiesing-Fasangarten
18 Untergiesing-Harlaching
19 Thalkirchen-Obersendling-Forstenried-Fürstenried
20 Hadern
21 Pasing-Obermenzing
22 Aubing-Lochhausen-Langwied
23 Allach-Untermenzing
24 Feldmoching-Hasenbergl
25 Laim
Perlacher Forst
Forstenrieder Park